김규식과 그의 시대

김규식과 그의 시대 1
고아 소년 "존"의 근대로의 여정(1881~1918)

정병준 지음

2025년 8월 15일   초판 1쇄 발행

펴낸이	한철희
펴낸곳	돌베개
등록	1979년 8월 25일 제406-2003-000018호
주소	(10881) 경기도 파주시 회동길 77-20 (문발동)
전화	(031) 955-5020
팩스	(031) 955-5050
홈페이지	www.dolbegae.co.kr
전자우편	book@dolbegae.co.kr
블로그	blog.naver.com/imdol79
인스타그램	@Dolbegae79
페이스북	/dolbegae
편집	김태현·강경희
표지디자인	김민해
본문디자인	이은정·이연경
마케팅	고운성·김영수·정지연
제작·관리	윤국중·이수민·한누리
인쇄·제본	영신사
ISBN	979-11-94442-37-0 (94910)
	979-11-94442-36-3 (set)

• 책값은 뒤표지에 있습니다.
• 이 책의 내용 전체 또는 일부를 재사용하려면 출판사의 허가를 받아야 합니다.

김규식과
그의 시대

1

고아 소년 "죤"의
근대로의 여정
1881~1918
정병준 지음

돌베개

사랑하는 아내에게

차 례

저자의 글 11

서장 **스미소니언박물관 사진이 전하는 140년 전의 김규식 이야기** 25
1 양반집 도련님, 언더우드 목사의 "존"(John) 27
2 선교팸플릿의 한국 소년(Korean Boy) 36
3 일본 엽서의 동자(童子) 42
4 스미소니언아카이브의 헐버트컬렉션 48

1장 **김규식의 부친 김용원의 생애와 김규식의 언더우드 고아원 시절** 55
1 버려진 병약한 어린아이 "본갑이" 57
2 김용원 혹은 김지성의 가계 67
3 도화서 화원 김용원의 일본 수신사 동행 77
4 "선략장군" 김용원의 일본 유학 82
   (1) 경상좌도 우후·유리제조소 설립(1880) 82
   (2) 조사시찰단·일본 유학(1881~1883) 87
5 대러 외교 밀사 김용원의 최후 97
   (1) 귀국 후 활동: 촬영국·순화국 개설(1883) 97
   (2) 대러 외교 밀사행(1884~1885) 99
6 언더우드 고아원에서 생존과 영어를 배운 김규식 110

2장　16살에 떠난 도미 유학: 의화군과의 관계　127

1　의화군의 일본 체류와 도미 유학　129
2　요코하마에 도착한 김규식과 언더우드·박윤규　145
3　의화군과 김규식의 미국 유학행　156

3장　로녹대학 시절: 새로운 세계, 평생의 친구를 만나다(1897~1903)　167

1　로녹대학의 한국 학생들　169
2　김규식의 학창 시절(1): 학업　188
3　김규식의 학창 시절(2): 주미공사관·의화군과의 관계　199
4　김규식의 학창 시절(3): 글쓰기와 토론, 졸업　224

4장　국내에서의 김규식(1904~1913)　243

1　YMCA 이사, 서기　248
2　흥화학교·경신학교 교사　261
3　미스터리한 도미 외교 시도(1905)　267
4　조은애와 결혼(1906)　276
5　한국 기독교회의 젊은 지도자　289
6　계몽·문화단체 지도자, 한글학자　299

5장　망명의 세월(1): 중국 망명 직후의 김규식(1913)　307

1　1913년 4월 2일 '오스트레일리아'로 출국　309
2　남경·상해 동제사 참가　317
3　제2차 중국혁명 참가(1913. 7)　339
4　세 차례 도미 유학생을 파견하다(1913)　355
5　상해·서울·샌프란시스코의 연계망　365

6장	망명의 세월(2): 중국에서의 김규식(1914~1918)	375
1	제1차 세계대전 발발과 북경·의주·고륜으로의 여정(1914)	377
	(1) 북경에서 안창호에게 보낸 편지	377
	(2) 외몽고 고륜행과 유동열·이태준·서왈보와의 사관학교 설립 계획	382
	(3) 배일 비밀기관부의 '김만호'	394
2	신한혁명당과 망명정부 수립 계획(1915)	406
3	대동단결선언과 공화주의·임시정부 수립 노선(1917)	421
	(1) 대동단결선언과 임시정부 수립 노선	421
	(2) 김규식의 참여와 그 의미	427
4	장가구와 고륜에서의 생활(1916~1918)	435
	(1) 장가구·고륜에서의 외국상사 생활	435
	(2) 첫 부인과의 짧은 재회·영원한 이별	447

에필로그 454

부록 463
김규식 자필 이력서(1950. 3. 5) 465

참고문헌 485
표·그림 목록 506
찾아보기 508

일러두기

1. 인용문의 강조 표시(밑줄)와 중괄호(( ))는 인용자(이 책의 저자)가 삽입한 것이다.
2. 인명·지명·조직명 등의 표기 및 용례는 원문을 존중하여 사용했으며, 약칭으로 기술한 경우도 있다. 외국어의 인명·지명·조직명 읽기는 원문에 따라 다양하게 혼용했다. 일본어 표기는 도쿄, 동경, 東京 등을 함께 사용했고, 중국어 표기는 장개석, 장제스, 蔣介石 등을 혼용했다. 한국어 조직명의 경우 대한민국임시정부, 임시정부, 임정, 상해 임정, 중경 임정 등 정식 명칭과 약칭을 모두 사용했다. 주로 원문의 표현을 따랐다.
3. 한국, 조선, Korea 등은 원문과 상황에 따라 병용했다.
4. 주요 인용 도서 및 자료의 경우, 각주에 서지사항 중 핵심 부분 전체를 중복 기재했다.

저자의 글

 이 책은 우사 김규식(尤史 金奎植, 1881~1950) 평전이다. 1881년 출생부터 1945년 해방 후 중국에서 돌아오는 64세까지의 시기를 다루었다. 이후부터 납북되어 1950년 12월 평북 만포진에서 비감하게 사망할 때까지의 시기는 아직 미완성이다. 2014년 무렵부터 집필을 시작해서, 중요한 시기, 자료가 충분한 시기를 중심으로 글을 썼다. 중요 장절로 줄거리를 엮었고, 비어 있는 시기를 채웠다. 이런 작업의 결과 2023년 여름에 총 4부작의 초고를 완성했다.

 제1부(제1권)는 1881년 출생과 가계부터 중국 망명 후 3·1운동 발발 직전인 1918년까지를 대상으로 했다. 가계, 가족관계, 언더우드 고아원학교, 미국 유학, 귀국 후 국내 사회 활동, 결혼, 1913년 중국 망명 후의 활동 등을 다루었다. 이 시기 김규식의 삶을 복기하고 추적하는 일에 많은 시간과 노력이 필요했다. 부스러기 자료를 따라서 그의 삶을 재구성해야 했기 때문이다. 이런 추적 작업에 관심을 갖고 역사학자의 길에 접어들었고, 새로운 자료를 찾아 새로운 이야기를 쓰는 일에 긍지를 갖게 되었다. 제1부에 등장하는 이야기들은 기성의 김규식 연구에서는 거의 들을 수 없었고, 볼 수 없었던 내용이다. 본문을 완성한 후 2025년 초 미국 스미소니언박물

관에서 김규식 사진들과 이를 그곳에 매각한 헐버트 선교사의 문서들을 찾아서 제1부의 서장을 쓸 수 있었다. 스미소니언박물관 사진 이야기는 김규식의 일생을 상징하는 것이었는데, 이렇게 평전의 첫 장을 열면서, 책마다 그 운명이 있구나 하는 소회를 갖게 되었다.

제2부(제2권)는 1919년 파리강화회의, 1920~1921년 구미위원부 활동, 1921년 상해 귀환 등 그의 인생을 결정적으로 대표하는 3·1운동기를 다루었다. 김규식의 일생 중 가장 빛나는 시기이자, 그가 한국근현대사에서 주요 역할을 담당한 시기였다. 김규식 일생 중 정치적으로 가장 중요한 역할을 담당한 시기는 1919년 파리강화회의 전후, 1945~1948년 해방 직후였다. 제1차 대전 이후와 제2차 대전 이후인 것이다. 물론 다른 시기의 김규식도 자기 운명의 주인공이자 역사의 주역으로서 면모를 갖추었지만, 그의 역사적 역할과 비중이 가장 두드러진 것은 이 두 시기였다. 민족의 운명이 좌우되고, 결정되는 중요한 시기였다. 이런 시기에 김규식은 중요한 위치에서 중요한 역할을 맡음으로써 그의 인생의 향배를 결정했다. 이런 연유로 김규식 일생 중 불과 3년에 불과한 시기를 한 권의 책으로 엮게 된 것이다.

제3부(제3권)는 1921년부터 1945년까지 중국에서의 활동을 다루었다. 1921~1922년 모스크바 극동민족대회, 1923년 국민대표회의, 한국대일전선통일동맹, 1933년 도미 외교, 1935년 민족혁명당, 중국 대학교수, 1943~1945년 임시정부 부주석 등 중국 내 한국 독립운동과 관련된 김규식의 활동을 다루었다. 긴 시기의 다양한 활동, 조직, 인물들을 다루게 되었고, 사실상 중국 내 한국독립운동사를 쓰게 된 셈이었다. 특히 제3부는 김규식뿐만 아니라 그를 이끈 시대, 시대정신, 사람들의 이야기를 함께 다루게 되었다. 이 시기를 다루는 데 있어서 김구·한독당·임정 중심, 김원봉·민혁당·조선의용대 중심, 연안 독립동맹·조선의용군 중심의 설명 구도가 병립하는 기성의 연구와는 다른 접근을 시도하려고 노력했다.

제4부는 1945년 8월 해방 직후 김규식 등 임시정부 요인들이 귀국하는 1945년 12월 말까지를 다루었다. 김규식의 귀국 이전 국내 상황을 개관하기 위한 목적이었다. 그런데 정작 제4부에는 김규식이 등장하지 않고, 주로 여운형과 국내 정계의 동향, 활동이 중심인 글이 되었다. 김규식 평전보다는 오래전 한국현대사 연구를 시작하면서 가지고 있던 의문들에 대한 응답의 성격이었다. 여러 생각 끝에 이 책을 단행본으로 독자들에게 선보이는 게 좋겠다고 생각했고, 제4부를 떼어 2023년 말 『1945년 해방직후사』라는 단행본으로 간행했다. 이런 연유로 이제야 김규식 평전, 『김규식과 그의 시대』 제1부~제3부를 간행하게 되었다.

책을 완성하고 보니 여러모로 개인적 감정과 소회가 교차한다. 김규식의 일생을 다룬다는 것은 한국근현대사, 그중에서도 한국독립운동사, 한국현대사의 주요 쟁점과 활동을 다루는 것과 다를 바 없었다. 어떻게 보자면 평생 공부한 바를 총정리하는 성격이었다.

김규식에 대한 관심은 해방 직후사를 공부하면서 시작되었다. 주한미군사령부 정보참모부 군사실 문서철의 비밀자료 속에서 좌우합작, 남북협상에 등장하는 김규식의 면모를 보게 되었다. 여운형의 파트너, 김구의 파트너였으며, 이승만·김구와 함께 우익 3영수의 한 사람으로 꼽히던 김규식은 해방정국에서 주인공이라기보다는 주요 조역으로 등장하는 느낌이 강했다. 그럼에도 불구하고 미국 자료에 등장하는 김규식의 풍모는 "한국적 인물"들과는 무언가 다른 비범함을 보이고 있었다. 해방정국에서 김규식이 관련된 좌우합작, 과도입법의원, 남북협상, 한국전쟁 등을 연구했기에 이 시기 김규식에 대해서는 충분히 파악하고 설명할 수 있다는 자신감이 있었다. 그러나 해방정국의 김규식은 그의 전체 인생 중 불과 5년에 불과했다. 그의 나머지 인생 63년을 추적하고 재구성하는 것이 문제였다.

때문에 해방 직후사에서 역으로 거슬러 올라가 김규식의 일제시기 활동을 추적하게 되었다. 일제시기, 대한제국기, 개항기로 거슬러 올라가면서 갈피를 잡기 어려웠다. 역사적 맥락과 시대상을 파악하기 위해서 통사적 공부가 필수적이었다. 선행 연구자들이 쌓아 올린 연구성과와 그 기반이 된 자료를 섭렵하면서 한 걸음, 한 뼘씩 전진해야 했다. 작업은 우공이산(愚公移山), 우보천리(牛步千里)의 심정으로 진행되었다. 시간과 노력이 필요했다.

거의 유일하게 참고할 수 있는 선행연구는 1974년 이정식 교수가 쓴 『김규식의 생애』라고 할 수 있었다. 김규식의 전 생애를 다루었고, 김규식이 다녔던 로녹대학(Roanoke College) 자료와 3·1운동기 관련 자료들을 발굴했고, 그 위에 김순애, 김진동, 김진세, 서병호 등 가족과 친지들의 주요 증언에 기초해 작성된 탁월한 연구였다. 1990년대에는 김재명 기자가 증언에 기초해 해방 직후 김규식 등 중도파 인물에 대한 글을 잡지에 연재한 바 있다. 아직 친척, 추종자 등 관련자들이 생존해 있어 쓸 수 있었던 글이다. 2000년대 초반 강만길, 서중석, 심지연 교수가 『우사김규식평전』(3권)을 냈다. 김규식과 중도파의 노선에 공명하는 분들의 공동 연구작업이자, 우사김규식연구회의 후원에 힘입은 것이었다. 우사김규식연구회는 이후 김규식 관련 영문자료집을 번역·간행하기도 했다. 그 외에 중요한 시기·사건·활동에 초점을 맞춰 김규식을 다룬 논문 몇 편이 제출된 바 있다.

한국현대사의 경로가 증명하듯이 김규식이라는 인물은 현대 한국사회에서 주요한 학문적 연구주제가 되기 어려웠다. 김규식은 성공과 실패가 분명치 않은 길을 걸어간 사람인 데다 정치적 추종자를 거느리지 않은 외로운 존재였고, 납북되어 사망함으로써 정치적 유산을 남기지 못했다. 김규식과 함께 중도파를 대표하는 여운형의 경우, 그의 정당인 인민당·근로인민당 추종자들이 1960년 4·19시기까지 현실 정치에서 재기를 모색할 정도로 일정한 응집력과 구심점이 존재했다. 그러나 김규식에게는 그러한 개인적 추종자나 세력이 존재하지 않았다. 좌우합작·남북협상이라는 이성적이고 합리적인 중도파의 노선은 분단과 한국전쟁 이후 한국 사회에서 설 자리가 없었다. 김규식에 대해서는 실현 가능성이 없는 이상주의적인 학자형 정치지도자라는 정도가 세간의 보편적 인식이었다고 해도 과언이 아니다. 김규식이 사라지자 그의 노선과 역할, 지향이 함께 증발된 것이나 마찬가지였다.

때문에 대중적 관심이나 역사학계의 주목을 받기 어려웠다. 강하고 카리스마 있는 지도자, 군중을 호령하고 이끌고 지배하는 영도자, 생사를 불문하고 권력을 추구하는 강한 독재적 지도자상에 익숙해진 한국 사회가 선뜻 이해하고 수용하기 어려웠다. 이분법적 세계관에 익숙한 현대 한국 사회가 흑백, 좌우, 미소, 남북이 분명하지 않은 인물을 이해하기는 쉽지 않았다.

한국 독립운동의 주요 지도자로 등장한 이후 김규식의 일생은 늘 민족과 국가의 진로를 고민하며, 올바르고 합리적 노선을 추구하기 위해 부단히 움직이는 삶이었다. 민족주의를 반역과 퇴행의 담론으로 치부하는 요즘 세태에서 이해하기 어려울 정도로 김규식의 시대는 국가와 민족이 유일한 의제이자 중심이었으며, 통일과 독립이 지상과제였던 시기였다. 이런 시대적 과제 속에서 그의 생애는 이성적이고 합리적인 선택을 향해 부단하게 움직이는 것으로 일관되었다. 끊임없는 떨림으로 국가와 민족의 나침반이 되고자 했던 것이다.

김규식은 한국 근대의 모더니티를 상징하는 대표적인 인물이자, 인텔리 지식인이며 학자적 정치인, 이성의 한국인 등으로 회자되었다. 미국 유학생 출신이며, 유창한 영어를 구사했고, 어학의 천재였으며, 파리강화회의 특사이자, 구미위원부 위원장이었으며, 임시정부 부주석을 지낸 화려한 경력의 소유자로 소개되었다. 그러나 그의 유년은 고아 신세로 언더우드 선교사의 양자로 양육되었으며, 해방 후 그의 정치 공간은 한국현대사의 경로를 상징하는 중도파의 비극과 직결되었다. 1946년 그와 정치적 합을 맞추어 좌우합작운동을 펼쳤던 여운형은 제2차 미소공동위원회가 결렬되기 직전인 1947년 7월 암살되었고, 다음 해 그와 함께 남북협상에 올라 통일독립정부를 희망했던 김구는 1949년 6월 한국군 포병 소위에 의해 암살되었다. 해방된 한국에서 한국인의 손에 의해 비극과 비극이 중첩되었고, 살아남은 병약한 김규식은 한국전쟁 중 북한에 납치되어 1950년 12월 평북 만포진에서 생을 마감했다.

김규식에게 매료된 것은 그의 일생을 관통하며 명징하게 드러나는 비극적 서사가 갖고 있는 마력적 힘 때문이었을지 모르겠다. 정치적 성패로 따지자면 성공하지 못한 사람의 역사이지만 그 삶 속에 담겨 있던 진정성과 꺼지지 않는 불꽃 같은 열정의 순간들이 마음을 사로잡았기 때문일 것이다.

이런 연유로 김규식 평전을 쓴다는 것은 일생의 도전과 같은 일이었다. 해방 전후 현대사는 물론 한말 개항기와 일제시기를 포괄하고 국내외 활동을 정리해야 했기 때문이다. 김규식에 대해 본격적인 평전을 쓰겠다고 마음을 먹었을 때, 이 책은 50대 중반 이후에야 가능하리라고 가늠했다. 그만큼의 연구와 공부가 필요했기 때문이다.

이 책을 쓰면서 늘 염두에 두었고, 떠나지 않았던 다짐들이 있다. 이 책은 그러한 마음의 무게중심에서 벗어나지 않으려는 노력의 산물이기도 하다. 이 책이 취하고 있는 기본적인 태도와 입장이다.

첫째, 김규식을 다룬 평전이기 때문에 그에 대한 관심과 애정에 기초해 있다는 점을 부정할 수 없다. 그러나 김규식을 역사의 경로에서 벗어나 위대한 결정을 하는 특별한 영웅이나 위인으로 묘사하려 하지 않았다. 위인전이나 영웅전은 이 책의 관심사가 아니다. 이 책을 관통하는 필자의 관점은 유일하다. 그것은 영웅이나 위인이 아닌 인간 김규식을 다룬다는 것이다.

둘째, 김규식이라는 평범한 사람, 보통의 인간이 민족의 지도자가 되었으며, 그는 한국근현대사의 경로를 거쳐 배출된 다양한 인간 군상 중 하나였음을 보여 주려 했다. 인간 김규식이 어떻게 성장했으며, 어떤 시점과 어떤 경우에 어떤 선택을 통해 한국현대사의 인물로 서게 되었는지를 설명하고자 했다. 인간적 강점과 약점을 모두 갖춘 보통의 인간이 자신에게 주어진 선택의 범위 내에서 최선을 다하려 노력했으며, 때로는 성공하고 때로는 실패의 길을 걷게 되었음을 설명하고자 했다. 그는 특별한 기회에 특별한 선택으로 민족적 지도자의 이름을 얻기도 했지만, 다른 경우에는 결과적으로 서지 말았어야 할 우극(愚劇)에 동참하기도 했다. 그의 삶은 일관되거나 일직선이 아닌 합리적 선택과 모순적 행동이 결합된 복합체였다. 그는 시대와 역사의 산물이자 개인적 선택의 결과로 형성된 의지적·주체적 인간이었으며, 그의 일생은 복잡계로 구성되어 있었다. 이에 대한 평가와 판단은 당대 한국인들의 보편적 의지, 독립운동가들의 염원과 지향에 따랐다. 현재적 관점에서의 재해석은 중요하게 생각하지 않았다.

셋째, 이 책을 통해 김규식이 걸어간 시대의 역사 가운데 지금까지 보이지 않던 장면들, 들리지 않던 목소리들의 이야기를 드러내길 희망했다. 한국근현대사가 걸어온 극적인 전환과 우여곡절 때문에, 이 시기의 역사를 성공과 실패, 승리와 패배, 선과 악의 단순한 이분법으로 이해하려는 경향이 만연해 있다. 그러나 역사를 승리한 자의 기록으로, 영웅들의 신비한 행적으로, 신의 섭리나 막강한 외부세력의 결정으로 인식할 경우, 우리는 역사가 전하는 진정한 교훈에 눈을 감게 될 것이다. 이 책은 다양한 발현 가능성을 지녔던 역사의 교훈이 전하는 울림에 귀를 기울이려고 했다. 그리고 그곳으로 눈을 돌리길 희망하고 있다.

넷째, 이 책은 김규식을 다루면서 그와 연관된 당시 독립운동 진영의 다양한 주제들을 다루었다. 인물평전인 동시에 한국독립운동사의 성격이며, 김규식과 그의 시대를 동시에 다루었다. 박찬승 교수는 이런 글쓰기

가 에토 준(江藤淳)의 『나쓰메 소세키(夏目漱石)와 그의 시대(漱石とその時代)』에서 비롯되었고, 김윤식 선생의 『이광수와 그의 시대』가 이를 본뜬 것이라는 얘기를 들려주었다. 필자도 이미 『현앨리스와 그의 시대』, 「안두희와 그의 시대」 등의 글을 썼으니, 이미 은연중에 이러한 영향을 받았을 것이다. 그런데 김규식과 그의 시대를 설명하다 보니, 쉽게 빨리 읽히는 글과는 거리가 있게 되었다. 자료를 분석하고, 발견한 자료를 남기려는 노력의 결과 진중하다 못해 둔탁하고 분석적인 글이 되었음을 고백한다. 후발 연구를 위한 디딤돌이 되리라 스스로 위로를 삼는다.

이 책을 완성하는 과정에서 많은 분들의 격려와 도움, 지도를 받았다. 돌이켜 보면 학문의 길을 혼자 헤쳐 나아간다고 생각했지만, 사실은 보이지 않는 학문공동체의 선배, 동료들과 함께였으며, 그분들의 응원·격려·관심·비판의 함성이 주위를 에워싸고 있었다.

제일 먼저 재미사학자 방선주 선생님께 감사인사를 드린다. 이 책이 근거한 많은 자료들의 출처이자, 학문적 영감의 근원이었다. 이 책이 활용한 자료들의 상당수가 방선주 선생님의 발굴로 세상에 소개된 것들이다. 개척자가 있어서, 눈길 위에 난 발자국을 따라 여기에 이르렀다. 지난 1월 워싱턴을 방문해 병중의 선생님을 만나 뵈었다. 문후를 여쭈니 환하게 웃으시던 모습이 생생하다. 더 이상 원고를 읽어 주시지는 못했지만, 늘 마음에 그 뜻을 간직하고 있다.

이화여자대학교 강영심 선생님은 이 책의 원고를 처음부터 끝까지 읽은 유일한 분이다. 오랜 시기에 걸쳐 마음이 가는 대로 들쑥날쑥 원고를 썼고, 전혀 체계적이지도, 시기별·장절별로 정리되지도 않은 원고를 드렸지만, 언제나 반갑게 환영하며 원고를 봐주셨다. 이 책이 다루는 시대와 이런 유형의 원고를 마다하지 않고 감당할 수 있는 학문적 지음(知音)의 역할을 해주셨다. 자세한 코멘트, 큰 격려, 한결같은 애정에 감사드린다.

이 책에 수록된 몇몇 챕터는 학술대회 혹은 학술지에 발표한 바 있는데, 3·1운동기 여운형의 윌슨 대통령 앞 청원서, 신한청년당의 활동, 파리로 향하는 김규식, 김규식과 의친왕 등의 글이다. 발표 기회를 마련해 준 대한민국임시정부기념관, 독립기념관 등의 기관, 비판과 격려를 아끼지 않으신 여러 토론자들과 익명의 심사위원들께 감사드린다. 한국외대 반병률 명예교수, 한양대 박찬승 명예교수, 서울대 한모니카 교수, 성신여대 홍석률 교수, 국가기록원 이승억 연구관, 조이현 연구관, 국사편찬위원회 박진희 박사, 제주4.3평화재단 양정심 박사 등이 원고의 몇몇 챕터를 읽고 비판과 격려의 코멘트를 해주셨다. 펜실베이니아대학에 있던 유진 박(Eugene Park) 교수는 김규식의 가계에 대한 인사이트와 족보 데이터베이스를 제공해 주었다. 루쉰 전문가인 이화여대 중문과 홍석표 교수는 중국에서 한중 지식인의 지적 교류를 연구했는데, 이를 통해 김규식·여운형의 중국 내 행적을 가늠하는 데 도움을 받았다.

한적 자료의 탈초·번역에 도움을 준 분들이 있다. 이화여대 국문과 김동준 교수는 신규식의 동제사 1주년을 기념한 한시의 탈초·번역을 도와주었다. 독립기념관에 소장된 이 자료는 김도형 선생의 도움으로 구했다. 규장각 양진석 선배는 중국 사천의 화가 양정명(梁鼎銘)이 귀국하는 김규식에게 증정한 그림의 화제(畫題)를 번역해 주셨다. 부족한 능력과 글재주를 이런 분들의 도움으로 극복했다.

귀중한 얘기를 해주신 분들도 있다. 김규식의 비서 송남헌 선생은 해방 직후 김규식 박사에 대한 기억을 여러 차례 들려주셨다. 자신이 직접 경험한 김규식의 정치행로와 노선을 후세가 기억해 주길 바라는 절절한 마음이 느껴졌다. 한국연구원 최서면 원장은 도쿄에서 만난 김규식의 장남 김진동에 대한 기억을 특유의 화술로 생생히 묘사해 주셨다. 두 분은 이미 고인이 되어 영면에 드셨다. 김규식의 손녀 김수옥 여사, 후손 김주현, 김주만 님으로부터는 후손들만 알 수 있는 귀중한 얘기들을 들었다. 홍천 선영에서 김주만 님으로부터 전해 들은 집안 내력이 지금도 생생하다. 우사김규식연구회의 총무 장은기 선생은 유일하게 생존하는 김규식맨이라고 할 만하다. 1950년 김규식이 직접 작성한 영문·한문 이력서와 편지들을 보내 주셨다.

미국 자료와 관련해서 국립문서기록관리청(The National Archives and Records Administration, NARA)의 독립연구자이자 가장 연륜 있는 한국문서 전문가인 윤미숙 선생의 도움을 받았다. 김규식이 토머스호 밀항 사건 당시 가지고 있던 문서들을 비롯해 오랜 기간 빈번한 도움 요청에 흔쾌히 자료를 찾아 주었다. 2001년 방선주 선생님 팀에 합류한 이래의 인연이 벌써 사반세기가 되었다. 홍콩과학기술대학의 데이비드 창(David Chang Cheng) 교수는 수개월간 하버드옌칭도서관에서 버치(Leonard M. Bertsch) 문서를 촬영해 주었으며, 서울대 박태균 교수도 자신이 작업한 버치 문서 수천 장을 서슴없이 보내 주었다. 국가보훈처의 고 이현주 박사, 류동연 박사, 한국학중앙연구원의 윤종문 박사로부터 자료의 도움을 받았다. 이분들의 후의와 도움에 감사드린다.

러시아 자료를 얻고 분석하는 데 도움을 준 분들이 있다. 오랜 인연의 조선대 기광서 교수는 언제나 러시아 자료에 대해 막힘이 없는 해답을 제공했다. 탁월한 북한연구자이자 러시아문서 전문가로서 혜안을 지닌 분인데, 너무 이른 나이에 세상을 등졌다. 미인박명의 한탄을 금할 수 없다. 조철행, 이재훈 두 분도 흔쾌히 러시아 자료를 제공해 주셨다. 감사의 말씀을 드린다. 러시아 자료 중 일부는 이화여대에서 함께 연구했던 블라디미르 흘라스니(Vladimir Hlasny) 교수와 독립연구자 베라 보지치코(Vera Bozhichko)의 도움을 얻었다. 블라디미르 교수는 현앨리스·정웰링턴을 연구하며 이화여대에서 학문적 즐거움을 함께했지만, 지금은 레바논 주재 유엔대표부에서 일하고 있다.

이화여대 도서관 임보람 사서의 도움을 특기한다. 한국 도서관에서는 찾아보기 어려운 참고사서의 역할을 훌륭하게 해주었다. 거의 기대하지 않은 채 미국과 일본의 신문, 잡지, 자료의 원문 복사를 요청했지만, 개인적 인연을 동원하면서까지 최선을 다해 구해 주었다. 그 노력과 전문가적 네트워크에 감탄했다. 로녹대학의 린다 밀러(Linda Miller) 사서, 스텔라 수(Stella Xu) 교수, NARA의 에릭 슬랜더(Eric Slander), 미국 국립인류학아카이브의 알렉스 브라운(Alex Brown), 스미소니언기관아카이브의 데보라 샤피로(Deborah Shapiro), 맥아더아카이브의 제임스 조벨(James Zobel), 오스트레일리아 국립도서관(National Library of Australia)의 빙 젱(Bing Zeng) 등의 친절한 도움에 감사드린다.

이화여대 사학과 대학원생 허원, 류승은은 『김규식과 그의 시대』 전 3권의 교정·교열에 도움을 주었다. 대학원 수업에 참가해 김규식, 이승만, 여운형, 한국 독립운동, 한국현대사 자료와 저작을 함께 읽은 대학원생들도 이 책을 쓸 수 있었던 중요한 동력을 제공했다. 때때로 학교 앞 안산 자락을 걸으며 이런 얘기 저런 소리를 할 수 있어서 숨 쉴 여력을 얻었다. 거친 얘기를 마다하지 않고 들어준 김영미 명예교수의 보살행에 감사할 뿐이다. 스트레스에 찌든 인생을 품어 준 안산 숲과 봉은사의 저녁노을에 빚을 졌다. 산길과 능선 위에 마음의 탁기(濁氣)를 내려놓을 수 있어 이 글을 쓸 수 있었다.

한국에서는 국사편찬위원회, 국립중앙도서관, 국회도서관, 이화여자대학교도서관, 서울대학교규장각, 한국연구원, 한국기독교역사연구소, 독립기념관 등의 도움을 받았다. 미국 국립문서기록관리청 워싱턴디씨 본관, 칼리지 파크의 제2관, 의회도서관필사문서처(Manuscript Division, Library of Congress), 로녹대학아카이브(Roanoke College archives), 스탠퍼드대학후버연구소(Hoover Institute, Stanford University), 컬럼비아대학희귀필사도서관(Rare Books & Manuscript Library, Columbia University), 스미소니언박물관 국립인류학아카이브(Smithsonian National

Anthropological Archives), 스미소니언기관아카이브(Smithsonian Institution Archives), 남가주대학코리안헤리티지도서관(Korean Heritage Library, USC), 맥아더아카이브(MacArthur Memorial Archives), 영국 국립문서보관소(The National Archives), 제국전쟁박물관(Imperial War Museum), 일본외무성 외교사료관, 일본 의회도서관 등에서 자료를 볼 수 있었다. 이들 기관의 도움과 후의에 감사드린다.

자료의 발굴과 추적에 대한 상세한 내력은 제3부의 마지막 「남은 말: 김규식 자료 추적기」에 정리해 두었다. 일종의 맺음말이자 잠정적 결론에 해당하는 글로 제1부의 서장 「서장: 스미소니언박물관 사진이 전하는 140년 전의 김규식 이야기」와 연결된다. 인간 김규식에 대한 개인적 감상과 평을 담았고, 독자들을 위한 안내서 역할로 마련한 것이다. 해방 후 김규식의 행적을 완성하지 못한 미진함을 덜기 위해 제3부에 「부록 논문: 버치 문서를 통해 본 1946~1947년 김규식의 정치 활동」을 덧붙였다. 해방 후 김규식 이야기를 어떻게 전개할지에 대한 나름의 조감도에 해당한다.

2005년 이래 책을 내면서 가족들의 사랑과 기억을 헌정사에 적었다. 칠순이었던 가친은 이제 구순을 넘겨 와병 중이시다. 기억과 건강이 모두 쇠잔해졌고, 아들은 경험할 수 없었던 인생을 배우고 있다. 강진 백련사 동백꽃 찻집에서 도란도란 얘기하던 어린 아들딸은 뒤란의 대나무처럼 자라 아비를 내려보고 염려하는 나이가 되었다. 내가 쓴 모든 원고의 첫 독자이자 비평가인 아내에게 은퇴 전 김규식 평전을 완성하겠다는 약속을 지킬 수 있어 다행 중 천만다행이다. 가족의 따뜻한 사랑으로 여기에 이르렀다.

돌베개와 함께 책을 내기 시작한 이래 다섯 번째 책이 되었다. 자극적인 제목에 가볍고 멋진 디자인의 실용적 책을 선호하는 세태에 이런 학술적이고 딱딱한 책의 출간을 선뜻 수락한 한철희 대표께 감사 인사를 전한다. 복잡하고 난삽하고 방대한 분량의 원고를 제대로 된 책으로 만들어 준 김태현 과장과 편집진들의 노고와 고투에 감사 말씀을 드린다.

왜 글을 쓰는지, 왜 이런 글을 쓰는지 헤아리지 못했으나, 좋아하는 일이었고, 잘할 수 있는 일이었기에 감사했고, 그 일이 직업이 되었다. 매혹적이고 마력적인 무언가에 매료되어, 부스러기 빵조각, 빛나는 조약돌을 따라 길 끝에 있을지 모를 미지의 세계를 찾아 헤매었다. 그 결과 매혹적인 이야기를 추적하고, 그 이야기를 쓰는 것으로 연구 일생을 살았다. 이제 김규식 평전을 상재(上梓)함으로써 그 일막을 매듭짓게 된 것에 감사드린다. 아직 넘어지거나 쓰러지지 않았으니, 남은 힘으로 어떤 이야기에서 흘러나온 가냘픈 피리소리를 쫓아가게 될 것이다.

희망과 절망이 교차하는 해방 80주년 3월
정병준

스미소니언박물관 사진이 전하는
140년 전의 김규식 이야기

서장

1   양반집 도련님, 언더우드 목사의 "존"(John)

총명하게 생긴 어린아이가 있다. 이목구비는 단정하고, 눈빛은 초롱초롱하며, 반듯하게 가르마를 탄 서양식 단발머리를 하고 있다. 사진 색이 빛바랜 것을 제외하면 복색이나 태도, 자태로 미루어 요즈음 촬영한 사진이라고 해도 믿을 만하다.

    호피 가죽을 두른 좋은 의자에 앉은 소년은 정면을 응시하고 있다. 잘 차려입은 양반집 도련님 복색에 미국식 벙어리 털장갑을 목에 두르고 있다. 바닥에는 모피 가죽이 깔려 있다. 뒤에는 8폭으로 짐작되는 화조도 병풍이 있고, 그 위에 좋은 발이 드리워져 있다. 한눈에도 부귀와 지체가 느껴지는 부잣집 양반 도련님의 기념사진으로 보인다.

    이 사진 속 어린아이가 이 책의 주인공 김규식이다. 국내에서는 김규식의 딸 김우애(Pauline Kim Chang)가 스미소니언박물관 헐버트컬렉션에서 이 사진을 찾았다는 얘기가 풍설로 떠돌았다.[1] 그런데 스미소니언박물

---

[1] 한인이민사 연구자인 안형주 선생은 2014년 필자에게 보낸 이메일에서 이 사진과 관련해서 이렇게 설명했다. "김규식 따님 폴라가 미국 Smithsonian Institute의 Homer Hulbert collection에서 발견한 김규식이 어렸을 때 찍은 사진. 폴라가 사진 설명을 영어로 하였다." 김규식이 "호랭이 가죽을 깔은 미국 서부 Oak 나무로 만든 의자에 한옷을 입고 미국 벙어리

1   양반집 도련님, 언더우드 목사의 "존"   27

언더우드 보호하의 "존" 김규식(1886). 스미소니언 소장.

관의 이런저런 사이트를 아무리 검색해 봐도 헐버트컬렉션이라는 것을 발견할 수 없었다.

이 사진이 국내에 알려진 것은 『사진으로 보는 조선시대 생활과 풍속(속)』을 통해서였는데, "소년 시절의 김규식"이라는 설명이 붙어 있다.[2] 이 책에 소개된 사진은 사진 원판이 아니라 의자에 앉은 김규식 부분만 잘라 인쇄한 것이었다. 이 책은 민속학자이자 박물가인 조풍연의 해설을 달아서 마치 한국에서 수집한 자료로 낸 사진첩인 양했지만, 사실 그 전해 일본에서 간행된 책을 그대로 번역한 것으로 보인다. 이런 사정을 알게 된 후 두 차례 일본에 건너가 사진의 출처를 수소문했다.[3] 그런데 일본에서 간행된 사진첩에도 사진 자료의 출처는 명시되어 있지 않았다.

김규식의 평전을 본격적으로 시작하는 단계에서 이 사진을 발견하고 흥분했던 기억이 선명하다. 사진이 김규식의 유년기에 대해 많은 스토리를 담고 있음이 분명했기 때문이다. 사진은 여러 가지 의문을 불러일으켰다. 김규식의 집안은 엄청난 부잣집이나 대가가 아니었는데, 어떻게 이런 성장에 호화스런 배경으로 사진을 찍었을까 하는 의문, 아직 단발령이 시행(1895)되기 전이었을 텐데 어린 김규식은 왜 제대로 된 서양식 단발에 가르마 탄 머리를 하고 있을까 하는 의문, 호랑이 가죽과 화조도 병풍, 고급스러운 서양식 의자, 미국식 벙어리 털장갑 등 동서양이 교차하는 연출과 구도는 무슨 의미일까 하는 의문, 총명하게 보이는 어린아이가 사진사를

장갑을 걸치고 찍은 사진"이라고 했다. 「안형주-정병준」(2014. 9. 13.~2014. 9. 14).
[2] 서문당, 1987, 『사진으로 보는 조선시대 생활과 풍속(續)』, 121쪽. 해설을 맡은 조풍연은 이렇게 설명했다. "소년 시절의 김규식(金奎植, 1881~1950). 임시정부의 외무총장 등을 지낸 독립운동가 김규식 선생의 6살 때 사진. 고아로 언더우드 집에서 서양식 교육을 받고 자랐다."
[3] 위 사진의 출처는 스미소니언박물관이다. 한국 서문당의 사진첩에 실린 사진의 출처는 미상이다. 서문당은 1986년 간행한 『(사진으로 보는) 조선시대: 생활과 풍속』을 통해 1986~1987년 자신들이 출간하는 사진첩들의 출처가 일본 국서간행회(國書刊行會)가 낸 3권의 사진첩이라고 밝혔다. 国書刊行会 編, 1986, 『目でみる昔日の朝鮮』上·下; 国書刊行会 編, 1986, 『目でみる李朝時代』. 그런데 이 일본 사진첩 3책에 위의 사진은 수록되어 있지 않다.

1 양반집 도련님, 언더우드 목사의 "존"

응시하는 긴장된 시선과 자세는 무슨 의미일까 하는 의문 등이었다.

호기심과 의문이 구름처럼 일어났지만 사진의 출처를 파악하지 못했고, 연대도 특정할 수 없었다. 사진을 발견한 기쁨과 함께 막막함이 교차했다. 그러다 김규식의 부친을 연구하면서, 그가 우리나라 최초의 사진관인 촬영국을 열었다는 사실을 알게 되었다.

때문에 이 사진을 김규식의 부친 김용원(김지성)이 서울에서 설립한 촬영국에서 찍은 것으로 생각했다. 아래에서 자세히 다루겠지만, 김용원 역시 김규식 못지않게 드라마틱한 삶을 살았다. 그는 도화서 화원, 수신사행, 동래 수군우후, 신사유람단(조사시찰단) 조사, 일본 유학, 촬영국 개설, 조러밀약 체결, 유배 등의 믿기 어려운 인생행로를 거쳤다. 그의 일생이 한국 역사에서 잘 다뤄지거나 알려지지 않은 것이 미스터리한 일로 생각될 정도이다.[4]

한편 촬영국이 개설된 1883년 당시 김규식은 두 살이었고, 위의 사진 속 모습과는 나이 차이가 상당히 있어 보였다. 이런 연유로 김규식 사진을 촬영국에서 찍었을 가능성과 일본 사진사들과 친분이 있던 김용원이 아들을 위해 일본인 사진관에서 촬영했을 가능성을 생각했다. 어쨌든 김용원이 이 사진 촬영을 주선했을 것으로 확신했다. 좋은 복색, 고급스런 가구 배치, 귀티 나는 의도적 사진 구도로 미루어 김용원이 아들 김규식을 위해 찍은 것으로 생각하는 것이 자연스러웠다. 김용원은 1885년 유배형에 처해져 1891년 해배(解配)되었으므로, 유배 전에 이 사진을 찍었을 것으로 추정했다.

지금까지 일본과 한국에 알려진 사진은 위의 원판 사진 아랫부분에 기록된 사진관과 그 주소가 잘린 상태였다. 그러던 중 스미소니언박물관 국립인류학아카이브(Smithsonion National Anthropological Archives) 온라

---

[4] 정병준, 2015, 「김규식의 부친 김용원의 가계와 생애」, 『한국근현대사연구』 73.

인 데이터베이스에서 이 사진 원판을 발견했다.5 한국 위키백과의 김규식 항목에 누군가 바로 이 스미소니언박물관 사진을 링크해 놓은 것을 보고 알게 된 것이다.6 전문연구자보다 뛰어난 자료 검색자, 발굴 공로자가 있다는 데 감사할 따름이다.

링크를 따라가 원판 사진을 보니 사진 아랫부분에 사진사(K. Ogawa)와 사진관(Okio), 사진관 주소(No.1. Idamachi Shichome, Tokio, Japan)가 적혀 있었다. 찾아보니 일본 사진사의 선구적 인물인 오가와 가츠마사(小川一眞, Ogawa Kazumasa, 1860~1929)가 연 사진관으로 위치는 일본 도쿄 고지마치구(麴町區) 이다마치(飯田町) 시초메(四丁目) 1번지로 확인되었다. 오가와는 미국 보스턴에서 사진을 공부한 후, 귀국해 1885년 10월 도쿄 이다마치 시초메에 옥윤관(玉潤館, Okio)이라는 사진관을 열었고, 일본 최초로 이 사진관에서 미국식 역광선 사진을 찍었다고 한다.7 오가와 가츠마사는 오가와 이스신(Ogawa Isshin)이라고도 불렸다. 그래서 스미소니언박물관에는 이 사진의 작자가 오가와 이스신으로 기록되어 있다. 당대 최고의 일본인 사진사가 어린 김규식의 사진을 촬영했음을 알 수 있다.

오가와는 1885년 10월 도쿄에 사진관을 열었고, 김용원은 1885년 5월 유배에 처해졌으므로, 김용원과 무관한 사진임이 분명해졌다. 김용원이 유배형에 처해진 후 김규식은 사실상 친척들의 버림을 받아 언더우드 고아원

5   Portrait Of Kim Kyu-Sik(1881~1950), Called John, Protege of Rev Horace Grant Underwood, in Costume. 1886. 1 Photographic print (004 in x 006 in mounted on 004 in x 007 in) Creator: Ogawa, Isshin. Notes: NAA INV.04782800. Smithsonian National Museum of Natural History, Division of Ethnology photograph collection. https://ids.si.edu/ids/deliveryService?id=NMNH-04762200-000002(2025. 1. 28. 검색). 사진 원판은 스미소니언박물관 국립인류학아카이브 홈페이지에 올라 있다.
6   위키백과 김규식 항목. http://ko.wikipedia.org/wiki/김규식(2024. 12. 2. 검색).
7   https://en.wikipedia.org/wiki/Ogawa_Kazumasa(2024. 12. 10. 검색); A biographical timeline of Ogawa Kazumasa. https://web.archive.org/web/20110209064317/http://www.12kai.com/history/ogawa.html(2024. 12. 10. 검색).

1   양반집 도련님, 언더우드 목사의 "존"

학교에 수용된 상태였다. 스미소니언박물관의 검색 도구에는 이 사진의 촬영 시점이 1886년으로 특정되어 있었다.[8]

그렇다면 이런 고급스러운 사진을 1886년의 시점에서 누가, 왜, 어떤 의도로 찍었는지 의문이 일었다. 해답은 이 사진의 뒷면에 있었다. 놀랍게도 사진은 선교사 언더우드(H. G. Underwood) 목사의 의뢰로 찍은 것으로 나타나 있었다. 어린 김규식을 거두어 양자로 키웠다는 주한 선교사 언더우드 목사인 것이다. 뒷면 사진도 스미소니언박물관 국립인류학아카이브에 소장되어 있다.[9]

여기에 연필로 적은 메모가 있는데, "Protege of Rev. H.G. Underwood" "John",[10] 즉 H. G. 언더우드 목사가 보호하고 있는 아이 "존"이라고 적혀 있었다. 언더우드 목사는 고아원학교를 운영하며 김규식을 양육했는데, 당시 김규식은 "존" 혹은 "본갑이"이라고 불렸다.[11] 이 사진 속에서 어린 김규식은 언더우드가 보호하고 있는 고아 소년, 그것도 무명의 남자를 의미하는 "존"으로 표기되어 있다. "언더우드 목사의 보호하에 있는 무명의 고아 소년 존"이라는 정체성, 이것이 어린 김규식에 관한 탐험을 시작하는 첫 번째 단서인 셈이다.

더욱 놀라운 일은 오른편 귀퉁이 메모에서 발견되었다. "Hulbert Coll. (Korea)", 즉 헐버트컬렉션(한국)이라고 적혀 있었다. 우리가 잘 아

---

[8] National Anthropological Archives, Division of Ethnology photograph collection, NAA.PhotoLot.97. by Smithsonian Institution. United States National Museum. Department of Anthropology. Division of Ethnology. p.1463.

[9] Portrait Of Kim Kyu-Sik(1881~1950), Called John, Protege of Rev Horace Grant Underwood, in Costume. https://ids.si.edu/ids/deliveryService?id=NMNH-04762200b(2025. 1. 28. 검색).

[10] 사진의 네 귀퉁이에 연필로 사진의 내력이 적혀 있는데, 밑면에 H. G. 언더우드 목사의 피보호자 "존", 좌측에 헐버트컬렉션(한국), 우측에 사본 음화번호 72-8368 인쇄하지 않음, 윗면에 사본 음화번호 94-2485 전면 사진가의 인쇄, 음화번호 #94-2486 후면이라고 적혀 있다.

[11] 이에 대해서는 제1부 제1장에서 상세히 다룬다.

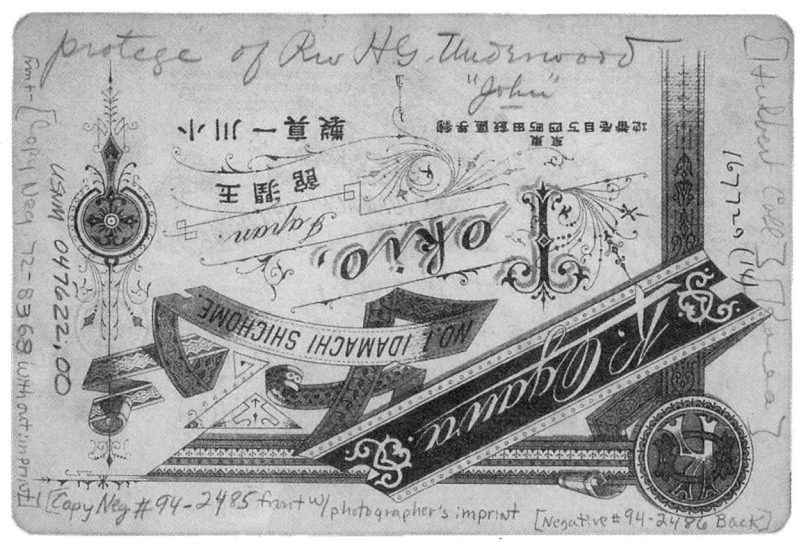

언더우드 보호하의 "존" 김규식 뒷면(1886). 스미소니언 소장.

는 바로 그 호머 헐버트(Homer B. Hulbert)를 뜻한다. 김우애가 헐버트 컬렉션에서 사진을 발견했다는 풍설이 사실임이 확인되는 순간이다. 헐버트는 1919년 파리강화회의 당시 한국대표였던 김규식의 외교 활동을 도운 바 있는데, 1886년 한국에 처음 들어왔을 때 고아 소년 존의 사진을 통해 김규식과 처음 만났던 것이다. 1886년 언더우드 고아원의 존이 1919년 파리강화회의 한국 대표가 되고, 두 사람이 파리에서 재회하게 될 줄은 누구도 짐작조차 하지 못했을 것이다. 두 사람도 자신들이 1886년 사진을 통해 간접적으로 만났던 인연을 전혀 기억하지 못했을 것이다. 어린 김규식의 존재론적 위치는 가혹한 것이었지만, 때로는 우연을 가장한 만남을 통해 그의 운명을 만들어 가고 있었다.

헐버트는 대한제국이 몰락하는 순간, 그 운명이 결정되는 중요 국제회의에 반드시 출현하는 대표적 친한파, 친고종 인물이었다. 헐버트는 고종의 밀사로 러일전쟁 후 1905년 포츠머스강화회담, 1907년 헤이그만국평화회의에 밀사로 파견되었고, 1919년 파리강화회의 당시에는 미국 YMCA 업무차 파리에 왔다가 한국 대표 김규식을 만나 그의 일을 돕기도 했다. 헐버트는 태평양전쟁기까지 미국에서 진행되던 한국 독립운동을 물심양면으로 적극 후원했다. 1948년 한국정부가 수립되자 꿈에도 그리던 마음의 고향을 찾았고, 1949년 한국에서 사망했다. 그는 양화진 외국인묘역에 묻혀 자신의 역사와 한국 사랑을 증명하고 있다. 헐버트는 19세기 후반부터 20세기 중반까지 한국을 응원한 대표적인 친한파 선교사이자 독립운동의 후원자였다.

바로 이 헐버트가 언더우드 목사의 보호를 받고 있던 어린 존, 김규식의 사진을 소장하고 있었고, 이를 포함한 유물 일습을 헐버트컬렉션으로 1893년 스미소니언박물관에 양도했던 것이다. 사진 뒷면에 적힌 정보들은 헐버트컬렉션이 스미소니언에 양도되던 전후에 스미소니언 측이 기록한 것이 대부분이지만, "언더우드 목사의 보호를 받고 있는 존"이라는 필체는 헐버트의 것이 분명했다. 언더우드, 헐버트, 김규식, 스미소니언의 조합이라니, 정신이 혼미할 지경이다. 그렇다면 선교사 언더우드 목사는 왜 김규식을 부잣집 도련님으로 연출해서 사진을 찍은 것일까? 의문은 쉽게 풀리지 않았다.

2   선교팸플릿의 한국 소년(Korean Boy)

해답을 찾기 위해 2025년 1월 스미소니언박물관에 속한 미국 국립인류학 아카이브(National Anthropological Archives)를 방문했다. 메릴랜드주 수틀랜드(Suitland, Maryland)에 위치하고 있다. 헐버트컬렉션의 박물류는 다른 기관에 소장되어 있고, 사진은 문서기록으로 분류되어 여기에 보존되어 있다. 스미소니언박물관은 헐버트컬렉션 중 사진들을 따로 추려 별도의 폴더를 만들었다. 폴더명은 「호머 헐버트 목사 컬렉션」이다.[12] 이 안에 총 16장의 사진이 들어 있다.

　　스미소니언박물관 아키비스트는 헐버트컬렉션을 입수하게 된 경위를 간단하게 적어 놓았다.

　　호머 헐버트 목사(Rev. Homer Bezaleel Hulbert, 1863~1949)는 초기 기독교 선교사로 1886년 처음 한국에 갔으며, 서울 외국인 묘역에 묻혔다. 컬렉션은 1893년 9월 26일 오하이오주 제인스빌(Zanesville, Ohio)

12　Asia: Korea Photographs. NM Acc. 27363, Rev. Homer Bezalleel Hulbert Colln. AS 33/7. National Anthropological Archives.

미국 장로교 해외선교본부 크리스마스 선교부 활동(1886년경). 스미소니언 소장.

미국 장로교 해외선교본부 크리스마스 선교부 활동(1886년경). 스미소니언 소장.

에 거주하는 로저스 목사(Rev. E. E. Rogers)를 통해 헐버트 목사로부터 인수했다(1981. 10. 20. FP 기).

헐버트컬렉션에서 언더우드가 의뢰해 찍은 사진의 용도를 알 수 있는 두 번째 자료를 발견했다. 그것은 미국 장로교 해외선교본부(The Board of Foreign Missions, the Presbyterian Church in the U.S.A)가 성탄절을 맞아 본국의 기독교 신자와 교회에 한 해 동안 선교본부의 업적을 홍보하기 위해 보내던「크리스마스 선교부 활동」(Christmas Missionary Exercise)이다. 크리스마스카드 대용의 보고서이자 일종의 앨범 혹은 팸플릿이었다. 김규식 사진은 바로 이 팸플릿의 표지 화보로 쓰인 것이다. 사진의 제목은 「한국 소년」(A Korean Boy)이다. 미국 장로교 해외선교본부가 1년간의 활동과 업적을 홍보하기 위해 발행한 것이다.[13]

예배용 순서지이기도 한「크리스마스 선교부 활동」은 4쪽 양면으로 인쇄되었다. 표지에는 김규식 사진이 화보로 실렸고, 맨 뒷면에는 제7안식교 교회학교의 예배 순서가 소개되어 있다. 본문에 해당하는 내지 2쪽에는 성탄절 선교부 예배 순서가 적혀 있다. 예배 순서는 해외선교부의 목적을 보여 주는데, 인도자가 "우리는 예수님의 마지막 소망을 실행한 바 있는가?"라고 질문하면, 중국 소년, 인도 소녀, 미국 인디언 소년, 시리아 소녀, 아프리카 소년이 정해진 답을 한 후, 마지막에 모두가 고백하는 내용으로 구성되어 있다. 해외선교의 성취를 전 세계 원주민 소년, 소녀의 입을 통해 전달하려고 한 것이다. 그 가운데 가장 돋보이는 존재로 표지 모델이 된 것이 한국의 "존"이었다.

---

13 1894년도 미국 장로교 해외선교부가 만든「크리스마스 선교부 활동 및 앨범」이 남아 있는데, 여기에는 인도, 중국, 일본에서 선교사들의 활동상을 담은 사진이 수록되어 있다. https://www.abebooks.com/first-edition/Christmas-Missionary-Exercise-Illustrated-Scenes-Foreign/31199829854/bd (2024. 12. 10. 검색).

다량 인쇄한 홍보용 팸플릿인 탓에 좋은 종이를 쓰지 못했다. 140년이 지난 현재, 종이는 산화되어 변색되었고, 쉽게 바스러지는 상태이다. 팸플릿의 일부는 조각 파편이 되어 이미 망실되었다. 팸플릿 속에는 연도가 표시되어 있지 않지만, 스미소니언인류학박물관이 제공하는 검색 도구는 사진의 연도를 원판과 마찬가지인 1886년으로 적시했다.

사진은 "존"이 선교사의 극진한 보살핌으로 고아임에도 불구하고 귀족 같은 복색과 치장을 하고 좋은 대우를 받고 있다는 의미를 담고 있다. 어린 김규식은 언더우드 목사가 볼 때도 총명하고 잘생기고, 의젓한 자세와 태도를 지녀서, 미국 장로교 선교본부가 전 세계 해외선교사들의 선교활동을 홍보하는 연례 크리스마스 팸플릿의 주인공으로 사용할 만큼 주목받는 존재였다. 게다가 이 총명하고 사랑스러운 소년은 언더우드 고아원에서 보호를 받기 시작한 지 얼마 안 되어 미국인처럼 자유롭게 영어를 구사하는 천재적 어학 능력을 증명한 바 있다. 언더우드 고아원에서 구원을 받은 존은 미국인 선교사들의 뛰어난 성취와 원주민 아동을 귀족 자제처럼 후대하는 기독교 박애정신의 구현체로 선전된 것이다. 물론 이런 뛰어난 해외 선교사업을 후원해 달라는 헌금의 호소를 담고 있음은 두말할 나위가 없다.

그럼에도 불구하고 사진이 연출한 귀족적 풍모와 호화로운 장식이 사실은 고아 김규식의 실체를 감춘 것이며, 미국 장로교 선교본부의 한국 선교와 세계 선교의 성취를 홍보하기 위해 어린아이를 과장해서 활용한 것임에는 의문의 여지가 없다. 이 어린아이의 비감한 처지에 가슴 한 편이 서늘했다. 언더우드는 고아가 된 어린 김규식에게 생명과 생존의 구원자였고, 사실상의 양부였으며, 당시 누구에게도 제공되지 않던 미국 유학의 기회를 제공한 은인임이 분명했다. 그러나 이 사진이 직관적으로 보여주는 바, 김규식은 존재론적으로 언더우드의 영향력, 결정, 속박에서 자유로울 수 없는 상황이었다. 언더우드와의 관계는 두 사람이 처음 인연을 맺은 1886년부터 김규식이 중국으로 망명하던 1913년까지 김규식의 삶을 규정하는 중요한 요인이 되었다. 언더우드는 김규식의 삶을 지배하는 규정력이자 결정자의 위치에 있었던 것이다.

3 　　　　　　　　　　　　　　일본 엽서의 동자(童子)

스미소니언박물관 국립인류학아카이브에는 어린 김규식의 또 다른 사진이 소장되어 있다. 헐버트컬렉션은 아니지만, 사진 종류로 동일한 문서 상자에 보관되어 있다.[14] 일본인들은 한국 관광용 엽서 시리즈인 「조선풍습」(朝鮮風習)을 만들어 일본 및 해외에 판매했는데, 한국에 대한 호기심과 외국인의 관심을 반영하는 인물, 건물, 풍경 등을 사진으로 담은 것이었다. 여기에「동자」(童子, The Child)라는 제목의 사진엽서가 포함되어 있다. 동자모(服巾)를 쓰고 책을 들고 가는 어린 김규식이다. 가슴끈에 노리개를 달았고, 동자모에는 금박이 화려하며, 신발과 입성이 고급스럽다. 한눈에도 귀티가 느껴지는 복색과 자세이다.

이 사진이 한국에서 알려지게 된 것은 조풍연 해설의 사진첩 『(사진으로 보는) 조선시대: 생활과 풍속』을 통해서였다.[15] 이 책 역시 일본에서 간행된 사진첩 『눈으로 보는 이조시대』를 그대로 번안한 것이지만,[16] 한국에

14　Photo Lot 97, USNM Div. of Ethno. Asia: Box 36, Korea. NM no #: postcards.
15　서문당, 1986, 『(사진으로 보는) 조선시대: 생활과 풍속』, 149쪽.
16　国書刊行会, 1986, 『目でみる李朝時代』, 149쪽. 집필자는 한국인 고태용(孔泰瑢), 고이삼(高二三)이다.

서당 가는 동자(김규식)(1886년경). 스미소니언 소장.

서 사진 자료를 모아 간행하는 것처럼 해설을 붙였다.

일본 책의 사진 설명에는 "아이의 나들이옷. 서적을 들고 서당에 가는 아이들의 나들이옷 모습"이라고 적혀 있다.[17] 한국의 번역본에는 "어린이의 정장. 책을 옆구리에 끼고 있는 품으로 보아 아마 서당으로 가려는 모양이다. 입고 있는 두루마기는 사규삼(四揆衫)"이라는 설명이 붙어 있다. 그런데 이화여자대학교 패션디자인연구소가 간행한 『고유복식』에는 "서당 가는 양반가의 남아(김규식)"로 설명이 붙어 있다.[18] 얼굴형이나 체형으로 미루어 김규식인 것으로 추정되지만, 그를 특정한 근거자료가 명시되지는 않았다.[19] 사진을 수록한 한국과 일본의 사진첩에는 해당 사진의 출처와 내력은 전혀 언급되어 있지 않다.

한국과 일본에서 출처를 확인할 수 없었던 이 사진의 원본도 스미소니언국립인류학아카이브 사진컬렉션에 소장되어 있다. 제목은 「의복을 입은 소년의 초상」(Portrait of Boy in Costume)이며 연도 미상, 소장번호 NAA INV.04782700이다.[20] 동일한 사진이 다음 번호에 소장되어 있으며, 약간 음영이 짙게 인쇄되어 있다.[21] 두 장의 사진 모두 일본 엽서로 흑백 인쇄되었으며, 엽서 하단에 「朝鮮風俗 童子 The Child(イ384)」라고 적혀 있다. 이384(イ384)라는 분류번호로 미루어, 아(ア)-이(イ) 순서로 수백 장의 사진이 촬영되었음을 알 수 있다.

---

17 원문은 다음과 같다. "子供の晴着. 書籍を抱えて学房(寺小屋)に向う子どもの晴着姿."
18 「서당 가는 양반가의 남아(김규식)」, 『고유복식』, 이화여자대학교 패션디자인연구소, 2005, 누리미디어. http://cloth.krpia.co.kr/History/detail_1.asp?menu=000900&code=CP021380687(2024. 12. 10. 검색).
19 해당 프로젝트를 수행한 홍나영(2015. 4. 7), 김혜연(2015. 4. 9) 선생에게 문의했지만, 제대로 된 답을 얻지 못했다.
20 NMNH-04782700. Photo Lot 97, USNM Div. of Ethno. Asia: Box 36. Korea. NM no #: postcards.
21 NMNH-04782800. Photo Lot 97, USNM Div. of Ethno. Asia: Box 36. Korea. NM no #: postcards.

지게꾼 소년(연도 미상). 스미소니언 소장.

함께 소장된 한국 풍속을 다룬 다른 일본 관광엽서에도 별다른 연도, 출처 정보가 포함되어 있지 않다. 이들 엽서의 뒷면에는 일본어로 우편엽서(郵便はかき), 영어로 포스트카드(POST CARDE)라고 적혀 있고, 우표를 붙이는 칸에 욱일기 문양이 그려져 있다.

일본은 제국주의 국가로 팽창하면서, 조선에 대한 관심과 이권을 확대하면서 조선 풍속을 소개하고 이를 관광 상품화하려고 시도했고, 수많은 조선 관광 홍보용 엽서를 제작한 바 있다. 조선을 식민지 먹잇감으로 생각하는 일본인과 세계인이 늘어날수록 조선에 대한 관심과 홍보가 급증했던 것이다. 조선 풍속을 선전하는 일본 엽서들은 다른 풍속사진과 함께 훗날 『눈으로 보는 지난날의 조선』, 『눈으로 보는 이조시대』라는 사진첩으로 묶였다. 일본이 생산한 이 시기 조선 관광 홍보용 엽서들은 아직도 국내외에서 골동 박물로 유통되고 있으며, 국내에서는 이 엽서의 상당수를 수집해 사진첩을 간행하기도 했다.[22]

김규식은 미국 장로교 해외선교본부의 홍보용 팸플릿에 '한국 소년'으로 소개된 데 이어서, 조선의 풍속을 설명하는 일본의 관광엽서에 '동자'로 소개된 것이다. 일본어, 영문 설명이 함께 붙여졌으며, 사진이 스미소니언 자연사박물관에 소장된 것으로 미루어 일본뿐 아니라 해외에도 상업적 목적으로 유통되었음을 알 수 있다.

김규식 사진엽서가 포함된 폴더에는 조선의 풍속을 그린 다양한 사진엽서들이 포함되어 있다. 반라의 지게꾼 소년, 놀이하는 소년들 등 다양한 '원주민' 소년들이 등장한다. 김규식 사진은 토착원주민 남자아이가 지게

---

22 부산박물관, 2009, 『사진엽서로 보는 근대풍경』(1~8), 민속원; 부산근대역사관, 2009, 『사진엽서로 떠나는 근대기행』, 민속원; 우라카와 가즈야 엮음, 박호원·이에나가 유코·임유희 옮김, 최길성·민속원 편집부 감수, 2017, 『그림엽서로 보는 근대조선』(1~7), 민속원. 일본 사가현립 나고야성박물관이 소장하고 있는 한반도 그림엽서 2,967점을 편집한 『그림엽서로 보는 근대조선』 7권에 '동자' 사진엽서가 소개되어 있는데, 추정연대는 1918~1933년으로써 놓았다. 『그림엽서로 보는 근대조선』 7, 민속원, 123쪽.

짐을 진 야만적 모습의 사진과 대비되는 것인데, 책을 들고 서당에 가는 기품 있는 귀족집 자제로 촬영되었다. 지게꾼 소년이 스냅샷으로 날것 그대로의 느낌을 전하는 반면, 김규식 사진은 책을 들고 걸어가는 자세나 시선 처리 등에서 잘 연출된 정제된 모습을 보여 준다.

미국 국립인류학아카이브의 참고사서 알렉스 브라운(Alex Brown)과 스미소니언기관아카이브(Smithsonian Institution Archives)의 아키비스트 데보라 샤피로(Deborah Shapiro)에게 해당 우편엽서의 출처를 문의했으나, 현재 스미소니언 소장 기록상으로는 출처나 내력을 알 수 없다는 답변을 들었다.[23]

이 사진의 촬영 시점은 밝혀져 있지 않다. 다만 사진 속 어린 김규식은 언더우드 고아원에서 찍은 사진 속 모습과 거의 같은 용모를 하고 있으니 동일하거나 비슷한 시기에 찍은 사진으로 추정된다. 논리적으로 추론하자면 오가와가 1886년 언더우드 목사의 의뢰로 "존"을 촬영한 이후 김규식의 인상적인 모습이 일본 사진사들에게 알려졌으며, 그 이후 김규식은 양반집 도련님 모델인 한국의 풍속을 선전하는 관광엽서 속 동자가 된 것으로 생각된다.

스미소니언이 소장하고 있는 김규식 사진 2장은 일본 측에 입수되었고, 이후 1980년대 중반 『눈으로 보는 이조시대』 등에 포함되어 출간되었다. 이 책이 한국에 번역됨으로써 한국에도 김규식 사진의 존재가 알려지게 된 것으로 추정된다.

---

23 「알렉스 브라운 인터뷰」(2025. 1. 23), 「데보라 샤피로 인터뷰」(2025. 1. 28).

4 스미소니언아카이브의 헐버트컬렉션

이제 어린 김규식 사진을 포함한 한국컬렉션을 스미소니언박물관에 매각한 헐버트의 기록을 따라갈 순서이다. 헐버트가 자신의 컬렉션을 스미소니언박물관에 양도하는 과정을 기록한 문서들은 워싱턴디씨의 스미소니언아카이브(Smithsonian Institution Archives)에 보관되어 있다. 랑팡플라자(L'Enfant Plaza) 지하철역에 맞붙은 건물 3층에 위치한 아카이브에서 1893년 헐버트컬렉션이 스미소니언에 입수되는 경과를 담은 문서들을 마주할 수 있었다. 130년도 더 지난 문서들이다.[24]

미국국립박물관 수집카드(U. S. National Museum, Accession Card)에 적힌 일자는 1893년 9월 26일, 수집번호(Acc. No.) 27363, 목록번호(Cat. No.) 167668-719이다. 헐버트가 오하이오주 제인스빌의 로저스 목사(Rev. E.E. Rogers)에게 보낸 것으로 되어 있다. 한국 민속(Korean Ethnologica) 관련 121개 품목의 컬렉션으로 1박스, 1Kg이며, 컬렉션을 주문번호 13864로 49달러에 구매한 것으로 되어 있다. 해당 금액은 1893

---

24 Smithsonian Institution Archives, RU 305, US National Museum, Office of Registrar, Accession Records, 1834~1958. 272270-27396. Box. 153. Folder 27357-27366.

년 9월 22일 지불되었다.

거래 명세와 관련된 서한들을 살펴보니, 헐버트는 처음 한국에 체류 중일 때 이미 스미소니언박물관 측과 한국 풍속과 관련한 물품의 거래를 타진한 바 있다.[25] 헐버트는 1893년 5월 31일 스미소니언박물관장에게 편지를 보내, 자신이 다시 한국으로 돌아갈 예정이라며, 보유 중인 한국 물품의 거래를 제안했다. 헐버트가 간략하게 작성한 품목명은 (1) 한국 남성, 여성, 어린아이의 신발과 모자를 포함한 의복 세트, (2) 장군의 온전한 갑옷, 투구 등속, (3) 대형 상감 장식장, (4) 소형 상감 상자, (5) 황동 수저를 포함한 다양한 식기류, (6) 희귀한 한국판 세계지도, (7) 한국이 일본 사츠마 도자기의 기원임을 보여 주는 약간 오래된 한국 사츠마 도자기, (8) 한국 자수 스크린, (9) 흥미로운 악기, (10) 다수의 한국 소설, (11) 다수의 한국 일상생활 물건들, 팬, 머리핀, 필통, 조선 화폐, 오랜 은화, 여성용 화장 용구 세트 등이다. 헐버트는 갑옷 세트와 상감 장식장은 각각 150달러 금액이지만 나머지 물건은 총 80달러에 제공하겠다고 제안했다.[26] 헐버트는 중국 황제가 주미 한국공사를 위해 선물한 도자기를 서울에서 샀다며, 교토에서 1,200달러에 판매되는 것이지만 900달러에 판매할 의향이 있다고도 했다.

스미소니언에서는 헐버트의 제안에 대한 검토 작업을 벌였다. 검토자는 두 사람이었다. 먼저 1893년 스미소니언에서 간행된 「미 국립박물관 내 버나도, 알렌, 주이 한국컬렉션」(The Bernadou, Allen and Jouy Corean Collections in The United States National Museum)의 주요 수집자이자 1883~1885년 사이에 한국에 체류하며 한국컬렉션을 수집한 주이(Pierre

---

25 이는 1887년의 일이었고, 스미소니언은 헐버트에게 한국 문헌(manuscript) 구입과 견본 목록 작성에 20달러 사용을 허가했는데, 헐버트의 답신이 없었다고 한다. RIG to Mr. Goode (1893. 6. 2).
26 Homer Hulbert to the Director of Smithsonian Institute(1893. 7. 24).

Louis Jouy)가 검토 의견을 썼다. 주이는 스미소니언박물관 소속 조류전문가로 한국에 파견되었는데, 스미소니언이 민속품 수집을 위해 한국에 파견한 해군장교 버나도(J. B. Bernadou), 주미한국공사관 공사를 지낸 알렌(Horace Allen)과 함께 가장 이른 시기 한국 관련 민족학 컬렉션을 수집한 전문가 중 한 명이었다.[27] 또한 스미소니언 내 거의 유일한 한국 체류 경험자였다. 주이는 헐버트컬렉션에 대해 비판적이며 냉소적인 입장을 취했다. 이미 버나도, 알렌, 주이의 훌륭한 한국컬렉션이 있는데, 헐버트가 이를 알지 못한 상태에서 무작위로 수집했다는 것이 가장 큰 이유였다. 주이가 가장 관심을 가진 것은 한국 도자기로, 헐버트가 한국 도자기(한국 사츠마 도자기로 표기)의 개수를 특정하지 않은 점을 아쉬워했다.[28] 스미소니언의 또 다른 전문가로, 바로 위의 「미 국립박물관 내 버나도, 알렌, 주이 한국컬렉션」의 저자인 월터 휴(Walter Hough)가 헐버트컬렉션을 평가했다. 휴는 지도, 도자기, 악기, 여성 화장품 일습을 사면 현재 한국컬렉션을 보충할 수 있다고 했다.[29] 주이와 휴의 평가에 기초해서 1893년 6월 7일 스미소니언 부국장인 브라운 구드(G. Brown Goode)는 헐버트에게 답장을 보내 관심 있는 품목(6, 7, 9, 11번)을 적시하며, 가격을 문의했다.[30]

헐버트는 1893년 7월 24일 스미소니언의 구드에게 자신이 보유하고 있는 한국 물건을 판매하고 싶다는 의향을 피력했다.[31] 여기에 여러 종류

[27] Walter Hough, 1893, The Bernadou, Allen and Jouy Corean Collections in The United States National Museum, Washington, Government Printing Office; Houchins, Chang-su Cho, *An Ethnography of the hermit Kingdon-The J. B. Bernadou Korean Collection(1884~1885)*, Washington, Asian Cultural History Program Smithsonian Institution, 2004; 손영옥, 2016, 「미국 스미스소니언박물관 소장 버나도(Bernadou)·알렌(Allen)·주이(Jouy) 코리안컬렉션에 대한 고찰」, 『민속학연구』 38.
[28] B. Jouy to Mr. R. S. Gean(1893. 6. 3).
[29] Walter Hough to Mr. Gean(1893. 6. 5).
[30] G. Brown Goode, Assistant Secretary to H. B. Hulbert(1893. 6. 7).
[31] Homer Hulbert to Mr. G. Brown Gowe(as it is)(1893. 7. 24).

의 물건과 그에 대한 자신의 추정가를 제시하고 총액으로 49달러로 제시했다. 편지 말미에 자신이 100달러 가격의 아름다운 한국 호랑이 가죽을 가지고 있다고 밝혔다.

헐버트는 한 달 뒤인 1893년 8월 24일 다시 구드에게 편지를 보내, 자신이 다시 서울로 떠나기 전에 특급으로 1개 박스와 1개 소포를 보낸다고 했다.[32] 헐버트가 보낸 소포에는 4종의 물품, 박스에는 56종의 물품 명세가 들어 있었다. 옷, 모자, 장신구, 병, 신발 등속의 세부 명세가 들어 있지만 아쉽게도 김규식 사진은 품목 명세에 포함되어 있지 않다. 헐버트는 조선 동전 2개를 동봉한다고도 했다.

스미소니언박물관은 8월 28일 헐버트컬렉션을 정식으로 구매하기로 결정했다.[33] 스미소니언박물관은 헐버트컬렉션의 품목들을 꼼꼼히 점검했다. 헐버트가 쓴 편지에 조선 동전 2개를 동봉한다고 되어 있는데, 해당 동전이 컬렉션에 포함되지 않았으니, 편지 봉투를 확인해 보라고 담당자에게 지시하는 부내 비망록(1893. 9. 25)이 작성되었다.[34]

이상과 같은 경로를 거쳐 스미소니언에 헐버트컬렉션이 입수되었다. 그런데 아쉽게도 헐버트가 작성한 품목 목록에는 김규식 사진이 포함되어 있지 않았다. 헐버트는 1893년 9월 2일 스미소니언의 구드에게 편지를 보내면서, 박스를 송부할 때 한국 불교승려의 묵주(a Korean Buddhist Monk's rosary)를 빠뜨렸다며 이를 동봉했다.[35] 묵주로 표기했지만, 정확히 말하면 종이에 인쇄된 원형 기도문 형태로, 불교 암송 문구들이 빽빽하

---

[32] Homer Hulbert to Mr. G. Brown Goode(1898. 8. 24). 편지에는 헐버트가 자필로 작성한 원본과 스미소니언 측이 이를 재타이핑한 정서본이 함께 들어 있다.

[33] Memorandum by Gear, Chief, Division of Correspondence and Reports, U.S. National Museum, Office of Assistant Secretary(1893. 8. 28).

[34] Memorandum by Gear, Chief, Division of Correspondence and Reports, U.S. National Museum, Office of Assistant Secretary(1893. 9. 25).

[35] Homer Hulbert to Mr. Goode(1893. 9. 2).

게 그려져 있다. 1쪽 분량이며, 불교사 전문가에게 문의한 결과, 이런 '묵주' 형태는 처음 접한다는 의견을 얻었다.[36] 헐버트컬렉션 문서에 따르면 헐버트 편지에 이 불교 묵주를 스미소니언에 추가로 송부한다고 되어 있지만, 현재 스미소니언아카이브에는 해당 묵주가 헐버트컬렉션 소속이라는 표기가 없다.

이로 미루어 본다면 헐버트는 물품의 가치 혹은 금액이 크지 않거나, 박물이라고 보기 어려운 사소한 기념품 같은 종류는 목록에서 제외했을 것으로 보인다. 또한 스미소니언 측에서는 김규식 사진을 일종의 선물이나 기증품으로 여겼을 가능성이 높다. 실제 헐버트컬렉션의 유물들을 확인해 보고 싶었지만, 스미소니언아카이브에 문의한 결과, 실제 유물이 스미소니언 산하 기관 중 어디에 보관되어 있는지는 일일이 확인해 보아야 한다는 답을 얻었다. 이상이 스미소니언아카이브에서 헐버트컬렉션의 소장 경위를 조사한 결과이다.

스미소니언에서 발견한 3장의 사진에는 어린 김규식에게 부여된 다양한 정체성이 어려 있다. 첫째로 선교사 언더우드 목사의 보호를 받는 존, 둘째로 해외선교부 홍보팸플릿의 주인공으로 등장한 한국 소년, 셋째로 일본 관광엽서의 모델이 된 동자라는 정체성이 교차하고 있었다. 그러나 그 어디에도 한국인 김규식이라는 이름은 존재하지 않았으며, 부친의 유배 후 친척들로부터 사실상 버림을 받아 고아가 된 사고무친의 처지라는 현실적이고 존재론적인 정체성은 증발된 상태였다. 현실의 객관적 위치와 상상과 가공의 사진 속 이미지가 이율배반적으로 작동하고 있는 것이다.

스미소니언에서 발견한 사진들은 어린 김규식이 당면한 유년기를 극적으로 말해 주고 있다. 한국에서는 김규식에 대해 일반적으로 언더우드의

---

36 「이화여대 김영미 명예교수 인터뷰」(2025. 1. 28).

양육을 받은 친미 기독교 노선의 신봉자, 파리강화회의 외교노선의 선구자, 이성적 합리주의자, 좌우합작·남북협상의 지도자 등 화려한 수식어가 앞서지만, 그 유년기는 비감하고 위태롭고 흔들리는 상태였다. 그런 출발점 위에 김규식이 존재했다는 사실은 기억되지 않고 있다. 그러나 우리는 이제 이 사진들 뒤에 실재했던 그의 유년기 상황을 조금이나마 이해할 수 있게 된 것이다.

언더우드 목사의 보호를 받고 있는 무명의 고아 "존", 미국 장로교 해외선교부 팸플릿의 표지모델 "한국 소년", 일본 관광엽서의 모델인 한국의 "동자"는 화려하게 치장되었지만, 김규식이라는 한국인의 이름은 의도적으로 숨겨지거나 박탈되었다. 과장하자면 상상된 이미지의 존, 한국 소년, 동자는 존재하지만 김규식이라는 존재는 존재하지 않는 것처럼 취급된 것이다. 선교, 선전, 상업, 존재론적 압박은 생존 그 자체가 절박했던 5살 어린아이가 감당하기 어려운 것이었고, 어느 하나도 본인의 의지나 결정과는 무관한 것이었다.

어린 시절 김규식에게는 선택의 자유가 존재하지 않았다. 친척들의 버림을 받아 가족의 따뜻함을 느낄 수 없었으며, 언더우드 고아원학교에서 생존 방법과 영어를 배워 삶을 개척해야 했다. 김규식은 정서적으로, 정신적으로 불안정하고 위태로운 유년기를 경험해야 했다. 풍운의 한말이라는 시대적 상황, 정치경제적 대폭풍우가 몰아치던 환경, 신분제와 가부장적 체제의 압력이 극복할 수 없는 벽이던 시대 속에서 어린 고아가 정상적으로 살아남는다는 것은 거의 기적에 가까운 일이었다.

이런 출발점에 서 있는 김규식의 인생은 개인적으로도 형극의 길이었지만, 그와 함께할 시대와 국가의 운명도 소용돌이치기는 마찬가지였다. 그 속에서 김규식은 스스로의 운명을 개척하고 시험해야 했다. 이제 우리는 보이지 않는 것을 보고, 듣지 못했던 이야기를 듣게 될 것이다. 어린 김규식은 신음과 고통 속에서 떨치고 일어나 스스로 운명의 주인공이 되려고 할 것이다. 그는 특별한 순간, 특별한 선택을 함으로써 자신의 존재가치를 증명하고 한국 독립운동의 상징적 인물로 우뚝 서게 될 것이다. 우리는 김규식이 비극과 시련을 이겨낸 도전자의 풍모를 갖추고, 평범한 청년이 민족의 지도자로 전환되는 극적 순간을 함께하게 될 것이다. 이것은 개인의 의지적 삶의 순간들이며, 전통에서 식민으로, 근대에서 현대로 이어지는 한국인의 삶에서 특별한 사례가 될 것이다. 이제 우리가 김규식의 삶 속으로 뛰어 들어갈 순간이다.

김규식의 부친 김용원의 생애와
김규식의 언더우드 고아원 시절

1

1   버려진 병약한 어린아이 "본갑이"

이야기는 미국 선교사로 조선에 건너왔던 언더우드(Horace Grant Underwood, 1859~1916, 한국명 원두우元杜尤)의 부인 릴리어스 언더우드의 회고에서 시작된다. 언더우드와 결혼한 릴리어스는 1905년 뉴욕에서 출간된 회고록에서 조선 생활의 여러 특별한 경험을 외국인의 시선에서 설명했다. 사람과 풍속이 모두 낯설고 신기하고 두렵기만 했던 조선에 대한 첫인상, 왕비였던 민왕후와의 만남, 결혼선물로 동전꾸러미를 산더미처럼 받은 일, 신혼여행으로 지방을 여행하며 겪은 일 등의 견문기가 흥미진진하게 펼쳐진다. '조용한 아침의 나라'에 대한 일종의 견문기이자 체험담에서 릴리어스는 어리고 병약한 채 가족으로부터 버림받아 사실상 고아가 된 한 어린아이 이야기에 한 장을 할애했다. 고아의 이름은 본갑이(Pon Gabe)였고, 때는 1886년이었다.

    언더우드 선교사는 버려진 고아들을 위한 기숙사이자 학교를 열었고, 다양한 "어린 부랑아들"이 이 집에 모여들었다. 그 가운데 가장 작은 애가 본갑이였다. 릴리어스에 따르면 "그는 한국 나이로 여섯 살이 되지 않았다. 그의 아버지는 고위 관직의 양반으로 어떤 정치적 공격 때문에 유배형에 처해졌고 그의 어머니는 아마도 죽은 것 같았다". 한국식 나이라는 것이 태어나면 즉시 한 살이 되어, 해를 넘기면 두 살이 되기 때문에 본갑이는 미국식 나이로는 네 살을 넘지 않았다. 놀랍게도 그를 언더우드 고아원에 데려온 사람은 "그의 삼촌"이었다.[1]

그런데 언더우드의 고아원 겸 학교는 시작한 지 얼마 되지 않은 상태로, 스스로 세수하고 자신의 땋은 머리를 묶을 수 없을 정도의 어린아이를 돌볼 수 없는 형편이었다. 그래서 본갑이는 며칠 동안만 머무는 게 허용되었다. 어쩔 수 없이 삼촌을 찾아가 당신이 아이를 다시 데려가 돌봐야 한다고 말했을 때 언더우드는 거센 항의를 받았다. 릴리어스는 "사악한 삼촌의 생각 중 하나가 가엽고 어린 성가신 친구를 제거해 버리는 게 아니었을까 염려"했다.

얼마 지나지 않아 그 어린아이가 심각하게 아프다는 소식이 들려왔다. 언더우드는 그 자신도 걷지 못할 정도의 병을 앓고 있었지만, 인력거를 불러서 약간의 의약품과 연유 등을 가지고 소년을 보러 갔다.

그는 버림받은 어린 비쩍 마른 아이를 발견했는데, 마루의 멍석 위에 누워서 너무 쇠약해 자기 머리도 들지 못한 채로 음식을 찾아 힘없이 가여운 목소리로 울부짖고 있었다. 그는 연유깡통을 보자, 이빨로 물어뜯어 열려고 하면서 벽의 벽지를 찢어서 먹으려고 하고 있었다. 삼촌은 골칫거리를 껴안고 자기가 부양비용을 들이기보다는 어린애를 굶겨 죽이려고 의도했을 개연성이 상당했다.[2]

---

1   L. H. Underwood, *With Tommy Tompkins In Korea*, New York, Chicago, Toronto, Fleming H. Revell Company. London and Edinburgh, 1905. p.61. 이정식은 서대문 밖 애오개에 있던 숙부 댁이 곤경에 빠져서 안식처가 될 수 없었다고 했다. 이정식, 1974, 『김규식의 생애』, 신구문화사, 12~13쪽.
2   L. H. Underwood, 1905, 위의 책. p.61.

모든 사람이 병세를 절망적인 것으로 생각해 병중의 아이를 방 한구석에 뉘어 놓고 병풍을 둘러 놓은 상태였다.[3] 이미 산송장 취급을 하고 죽을 순간을 기다리고 있었다는 것이다. 릴리어스가 보기에 병든 본갑이는 자기 삼촌의 손에 의해 언더우드 고아원에 버려졌고, 다시 삼촌 집에 돌려 보내지자, 굶어 죽기 직전까지 또다시 방치된 상태였다. 만 네 살 안팎의 어리고 연약한 생명은 버림받고, 굶주리고, 방치된 상태로 죽음 직전에 재차 미국 선교사에게 발견된 것이다. 언더우드가 아직 숨이 붙어 있는 아이를 버려둘 수는 없어 데려가겠다고 하자 가족들은 흔쾌히 승낙했다.

언더우드는 아이를 자기 집으로 데려와 "깨지기 쉬운 그릇 속에서 아직까지 가물거리는 연약하고, 깜빡이는 작은 생명의 불꽃을 구하기 위해 애썼다". 당연히 다른 선교사들은 언더우드가 이 어린아이를 돌보는 것을 반대했다. 너무 연약하고 병든 어린아이는 반드시 죽을 터인데, 그렇다면 조선인들이 선교사들에게 책임을 묻고 선교사들을 추방할 것이라는 게 이들의 우려와 걱정이었다. 외국인들이 조선의 어린아이를 잡아먹는다는 등 영아살해 소문과 소동이 만연하던 시기였기 때문에 노파심이나 기우만은 아니었다.[4]

1887년 언더우드가 선교본부에 쓴 편지에 따르면, 조선인들은 선교사들이 많은 소년을 붙잡아서 미국에 노예로 보내려고 한다, 소년들을 살찌게 먹여서 잡아먹으려고 한다, 그들에게 마술을 걸려고 한다는 얘기를 고아원까지 들어와서 했고, 얘기를 들은 소년들은 공포에 떨며 몰래 달아나기도 했다. 8살짜리 가난한 소년은 어느 날 밤 몰래 100마일가량 떨어진 자기 집까지 도망가기도 했다.[5]

3   이정식, 1974, 위의 책, 14~15쪽.
4   "영아 소동"(baby riots)은 1888년 6월 10일~25일에 일어난 사건이다. 외국인들이 조선 어린이들을 삶아 먹는다는 소문이 돌았다. 『구한국외교문서』 10, 美案1, 365~366쪽; 김원모, 1991, 『알렌의 일기』, 단국대학교출판부, 129쪽.

그러나 언더우드는 이런 충고를 듣는 대신 선교사로서 자신의 의무와 도리가 향하는 곳을 선택했다. 언더우드는 자신의 마음과 집을 활짝 열고서 "약하고 배고프며 죽기 직전에 놓인" 가여운 어린 길 잃은 양을 받아들였다.

불쌍한 본갑이가 회생하기까지 장시간의 노력이 경주되었다. 수 주 동안 생명은 바람에 흔들리는 촛불처럼 떨리며 생존과 죽음 사이를 오갔다. 모든 의사가 단념했지만 언더우드의 사랑은 결코 그를 단념하지 않았고, 마침내 본갑이는 조금씩 삶의 방향으로 나아갔다. "한 쌍의 커다란 투명하고 애처로운 검은 눈과 조그만 아이의 가엽고 작은 앙상한 뼈대뿐"이었던 어린아이는 언더우드의 친절과 음식을 통해 소생했고, 곧 어디에서나 볼 수 있는 "행복하고 통통하고 밝은 작은 친구"가 되었다.

그는 놀랄 정도로 빨리 영어를 배웠고, 여느 외국 어린이들처럼 말했으며, 이는 때때로 그를 매우 유용하게 만들었는데, 특히 언더우드 목사와 결혼한 후 한국어를 잘하지 못하던 그의 부인에게 그러했다. 언더우드 목사 부인은 여성들에게 주 예수가 말씀하신 달콤한 위로의 말을 전할 때 그를 통역으로 활용했다.
내가 확신컨대 이런 축복의 진실은 외국인의 입을 통해서 나왔다면 빠져들기 주저했을 터인데 같은 동족인 어린아이의 입술을 통했기에 보다 큰 능력을 발휘하며 적중했음이 분명하다. (중략) 이들 두 사람, 어린 소년과 외국 여성은 이제 1천만 명 이상의 민족을 구원하기 시작했다. 이들은 가난하고 작은 바구니에 단지 5개의 빵과 물고기 몇 마리만을 가지고 대중을 먹이기 시작했다.[6]

---

5 이만열·옥성득 편역, 2005, 「언더우드가 엘린우드에게 보낸 편지」(1887. 6. 17), 『언더우드 자료집 I』, 연세대학교출판부.
6 L. H. Underwood, 1905, 위의 책.

영특했던 어린 본갑이는 원어민처럼 영어를 구사하게 되었고, 릴리어스의 통역으로 조선 여성들에게 전도를 하는 데 큰 도움을 주게 되었다. 그것은 예수가 행한 떡 다섯 조각, 물고기 두 마리로 수많은 군중을 먹였다는 오병이어(五餠二魚)의 기적과도 같았다는 것이다. 언더우드 부부가 죽음 직전에 살려낸 본갑이가 바로 이 책의 주인공 김규식이다.

김규식에 관해 우리가 얻을 수 있는 첫 번째 기록이 언더우드 부인의 회고록이라는 사실은 여러모로 상징적이다. 어린 김규식은 작고, 병약하고, 사고무친의 사실상 고아였으며, 삼촌에게조차 여러 차례 버림받아 죽음의 문턱을 넘나드는 상황에 처했고, 미국 선교사 언더우드가 위험을 감수하고서라도 나선 끝에 구원받은 가냘픈 생명으로 묘사되었다. 그가 태를 묻은 조선이 당면하고 있던 비극적 운명에 필적할 만큼 비참하게 인생의 첫 출발이 기록된 셈이다. 이 어린아이는 가족에게 버림받았으나 미국 선교사에 의해 생명을 구원받았고, 그에 의지해서야 유소년기의 불안정한 삶을 영위하고 미래를 개척할 수 있었던 것이다.

현대 한국의 중요 정치지도자 가운데 이러한 비참한 유년기의 실상이 고스란히 전해진 인물은 거의 없다. 미국에서 출간된 책을 통해서 김규식의 유년은 거의 발가벗겨진 채로 알려진 것인데, 이런 경우는 들어 본 적이 없다. 유년의 사고무친이 노년의 비극적 최후로 연결되며 김규식 개인의 삶에 대한 비극적 서사를 완성했다면, 한말 조선왕조의 몰락과 한국전쟁의 참극은 그의 삶을 관통하는 참담한 국가적 시대상을 연출했다. 김규식은 비극적 시대의 비극적 주인공인 셈이다. 그와 함께 평생의 동지였던 이들의 최후도 마찬가지로 비감한 것이었다. 해방정국에서 좌우합작운동을 함께했던 몽양 여운형(呂運亨)은 1947년 암살되었고, 남북협상을 함께했던 백범 김구(金九)는 1949년 암살되었다. 김규식 본인은 한국전쟁기 납북되어 심장마비로 사망했다. 이들의 비극적 최후는 한국현대사의 비극적 행로를 상징하고 있다.

1 버려진 병약한 어린아이 "본갑이"

언더우드는 1885년 4월 5일 조선 땅을 밟았다. 선교사이자 교육자였던 언더우드는 1885년부터 일종의 주일학교 겸 고아학교를 운영하기 시작했다. 1886년 5월 정식으로 고아원을 개원했으며 1888년에는 고아원학교(Orphanage School)를 운영한 것으로 나타난다. 이정식은 김규식이 1887년 언더우드 목사 댁에 입양되었다고 썼지만,[7] 「서장」에서 살펴본 것처럼 김규식은 1886년 언더우드가 설립한 고아원에 들어가 홍보용 사진을 촬영했다. 아직 언더우드가 릴리어스와 결혼하기 전이었다. 언더우드는 1889년 3월 릴리어스 호튼과 결혼했고, 다음 해인 1890년 9월 아들 원한경(元漢慶, Horace H. Underwood)을 낳았다.[8]

본갑이는 언더우드가 미혼 시절 고아원에 수용한 버림받은 아이였으며, 언더우드가 릴리어스와 결혼해 친아들이 태어나기 전까지 언더우드 부부의 양자로 사랑과 돌봄을 받았을 것이다. 언더우드는 한국과 관련해 『The Call of Korea』(1908), 『The Religions of East Asia』(1919) 등을 썼고, 릴리어스도 『Fifteen Years Among the Top-Knots』(1904), 『With Tommy Tompkins in Korea』(1905), 『Underwood of Korea』(1918) 등의 저작을 남겼다.[9]

언더우드 부부는 김규식을 영어로 존(John)이라고 불렀고, 한국어로는 본갑이라고 불렀다. 그런데 한국에서는 오랫동안 Pon Gabe의 뜻을 알 수 없던 연고로 번개처럼 행동이 빠르다고 해서 '번개비'[10] 혹은 '번가배'[11]

---

7   이정식, 1974, 위의 책, 227쪽.
8   이광린, 1991, 『초대 언더우드 선교사의 생애: 우리나라 근대화와 선교 활동』, 연세대학교출판부, 43쪽.
9   L. H. 언더우드 지음, 이만열 편역, 1990, 『언더우드, 한국에 온 첫 선교사』, 기독교문사; 이만열, 2001, 「선교사 언더우드의 초기 활동에 관한 연구」, 『한국기독교와 역사』 14; 경신사 편찬위원회, 1991, 『경신사』, 경신중고등학교, 133쪽.
10 L. H. 언더우드, 1990, 위의 책, 56쪽.
11 이광린, 1991, 위의 책, 41~42, 96쪽.

언더우드 고아원의 김규식. 1열 가운데(1888). 새문안교회.

등이 아닐까 추정해 왔다. 언더우드의 아들이자 김규식이 친동생처럼 여겼던 원한경의 아들 원일한조차 김규식이 '번가배'라는 별명을 가졌다고 썼을 정도이다.[12] 릴리어스가 쓴 'Pon Gabe'를 '번개비'나 '번가배'로 읽은 것이니 그럴 법하기도 하다.

그런데 이는 언더우드 고아원의 실정을 몰랐기 때문에 벌어진 일이고, 그만큼 김규식의 유년기가 해독 불능 상태인 것을 반증한다. 고아들은 출신을 알 수 없었으므로, 성명도 미상인 경우가 태반이었다. 언더우드 고아원의 고아들은 성도 이름도 미상인 경우가 대부분이었기에, 공평하게 성을 빼고 그냥 이름만으로 불렸다. 1891년 마펫(Samuel Austin Moffett, 馬布三悅)이 학당장을 맡았을 무렵 고아원학교의 고아 학생들의 명단은 다음과

12   이광린, 1991, 위의 책, 96쪽.

같았다.

    I. 석남이
    II. 복동이, 순복이, 정학이, 응환이
    III. 태성이, 삼복이, 옥순이, 순남이, 금돌이, 홍열이, 홍복이
    IV. 봉갑이, 봉칠이, 일성이, 뭉율이, 금복이, 남기
    V. 금봉이, 기동이, 은석이, 양길이, 복영이, 유길이
    VI. 홍남이, 유길이, 순돌이[13]

이 가운데 IV의 첫 번째 이름 봉갑이가 바로 김규식일 것이다. 1893년 보고에 따르면 고아원학교의 학생들은 "한국인 하류층에서 모아들인 남자 아이들"이었다.[14] 릴리어스는 봉갑이 혹은 본갑이라는 이름을 알파벳으로 Pon Gabe로 적은 것이다. 전후 사정으로 미루어 김규식은 고아원 시절 본갑이(봉갑이)로 불렸음이 분명하다. 그런데 후대의 사람들은 언더우드 고아원의 이러한 사정을 알 수 없었기 때문에 본갑이(봉갑이)가 아닌 번개비, 번가베, 폰가베 등으로 오독하고, 여기에 여러 상상을 덧붙이게 된 것이다.

전후 사정을 맞춰 보면 어린 김규식은 1886년 언더우드 고아원에 보내졌고, 영어로는 존(John), 고아원에서는 본갑이라는 이름을 갖게 된 것이었다. 존이란 이름은 세례요한을 의미하기도 하지만, 미국에서는 장삼이사 아무개를 지칭하는 이름이기도 했다. 김규식은 상당 기간 John을 자신의 영문 이름의 미들네임으로 사용했다.[15]

---

13 고춘섭 편저, 1970, 『경신 80년 약사』, 경신중고등학교, 36쪽; 「마포삼열 학당장의 메모에서」, 경신사편찬위원회, 1991, 위의 책, 163쪽.
14 경신사편찬위원회, 1991, 위의 책, 163쪽.
15 김규식은 로녹대학 시절은 물론 1919년 파리강화회의 시절에도 John Kiusic Soho Kimm이

1888년경 촬영된 언더우드 고아원 사진에서 김규식은 1열 중앙에 서 있다.[16] 다른 아이들보다 유난히 나이가 어려 보이고, 가장 몸집도 작은 아이임이 드러난다. 사진을 찍은 아이들은 공손하게 모은 두 손, 생기 없고 주눅이 든 듯한 태도, 촬영자를 응시하는 처연한 눈빛 등을 통해 자신의 처지를 설명하고 있다. "우리들은 버림받거나 돌봐 줄 사람이 없는 고아들입니다"라고 말하는 듯하다. 앞에서 우리가 본 부잣집 도련님, 양반집 학동 김규식의 모습과는 정반대이다.

김규식이 미국인 선교사가 운영하는 고아원에 맡겨지게 된 배경은 잘 알려져 있다. 릴리어스가 얘기한 대로, 부친이 유배를 가고, 모친은 사망했기에 언더우드 고아원에 맡겨졌다는 것이다. 김규식 평전을 쓴 이정식은 이렇게 쓰고 있다.

> 김규식의 부친 김지성(金智性)은 청풍 김씨의 후예로 본디 강원도 홍천에서 출생하였으나, 경상도 동래부의 관리로 근무하였다. 그런데 한국정부에서 일본과 관계를 맺고 있는 것에 불만을 품고 국왕에게 상소를 올린 것이 화가 되어 귀양을 가게 되었다. 이 때문에 집안은 몰락하고 또 부인까지 병사하게 되어 어린 규식은 숙부 댁에 맡겨졌다. 그러나 숙부 집은 넉넉한 편이 못 되어 숙부는 그를 언더우드가 설립한 고아원에 맡기기로 하였다. 언더우드는 4세밖에 안 된 규식을 보자 이런 어린 아이를 키울 수 없다 하고 받지 않음으로써 숙부 밑에서 기숙하게 되었다.[17]

라는 이름을 사용했다. John은 세례명이자 언더우드로부터 받은 이름이며, Soho는 김규식의 호인 소호(小湖)를 의미했다. 장년의 김규식은 소호(小湖) 대신 만호(晚湖)를 호로 사용했다. 또한 1930년대 이후에는 우사(尤士)를 호로 썼는데, 아마도 언더우드의 한문 이름 원두우(元杜尤)의 '우'자를 따서 우사로 지었을 가능성이 있다.

16 새문안교회 역사편찬위원회, 1995, 『새문안교회 100년사(1887~1987)』, 새문안교회, 83쪽. 출처는 명시되어 있지 않다.

1 버려진 병약한 어린아이 "본갑이"

언더우드가 고아원을 개설한 것은 1886년 5월 11일이었는데, 김규식은 개원 직후 고아원에 맡겨진 것으로 보인다.[18] 11개월 전인 1885년 6월 부친 김지성(김용원)은 러시아밀사 건으로 정치적 처벌을 받아 경북 예천으로 유배형에 처해졌다. 이 시점에 김규식에게는 친형, 3명의 숙부, 조부모 등 대가족이 존재했다. 대가족의 일원이었음에도 불구하고, 또한 서울에 사는 숙부들이 관직에 있었음에도 불구하고, 만 4살 반 정도의 어린 김규식은 미국인 선교사의 고아원에 맡겨진 것이고, 다시 숙부의 집에 보내졌으나 병과 굶주림으로 죽기 직전까지 방치된 것이다.

도대체 어린 김규식의 집안에는 무슨 일이 있었는가? 이 의문을 풀어가는 과정은 김규식의 가계와 그의 부친 김지성(김용원)을 이해하는 지름길이며, 김규식의 평생을 좌우하게 될 어린 시절과 그 유산을 복원하는 작업이기도 하다.

17 이정식, 1974, 위의 책, 12~13쪽.
18 이만열·옥성득 편역, 2005, 「언더우드가 엘린우드에게 보낸 편지」(1886. 7. 7), 위의 책, 37쪽.

2 김용원 혹은 김지성의 가계[19]

김규식은 1881년 1월 27일(음력 1880년 12월 28일) 경상남도 동래에서 청풍 김씨(淸風金氏) 김지성(金智性)과 경주 이씨 사이의 셋째 아들로 출생했다.[20] 그의 생일은 족보에 경진(庚辰) 12월 28일로 되어 있다. 경진년은 1880년이므로, 양력으로 1881년 1월 27일에 해당한다.[21]

그의 가계와 부친 김지성에 대해서는 지금까지 알려진 바가 별로 없다. 김규식의 가계를 최초로 연구한 이정식에 따르면 김지성은 원래 강원도 홍천(洪川) 태생으로, 김규식이 출생할 시점에는 동래부의 관리로 근무했다.[22] 이정식은 1970년 김규식의 부인 김순애(金淳愛) 여사, 큰아들 김

19   이하의 설명은 정병준, 2015, 「김규식의 부친 김용원의 가계와 생애」, 『한국근현대사연구』 73에 따른 것이다.
20   金允植 編, 1920, 『淸風金氏世譜』(표제 『淸風世譜』) 12책 중 卷1, 20쪽; 淸風金氏譜所 編, 1958, 『淸風金氏世譜』(표제 『淸風世譜』) 鉛活字本 12책 중 卷4, 36쪽; 김규식, 1950, 「김규식 자필 이력서」(한문 2쪽·영문 5쪽, 각 1부).
21   이정식과 강만길·심지연은 김규식의 생일을 '庚辰 2월 28일'로 기록했는데, 이는 경진 12월 28일의 오기이다. 경진년(1880년) 2월 28일은 양력으로 1880년 4월 7일에 해당한다. 이정식, 1974, 위의 책, 12쪽; 강만길·심지연, 2000, 『우사 김규식 – 생애와 사상 1: 항일 독립투쟁과 좌우합작』, 한울, 23쪽.
22   이정식, 1974, 위의 책, 12쪽.

진동(金鎭東), 작은아들 김진세(金鎭世)를 인터뷰해서 가계와 관련한 중요 증언 3가지를 제시했다.

첫째, 김지성은 개항 직후 외무(外務) 관계 관리로 발탁되어 일본과 러시아에 파견되었고, 여행 중 자전거를 조선에 최초로 도입하기도 했다. 러시아 여행 후 실권을 쥐고 있던 청국(淸國) 세력에 몰려 동래부사 밑에서 일하게 되었다.[23]

둘째, 김지성은 일본과 왕래가 잦은 동래에서 조선과 일본 간 거래를 살펴보던 중 못마땅한 문제에 대한 상소를 올린 결과 정배(定配)를 당했다.[24]

셋째, 김지성의 유배로 집안이 몰락했고, 설상가상으로 김규식이 여섯 살 되던 해 모친이 사망했다.[25] 이후 김규식은 서울에 있는 숙부 댁에 몸을 의지했으나, 당시 숙부네도 곤경에 빠져 있어서, 어린 김규식은 미국 선교사 언더우드가 설립한 고아원에 맡겨졌다. 그러나 당시 독신이던 언더우드 목사가 경영하는 고아원에서 만 4세밖에 안 된 어린아이를 키울 수 없다고 하여 할 수 없이 숙부 댁에서 그날그날을 보내고 있었다.[26] 아래에서 살펴보겠지만, 이 기억은 사실의 선후가 뒤섞이고 부정확한 부분도 있다.

한편 1950년에 김규식이 작성한 「자필 이력서」(영문)에 따르면 김지성은 한학에 정통했고, 그 위에 일본에서 얼마간 신식 교육을 받음으로써 진보사상에 크게 감화를 받았고, 15세부터 고종황제의 시종으로 근무했다. 김규식이 태어날 때는 동래부에서 우후(虞侯)로 있었다.[27] 또한 「자필 이력서」(영문)에 따르면 부친이 정치적 이유로 약 6년간 유배에 처해진 시

23 「김진동담(1970. 8. 31)」, 이정식, 1974, 위의 책, 12쪽.
24 「김순애여사담(1970. 6. 18)」, 이정식, 1974 위의 책, 12~13쪽.
25 「김진세담(1970. 5. 11)」, 이정식, 1974, 위의 책, 13쪽.
26 Lillias H. Underwood, *Underwood of Korea*, New York, Fleming H. Revell Co., 1918, pp.44~46.
27 「김규식 자필 이력서」(영문, 1950).

기에 모친이 사망했고, 해배된 부친은 강원도 홍천군 농가에서 50세의 나이로 사망했다.[28]

청풍 김씨 족보에 따르면 김지성의 자(字)는 치장(致長), 벼슬은 선전관(宣傳官)을 지냈으며, 1842년(壬寅) 1월 20일에 태어나 1892년(壬辰) 5월 24일 사망한 것으로 되어 있다. 부인은 경주 이씨(慶州李氏)로 1839년(己亥)에 출생해 1877년(丁丑) 10월 22일 사망한 것으로 되어 있다.[29] 그런데 김규식이 1881년에 출생했으므로 어머니가 1877년에 사망했다는 족보의 기록은 이치에 부합하지 않는다. 여기에 대해서 두 가지 해석이 가능하다.

첫 번째는 족보의 기록이 착오일 경우이다. 김규식의 둘째 아들 김진세는 할머니 이씨가 김규식이 여섯 살 되던 해 사망했다고 증언했다. 이는 1887년으로 정해(丁亥)년에 해당한다. 따라서 족보의 기록은 정해(丁亥)년을 정축(丁丑)년으로 오기한 것으로 생각할 수 있다. 둘째, 이정식의 주장처럼 김규식이 서자였을 가능성이다.[30] 즉 김용원의 첫 부인은 1877년 사망했고, 김규식은 다른 여성에게서 1881년(음력 1880년) 태어났을 가능성이다. 이 경우 어머니는 김규식이 한국 나이로 여섯 살 되던 해인 1885년 사망했을 것이다.

와그너(Edward Wagner)는 김지성이 선전관 경력을 가진 것으로 미루어 무과시험에 급제했던 것 같다고 추정했다.[31] 와그너는 김지성 7형제

---

28 「김규식 자필 이력서」(영문, 1950).
29 『淸風金氏世譜』 卷1, 1920, 20쪽; 卷4, 1958, 36쪽. 1989년에 간행된 『淸風金氏世譜』에는 김지성의 생몰이 임인(1842)년 1월 20일 생, 병신(1896)년 5월 24일 졸로, 경주 이씨는 기해(1839)년 생, 정유(1897)년 10월 22일 졸로 변경되어 있다. 김규찬, 김규식의 생몰은 동일하게 기록되어 있다.
30 이정식은 근거를 밝히지 않았지만, 김규식이 서자였다고 단정했다. 이정식, 2006, 「해방 직후 정치 지도자 4인의 성격 구성」, 『대한민국의 기원』, 일조각, 240쪽.
31 에드워드 와그너 지음, 이훈상·손숙경 옮김, 2007, 『조선왕조 사회의 성취와 귀속』, 일조각, 308, 327쪽.

의 세계(世系)를 정리한 바 있는데, 다른 형제들은 모두 용(鏞)자 돌림인데, 유독 김지성만 용(鏞)자 돌림이 아닌 것으로 나타나 있다고 썼다.[32] 이상이 지금까지 알려져 있는 김규식 가계의 전부이다.

그런데 1928년 대중잡지『별건곤』(別乾坤)에는 김규식의 부친이 김지성이 아니라 김용원(金鏞元)이라는 이름으로 등장하고 있다. 이 기사는 김규식의 부친 김용원을 이렇게 설명하고 있다.

재봉기계 먼저 사용한 사람
지금으로 51년 전 정축(丁丑)년경에 강원도 금화(金化)사람 김용원(金鏞元)(상해에 잇는 김규식씨의 부친)씨는 상업차로 일즉이 일본에 갓다가 서양 사람에게 재봉틀 하나를 사가지고 와서 사용하얏섯는데 그때의 부녀자들은 그를 천신(天神)가티 신기하게 녁이여서 날마다 그의 집으로 구경을 오는 사람이 인산인해를 이르럿고 심지어 외국에 갓다 온 사람은 그런 조화를 잘 부린다고까지 말하얏다 한다.[33]

"상업차" 일본에 갔다가 재봉틀을 최초로 사용한 김용원이 김규식의 아버지라는 것이다. 즉 김용원이 김지성이라는 것이다. 여기서 51년 전 정축년이면 1877년으로 수신사(修信使) 김기수(金綺秀) 일행이 일본에 파견된 1876년의 다음 해를 의미한다. 1877년 일본에서 재봉틀을 들여왔다는 것은 김용원이 매우 선진적인 인물로 근대세계와 접촉하는 첨단에 서 있었던 것을 의미한다.

32　Edward Wagner, "The Development and Modern Fate of Chapkwa-Chungin Lineage," 한국학 국제학술회의 '국내외에 있어서 한국학의 현재와 미래', 인하대학교 한국학연구소, 1987. 9. 10~1987. 9. 12; "In Inquiry into the Origin, Development, and Fate of Chapkwa-Chungin Lineage," 1983; "The Three Hundred Year History of Haeju Kim Chapkwa-Chungin Lineage," 1987,『송준호교수정년기념논총』, 한국인문과학원.
33　관상자(觀相者), 1928,「각계각면 제일 먼저 한 사람」,『별건곤』제16·17호.

그렇다면 김용원이란 인물은 누구이며, 과연 김용원과 김지성은 동일 인물인가 하는 점을 살펴볼 차례이다. 지금까지 연구에 따르면 김용원은 1876년 수신사, 1881년 조사시찰단과 관련해 중요한 인물로 파악되었다. 이광린(李光麟)은 김용원을 1881년 조사시찰단에 조사(朝士)로 동행한 인사, 1881년 광산기술을 배우기 위해 일본에 유학하고 있던 사람, 일본에서 유리(硝子)기술·금은분석술을 배운 유학생, 1882년 교토에서 변수와 함께 화학·양잠학을 배운 인사, 1885년 제1차 한러밀약 사건 관련자 등으로 언급했다.[34] 다른 연구자들도 김용원을 제1차 수신사,[35] 조사시찰단 조사,[36] 제1차 조러밀약(朝露密約) 사건[37] 등과 관련해 언급했다. 또한 도화서 화원, 광산기술자,[38] 촬영국(撮影局),[39] 아국여지도(俄國輿地圖)[40] 등과 관련해서도 김용원이 거론되었다. 이를 종합하면 김용원은 제1차 수신사, 조사시찰단에 동반한 초기 일본 유학생 출신으로, 1885년 제1차 조러밀약 사건으로 유배된 후 병사하지 않았다면, 1890년대 이후 고종의 최측근으로

34 이광린, 1986, 『한국개화사의 제문제』, 일조각, 22, 48~51, 181쪽; 이광린, 1995, 『개화당연구』, 일조각, 22, 25, 36쪽.
35 조항래, 1971, 「병자수신사 김기수 사행고추보(使行考追補)-해항필휴(航韓必携)의 검토와 관련하여」, 『유홍렬박사 화갑기념논총』.
36 정옥자, 1965, 「신사유람단고」, 『역사학보』 27; 허동현, 1995, 「1881년 조사시찰단의 활동에 관한 연구」, 『국사관논총』 66, 국사편찬위원회.
37 田保橋潔, 1940, 『近代日鮮關係の硏究』 下卷, 1~18쪽; 김경창, 1975, 「청국의 종주권 강화와 한로비밀협정 사건 시말」, 『정치학회보』 7; 임계순, 1984, 「한로밀약과 그 후의 한로관계(1884~1894)」, 『한러관계 100년사』, 한국사연구협의회; 구선희, 1990, 『한국 근대 대청정책사 연구』, 혜안.
38 이배용, 1984, 『구한말 광산이권과 열강』, 한국연구원, 7쪽.
39 최인진, 1999, 『한국사진사 1631~1945』, 눈빛; 龜井武, 1991, 「日本寫眞史の落穂い(その22)」, 『Photography in Japan』, 349號, 日本寫眞協會; 박성래, 2007, 「한국 최초의 사진기술자·화학도였던 '김용원'」, 『과학과 기술』 4월호.
40 유영박, 1972, 「아국여지도(俄國輿地圖)」, 『국학자료』 창간호, 2월; 유영박, 1980, 「장서각소장 강좌여지기(江左輿地記) 논고」, 『국학자료』 38, 12월; 신승권, 1994, 「강좌여지기(江左輿地記)·아국여지도(俄國輿地圖) 해제」, 『(한국학자료총서二) 강북일기(江北日記)·강좌여지기(江左輿地記)·아국여지도(俄國輿地圖)』, 한국정신문화연구원.

〔표 1-1〕 김규식 가계도

〔출전〕 에드워드 와그너 지음, 이훈상·손숙경 옮김, 2007, 『조선왕조 사회의 성취와 귀속』, 일조각, 302~329쪽; 『淸風金氏世譜』 卷1, 1920, 20쪽; 卷4, 1958, 36쪽; 박규원, 2003, 『상하이 올드데이스』, 민음사; 이정식, 1974, 『김규식의 생애』, 신구문화사, 96~97쪽; 「조종무 기증자료: 구술 폴린 장」, 국사편찬위원회(2006년도 구술자료수집사업).

주요 관직을 역임했을 인물로 판단된다. 그런데 그런 김용원이 김규식의 아버지라는 점, 김용원이 김지성과 동일인물이라는 점은 전혀 주목받지 못했다.

다만 이은주가 촬영국에 관한 글을 쓰며 이윤성(李閏成)의 증언(2001년 당시 92세)을 인용해 학계에서 처음으로 김용원이 김지성인 것으로 추정했다.[41] 이윤성은 김규식의 형 김규찬(金奎贊)의 손부(孫婦)이다. 이윤성은 시조모인 정씨(鄭氏)로부터 시증조부인 김지성에 대한 이야기를 들었고 이를 들려준 것이었다. 이은주는 김지성이 김용원과 출생연도(1842)가 일치하며 "고종의 밀사로 러시아에 무기 사러 갔다 와서 귀양 갔다. 일본에서 공부했고 조선에서 제일 먼저 사진술을 배워 와 사진을 찍었으며 그림을 잘 그렸다"라는 이윤성의 증언, 그리고 김규식의「자필 이력서」(영문)에 기재된 김지성의 관직(1881년 당시 虞侯), 교육 배경(일본에서 신지식 습득), 귀양 간 해(1885)가 김용원의 행적과 정확하게 일치하므로 김지성이 김용원과 동일인물이라고 추정했다.

김용원이 김지성이라는 명백한 증거는 『승정원일기』에서 확인된다. 1885년(고종 22) 3월 16일 이조는 계목(啓目)을 올려 "전 우후(虞候) 김용원(金鏞元)이 이름을 지성(智性)으로 고치"려고 고장(告狀)을 올렸으니 규례대로 예문관으로 하여금 체지(帖紙)를 발급해 주는 것이 어떻겠느냐고 청하였고, 고종은 그대로 윤허했다.[42] 즉 전 우후 김용원이 김지성으로 개명한다는 사안은 이조를 거쳐 고종의 윤허를 얻어 예문관에서 허가한 사안이었던 것이다.

김지성은 청풍 김씨 인백파(仁伯派) 김동선(金東璇)의 일곱 아들 중

---

41 이은주, 2002,「개화기 사진술의 도입과 그 영향-김용원의 활동을 중심으로」,『진단학보』 93, 154쪽(각주 33).
42 『승정원일기』고종 22년(1885) 3월 16일.

둘째였다. 김지성의 가계는 『청풍김씨세보』와 강원도 홍천군 세거지의 친족들로부터 확인할 수 있다.⁴³ 『청풍김씨세보』에 따르면 김동선은 1819년 8월 8일에 태어나 1893년 4월 14일에 사망했다. 벼슬은 음참봉(陰參奉), 지동돈녕(止同敦寧), 묘는 홍천 화촌면(化村面) 수철대(水鐵岱) 손좌(巽坐)로 기록되어 있다. 김동선의 직계 6대손이자 김지성의 고손자인 김주만(이윤성의 아들)은 김동선이 난을 피해 홍천군 화촌면 야시대리로 낙향해 한약방을 운영했고, 이후 화재를 만나 화촌면 구성포리로 이주했다고 증언했다. 슬하에 모두 7형제를 두었는데, 출생지가 홍천인지 서울인지는 알 수 없다고 했다.⁴⁴

1남 김용선(金鏞先·金友性, 1839~1900)은 1855년(철종 6) 식년시(式年試) 운과(雲科)에 장원으로 입격했고, 자(字)는 치종(致宗·致從)이다. 족보상 벼슬은 음낭청(陰郎廳)·통훈전운위원(通訓轉運委員)이었다. 김용선은 1881년 8월 연원찰방(連原察訪)이었는데, 충주 권주애점(勸酒崖店)을 찾아가 귀국하는 조사시찰단(朝士視察團)을 영접했다. 김용선은 동생 김용원을 만나려 했으나, 아직 일본에 체류 중이어서 만날 수 없었다.⁴⁵ 『승정원일기』1881년(고종 18) 12월 2일조에 따르면 "연원찰방(連原察訪) 김용선(金鏞先)은 이름을 주성(洙性)으로 고치는 일로 고장을 올렸"고 그대로 윤허되었다.⁴⁶ 즉, 김용선도 1881년 정부의 허락을 얻어 이름을 김주성

---

43 김용원의 가계에 대해서는 펜실베이니아대학 유진 박(Eugene Park) 교수(현재 네바다대학 교수)의 도움을 받았음을 밝히며 여기에 특별히 감사를 표한다. 유진 박 교수는 스승이자 한국족보 연구의 대가였던 와그너 교수의 연구를 토대로 청풍 김씨가 된 해주 김씨의 가계에 대해 자세한 사정을 얘기해 주었다.
44 「김주만(金周萬: 1953년생) 인터뷰」(2014. 10. 23. 강원도 홍천군 화촌면 성산리 자택). 그의 계보는 김동선-김지성-김규찬-김진성-김건영-김주만(4남)으로 이어진다.
45 李𢙁永, 『日槎集略』地 신사년(1881, 고종 18) 8월 10일(기사); 민족문화추진회, 1977, 『국역해행총재 속편』 XI, 124~125쪽; 와그너, 2007, 위의 책, 308, 326쪽; 한국정신문화연구원 역사연구실 편, 1990, 『조선시대잡과합격자총람』, 한국정신문화연구원; 『淸風金氏世譜』 卷 1, 1920, 20쪽; 卷4, 1958, 36쪽.
46 『승정원일기』 고종 18년(1881) 12월 2일.

(金洴性)으로 고친 것이다. 족보에는 김우성(金友性)으로 되어 있으나 '성(性)' 자 항렬은 동일하다.

2남 김용원(金鏞元, 1842~1892)은 1885년 3월 김지성(金智性)으로 개명하였다. 3남은 김용현(金鏞賢·金駿性, 1845~1885)으로 1864년(고종 1) 증광시(增廣試) 의과(醫科)에 입격했고, 자(字)는 치립(致立·聖立)이다. 족보상 벼슬은 관사과(官司果)로 되어 있다. 『승정원일기』 1882년 2월 24일조에 따르면 이조가 계목을 올려 "자여찰방(自如察訪) 김용현(金鏞賢)이 이름을 준성(駿性)으로 바꾸"려고 한다고 청했고 그대로 윤허되었다.[47] 김용현은 1882년 김준성으로 개명한 것이다.

4남은 김용완(金鏞完·金完性, 1847~1910)으로 자(字)는 성백(城伯·成伯)이며, 1861년(철종 12) 식년시(式年試) 운과에 입격했다. 5남은 김용면(金鏞冕·金冕性, 1850~1871)으로 자는 주백(周伯)이고 1864년(고종 1) 식년시(式年試)에서 운과 장원으로 입격했다. 6남은 김윤성(金允性, 1855~1880)으로 자는 중백(仲伯)이었다.[48]

7남은 김익승(金益昇, 1859~?)으로 청풍 김씨 김국선(金國善: 1800~1823)의 양자로 입적되었다. 자는 주경(周卿)이며, 1880년대 일본 게이오기주쿠(慶應義塾) 유학을 거쳐 고종의 측근이 되었으며, 1904년 외부 교섭국장을 지냈다. 1904년 김규식이 미국 유학을 마치고 귀국할 당시 언론은 김규식이 김익승의 조카라고 밝힌 바 있다.[49] 〈학교종이 땡땡땡〉의 지은이로 유명한 김메리는 김익승의 셋째 딸이자 김규식의 사촌동생이다.[50]

---

47 『승정원일기』 고종 19년(1882) 2월 24일; 와그너, 2007, 위의 책, 308, 327쪽; 한국정신문화연구원, 1990, 위의 책; 『淸風金氏世譜』 卷1, 1920, 20쪽; 卷4, 1958, 36쪽.
48 와그너, 2007, 위의 책, 308, 327쪽; 한국정신문화연구원, 1990, 위의 책; 『淸風金氏世譜』 卷1, 1920, 20쪽; 卷4, 1958, 36쪽.
49 『황성신문』은 "外部交涉局長 金益昇氏의 姪金奎植氏가 九年前 美國에 入하야 으로크大學校에서 普通文學을 卒業하고 歸國하얏더라"라고 보도했다. 「미국졸업」, 『황성신문』(1904. 6. 11); 와그너, 2007, 위의 책, 307~308, 327쪽.

김익승(연도 미상). 김주만 소장.

　이상에서 우리는 1880년대 초반 김용원 형제들이 개명했음을 확인할 수 있다. 1남 김용선(金鏞先)은 1881년 김주성(金澍性·金友性)으로, 2남 김용원(金鏞元)은 1885년 김지성(金智性)으로, 3남 김용현(金鏞賢)은 1882년 김준성(金駿性)으로 개명했다. 이들은 모두 관직에 있었으므로 개명 기록이 『승정원일기』에 남은 것이다. 나머지 형제들도 1880년에 사망한 6남 김윤성과 출계(出系)한 7남 김익승을 제외하고는 거의 같은 시기 '성(性)'자 돌림으로 개명했을 것으로 생각된다.

50　김메리, 1996, 『학교종이 땡땡땡』, 현대미학사, 25쪽.

3 도화서 화원 김용원의 일본 수신사 동행

기록상으로 확인된 김용원의 첫 관직은 도화서(圖畫署) 화원(畫員)이다. 『한민족문화대백과사전』은 김용원을 "조선 말기의 화원 화가"로 소개하고 있다. 이에 따르면 "본관은 청풍(淸風), 자는 선장(善長), 호는 미사(薇史). 19세기 후반에 활동했던 화원 화가로 관직은 부사과(副司果, 종6품), 우후(虞候)를 지냈다. 도화서 화원으로 1856년부터 1875년까지 순조인릉천봉도청의궤(純祖仁陵遷奉都廳儀軌)를 비롯해서 철종상존호도감의궤(哲宗上尊號都監儀軌), 익종대왕추상대왕대비전가상존호도감의궤(翼宗大王追上大王大妃殿加上尊號都監儀軌) 등에 참여했고, 1861년에는 철종어진도사에 참여했다"라고 되어 있다.[51] 즉, 김용원은 1856년부터 1875년까지 약 20여 년간 도화서 화원으로 의궤 제작과 철종어진 제작에 참가했다는 것이다.

김용원은 1842년생으로 철종 7년(1856)에는 15세였다. 김규식이 「자필 이력서」(영문)에 적은 바 부친이 "15세부터 고종의 시종으로 근무했다"는 것은 철종기 이래 도화서 화원이었음을 의미한다. 어떻게 김용원이 도화서 화원이 되었는지는 미상이다. 형제들이 운과(용선, 용완, 용면), 의과

---

51 강민기, 「김용원」(金鏞元), 『한민족문화대백과사전』 온라인판.

철종어진(1861). 국립고궁박물관.

(용현) 등 잡과 출신인 것으로 미루어 김용원도 취재를 통해 도화서 화원이 되었을 것으로 보인다. 김용원은 철종의 어진을 그릴 정도로 그 능력을 인정받는 화원이었고, 증손부 이윤성의 증언에 따르면 코에 붓을 끼워서 글씨를 써도 명필이었으며 그림을 아주 잘 그렸다고 한다.[52] 도화서 화원으로 실력이 인정된 김용원은 국왕을 자주 접하게 되어 철종·고종의 총애를 받았을 것으로 짐작된다. 김용원의 후손 김주만의 자택에는 도화서 품안(品案)이 보관되어 있다. 도화서에서 품계(品階)를 가진 관원의 직품을 적어 놓고 그에 해당하는 사람의 이름을 붙였다 떼었다 할 수 있게 만들어진 도화서 품안을 김용원이 가지고 있었다는 것은 그의 경력이 오래되었으

---

52 이은주, 2002, 위의 논문, 156쪽; 「김주만 인터뷰」(2014. 10. 23).

며, 자신의 경력을 증명하는 중요 문서로 품안을 보관하고 있었음을 의미한다.[53]

그런데 위의 철종~고종 연간의 세 의궤 작업에 김용원이 참가했다는 위의 서술은 기록상 확인되지 않는다.[54] 이 3개의 의궤는 규장각에 소장되어 있는데, 그 가운데 김용원의 이름을 발견하지 못했다. 반면 김용원이 1861년 철종어진 제작에 참가한 사실은 확실하다. 김용원은 20세 때인 1861년(철종 12) 3월 4일에 철종의 초상화를 그릴 때 도화서 소속 화원으로 규장각 소속 자비대령화원(差備待令畫員) 및 도화서 소속 조중묵(趙重黙)과 함께 철종의 어진을 그리는 행사에 참여하였다.[55] 어진 제작에 수고한 상으로 김용원은 옷감 세 필을 받고 변장(邊將)에 제수되었다.[56]

도화서 화원들에게는 종6품 이하의 실직(實職)이 주어졌는데, 주로 무관직을 제수했다. 김용원도 변장에 제수된 이래 여러 무관직을 거쳤다. 김용원은 1865년(고종 2)에는 훈련도감의 초관(哨官: 종9품), 1870년에는 수문장(守門將), 1873년에는 부사과(副司果: 종6품)에 제수되었다.[57] 화원이 지낼 수 있는 최고의 실관(實官) 자리는 종6품 현감(縣監)이었고, 도화서 최고 직급은 종6품 겸교수(兼敎授)였다. 김용원이 부사과에 이른 것은 도화서 화원으로는 거의 최고의 직에 오른 것을 의미한다.

1876년 제1차 수신사가 파견되자 부사과(副司果)였던 34세의 김용원

---

53 김주만 자택에 보존된 도화서 품안에는 "제조(提調) 1인은 예조판서가 겸하며 실관청(實官廳) 30인"으로 되어 있고, 명부를 뗴었다 붙인 30칸이 비어 있다. 이후 임관(任官), 녹관(祿官), 조애소(助哀所) 등으로 구분하고 있다.
54 한영우, 2005, 『조선왕조 의궤』, 일지사, 602~604, 616~618, 642~644쪽.
55 『內閣日曆』, 제981책, 철종 12년(1861) 3월 4일;『哲宗御眞圖鑑事實』, 철종 12년(1861) 3월 4일; 진홍섭 편저, 1998,『한국미술사자료집성』6, 일지사, 589쪽; 이은주, 2002, 위의 논문, 155쪽; 강관식, 2001, 『조선 후기 궁중화원 연구』하, 돌베개, 608쪽.
56 『內閣日曆』, 제981책, 철종 12년(1861) 4월 18일, 4월 22일; 진홍섭 편저, 1998, 위의 책, 591~592쪽;『日省錄』, 철종 12년(1861) 4월 22일.
57 『승정원일기』고종 2년(1865) 8월 4일, 고종 7년(1870) 11월 29일, 고종 10년(1873) 1월 13일;『日省錄』고종 7년(1870) 11월 29일.

이 동행하게 된다. 임진왜란 이후 일본에 파견된 통신사 일행에 한두 명의 화원이 포함되었기 때문에, 그 연장선상에서 수신사에도 화원이 파견된 것으로 보인다.[58] 수신사 일행으로서 김용원의 행적은 크게 드러나지 않는다. 그는 수신사 행적을 기록하는 임무를 맡은 것으로 추정되지만, 이와 관련한 공식 그림을 남겼는지는 확인되지 않는다. 조선과 일본 측 기록에서 수신사 일행으로 동행한 화원(畵員)·부사과(副司果) 김용원의 이름이 확인된다.[59]

일본에 도착한 수신사 일행을 1876년 6월 9일 오전 일본인 사진사 우치다 하지메(內田一)가 사진으로 촬영했는데, 김용원도 여기에 포함되었을 것이다.[60] 김용원은 일본에서 여러 공장을 시찰하고, 특히 화원으로서 사진에 깊은 관심을 가졌던 것으로 보인다.

수신사행에서 돌아온 김용원은 1876년부터 1881년까지 도화서 화원에서 고종의 측근 인사로 중용되기 시작했다. 일본에서 돌아온 직후인 1876년(고종 13) 8월 고종이 신임하는 무위소(武衛所)의 군기(軍器) 조성에 기여한 공로로 "사과(司果) 김용원은 6품직의 자리가 나기를 기다려 의망하여 들이라는" 전교가 내려졌다.[61] 1877년에는 부장(部將, 종6품), 1879년에는 훈련원 주부(主簿, 종6품)에 제수되었다.[62] 사료를 통해 볼 때 김용원이 고종의 눈에 확실히 각인된 계기는 1879년 12월이었다. 12월 4일 김용원은 훈련원 판관(判官, 종5품)으로 승품되었고, 같은 날 전라우도 수

---

58 홍선표, 1995, 「조선후기 통신사 수행화원의 파견과 역할」, 『미술사학연구』 205; 홍선표, 1998, 「조선후기 통신사 수행화원의 회화활동」, 『미술사논단』 6.
59 金綺秀, 1974, 『日東記遊』 卷一 隨率; 『修信使記錄(한국사료총서 제9집)』, 국사편찬위원회, 2쪽; 『航韓必携』 1冊, 信使前報 條陳(1876. 3. 15).
60 「信使滯京日記」 坤, 『航韓必携』 卷之八(1876. 6. 9); 조항래, 1971, 위의 논문, 360쪽; 이은주, 2002, 위의 논문, 156쪽.
61 『승정원일기』·『日省錄』 고종 13년(1876) 8월 21일.
62 『승정원일기』 고종 14년(1877) 12월 28일, 고종 16년(1879) 6월 25일.

군우후(虞侯, 정4품)가 되었다. 같은 날 고종은 전라우도 수군우후인 김용원을 경상좌도 수군우후인 이주혁(李柱赫)과 맞바꾸라고 전교했다.[63] 김용원은 12월 4일 훈련원 판관·전라우도 수군우후·경상좌도 수군우후로 세 차례나 관직이 변경되었고, 승품되었다. 그가 경상좌도 우후가 된 것은 동래 왜관과 관련이 있을 것이다. 고종은 수신사 경험이 있어 일본통이었던 김용원을 경상좌도 수군우후에 임명함으로써 동래 왜관을 살피며 일본에 대한 대비·대응책을 모색하고 일본의 근대적 문물, 군사력 등을 조사·보고할 것을 지시했다. 이 시점에서 김용원은 더 이상 도화서 화원이 아니었다. 그가 근대 일본을 목격하고 경험한 소수의 개화 관료로 거듭나 고종의 주목을 받게 되었음을 의미했다.

---

63 『승정원일기』 고종 16년(1879) 12월 4일.

4 "선략장군" 김용원의 일본 유학

(1) 경상좌도 우후·유리제조소 설립(1880)

김용원이 경상좌도 수군우후가 되어 동래에 부임한 후 김규식이 출생했다. 김규식의 출생일은 1881년 1월 29일인데, 아버지가 경상좌도 수군우후가 되어 부임한 지 1년 뒤였다. 그는 아버지 김용원이 39세 되던 해 동래에서 얻은 아들이었다. 족보에 따르면 김규식 위로 형 김규찬(金圭贊, 1864~1893)이 있었다. 김규찬은 1864년 서울에서 출생했으며, 통사랑(通仕郎)·제중원 주사(濟衆院主事)를 지냈다.[64] 김규찬은 큰아버지인 김우성(김용선)의 양자로 입적되었으며, 김규식이 출생했을 시점에 이미 17세였다.[65]

김용원은 수신사에서 돌아온 이래 일본 공관에 출입하며 일본공사를 비롯한 일본인들과 교류했다.[66] 『도쿄 요코하마 마이니치신문』(東京橫浜每

---

64 『淸風金氏世譜』卷1, 1920, 20쪽; 卷4, 1958, 35쪽; 에드워드 와그너, 2007, 위의 책, 307~308, 328쪽.
65 김규식의 직계와 방계 후손들의 증언에 따르면 김규식은 동래 어머니에게서 출생했으며, 두 사람은 김용원이 서울로 올라오며 헤어졌다.

日新聞)에 따르면 김용원은 1879년 주한일본공사 하나부사 요시모토(花房義質)의 권유로 스스로 사진술을 배워 그것을 조선에 널리 알린 것으로 알려져 있었다.[67] 김용원은 경상좌도 수군우후로 동래에 내려간 이후에도 일본 왜관을 찾아 일본인들과 긴밀하게 접촉했다. 특히 그는 사진술, 유리제조술, 금은분석술 등 근대적 기술을 배우려고 시도했다.

김용원이 수군우후로 부임한 후 몇 개월 뒤인 1880년 4월 도쿄의 『도쿄 이치이치신문』(東京日日新聞)은 김용원이 동래 왜관(관리관)을 방문해서 사진술과 금은분석술 등을 배우려고 시도했다고 보도했다.[68] 김용원은 중국어로 번역된 서양 서적 등을 읽어 서양 사정을 약간 아는 '어느 정도 개화된 인물'로 묘사되었다.

이어 김용원에 대한 소식은 1880년 9월 일본 신문에 연달아 게재되었다. 먼저 『아사노신문』(朝野新聞)은 수군우후(虞候) 김용원이 1876년 수산사 일원으로 도쿄에 와서 기계제조소를 방문했으며, 동래 수영 부임 이후 부산포의 일본인 거류지를 자주 방문해서 일본인 사진사로부터 사진술을 배웠고, 일본으로부터 유리제조사를 초청해 유리제조소를 설립할 계획이라고 보도했다.[69]

같은 시점에 『도쿄 요코하마 마이니치신문』도 김용원의 행적을 자세히 보도하고 있다.

---

66 이하의 설명은 최인진, 1999, 위의 책; 이은주, 2002, 위의 논문, 154~158쪽; 龜井武, 1991, 「日本寫眞史の落穗い(その22)」, 『Photography in Japan』, 349號, 日本寫眞協會에 따른 것이다.
67 최인진, 1999, 위의 책, 93쪽; 이은주, 2002, 위의 논문, 154쪽.
68 『東京日日新聞』 1880년(명치 13) 4월 20일 자, 3면 「朝鮮通信」; 이은주, 2002, 위의 논문, 154쪽.
69 『朝野新聞』 1880년(명치 13) 9월 3일 자, 2면 「雜報」; 최인진, 1999, 위의 책, 93쪽; 이은주, 2002, 위의 논문, 157쪽.

선년(先年) 김기수 씨가 수신사로서 일본에 왔을 때 수행했던 수영우후(水營虞侯) 김용원(金鏞元)은 당국(當國)에서 개화의 효시로도 말해지는 사람으로, 전년(1879) 화방공사(花房公使)의 권유에 의해 스스로 사진술을 배워서 그것을 조선 내국(內國)에 널리 알리고 이번에 일본인 수 명을 고용해서 부산진에 유리제조소(玻璃製造所)를 설치하려고 하였다. 또한 줄곧 서양 번역서를 좋아하여 이에 따라 우리 영사가 일본어로 번역한 백과사전을 보냈는데 크게 그 은혜에 감동받았다. 그는 그것을 읽는데 고생하였는데 갑자기 일본학을 수학하지 않으면 안 된다는 것을 깨달아 그 아랫사람 가운데 재능 있는 소년 한 명을 뽑아 일본학에 종사할 것을 결의하였다고 부산통신에 나와 있다.[70]

김용원은 '개화의 효시', 1879년 사진술을 배운 사람, 1880년 일본인을 고용해 부산진에 유리제조소(玻璃製造所)를 설치하려 시도한 인물, 서양 번역서를 좋아해 일본영사가 일본어로 번역한 백과사전을 받은 인물, 재능 있는 소년을 뽑아 일본학 수학을 시킬 계획이 있다는 등으로 묘사되었다.

앞의 『아사노신문』의 기사와 마찬가지로, 김용원이 일본인으로부터 사진술을 배웠으며, 부산진에 유리제조소를 설치하려 했다는 점을 공통적으로 발견할 수 있다. 당시 사진 촬영에는 유리원판이 사용되었고, 여기에 감광제를 바르고 은 용액에 담갔다가 촬영하는 기법을 사용했기 때문에, 사진촬영술은 유리 제작, 금은 분석 등 화학기술과 밀접한 관련을 맺고 있었다.[71] 김용원이 사진촬영술에 관심을 갖게 된 것은 그가 도화서 화원 출

---

70 『東京橫浜每日新聞』, 1880년(명치 13) 9월 15일 자, 3면 「雜報」; 이은주, 2002, 위의 논문, 154~155쪽; 최인진, 1999, 위의 책, 94쪽.
71 최인진, 1999, 위의 책, 94~95쪽.

신이었던 사실과 깊은 관련을 맺고 있었을 것이다. 전통시대 왕실·국가의 사진에 해당하는 도화를 담당하던 화원들은 사진이 도입되기 시작하면서부터 그 지위가 흔들리기 시작했고, 사진은 곧 화원과 도화서를 대체하게 되었다. 도화서 화원들은 직업적 특성상 자연스럽게 사진에 관심을 갖게 되었고, 김용원은 그 첫 출발점에 서 있었던 것이다.

한편 김용원이 일본어를 배우기 위해 재능 있는 소년을 일본에 파견할 계획을 세웠다는 부분도 주목할 만하다. 김용원 자신이 다음 해인 1881년 조사시찰단으로 일본에 건너가 최초의 일본 유학생으로 1883년까지 체류했을 뿐 아니라 자신의 막냇동생 김익승(金益昇)을 일본에 불러들여 유학시켰기 때문이다. 김익승은 1883년 일본에 파견되었는데, 1884년 게이오기주쿠에서 해관(海關)사무와 정치과를 배웠고, 1885년 8월 해관 전문가로 외아문(外衙門) 주사(主事)가 되었다.72 김익승은 1886년 인천항 서기관, 1887년 인천해관 방판(幇辦), 1895년 군무아문 주사 겸 외무아문 주사·원산항 감리, 1898년 의정부 참서관, 1905년 외부 교섭국장을 지냈다.73

또한 위의 기사에 언급된 부산 주재 일본영사는 다름 아닌 곤도 신스케(近藤眞鋤)였다. 1881년 조사시찰단이 일본으로 떠나기 전 김용원이 수차례 접촉했으며, 1885년 제1차 조러밀약 사건이 발생했을 당시 사건의 내막을 알기 위해 여러 차례 김용원을 접촉했던 '오랜 친구'(舊知)였다.74

김용원은 1880년 12월 부산에 유리제조장(玻璃製造場)을 설립했다.

---

72 이광린, 1986, 위의 책, 54~56쪽.
73 전우용, 2011, 『한국 회사의 탄생』, 서울대출판문화원, 194~195쪽.
74 「日本駐朝鮮 公使가 井上馨에게 보낸 조선 정부 내 상황 密報 번역」(譯日本駐朝公使寄井上馨韓廷內況密報), 光緖 11년(1885) 5월 14일. 中央研究院 近代史研究所 編, 1972, 『清季中日韓關係史料』第4卷, 臺北, 中央研究院 近代史研究所, 1850쪽.

조선수영(朝鮮水營) 우후(虞侯) 김용원(金鏞允으로 표기됨) 씨가 설립한 유리제조장(玻璃製造場)에는 지금까지 일본인을 교사로 고용했었는데, 사업도 크게 번창해서 조선의 직공도 이미 그 기술에 숙달하였다. 지난 달까지만 일본인을 고용하였다. 한편 유리질이 부산 근방에서 채굴되고 있다고 하며 그 질이 대단히 좋다고 한다.[75]

앞의 신문기사와 연결해 보면 김용원이 1880년 9월 부산진에 유리제조장을 설립했고, 일본에서 일본인 기사를 초청해 11월까지 도움을 받았으며, 계속 유리제조장을 운영하고 있었음을 알 수 있다. 또한 그 과정에서 조선인 직공들이 기술을 습득했고, 유리의 원료도 부산 인근에서 채굴함으로써 유리 제조 사업이 크게 번창하게 되었다.

경상좌도 수군우후 김용원의 이런 활동은 고종의 동도서기론적 개화정책과 일련의 맥을 같이하는 것이었다. 현직 관원인 김용원이 사적 이익을 목적으로 유리제조장을 설립했다고 보기 어렵기 때문에, 유리제조장은 공영(公營) 혹은 관영(官營)의 형태로 운영되었을 것이다. 이러한 김용원의 행적과 활동, 즉 일본인 접촉, 유리제조장 설립·운영, 사진촬영술 습득은 모두 고종과 중앙정부에 잘 알려졌을 것이다.

이런 연유로 중앙의 군부에서는 김용원에 대한 신뢰나 기대가 상당했던 것으로 보인다. 1880년 12월 무위소(武衛所)가 군물(軍物)을 만들 때 주관하는 일이 많으니 경상좌도 김용원을 경직(京職)에 붙여서 이 일을 살펴보게 해달라는 청이 있자 고종이 이를 윤허했다.[76] 이에 따라 김용원은 12월 29일 수문장직에 제수되었다.[77] 즉 김용원은 고종·군부를 통해 근대

---

75 『東京橫浜每日新聞』 1880년(명치 13) 12월 14일 자, 3면 「雜報」; 이은주, 2002, 위의 논문, 158쪽.
76 『승정원일기』 고종 16년(1879) 12월 19일.
77 『승정원일기』 고종 16년(1879) 12월 29일.

식 군대·무기에 정통한 인물로 인정받은 것이다. 이는 1880년 한 해 동안 김용원이 동래에서 보여 준 독자적 외교 교섭 능력, 사업 추진력, 실행 능력이 빛을 발했음을 의미한다. 김용원은 1881년 초 서울로 이주해 저동(苧洞)에 자리 잡았다. 김용원은 김규식의 생모와 동래에서 헤어졌다. 김용원은 옷고름을 이별의 정표로 잘라 주었다. 옷고름을 삼각형으로 잘라 이별의 징표로 여자에게 주는 수세베기(割給休書)로, 조선시대 남녀가 헤어질 때 사용하던 방법이었다.[78]

(2) 조사시찰단·일본 유학(1881~1883)

1881년 3월 고종은 12명의 조사(朝士)를 인솔자로 하는 62명의 대규모 시찰단(신사유람단·조사시찰단)을 일본에 파견했다. 공식적으로는 동래 암행어사의 직함을 주고, 경비는 고종의 내탕금에서 지불하는 '비공식 사절'이었다. 김용원도 조사로 선임되었는데, 그의 나이 39세였다.

고종은 신임하는 신하들을 불러 개별적으로 임무를 부여했다. 2월 10일 고종은 이원회와 이동인에게 기선과 총포 구입 계획을 맡겼는데, 2월 15일을 전후해 갑자기 이동인이 실종되었다. 이는 시찰단의 출발을 늦추었을 뿐 아니라 대체자를 필요로 하는 긴급사안이었다. 2월 26일 조정은 이동인 대신에 김용원에게 "기선 운항에 관계된 제반사항에 관한 정보를 수집하라"는 임무를 주어 조사시찰단에 합류시켰다.[79] 김용원은 이동인과 마찬가지로 고종 시대에 궁궐 호위를 전담하던 무위소 소속이었으며, 민영

---

78 「김주만 인터뷰」(2014. 10. 23); 「수세베기」, 『한국민족문화대백과사전』 온라인판.
79 許東賢, 1986, 「朝士日本視察團에 관한 硏究」, 『韓國史硏究』 52; 許東賢, 2000, 『近代韓日關係史硏究: 朝士視察團의 日本觀과 國家思想』, 국학자료원, 53쪽.

익의 집에 출입하던 인물이었다.[80] 김용원은 군사전문가로 활약했으며 "실무능력과 군사지식을 겸비한 정예관료"였다. 이원회·김용원을 제외한 다른 모든 조사들은 과거급제자, 청요직 출신 인사들이었다.[81] 김용원이 이동인의 임무를 긴급하게 맡게 된 것은 그만큼 고종의 신임과 기대가 컸음을 의미하며, 이동인의 자리를 대신할 수 있을 정도의 능력과 경험을 갖춘 인물로 평가되었음을 반증한다.

12명의 조사 가운데 11명은 동래 암행어사로 임명되었지만, 김용원만 별견(別譴)으로 따로 파견되었다. 시찰단은 10개 조로 나뉘어, 조사들이 책임자가 되었다. 그 밑에 수원(隨員), 통사(通事), 하인 등이 배치되었는데, 김용원 밑으로 수원 손붕구(孫鵬九), 통사(통역) 김대홍(金大弘)이 배치되었다. 김용원은 당시 나이 만 39세였다.[82]

자료 조사 과정에서 김용원의 사진을 발견했다. 이 사진은 국내 한 경매사이트에 올려진 것으로 김용원의 사진과 자필 기록이 붙어 있다.[83] 김용원은 장군 투구를 쓰고, 갑옷을 입은 채 검과 깃발을 들고 있다. 뒷면의 자필 기록에는 "朝鮮國宣略將軍嶺左水軍虞侯金鏞元字善長號薇史貫淸風時年四十歲相"이라 되어 있다. 풀어쓰면 "조선국 선략장군(종4품) 경상좌도 수군우후 김용원 자 선장 호 미사 본관 청풍 연령 40세 모습"이다. 이 기록에 김용원인(金鏞元印)과 미사(薇史) 두 개의 낙관을 하였으므로 김용원 자신이 쓴 것이 분명하다. 한국 나이로 40세이니, 만 39세에 해당하며

---

80 허동현, 2000, 위의 책, 54쪽.
81 허동현, 2000, 위의 책, 53~54쪽.
82 이헌영(李𢡜永), 1977, 『일사집략(日槎集略)』 인(人) 동행록(同行錄), 한국고전번역원.
83 이 사진은 kobay의 2005년 62회 '삶의 흔적 경매'에 출품된 것으로, 물품번호 0502VJ66207, 출발가 40만 원, 물품 제목은 「朝鮮末 武臣 金鏞元 영정 古寫眞」이었다. http://www.kobay.co.kr/servlet/wsauction/item/itemView?cmd=imageViewDetail&item.itemseq=0502VJ66207. 이 사진의 존재는 최인진 선생을 통해 알게 되었다. 경매회사에 사진에 대해 문의했지만 답을 받지 못했다. 이런 연유로 실물을 확인할 수 없었다.

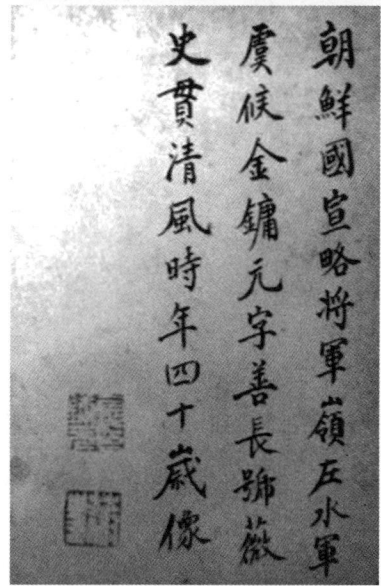

조선국 선략장군 수군우후 김용원(1881). 코베이.

1881년 김용원이 조사시찰단의 조사로 동반했을 때 명함용으로 사용하기 위해 소지했던 것으로 생각된다.

조사시찰단원 가운데 유길준·윤치호·유정수(柳定秀)·김양한(金亮漢)은 최초의 국비유학생이었고, 조사 김용원을 비롯해 왕제응(王濟膺), 손붕구, 송헌빈(宋憲斌), 심의영(沈宜永)도 일본 유학생이 되었다.[84]

조사 12명은 3월 25일 동래에 집결했고, 김용원이 친밀하게 지냈던 일본영사 곤도 신스케를 3월 26일과 28일에 예방했다. 3월 29일 정병하(鄭秉夏)가 고종의 내탕금 5만 냥을 경비로 가져와 11명에게 일본돈으로 환전해 나누어 주었다. 김용원은 별건이므로 다른 경비를 지급받았을 것이다.[85]

이들은 4월 10일 일본으로 출발했고 4월 29일(양력 5월 25일) 도쿄에 도착해서 4개월간 시찰 활동을 벌였다. 김용원은 출발 당시 기선 운항에 관한 정보 수집의 임무가 주어졌지만, 현재 남아 있는 기록으로는 특별히 기선 운항에 관해 조사하고 결과를 보고한 것으로 확인되지는 않는다. 김용원은 주로 유리제조술, 금은분석술, 화학, 광산학, 양잠학 등에 관심을 가지고 조사 활동을 벌였다.

일본『아사노신문』1881년 6월 21일 기사는 김용원의 행적에 대해 다음과 같이 보도하고 있다.

금반 도항의 조선의 신사 중 산관(散官) 김용원(金鏞元), 왕제응(王濟膺), 사인(士人) 손붕구(孫鵬九), 송헌빈(宋憲斌), 심의영(沈宜永)의 5씨는 통사(通事) 김대홍 씨((金)大洪氏)(조선인)를 인솔하여 지난 17일 (오)전 11시경 품천공작분국(品川工作分局)[초자제조소(硝子製作所)]을 종

---

84 이광린, 1986, 위의 책, 48쪽.
85 조사시찰단의 일원(조사)이었던 이헌영이 1881년 3월 26일부터 5월 17일까지의 일을 기록한 일기를 남겼는데, 제목은『十一行中同行錄』(1881, 규장각 소장)이다. 김용원을 제외한 조사 11명의 동행록이란 의미이다.

람차(縱覽次) 갔다. 취장(吹場)에서 고용 영인(英人) "스피드" 씨가 약병(藥瓶)·화병(花瓶) 등을 만드는 것을 보았고, 그로부터 여러 곳을 일일이 돌아본 뒤 초자(硝子)의 원질(元質)에서 조합약법(組合約法) 등의 일을 종종 심문(尋問)하였다. 그중에 사인(士人) 손붕구는 오는 20일경부터 동소(同所)에서 기우(寄寓)하여 제조법을 연구하기 위해 직공견습으로써 수업을 받겠다고 요청하였던 바 동국(同局)에 알아본 뒤 가까운 시일 내에 입장(入場)케 하는 모양.[86]

김용원은 왕제응, 손붕구, 송헌빈, 심의영과 함께 도쿄 시나가와공작분국(品川工作分局), 즉 시나가와 유리제조소를 견학했다. 이미 동래에서 유리제조공장을 운영하고 있었으니, 김용원이 이곳을 방문한 것은 자연스러운 일이었을 것이다. 시나가와 초자제조소는 1873년(메이지 6) 일본정부의 태정대신(太政大臣) 등의 지시로 만들어진 품천흥업사(品川興業社)·초자제조소(硝子製造所)를 시초로 했다. 이들은 영국인 토머스 월튼(Thomas Walton)을 고빙해 유리글래스(glass) 제작을 시도했으나 제조가 곤란해, 1876년 정부에 매각했다. 일본정부는 이를 관영 시나가와초자제조소(品川硝子製造所)로 개편했고, 공장을 확대했다. 1879년에 영국인 글래스기술자 제임스 스피드(James Speed)를 고용해 판(板)글래스 제조를 목적했지만, 기술적으로 어려웠다고 한다. 그러나 여러 색이 들어간 유리컵 등 다양한 유리그릇을 만들었다.[87] 김용원 일행이 본 것이 바로 영국인 기술자 스피드 등의 유리그릇 제조 공정이었다.

송헌빈의 『동경일기』(東京日記)에 이날(1881. 6. 21) 저녁의 시나가와 초자제조소 방문기가 기록되어 있다. 송헌빈은 국장인 후쿠타니 게이기

---

86 『朝野新聞』, 1881년(明治 14) 6월 21일 자, 「잡보」; 이광린, 1986, 위의 책, 48~49쪽.
87 「品川硝子製造所の歷史」. http://uranglass.gooside.com/shinagawa/sgf.htm#2.

치(福谷啓吉)의 안내로 서양인 1명과 일본인 여러 명이 유리그릇을 만드는 장면을 목격했다.[88] 이곳을 방문한 김용원은 원재료 조합 방법 등을 '종종 심문'했다. 또한 시나가와 유리공장에 직공견습을 요청한 손붕구가 바로 김용원의 수원(隨員)이었다는 사실은 김용원이 손에게 유리제조술의 중요성을 강조했을 가능성을 보여 준다.

이광린에 따르면 원래 손붕구는 의학을 연구하기 위해 동경대학에 입학하려 했고, 일본 외무성도 동경대학 종리(綜理, 총장)에게 추천했다. 그런데 손붕구는 어학 부족을 이유로 입학허가를 받지 못하자 대신 유리 제조 기술을 배우게 되었다.[89]

김용원은 일본에서 염산과 질산(運龍水·龍吐天龍水), 철포와 기계의 추형(雛形), 아연 등을 구입하고자 했다.[90] 이는 1880년 이래 김용원이 관심을 갖고 있던 사진 촬영, 유리 제조, 금은분리술 등과 관련되어 있으며, 철포·기계의 추형은 군사무기와 관련된 것이었다.

조사시찰단 일행은 일본 시찰을 마치고 7월 14~23일 도쿄를 떠나 귀국길에 올랐다. 이헌영의 기록에 따르면 일행은 7월 16일 귀국 준비를 하고 있었으나, 김용원은 돌아갈 날짜를 정하지 않은 상태였다.[91] 김용원은 일본에 체류하며 여러 가지 실용적 근대 과학기술을 배웠다.[92]

이광린에 따르면 1881년 8월 이래 김용원은 오사카조폐국(大阪造幣局)에 가서 금은분석술(金銀分析術)을 연구하였다.[93] 또한 김용원은 이쿠

---

88 宋憲斌, 『東京日記』(1881. 6. 21); 허동현, 2000, 『조사시찰단 자료집』 14, 국학자료원, 404~405쪽.
89 이광린, 1986, 위의 책, 48~49쪽.
90 일본외무성 편, 『航韓必携』卷之八(1881. 6. 15, 1881. 6. 16); 조항래, 1973, 『개항기대일관계사연구: 자료편』, 형설출판사, 155~156쪽; 허동현, 2000, 위의 책, 56쪽.
91 이헌영, 『일사집략』(日槎集略) 지(地), 1881년 7월 16일.
92 김용원은 한국 고관에게 편지를 보내 포경과 어업이 부국의 기초라고 강조하기도 했다. 『朝野新聞』, 1882년(明治 15) 1월 11일 「雜報」; 이광린, 1986, 위의 책, 22쪽.
93 일본외무성 외교사료관 소장, 『明治十四年 朝鮮國視察員 朴正(定)陽 來航一件』(등록번호

노은산(生野銀山)에서 광산학을 연구했다. 1882년 8월 일본『도쿄 이치이치신문』은 다음과 같이 보도하고 있다.

> 김용원(金鏞元)은 무인(武人)으로서 선덕장군(宣德將軍)의 직을 가진 개국당(開國黨)의 쟁쟁한 자로서 본년(1882) 2월 명을 받들어 우리나라에 건너와 점점 주의(主義)를 개명하게 되어 현재 오사카조폐국(大阪造幣局)에 체재하며 용해분석(鎔解分析)에 열심을 내서 그를 전수(傳受)받고 있으며, 일찌기 이쿠노은산(生野銀山)에 가서 광산의 경황(景狀)을 듣고 귀국한 뒤에는 광산 개발 사업을 일으키려 하였고 크게는 광산에 희망을 가지고 살고 있었는데, 이번의 변보(變報)를 듣고 놀라 조선이 일본에 대한 은혜를 한탄하였으나 (중략) 양국의 평화를 도모하기로 결심하고 이에 귀국길에 올랐다고 한다.[94]

이 기사는 김용원을 개국당, 즉 개화파의 쟁쟁한 인물로 묘사하고 있다. 그를 선덕장군이라고 쓴 것은 아마도 김용원의 명함용 사진에 적은 '선략장군'을 오기한 것으로 생각된다. 그가 1882년 2월 도일했다고 한 부분은 착오이지만 김용원이 오사카조폐국에서 용해분석술을 배운 사실, 이쿠노광산을 돌아보고 광산 개발 사업에 뜻을 품은 사실, 임오군란 소식을 들은 후 1882년 8월 귀국길에 올랐다는 사실 등을 확인할 수 있다.

김용원의 이후 행적은 1883년 8월 일본『아사노신문』에서 찾아볼 수 있다.

> 한인 김용원(金鏞元) 외 4명은 작년 중 오사카조폐국(大阪造幣局)에 의

1-1-2-3, 17),「所收 1881년(明治 14) 8월 20일 宮本小一이 造幣局長에게 보낸 公文」: 이광린, 1986, 위의 책, 49쪽.
[94] 『東京日日新聞』(1882. 8. 19), 雜報「朝鮮事變(第十六)」.

뢰하여 금은분석술을 수업(修業)하고 있는 중에 저 경성의 소란(騷亂)〔임오군란〕으로 일단 귀국하였다가 다시 도래하여 이쿠노광산(生野鑛山)에서 분석술을 배우고 있었던 바 이번에 졸업하여 15일에 귀국한다고 한다.[95]

이에 따르면 김용원 외 4명이 1882년 오사카조폐국에 의뢰해서 금은분석술을 배우다가 1882년 6월 임오군란이 일어나자 일단 귀국하였으며, 다시 일본에 건너와 이쿠노(生野)광산에서 광산채굴술과 광물분석술을 배웠다는 것이다. 김용원 등 4명이 졸업한다고 한 것으로 미루어 소정의 과정을 이수했음을 의미한다. 오사카조폐국은 일본의 주화뿐 아니라 코크스, 가스 등을 생산하는 일본 화학공업의 원류지 중 하나였으며, 효고현(兵庫縣) 아사고군(朝來郡) 남부 산지에 위치한 이쿠노은산은 1868년 프랑스 광산기술자 프랑수아 코녜(Francois Coignet)가 정부로부터 파견되어 관(官)에서 운영하던 곳으로 일본 광산 근대화의 모델로서 유럽의 광산기술 도입이 진행되던 곳이다.[96]

한편 다른 기록에는 김용원이 변수(邊燧)와 함께 1882년 교토(京都)에서 화학과 양잠의 기술을 배우고 있었다고 되어 있다. 임오군란 이후 교토부 지사(北垣國道)는 한국으로 향하는 『사가신보』(滋賀新報) 특파원(服部直)을 김옥균과 서광범에게 소개하는 서신에서 "김용원, 변수 두 사람은 우리 교토에 머물면서 혹은 화학의 일을 연구하거나 양잠술을 학습하고 있습니다. 그 학업을 모두 이루게 되었으나 두 사람은 이번 사변(임오군란) 얘기를 듣고서 총총히 배를 타고 서둘러 귀국했습니다"라고 썼다.[97] 변수

---

95 『朝野新聞』 1883년(明治 16) 8월 10일 자, 「잡보」: 이광린, 1986, 위의 책, 49쪽.
96 이은주, 2002, 위의 논문, 159~160쪽.
97 이광린, 1986, 위의 책, 22쪽.

는 1882년 4월 도일한 김옥균 일행과 함께 일본에 건너와 교토에서 학업에 종사했는데, 그가 김용원과 함께 화학과 양잠을 배웠다는 것이다.

이상에서 확인한 김용원의 도일 이후의 행적은 다음과 같다. 첫째, 김용원은 1881년 이래 오사카조폐국에서 금은분석술을 배웠다. 둘째, 1882년 4월 이후 변수와 함께 교토에서 화학·양잠을 공부했다. 셋째, 1882년 임오군란 이후 8월경 잠시 귀국했다 다시 도일했다. 넷째, 이후 1883년까지 이쿠노광산에서 분석술 혹은 광산학을 공부했다.

이광린에 따르면 1882년 4월 도일한 김옥균 일행은 시찰을 마치고 8월 말 귀국길에 시모노세키(馬關)에 이르러 임오군란 소식을 들었다. 김옥균 일행에 섞여 있던 강위(姜瑋)에 따르면 나라의 변고가 있다는 소식을 듣고서 일행이 모두 산사에 올라가 통곡을 하고 상복(縞服)으로 갈아입었다. 당시 김용원은 정병하와 함께 시모노세키에 있었다.[98] 김용원과 함께 교토에서 공부하던 변수는 김옥균 일행과 함께 귀국했는데, 김용원도 여기에 합류해 귀국했을 것이다. 김용원은 함께 귀국할 일본 유학생을 수소문했다. 『아사노신문』 8월 26일 자는 이렇게 보도하고 있다.

> 시모노세키(馬關)에서 조선신사(朝鮮紳士) 김용원(金鏞元)씨로부터 동지의 사무소, 출장소에 부탁하여 재경(동경에 재류)의 동국인(同國人)으로서 급히 귀국하기를 원하는 자는 속히 시모노세키에 오라는 내용의 통지서를 발송해 주기를 요청을 받고 출장소에서 외무성에 전신으로 그 취지를 알려옴에 며칠 전 동성(同省)에서는 유길준(俞吉濬), 윤치호(尹致昊), 손붕구(孫鵬九), 박인순(朴仁淳), 최창식(權昌植), 이의과(李宜果), 신복모(申福模), 이은돌(李銀乭), 김동장(金東樟)의 9명을 호출하여 김씨(金鏞元)의 뜻을 전하였던 바 1명도 귀국할 생각이 없다고 말하였다 한

---

98 『古歡堂收艸』詩稿 卷之十六, 天水姜瑋慈屺著, 「遠游艸」.

다. 단 김동장 1명만은 시의에 따라 가까운 시일 내에 시모노세키에 갈지 모른다고. 그밖에 한인 중 일본에 있는 자는 김옥균씨의 일행(卓頂埴, 기타 2명) 및 김용원씨와 교토(京都)에 2명뿐이라 한다.[99]

즉 김용원은 김옥균 일행과 시모노세키에서, 일본 유학생들에게 함께 귀국하자고 독촉했지만, 유길준·윤치호·손붕구 등은 모두 귀국을 거절했다.

귀국했던 이들 가운데 변수는 임오군란 진압 후 조선정부에서 일본 측에서 답례로 수신사를 파견할 때 박영효의 수행원이 되어 일본으로 건너왔는데, 김용원도 이를 전후한 시점에 일본에 건너왔을 것으로 보인다. 김용원은 다시 이쿠노은산에서 광산채굴술과 광물분석술을 배웠다.[100] 김용원은 약 1년간 일본에 체류하면서 금은분석술·광산기술을 연구한 후 1883년 8월 15일에 귀국하였다.[101]

그의 유학비용, 구체적인 수업 기록, 조선정부와의 관계, 일본 유학 중 가족들의 생계와 처지 등은 전혀 알려진 바 없다.

---

99 『朝野新聞』 1882년(明治 15) 8월 26일 자, 「雜報」; 이광린, 1986, 위의 책, 51쪽.
100 『東京橫浜每日新聞』 1883년(명치 16) 8월 10일 자, 3면 「雜報」; 이은주, 2002, 위의 논문, 159~160쪽.
101 이광린, 1986, 위의 책, 49쪽.

5   대러 외교 밀사 김용원의 최후

(1) 귀국 후 활동: 촬영국·순화국 개설(1883)

1883년 8월 15일 귀국길에 오른 김용원은 관직으로 돌아가지 않았다. 그에 관한 기록은 1884년 『한성순보』(漢城旬報)에 나타난다.[102] 그는 1883년 여름 사진을 다루는 촬영국(撮影局)을 설립했다. 『한성순보』는 이렇게 쓰고 있다.

> 촬영국. 작년 여름 저동(苧洞)에 사는 전(前) 우후(虞侯) 김용원이 촬영국을 열었는데, 일본인 혼다 슈노스케(本多收之助)를 초청해 개국했다. 올해 봄 마동(麻洞)에 사는 전(前) 주사(主事) 지운영(池運永)이 일본에서 그 기술을 배운 후 돌아왔는데, 역시 기술이 정교하다고 한다.[103]

---

102   이하 촬영국에 관한 서술은 최인진·이은주의 연구를 주로 참조했다.
103   『漢城旬報』(1884. 3. 18). 원문에는 일본인 인명이 本多修之輔로 표기되어 있으나, 실제로는 本多收之助이다(이은주, 2002, 위의 논문, 161쪽).

한국사진사에서 이 촬영국은 우리나라 최초의 사진관으로 평가된다.[104] 김용원이 초청했다는 혼다 슈노스케는 1883년 중엽 부인과 아들·딸 등 가족을 동반하고 조선으로 건너와 서울 수표교에서 사진관 영업을 하던 인물이다. 김용원이 1883년 여름 촬영국을 열 당시 그의 도움을 받았다. 혼다의 사진관은 신기하고 재미있는 곳으로 많은 사람의 인기를 끌었다. 그러던 중 갑신정변이 발발하자 혼다는 함께 거주하던 스기오카 다이스케(杉岡大助)와 함께 청나라 사람과 조선인들이 일본인을 만나면 닥치는 대로 타살하고 가옥은 소각한다는 소식을 듣고 걱정에 잠겼다. 하룻밤을 무사히 넘긴 이들에게 김용원이 나타나 사대문이 견고하게 봉쇄되어 통행이 불가능하다며 자신의 숙부 댁으로 이들을 안내했다. 혼다와 스기오카는 이곳에서 만 3일 동안 피난하여 무사할 수 있었다. 이들은 일본옷 대신 조선옷으로 바꿔 입고 남대문을 빠져나와 양화진을 거쳐 제물포로 도주할 수 있었다.[105]

이은주에 따르면 촬영국은 관설회사였을 가능성이 있다.[106] 김용원은 사진 연구, 유리제조술, 금은분리술, 화학 공부 등 다방면의 노력을 통해 한국사진사에 이정표가 되는 촬영국을 개국했다. 일본의 사진사 연구자 가메이 다케시(龜井武)는 김용원을 한국의 시마즈 나리아키라(島津齊彬)라고 지칭했는데, 시마즈는 사쓰마번주로 일본 최초로 은판사진을 촬영한 인물이다.[107]

---

104 최인진, 1999, 위의 책, 92쪽.
105 鈴木省吾 編, 1886, 『朝鮮名士 金氏言行錄』, 東京, 博文堂, 49~51쪽; 이은주, 2002 위의 논문, 161쪽. 혼다의 처자 3명은 청군 병영에 끌려가 아비규환의 참경을 당했다.
106 『東京橫浜每日新聞』1883년(명치 16) 6월 17일 자, 2면 「잡보」; 이은주, 2002, 위의 논문, 162쪽.
107 龜井武, 1991, 「日本寫眞史の落穗い(その22)」, 『Photography in Japan』, 349號, 日本寫眞協會; 최인진, 1999, 위의 책, 94쪽. 최인진은 필자와의 인터뷰에서 김용원은 사진관을 운영했으나 사진사는 아니며, 자신이 이전에 김용원을 한국 최초의 사진사로 평가한 견해를 철회한다고 밝혔다. 「최인진 인터뷰」(2015. 4. 4. 금호역).

한편 김용원은 1883년 설립된 서양 담배 제조회사인 순화국(順和局)에 관계했다.[108] 순화국은 김용원의 발기로 이루어졌고, 외아문 주사 김가진이 주임을 맡았다.[109] 순화국은 관독상판형(管督商辦形) 기업으로 추정된다. 1880년대 다양한 회사들이 관영 또는 관독상판형으로 설립되었는데, 관영은 정부가 재원을 모두 조달하고 외국(淸國) 기술자와 내국인 직공을 고용하여 직영한 것인데 비해, 관독상판형은 상인들에게 일부 자본을 분담시키되 경영은 정부에서 직접 감독한 것이었다.[110] 김용원은 1880년대 중반 설립되기 시작한 반관·반민 형태 혹은 관독상판형의 회사를 설립하고 관계한 첫 세대가 되었다. 김용원의 촬영국·순화국 설립은 그가 1884년 말 고종의 밀사로 러시아에 파견됨으로써 종료되었다. 김용원의 상업 활동의 유산은 막냇동생 김익승에게 이월되었다. 김익승은 1899~1910년간 다양한 상업회사를 설립했는데,[111] 일본 유학, 외교, 상업회사 등은 모두 그의 중형 김용원의 경험과 활동 반경 속에서 영향을 받은 것이었다.

(2) 대러 외교 밀사행(1884~1885)

수신사행과 조사시찰단, 일본 유학을 거친 김용원은 당대 조선에서 손에 꼽을 수 있는 개화인사로 변신했다. 그런데 개화인사 김용원은 일본을 배경으로 삼아 갑신정변을 일으킨 김옥균·박영효 등의 친일적 노선과는 궤

---

108 『日本官報』, 1884년(명치 17) 3월 21일 자; 신용하, 2000, 『초기 개화사상과 갑신정변연구』, 지식산업사, 150쪽.
109 『東京橫浜每日新聞』, 1884년(명치 17) 3월 2일 자, 2면 「雜報」; 이은주, 2002, 위의 논문, 162쪽.
110 전우용, 2011, 위의 책, 40~41쪽.
111 전우용, 2011, 위의 책, 132, 139, 144, 191, 194, 344, 352, 403, 421쪽. 전우용은 김익승이 한말 4개 이상의 회사에 관계한 유일한 '중하위 관료'라고 평가했다.

를 달리했다. 임오군란을 맞아 신속히 귀국한 것에서 알 수 있듯이 김용원은 일본 등 외세에 편승하고 시세를 좇아 정치적 야망이나 세력 형성을 추구하던 친일 개화파보다는 고종에게 충직한 근왕세력에 가까웠다. 또한 그는 군부의 고종 측근이었던 한규직(韓圭稷), 이조연(李祖淵)과 함께 친러파(親露派)로 분류되었던 것으로 보인다.

1884년 10월 17일(양력 12월 4일) 갑신정변이 발발했을 때 김용원의 행적은 알 수 없으나 이후 고종의 러시아 밀사로 선택된 것으로 보아 정변과는 무관했을 것이다. 그가 추종하던 한규직과 이조연은 정변 주도세력에게 사대당으로 몰려 죽었다. 고종은 갑신정변 직후 청일 양국의 간섭과 대립 상황에 직면해 정변 이전에 러시아와 외교관계를 맺지 못한 것을 후회했다.[112]

한규직은 경흥부사(慶興府使) 시절(1873~1875) 러시아와 접촉한 경험과 정보에 기초해 고종에게 러시아에 사람을 파견해 동정을 살필 것을 요청했다. 한규직은 청일과는 달리 러시아는 천하 최강국으로 조선을 돕고 연대할 수 있다며, 자신의 경흥부사 경험을 살려 자신의 심복인사 파견을 요청했다.[113]

이런 주청과 동시에 한규직은 독자적으로 러시아 연해주 거주자이던 김광훈(金光勳), 신선욱(申先郁) 2명을 먼저 러시아로 파견했다. 러시아 기록에는 김광훈·신선욱이 1882년과 1885년 연해주를 방문한 것으로 되어 있다.[114] 1885년 5월 주조선 일본공사관 관원이 필담한 조선 관리에 따르면 재작년 겨울 한규직은 김광훈, 신선욱 2인을 시켜 러시아에 들어가서

---

112 『淸季中日韓關係史料』第4卷, 1834b~1835a쪽, 光緖 12년(1886) 5월 11일; 구선희, 1999, 위의 책, 101쪽.
113 『淸季中日韓關係史料』第4卷, 光緖 11년(1885) 5월 11일, 1831(a)~1835(a)쪽.
114 Boris D. Pak, *Rossija I Koreija*, Moskva, 1979, p.58; A. L. Narochnitskii, *Kolonial'naia politika kapitalisteckikh derjav na Dal'nem Vostoke, 1860~1895*, Moskva, 1956, pp.371~375; 임계순, 1984, 위의 논문, 86쪽; 신승권, 1994, 위의 논문, 39쪽.

블라디보스토크(海蔘葳)의 곽미살(廓米薩)에게 거짓으로 군주의 명을 전하며, 러시아 사절을 서울에 파견해 줄 것과 조선을 우대하는 것을 약속해 달라고 요청했다. 1884년 6월 러시아 공사 베베르가 도착해서 조로수호통상조약(朝露修好通商條約)과 부속통상장정(附屬通商章程)을 체결하게 되었는데, 아직 김광훈·신선욱이 돌아오지 않았다. 이에 한규직은 러시아 통역 채현식(蔡顯植)에게 러시아 공사나 고종의 말 대신 자신의 말을 통역하라고 요구했다. 고종과 러시아 사절은 모두 김광훈·신선욱의 러시아행을 모르고 있었고, 한규직은 속임수의 대가로 채현식에게 부장(部長)직을 주어 현재는 훈련원 주부(主簿)에 이르렀다는 것이다.[115] 이후 한규직은 고종에게 러시아의 군사력이 강하니 김광훈·신선욱을 파견해 총을 구해 오면 친위군에 큰 도움이 될 것이라고 청했고, 고종도 마음이 움직였으나 실제 파견에는 이르지 못했다. 이어 갑신정변이 발발해 한규직은 죽임을 당했다.

갑신정변 후 고종은 통리아문(通理衙門)은 물론 외교고문인 묄렌도르프(穆麟德)에게도 극비에 붙인 채 개인적으로 러시아와의 접촉을 시도했다. 고종은 1884년 11월 초(양력 12월 중순) 김용원(金鏞元), 권동수(權東壽), 김광훈, 신선욱 네 사람에게 마패 2과(顆)와 친군전영 첩지(親軍前營帖紙) 2도(度)를 주어 경흥부를 거쳐 블라디보스토크로 파견했다.[116] 네 사람은 러시아 블라디보스토크에 도착해 러시아 관리 곽미살(연해주 군무지사)과[117] 함께 자의적으로 6가지 약조를 했다.

---

115 『淸季中日韓關係史料』 第4卷, 光緖 11년(1885) 5월 11일, 1833(b)쪽. 채현식은 1884년 윤5월에 수문장에 제수되었고, 1885년 3월에 훈련원 주부가 되었다.『승정원일기』 1884년 윤5월 5일, 1885년 3월 24일.
116 다보하시 기요시(田保橋潔)에 따르면 이들은 고종의 친서를 가지고 갔다. 田保橋潔, 1940, 위의 책, 하권, 6쪽.
117 이능화에 따르면 1882년 이래 경흥부와 통교를 시도한 러시아 관리는 러시아국 남방 우수리 관찰교계관(觀察交界官) 고미살(高味薩, KOMMUCAR)이었다. 이능화, 한국기독교사료연구소 역주, 2010, 『조선기독교와 외교사』, 살림문화사, 142쪽. 곽미살·고미살은 인명이 아니라 комиссар, 즉 commissioner(위원) 직책을 의미하는 것으로 보인다.

1. 김옥균 등이 러시아 땅에 도착하면 체포해 조선으로 보내 달라.
1. 일본 배상·보상금 13만 원에 대해 러시아가 조정에 나서 작파해 달라.
1. 무릇 조선이 타국의 수모(外侮)를 당하는 경우 러시아의 보호를 구한다.
1. 속히 조약을 체결해(換約) 사절을 파견해 주재하게 해달라.
1. 순해(巡海)하는 러시아 군함으로 조선의 환해(環海) 3면을 보호해 달라.
1. 육지 통상을 요청한다.[118]

러시아 관리는 이를 러시아 황제에게 보고했고, 황제는 전선으로 칙령하기를 조약을 교환해 사절을 보내는 일은 양력 4월에 이르러 파견하겠으며, 육지 통상은 대신에게 협상 타결(妥商)을 전임시켰다고 했다.[119] 러시아 기록에 따르면 김용원 일행이 비밀회담을 한 상대는 연해주 지방 총독 '베네프스키'(Benevskii)였으며, 이들은 1885년 초 남(南)우수리 노보키에프스케(Novokievske)시에 고종의 뜻을 전했다.[120]

러시아 측은 황제의 명령에 따라 러시아 정부가 조러조약 비준서 교환, 조선과의 육로 통상 문제 해결, 외부 압력으로부터 조선을 보호하기 위한 조건을 조선정부와 토의하기 위해 공식 사절단의 파견을 서두를 것이라는 점을 김용원과 권동수에게 확언했다. 러시아 외무장관 기에르스(N. K. Giers)는 1월 20일 짜르에게 보고한 후 도쿄의 다비도프 공사에게 전문

---

[118] 『清季中日韓關係史料』 第4卷, 光緖 11년(1885) 5월 11일, 1834(b)쪽; 李瑄根, 1976, 『韓國史(最近世篇)』, 震檀學會, 796~797쪽; 重吉万次, 1937, 「鮮路保護密約締結の企に就いて―一八八四年より一八八六年に至る―」, 『稻葉博士還曆紀念滿鮮史論叢』, 321쪽.
[119] 「謹將朝官筆談節略錄呈」, 『清季中日韓關係史料』 第4卷, 光緖 11년(1885) 5월 11일, 1833(a)~1835(b)쪽; 임계순, 1984, 위의 논문, 87쪽.
[120] 신승권, 1994, 위의 논문, 39쪽. 베네프스키 대령은 남우수리 여단 전선위원(the frontier commissioner of the South Ussuri region)이었다. Seung Kwon Synn, The Russo-Japanese Rivalry Over Korea, 1876~1904, YUK PHUB SA, Seoul, Korea, 1981, p.40. 박보리스는 남우수리 국경감독부 베넵스키 대령으로 적었다. 박보리스 드미트리예비치 지음, 민경현 옮김, 2010, 『러시아와 한국』, 동북아역사재단, 293쪽.

을 보내 조선이 다른 나라에게 보호국(protectorate) 요청을 하지 못하도록 조언할 필요성을 언급했다. 또한 김용원과 권동수에게 러시아 태평양함대에 한국 연해안을 시찰하라는 명령을 내렸다고 전했다.[121] 그러나 조선에 대한 러시아의 보호관계 수립에 대해서는 언급하지 않았다. 박보리스에 따르면 러시아 외무부는 1885년 2월 아무르 총독 코르프(A. N. Korf)에게 의견을 구했고, 코르프는 청일전쟁의 결과 어느 나라가 승리해도 러시아에 위협이 될 것이기에 러시아가 한반도에 영향력을 구축하고 조선 독립을 보장해주는 것이 더 이득이라는 견해를 밝혔다.[122] 러시아는 조선이 다른 열강의 영향력하에 놓이는 것을 원치 않았다.

김용원 일행은 1885년 5월 서울로 귀환했고, 받아 온 러시아 황제의 답신을 국왕에게 복명했다. 러시아도 청일과 마찬가지로 조선 출병의 권리를 요구하는 내용이 포함되어 있었다. 당시 청과 일본은 김용원 밀사행의 핵심이 러시아에 보호를 요청하는 것이었으며, 그 결과 러시아 황제의 회답을 받아 왔다고 판단했다.

이를 전후해 사단이 발생했다. 통칭 제1차 조러밀약 사건이 발생한 것이다. 이 사건의 경과에 대해서는 다보하시 기요시(田保橋潔)가 정리한 바 있다.[123] 러시아 교관 초빙 문제를 둘러싸고 청일은 모두 러시아의 군사적 개입과 영향력 확대를 우려했고, 이는 국제적인 분쟁이 되었다. 고종은 문제를 외아문으로 넘긴 채 발뺌을 함으로써 사건은 유야무야되었다.[124] 이 와중에 김용원의 러시아 파견 건이 알려지게 되었다.

김용원 등의 러시아 밀파 및 러시아와의 밀약 체결 소문은 이미 1884년 3월경 청나라에 알려진 상태였다. 블라디보스토크과 가까운 길림 훈춘

---

121 Seung Kwon Synn, 1981, 위의 책, 41쪽; 박보리스, 2010, 위의 책, 294쪽.
122 Seung Kwon Synn, 1981, 위의 책, 41~42쪽; 박보리스, 2010, 위의 책, 294~295쪽.
123 田保橋潔, 1940, 위의 책, 하권, 18~52쪽; 김경창, 1975, 위의 논문.
124 구선희, 1990, 위의 책, 102쪽.

청(琿春廳)의 부도통(副都統)이던 이구탕아(依古唐阿)는 조러 간 밀약이 있다는 정보를 듣고 중앙에 급보를 띄웠다. 리훙장은 즉각 조선 주재 총판 조선상무(總辦朝鮮商務) 천쑤탕(陳樹棠)에게 조사를 지시했다.[125] 훈춘 부도통은 밀탐(密探) 통사(通事) 이대본(李大本)을 현지에 파견했다. 그는 경흥부 대안의 5리에 위치한 러시아령 사초봉(沙草峯) 인근에서 정보를 수집했는데, 1884년 말 조선 관원들이 암저하(巖杵河: 러시아 연해주의 조선인 마을)에 와서 러시아 관원과 일을 의논했다는 것이다. 의논 내용은 육로 통상 건, 러시아 수도와 전신으로 문답한 사실, 러시아와 한성 간의 육로 전선 설치 건 등으로 알려졌다. 조선 관원들이 군사무기의 불리를 제기하자 러시아가 방조해 주기로 했다는 것이다.[126] 이 보고에는 사실과 소문·인명 오류가 혼재되어 있었다.

한편 천쑤탕도 조사를 개시해 김윤식에게 문의했으나, 그는 대략만을 말할 뿐 상세한 내용을 알지 못했다. 김윤식은 친러파 조총희 등을 심문한 결과, 국왕과 대신의 허락 없이 소인배들이 무단으로 블라디보스토크로 가서 러시아 관헌과 마음대로 교섭한 듯하다는 내막을 알아냈다.[127] 외아문(外部)에서도 모두 알지 못했고, 말은 많았으나 모두 피하고 숨었다. 김윤식은 묄렌도르프를 힐책했으나 그가 무관하다는 것이 밝혀졌다. 천쑤탕은 묄렌도르프를 시켜 고종에게 문의케 했다. 고종은 조선 백성이 사사로이 러시아 국경을 왕래한 것은 오래되었으며 지금 시작된 일이 아니다, 전선 설치·무기 구매의 일은 없다고 답했다. 소문이 퍼지는 상황인데 고종은 부정과 회피로 일관하자, 외교 책임자 김윤식은 최후의 수단으로 일본 대

---

125 천순천(陳舜臣) 지음, 조양욱 옮김, 2005, 『청일전쟁』, 우석, 200쪽. 천순천은 김지성이 김용원과 동일인물이며, 묄렌도르프에 의해 친로파가 되었다고 썼다(198~199쪽).
126 『清季中日韓關係史料』 제4권, 光緖 11년(1885) 5월 11일, 1831(a)쪽.
127 천순천, 2005, 위의 책, 200쪽. 천순천은 외부 독판 김윤식이 밀사 건을 몰랐을 가능성이 없다고 단정했다. 소국의 지혜를 발휘해 살아남으려고 한 것이며, 폭로된 이상 희생을 최소한으로 줄이기 위해 노력했다고 보았다.

리공사 곤도 신스케, 청 총판조선상무 천쑤탕에게 알려 선후책을 의논했다.[128] 갑신정변 이후 조선에서의 주도권을 놓고 대립각을 세우던 청일 양국 수뇌는 고종의 러시아 밀사 파견 건에 대해서는 서로 상세한 내부 정보를 제공하며 긴밀하게 공조했다. 러시아군의 개입 가능성과 영향력 확대를 저지하기 위한 것이었다.

주조선 대리공사 곤도 신스케는 자신이 파악한 사건의 전말을 보고했다. 그는 고종이 권동수와 김용원을 블라디보스토크로 파견해 러시아 지방관의 회신을 가지고 돌아왔으나, 김윤식조차 그 내용을 보지 못했다고 보고했다. 곤도는 중국, 일본과 마찬가지로 러시아가 조선에 출병할 권리가 있다는 내용이 포함되었다고 보고했다.[129]

이 시점에서 김윤식의 태도는 국왕을 비난할 수는 없고, 러시아와의 연대는 막아야 하는 이중적인 것이었다. 익명의 조선 관리는 "김용원, 신선욱이 가장 허황된 일을 짓고 황당한 일을 꾸밈이 우심"했고, "김용원은 본래 평민으로서 요행히 주상의 사랑을 받아서 스스로 큰 공을 세워 큰 벼슬을 얻을 것으로 생각했다. 실로 나라를 팔고 나라를 오도한 죄는 한(규직)이 으뜸이었으나 김(용원)이 더욱 심했으며 신(선욱)은 또한 이를 방조하는 간흉(姦兇)이었다"라고 평했다. 이 필담에서 김용원과 김지성이 함께 사용되어 마치 두 사람인 것처럼 비춰졌다. 익명의 관리는 김지성(金智性)은 육지 통상을 하게 되면 감리관(監理官)이 되려고 했으며, 밤낮 주상의 면전에서 러시아의 말을 따라야 한다고 발언했다. 고종이 아니라 고종의 명으로 러시아에 다녀온 김용원 등 일행을 극력 비난한 것으로 미루어

---

128 田保橋潔, 1940, 위의 책, 하권, 6, 11~12쪽; 『清季中日韓關係史料』 第4卷, 光緒 11년(1885) 5월 11일, 1832(a)쪽; 伊藤博文 編, 1970 『秘書類纂 朝鮮交渉資料』 下卷, 原書房, 124쪽; 구선희, 1990, 위의 책, 103쪽.
129 「일본주조선대리공사(近藤眞鋤)가 일본 외무경(井上馨)에게 보낸 밀보(密報)의 번역」(譯日本駐朝鮮代理公使近藤眞鋤與日本外務卿井上馨密報), 「高俄關繫第一回」 2, 『清季中日韓關係史料』 第4卷, 光緒 11년(1885) 5월 14일, 1849(a)~1850(a)쪽.

일본공사관원과 만나 필담을 나눈 인물은 다름 아닌 바로 김윤식으로 추정된다.

김윤식과 어윤중은 1885년 4월 15일에 이 일을 알고, "서로 마주해 분하여 주먹을 쥐며 한탄을 금치 못했다". 김윤식은 이 음모를 발포하면 일을 바로잡기 불가능할 뿐 아니라 화가 장차 크게 미칠 것을 우려해 은인자중했다고 한다. 이는 고종에게 누가 끼칠까 두려워했다는 뜻이었다. 이런 연유로 "원컨대 상국(上邦)의 힘을 빌려 김지성(金智性)의 나라를 오도한 것을 그 음모를 발본하고 그 인물을 벌주면 조선에 퍽 다행이겠다"라고 했다.[130]

사건이 국제적인 분쟁으로 비화하자 관련자들은 전전긍긍했다. 일본과 청의 외교문서에 이들의 행적이 드러나 있다. 특히 통역이자 연해주 거주자인 신선욱과 김광훈은 자신들이 처형될까 두려워했다. 신선욱·김광훈은 친러파 조총희(趙寵熙)의 조카 조중협(趙重協)을 만나 정부가 자신들을 죽이려 하니 러시아로 들어가 분쟁을 일으켜 군대를 출동케 하겠다고 발언했다.[131] 조중협은 일명 조중흡(趙重洽)·조중응(趙重應)으로 김용원 일행과 함께 블라디보스토크를 방문한 것으로 보인다. 조중협은 즉각 김윤식에게 밀고했다. 김윤식은 조중협, 신선욱, 김광훈 3명을 불러 대면 심문을 벌였고, 심문기록은 1885년 6월 26일 천쑤탕을 통해 리훙장에게 보고되었다.[132]

이런 소동 속에서 김용원은 침묵을 지켰다. 그의 발언은 청일 외교문

---

130 「謹將朝官筆談節略錄呈」, 『淸季中日韓關係史料』第4卷, 光緒 11년(1885) 5월 11일, 1835(a)쪽.
131 조중협은 한일 병합조약에 찬성한 농상공부대신 조중응(趙重應)이다. 1883년 10월 서북변계(西北邊界) 조사위원으로 임명되어 러시아·만주·외몽고 등지를 답사한 뒤 1885년 귀국했다. 귀국 후 성균관으로 돌아와 북방남개론(北防南開論)을 주장하다가 탄핵을 받아 전라도 보성으로 유배되었다. 1890년 5월 특사로 풀려나 다시 성균관에 들어갔다.
132 「謹將金允植招致趙申金三人面質各詞錄呈」, 『淸季中日韓關係史料』第4卷, 光緒 11년(1885) 6월 29일, 1894(a)~1896(a)쪽.

서 어디에도 등장하지 않는다. 신선욱·김광훈·조중협의 대화에도 김용원은 수십 일간 집에서 두문불출한다고 표현되어 있을 뿐이다. 앞서 곤도 대리공사도 "김용원은 나의 오랜 친구이다. 누차 초청해 그에 대해 물었지만, 그는 깊이 감추고 그 실정을 끝내 토로하지 않았다"라고 기록했다.

마침내 조중협은 러시아 곽미살의 집에서 몰래 초록한 러시아 황제의 전보를 김윤식에게 바쳤다. 이는 김윤식을 통해 리훙장에게 보고되었다.

1. 대아라사국(大俄羅斯國) 동해빈성(東海賓省) 장군 전선(電線) 회보(回報) 내(內)
1. 대황제는 조선밀사에게 칙유한다.
1. 대황제는 만약 조선이 우리나라의 보호를 급히 구하고자 한다면 짐은 그 변란을 듣고 이어서 변란을 방지할 방법을 설립하겠다. 급히 주일본사신에게 명하여 먼저 조선에 가서 정형을 살펴보고 그에 따라 마땅히 보호하겠다.
1. 대황제는 또 황성의 대신에게 칙명하여 조선에 사신을 보내며 육로통상의 일을 비준하고, 이 대신에게 조선정부와 상의하게 전임(專任)했다. 이해관계를 깊이 재며, 조선으로 하여금 유리하고 해가 없도록 힘쓰며, 타국의 원조를 전례로 삼는 것을 방지하라.
1. 대황제는 또 말하기를 동해빈성 장군 및 동해수사(東海水師)의 여러 장군들에게 칙명하여 행가(行駕)하고 병선(兵船)을 몰아 조선 연해를 순찰하며 진심으로 보호하고 타국의 침범이 없게 하라.[133]

이를 통해 조중협이 김용원 일행과 함께 블라디보스토크에서 연해주

---

133 「謹將趙重協在廓米薩家暗抄俄皇電音錄呈」, 『清季中日韓關係史料』 제4권, 光緒 11년(1885) 6월 29일, 1896(a)쪽.

군무지사를 만나 러시아 황제의 답전을 받았음을 알 수 있다.

이 사건의 전말을 유일하게 알고 있던 고종은 격노했다. 고종의 분노는 러시아와의 비밀협상이 깨진 것뿐 아니라 자신의 비밀외교가 고관들과 사건 관계자들을 통해 청일에 그대로 노출된 데 대한 것이기도 했다.

고종의 대응책은 두 가지였다. 첫째, 리훙장에게 사신을 보내 선후책을 구하는 것이었다. 이조참판 남정철(南廷哲)은 고종의 친서를 가지고 6월 9일 리훙장을 방문했다. 고종은 스페예르(Alexei de Speyer)가 강압적으로 나왔으나 응하지 않았다는 것, 이번 밀약 사건은 묄렌도르프의 월권 행위로 인한 것이므로, 그를 소환하고 세관 업무를 볼 사람을 추천해 줄 것, 블라디보스토크에서 사약(私約)을 맺고 돌아온 김용원 등을 처벌하려고 해도 러시아가 비호하여 국제 문제화될까 우려된다는 것, 천진조약에 따라 청일 양군이 철수하나 청병의 철수를 연기해 줄 것 등을 요구했다.[134]

리훙장은 러시아의 군사교관 파견을 저지하는 한편, 미국에 군사교관 파견을 제안했다. 고종이 예상하던 답변이었다. 한편 리훙장은 김용원 등의 블라디보스토크행은 사적인 약조(私立之約)로 전권문빙(專權文憑)도 없이 간 것이었고 또한 만국공법에 비추어 비준받지 못했으므로 폐휴지가 되었다고 규정했다. 만약 러시아 공사가 책임을 묻더라도 이 사사로운 약속을 잘못되게 인정할 수는 없다고 했다. 현재 러시아가 아프가니스탄 문제 때문에 동방을 돌볼 여가가 없고, 블라디보스토크 일대에는 육군은 많지 않고 해군도 강력하지 못하며 러시아의 말은 허장성세에 불과하다고 일축했다.[135] 묄렌도르프에 대한 해임도 강력하게 권고했다.

둘째, 고종은 김용원 등 관련자들을 유배 보내도록 조치했다. 1885년

---

134 임계순, 1984, 위의 논문, 95쪽; Seung Kwon Synn, 위의 책, 41쪽.
135 김경창, 1975, 위의 논문, 149~150쪽; 구선희, 1990, 위의 책, 115쪽;『清光緒朝中日交涉史料』, 卷8, 29~30쪽, 光緒11년(1885) 6월 9일; 장팅푸 지음, 김기주·김원수 옮김, 1990,『청일한외교관계사』, 민족문화사, 123~124쪽.

6월 13일 내린 전교에 고종의 마음이 잘 드러나 있다. 고종은 조총희는 "마음이 음흉하고 행실이 비루하여 들리는 소문이 이만저만 자자하지 않다", 조중협은 "본분을 지키지 않고 음모를 꾸며 호응하면서 동에 번쩍 서에 번쩍 하였"고, 김용원·신선욱·김광훈은 "미천한 부류들로서 은밀히 서로 드나들며 또한 참견한 것이 많"다며 조총희·조중협은 원악지 정배(遠惡地定配)를, 김용원·신선욱·김광훈은 원지정배(遠地定配)하라고 명했다.[136]

이에 따라 의금부는 6월 16일 조총희는 평안도 위원군(渭原郡)에, 김용원은 경상도 예천군(醴泉郡)에, 신선욱은 전라도 태인현(泰仁縣)에, 김광훈은 임실현(任實縣)으로 유배 보내겠다고 보고했고, 고종은 윤허했다.[137] 조중협은 전라도 보성군에 정배되었다.[138] 김용원과 함께 러시아 밀사로 갔던 권동수는 처벌받지 않았다. 오히려 권동수는 1885년 3월 친군전영의 문안(文案) 벼슬을 받았고, 12월에는 6품으로 승진(陞六)했다.[139]

---

136 『승정원일기』 고종 22년(1885) 6월 13일.
137 『승정원일기』 고종 22년(1885) 6월 16일.
138 『승정원일기』 고종 27년(1890) 윤2월 20일.
139 『승정원일기』 고종 22년(1885) 3월 27일, 12월 11일. 권동수는 동생과 함께 1892~1894년에 일본에서 김옥균·박영효 암살을 시도했으며, 1898년 만민공동회를 습격한 보부상의 배후 조정을 맡았다. 1900년 블라디보스토크 통상사무관이 되어, 이름을 권병수(權丙壽)로 고쳤다(『승정원일기』 고종 37년(1900) 10월 20일, 고종 30년(1903) 6월 2일).

6   언더우드 고아원에서 생존과 영어를 배운 김규식

김용원은 1884년 12월 러시아에 파견되어 1885년 5월까지 만 5개월 동안 고종의 비밀외교를 담당한 결과 유배형을 당하게 된 것이다. 그러나 이 과정에서 김용원은 자신이 맡은 임무와 그 경과에 대해서 전혀 입을 열지 않았다.

　1881년 동래에서 출생한 김규식은 강보에 싸인 채 서울에 올라왔다. 김용원은 1881년부터 1883년까지 일본에 다녀왔고, 1885년 대러 비밀외교 후 유배형에 처해졌다. 아버지가 유배 중이던 1885년 김규식은 어머니를 잃었다.[140] 릴리어스 언더우드도 김규식이 고아원에 맡겨질 때 어머니는 사망한 상태였다고 기록했다.[141] 족보에 따르면 김용원의 부인은 이미 1877년 사망했으므로, 김규식의 생모가 1885년에 사망한 것으로 생각된다. 이런 연유로 김규식은 아버지가 유배길에 오른 1885년에 사실상 고아가 되었다. 1886년 만 5살 남짓 된 김규식은 선교사 언더우드가 설립한 고

140　김규식의 차남 김진세는 할머니 이씨가 김규식이 여섯 살 되던 해 사망했다고 증언했다. 이정식, 1974, 위의 책, 13쪽.
141　L. H. Underwood, 1905, 위의 책, p.61.

아원에 들어갔다. 어린 김규식은 죽을 만큼 심한 병고와 배고픔, 가족들의 죽음 속에서 언더우드 고아원을 오가며 유년기를 보내야 했다.

김규식에게는 여전히 장형, 여러 명의 숙부, 조부모 등이 생존해 있었다. 먼저 김용원의 장남 김규찬(金奎贊, 1864~1893)은 김규식보다 17세 연장으로 1885년 당시 21세의 청년이었다. 결혼해 가정을 이루었을 가능성이 높다. 『청풍김씨세보』에 따르면 김규찬은 통사랑, 제중원 주사를 지냈고, 큰아버지 김우성(김용선)의 양자로 입적되었다. 김규찬은 유일한 이복형제인 김규식을 돌보지 못했다. 김규찬의 후손인 김주만의 증언에 따르면, 김규찬은 초시에 합격했으나 몸이 아파 본과를 치르지 못했고, 누군가 도와줘서 춘천 수리조합에서 일을 했다고 한다. 1885년 김용원이 유배길에 오른 후 김규식은 홍천 친가에 와서 약 1년간 살았다. 홍천에는 조부모인 김동선(김재기, 1819~1893)과 광산 김씨(1819~1891)가 생존해 있었다. 그러나 이들은 1885년에 66세의 노인이었던 데다, 이미 가세가 기울고 김규식이 아파서 건사할 수 없었다고 한다. 때문에 김규식을 서울로 데려가 서양인이 하는 병원에 데려간 것으로 기억했다.[142] 즉, 김규식은 부친 유배 후 홍천 조부모에게 내려가 1년간 살았는데, 병을 얻어 노인들이 건사할 수 없게 되자 서울로 보내졌다는 것이다. 즉, 1885년에 홍천에서 살았고, 1886년에 서울에 보내진 것이다.

다음으로 김규식에게는 큰아버지 김용선(김우성, 1839~1900), 작은아버지 김용현(김준성, 1845~1885), 김용완(김완성, 1847~1910), 김용면(김면성, 1850~1871), 김윤성(1855~1880), 김익승(1859~?) 등이 있었다. 1885년 시점에 김씨 7형제 중 김용현, 김용면, 김윤성은 사망했지만, 김용선, 김용완, 김익승이 생존해 있었다. 김용선은 1881년 시점에 연원찰방이었고, 김용완은 1864년 식년시 운과에 입격한 바 있다. 김익승은 교토

---

142 「김주만 인터뷰」(2014. 10. 23).

의 게이오기주쿠 유학을 거쳐 1885년 8월 외아문 교섭국장이 되었다. 김용원이 유배길에 오른 1885년 세 명의 숙부들이 모두 현직 관료였을 가능성이 매우 높다. 세 사람 중 김용선은 큰집에 양자로 입적되었고, 김익승은 청풍 김씨 김국선의 집에 양자로 입적되었기 때문에 사실상 유일한 직계 숙부는 김용완뿐이었다. 그러나 숙부는 병약한 김규식을 돌보지 못했다.

이처럼 김규식의 부계는 대가족이었으며, 김용원이 유배길에 오르던 1885년 시점에 친형, 숙부, 강원도의 조부모가 생존해 있었지만, 김규식은 보호받지 못했다. 릴리어스의 회고에는 삼촌이 김규식을 매우 귀찮게 생각했으며, 그가 굶어죽기 직전까지 방치한 것으로 묘사되어 있다. 후손들의 증언처럼 김규식이 병에 걸려 손을 쓸 수 없는 지경이어서 언더우드에게 보내졌을 수도 있겠다. 다른 한편 직계 가족들은 서출인 김규식을 돌보지 않고 일종의 짐으로 여겼으며, 이런 요인들이 어린 김규식이 처경(悽境)에 이르게 만들었을 가능성도 배제할 수 없다. 부친의 사랑을 받았던 김규식은 부친의 유배와 함께 급전직하된 처지가 되어, 직계 가족들로부터 버림받고 생존의 기로에 서야 했다. 출생이 부여한 신분의 제약, 가족들로부터 버림받았던 유년기의 고통은 그의 삶에 큰 트라우마를 남겼을 것이다.[143]

그의 유년기는 살아남기 위한 처절한 본능적 생존투쟁의 연속이었다. 운이 좋았던 김규식은 언더우드의 구원을 받아 언더우드 고아원에서 살아남았고, 다행히 총명했기에 생존을 위해 분투하며 원어민처럼 영어를 구사할 수 있게 되었다. 그 노력이 그의 삶에 한 줄기 빛이 되었다. 아직 미혼이던 언더우드는 조선에서 자신이 살린 생명이 내뿜는 가냘픈 생기와 총명함에 연민을 가졌고, 그를 양자처럼 거두었다. 김규식은 그 울타리 속에서 삶

---

[143] 『경신사』는 양반이어도 유배를 당할 정도의 국사범이 되면 신분·세습에 따라 상민(常民)보다도 더 낮은 천민으로 강등되어야 했기에 어린 규식은 천민의 신분을 면치 못했다고 썼다. 경신사편찬위원회, 1991, 위의 책, 135쪽.

과 미래를 개척해 나갔다.

생기발랄해진 김규식은 선교사들이 입버릇처럼 얘기하는 바 "내년이 되면 나는 미국 내 고향집으로 돌아갈 거야"를 입에 달고 살았다. 어린아이의 입에서 터져 나오는 영어를 들으면서 조선인들이 천상의 복음, 하나님의 기적을 생각하게 된 것도 이상할 것은 없었다.[144] 소년 김규식은 곧 언더우드 부부의 자랑거리가 되었다.[145]

이광린이 정리한 언더우드 고아원의 내력을 정리하면 다음과 같다.[146] 언더우드는 1885년 말부터 고아원을 추진했다. 제중원 의사 알렌, 헤론과 같이 운영하는 것처럼 서류를 만들어 미국공사관을 통해 한국정부에 설립 허가신청서를 제출했고, 한국정부는 1886년 2월 14일 이를 허가했다.[147] 언더우드는 고아들을 위한 집을 장만하고 수리한 뒤 고아원을 열었는데, 1886년 5월 11일 한 명의 소년을 데리고 정동 고아원을 개원하고 그날 밤 재한 선교사 등을 초청하여 개원 기도회를 열었다.[148] 『경신80년약사』에 따르면 창설 당시 교사는 언더우드, 알렌(C. Allen), 알렌 부인, 목원홍(睦源弘), 윤치경(尹致景)이었고, 학생은 송순명(宋淳明), 안창석(安昌錫), 김유순(金裕淳), 김규식 등이었다.[149]

---

144 L. H. Underwood, "Pon Gabe," 1905, 위의 책.
145 이정식은 1890년경 언더우드학당에서 7~8세 정도의 소년 김규식이 언더우드 부부 중간에 서 있는 사진을 보았다. 이정식은 언더우드 부부의 친아들이 출생하기 전까지 김규식이 총애를 받았을 것으로 추정했다. 이정식, 1974, 위의 책, 15쪽.
146 이광린, 1991, 위의 책.
147 『구한국 외교부속문서』 3, 統署日記1, 고종 23년(1886) 12월 11일 조. 알렌이 1886년 2월 18일 북장로교 해외선교부 총무 엘린우드(Frank F. Ellinwood)에게 보낸 편지에 따르면 언더우드가 천주교 교사의 말을 믿고 굶어죽어 가는 사람들 수백 명을 구제하기 위해 모금한 것이 고아원 계획의 출발이었다. Horace N. Allen to Frank F. Ellinwood(1886. 2. 18), 「근대 전환기 알렌문서 정리·해제 및 DB화」, 한국학중앙연구원 한국학진흥사업성과 포털 http://waks.aks.ac.kr/rsh/dir/rview.aspx?rshID=AKS-2016-KFR-1230009&callType=srch&dataID=AKS-2016-KFR-1230009_DES@0702.
148 「언더우드가 엘린우드에게 보낸 편지」(1887. 6. 17), 이만열·옥성득 편역, 2005, 위의 책.
149 고춘섭, 1970, 위의 책, 32쪽.

언더우드는 고아원으로 만족하지 않았고, 장차 대학이나 신학교로 발전시킬 생각을 갖고 있었다. 고아원의 원장은 한국인이었으나, 언더우드가 고아들에게 강의를 하고 고아원의 실제 운영을 맡았다. 이 고아원에서는 대체로 하루 2시간 정도 교육을 시켰던 것으로 알려져 있다.

언더우드는 1889년 의사 릴리어스 호튼과 결혼했고, 1890년 9월 아들 원한경을 낳았으나 릴리어스의 건강이 악화되어 1891년 부인을 데리고 귀국했다. 이 동안 선교사 마펫이 고아원을 맡아 운영하였다.[150]

그런데 이는 명칭이 고아원이었을 뿐 실제로는 학교였다. 특히 이 학교에서는 영어 교육에 힘을 기울였던 것 같다. 1887년 6월 17일 자로 언더우드가 미국 선교본부에 보고한 글을 보면 제1반의 영어 수업에는 미국 초등학교에서 사용하는 『윌슨(Wilson)의 독본 3편』을 사용해 학생들은 문장 하나하나를 정확히 읽고 해석한다고 하였다.[151] 언더우드는 소년들이 영어를 배운 지 1년이 채 되지 않았으나, 학교를 떠나면 좋은 통역관이 되고, 1년 정도 지나면 고아원학교의 교사가 될 수 있을 것이라고 자부했다. 이와 함께 한문도 열심히 가르쳤고, 정부 주관의 공개시험을 치러 정부 관리들의 칭찬을 받았다. 즉, 학생들이 한문 실력이 뛰어났고, 영어에서도 뛰어난 실력을 보이고 있다는 것이다. 『윌슨의 독본 3』은 Wilson's Third Reader를 의미하는 것으로 초급 영어 학습서이다.

고아원학교에서는 한문과 영어를 모두 가르쳤다. 릴리어스 언더우드는 1890년 고아원학교의 일상을 이렇게 보고하고 있다.

한국, 서울, 1890년 9월 1일.
고아원에는 25명의 소년들이 있습니다. 그들은 학교 운영에 필요한 많

---

150 S. A. Moffett, "Korea," Twenty-Second Annual Report of the Woman's Presbyterian of Missions of the Northwest, April 1893.
151 「언더우드가 앨린우드에게 보낸 편지」(1887. 6. 17), 이만열·옥성득 편역, 2005, 위의 책.

은 일을 하는데 방 청소와 대부분의 음식 준비는 그들이 합니다. 그들은 아침 5시 30분에 일어나 세면과 방 정리 정돈을 하고, 8시까지 한문 공부를 한 뒤, 외국인 교사와 함께 아침 기도회를 가지고 이어서 아침 식사를 합니다. 그렇게 많은 일을 한 뒤라 아침 식사가 다소 늦은 감이 있지만, 대부분의 한국인들은 10시부터 11시 사이에 아침을 먹고, 특히 이 소년들의 출신 배경인 가난한 계층들은 하루에 두 끼만 먹습니다. 조반 후에는 한두 과목, 영어와 성경을 배웁니다. (우리는 영어를 아주 조금만 가르치기로 결정했는데, 선교지에서 많은 경험을 쌓은 고참 선교사들이 영어 교육을 반대했기 때문입니다) 이 암송 수업들 사이에 잠깐 노는 시간이 있습니다. 오후에는 수업, 놀기, 한국 교육에서 가장 중요한 요소인 한문 공부 등을 합니다.[152]

『경신80년약사』에 따르면 마펫이 학당장을 맡은 시기 아침 예배는 게일 목사가 인도했고, 성경 공부로 기포드(Daniel L. Gifford) 목사가 한문으로 된 『성경』·십계명과 시구(詩句)로 된 예수의 생애 등을 가르쳤다. 한문 공부는 『천자문』·『동몽선습』·『통감』을 주로 하여 한국인을 교육시키는 데 불가피한 한문을 중시했으며, 한국인의 전통과 풍습을 존중했다고 한다.[153]

그 뒤 1892년 내한한 밀러(F. S. Miller, 閔老雅) 목사가 1893년부터 학당장을 맡아 학교로서의 체제와 기구를 갖추고 이름을 예수교학당 혹은 구세학당으로 고쳤다.[154] 이후 선교부에 의존하던 경비를 학생들로 하여금

---

[152] L. H. Underwood, "Korea," *Missionary Review of the World*, November 1890, pp.942~943; 이만열·옥성득 편역, 2005, 위의 책, 300~303쪽.
[153] 고춘섭, 1970, 위의 책, 35쪽.
[154] 이광린, 1991, 위의 책, 46~47쪽. 『경신80년약사』에는 마펫 선교사 시절인 1891년 학당의 이름이 예수교학당으로 개명되었고, 밀러 선교사 대에 그의 한국 이름을 따 민로아학당으로 바뀌었다고 되어 있다. 고춘섭, 1970, 위의 책, 37쪽.

스스로 부담케 했으며, 기숙사에서 생활하도록 하되 일정한 기간 집에 귀가시키기도 하였다. 토요일은 학과 수업을 폐지하였고, 일요일에는 학당을 주일학교로 이용하였다. 그 뒤로 밀러 목사가 학당을 경영하였다. 학생 수는 55명, 영어 외에 한문과 한글, 미국공사관의 군인이 와서 제식 훈련을 가르쳤다. 이 예수교학당에서 많은 인물이 배출되었다. 그 대표적인 사람이 김규식 그리고 도산 안창호였다.[155] 이 졸업생들이 중심이 되어 영신학당(永信學堂)을 세웠다가 뒤에 감리교와 연합으로 수창동(需昌洞)에 협성학교(協成學校)를 세웠다.[156]

『경신80년약사』에 따르면 청일전쟁 이후 1897년 미국 북장로회 선교부 연례회의 결정으로 민로아(밀러)학당은 폐당되었다.[157] 선교부는 고아원학교를 폐쇄하는 대신 초등학교 설립을 검토했다.[158] 4년 뒤인 1901년 게일 목사는 미국 북장로회 선교부의 허락을 얻어 연못골(연지동連池洞 1번지)에 학교를 설립했는데, 학교명이 '중학교'였다. 서병호, 민충식, 이덕준 3명의 학생이 입학했고, 이듬해인 1902년 학교 건물을 짓고 '예수교중학교'라는 교명을 정했다. 이 건물은 미국 장로회 전도회 회원으로 1884년부터 외국 선교부 회장을 지내며 선교사업을 하다 1903년 10월 작고한 웰즈(Jon D. Wells) 목사 기념건물이기도 했다.

1905년 봄에 이르러 학교 이름을 '경신'(儆新)으로 고쳤다. 선교사업의 일환으로 교역자를 양성하기 위해 이름을 붙였던 학당의 이름은 당시의 사조에 맞지 않는다고 생각하여, 게일(奇一, James Scarch Gale) 교장은 김정식(金貞植), 이창직(李昌稙), 유성준(兪星濬) 등 한국 장로교회 지도자

---

155 Daniel L. Gifford, *Every-Day Life in Korea*, Fleming H. Revell Company, New York, 1898, pp.188~189.
156 차재명, 1928, 『조선예수장로회사기(史記)』, 신문내교회당, 81쪽.
157 고춘섭, 1970, 위의 책, 41쪽.
158 황미숙, 2016, 「언더우드의 고아원 사업에 대하여(1886~1897)」, 『한국기독교와 역사』 44, 201쪽.

들과 의논하여 깨우칠 경(儆)자와 새 신(新)자를 택하여 경신으로 고쳤다. "새로운 것을 깨우친다"는 뜻이었다.

결국 언더우드 고아원에서 시작한 학교가 훗날 경신학교가 되는 것이며, 김규식의 미국 유학 후 활동 터전이 되었다.

김규식의 영어 실력은 뛰어났다. 릴리어스의 회고처럼 조선 여성들에게 선교할 때 어린 김규식이 통역 역할을 맡았다. 사람들은 신기한 서양 여성의 기독교 이야기보다도 그 이야기를 한국어로 전하는 김규식의 역할에서 신의 은총을 느꼈을 법하다. 릴리어스 언더우드는 벙커 부인과 함께 1888년 10월 13일 궁궐로 초대를 받아 민비를 알현했고, 친절한 대접을 받았다고 했는데, 아마도 어린 김규식이 통역으로 동반했을 가능성이 있다. 릴리어스는 고종과 민비를 알현했고, 서양식으로 의자에 마주 앉아 대화하는 특권을 누렸다. 민비와 릴리어스 두 사람은 작은 키, 체격은 연약해 보이나 강인한 성격을 소유한 점, 이지적이나 보수적인 면, 자식을 끔찍이 사랑하는 모성애 등에서 비슷한 점이 많았다는 기록이 있다.[159]

본갑이는 언더우드 부부의 친아들이 태어나자 기뻐하며, 원한경의 친구가 되어서 아기를 돌봐 주었다. 릴리어스는 본갑이가 "점프하고, 손뼉을 치며, 재주넘기를 하거나 뭐든지 수많은 익살스러운 행동을 하면서" 어린 원한경을 웃게 만들었다고 기억했다.

릴리어스는 본갑이와 관련된 에피소드를 몇 가지 전하고 있다.[160]

첫째는 본갑이가 자신의 양반 신분을 절대로 잊어버리지 않았고, 고아원에서 일하는 하인들에게 윗사람 행세를 했다는 것이다.[161] 언더우드는

---

159 「릴리어스 언더우드가 앨린우드에게 보낸 편지」(1888. 10. 13); L. H. Underwood, 1905, 위의 책, 23~24쪽.
160 L. H. Underwood, 1905, 위의 책.
161 김규식은 1921년 모스크바 극동민족대회에 제출한 조사표에 자신의 신분을 사족(士族), 즉 양반이라고 적었다. 김규식에게 내재된 양반 신분의식은 모스크바를 향하는 과정에서도 유지되었다.

한 차례 이상 엄격하게 꾸짖었다. 언더우드가 엄격하게 꾸짖었다는 것은 회초리를 들어 혼냈다는 얘기였을 것이다. 릴리어스는 본갑이나 아들 원한 경이 항상 부모의 말에 순종하고 "주님 알겠습니다. 아멘" 하도록 가르쳤고, 회초리로 혼내서 더 순종하게 만들었다고 썼다. 언더우드 고아원학교에서도 토요일마다 시험을 봐서 점수가 나쁜 학생에게는 육체적인 고통을 주는 체벌인 종아리 때리기 혹은 정신적 고통을 주는 방법으로 시험을 잘못 본 학생들이 잘 본 학생들에게 큰절을 하도록 했다.[162] 김규식도 언더우드에게 배운대로 아들 김진동을 엄하게 초달하는 것을 가정교육의 기본으로 삼았다.[163]

해방 후 김규식이 환국하자 『신조선보』(新朝鮮報)는 김규식의 강직한 성품의 일례로 언더우드와의 사이에서 있었던 에피소드를 소개했다. 아마 김규식이 11세 혹은 12세 때의 일인데, 하루는 김규식의 생일을 맞아 언더우드 박사가 김규식의 생일을 축하하려고 약간의 음식을 차려 놓고 김규식의 친구들을 초청하였다. 김규식은 정직한 마음에서 자신은 혼자 지내겠다고 했고, 언더우드는 그건 안 될 말이다, 정 그렇다면 자신이 종아리를 때릴 터이니 종아리를 맞고서 친구들과 같이 먹겠느냐, 그렇지 않으면 종아리를 맞지 않고 친구들과 같이 먹겠느냐고 물었다. 김규식은 종아리를 맞고 혼자 먹겠노라는 대답을 하였고 그대로 하였다는 것이다. "우리의 존경하는 선생은 어려서부터 그만큼 강직하시었"다는 게 신문의 설명이었다.[164] 언더우드의 훈육 방식이 어땠는지 알 수 있다.

---

162 황미숙, 2016, 위의 논문, 44, 180쪽.
163 1919년 김규식이 파리로 떠난 후 김진동은 계모 김순애가 "아버지가 돌아오셔서 세 식구가 같이 재미있게 지내도록 하여 달라"라고 기도하자고 하자 이를 거부하며 "나는 거짓말 기도 안 할 거야. 아버지 오면 뭣이 재미있어? 욕하고 때리고 할 텐데"라고 했다는 것이다. 유년기 김규식은 자신이 배운 대로 아들을 대했을 것이다. 이정식, 1974, 위의 책, 55쪽.
164 「피로 쓴 傳記, 凱旋志士列傳(二), 國際舞臺에 活躍, 湖脫金奎植博士」, 『新朝鮮報』(1945. 11. 25).

둘째는 언더우드 부부가 미국으로 돌아간 1891년 본갑이가 선교사 한 사람의 특별 감독하에 있는 학교로 갔다는 것이다. 그 학교에서 공식적인 영어 해설자로 선교사들을 조력했다. 본갑이는 자신이 유능하고 이로운 사람이 될 수 있는 것을 입증하면서 "사악한 친척들을 그의 삶에서 잊어 버렸다". 즉, 김규식이 언더우드 부부가 미국으로 돌아간 후 고아원학교를 나와 다른 학교에 입학했음을 의미한다.[165]

셋째로 언더우드 부부는 1892년 한국으로 돌아왔는데, 1년쯤 지나서 본갑이가 성장해서 자신의 행동을 충분히 통제하고 관리할 수 있게 되자, 옛 친척들과 화해의 목적으로 방문했다고 한다. 아마도 이 시점에 김규식의 부친 김용원이 방면되었을 것이다.

이상을 종합하면 1885년 부친이 유배되자, 김규식은 홍천의 조부모에게 보내져 1년을 살았고, 조부모가 병에 걸려 건사할 수 없게 되자 1886년 서울로 보내져 우여곡절 끝에 언더우드 고아원에 맡겨졌다. 언더우드의 친아들 원한경이 태어나기 전까지 김규식은 언더우드로부터 양아들처럼 보살핌을 받았다. 1891년 언더우드 부부가 안식년으로 미국에 들어가자 김규식은 다른 선교사가 운영하는 학교에 입학해 유능한 선교사 조력자가 되었다. 어떤 학교인지는 미상이다. 이후 김규식은 1891년 방면된 부친과 재회해 홍천으로 다시 내려갔으며, 1892년 언더우드 부부가 서울로 돌아온 뒤 1년쯤 뒤인 1893년경 서울에 돌아와 친척들과 화해했다는 것이다.

그런데「김규식 자필 이력서」(영문, 1950. 3. 5)에서 그는 자신의 유년기를 이렇게 설명하고 있다.

---

[165] 1891년 선교사가 운영하던 다른 학교는 헐버트(Homer B. Hulbert)가 1886년 설립한 육영공원(育英公院)일 가능성이 있다. 외국어학교의 경우 영어학교(1894), 법어(法語)학교(1895), 아어(俄語)학교(1896), 덕어(德語)학교(1898), 한어(漢語)학교(1897), 일어학교(1891, 서울) 등이 있었다. 이광린, 1970,『한국개화사연구』, 일조각, 14쪽.

모친의 사망 이후, 부친이 정치적 이유로 약 6년간 유배된 동안, 부모 없는 아이는 선구자적 장로교 선교사인 고 호레이스 G. 언더우드 (Horace G. Underwood, 元杜尤) 박사가 서울 정동에 설립한 장로교 선교회 학교에 들어갔다. 아이는 심각하게 아팠으며 거의 죽음 직전이었는데, 이때 언더우드 박사가 아이의 생명을 구하고 부친이 1891년(신묘년) 늦봄 해배될 때까지 그를 돌보는 책임을 떠맡았다. 같은 해 여름, 조모의 죽음으로 인해 부친과 아들은 홍천의 시골집으로 돌아갔으며, 그곳에서 부친은 한국 남서부 제도의 유배 섬에서 감염된 폐결핵으로 인해 다음 해 사망했다.

언더우드 박사의 돌봄하에 있을 동안 영어의 기초를 배웠으며, 부친과 조모와 약 1년가량 함께 사는 동안 한문 고전을 약간 배웠다. 1894년 가을, 중일전쟁 발발 후 조부와 장형이 또한 연달아 사망하자, 14세의 소년은 서울로 돌아와 정부가 설립한 영어학교에 들어갔는데, 교장은 영국사람으로 허치슨(Hutchison)이라는 사람이었다.

1년 반 정도의 기간 후에, 제1반(5개 등급 혹은 반 가운데 최상위)의 제1등을 유지하면서, 학교를 떠나 한국인이 운영하는 근대식 식료품점에서 영어 사원으로 일했다. 이후 한국어 및 영어로 매일 발행하는 최초의 한국 신문을 창간한 서재필 박사가 설립한 신문사 사무소에서 영어 직원 및 회계의 직위를 맡았다.[166]

김규식이 한문·영문 이력서에 적은 내용을 종합하면 1891년 늦봄 부친 김용원 해배, 1891년 여름 조모 사망, 김용원과 함께 홍천 낙향, 1892년 부친 김용원 폐결핵 사망, 1893년〔이력서에는 1894년으로 기록〕 조부 김동선과 형 김규찬 사망, 1894년 서울로 올라와 관립영어학교 입학, 1896년

---

[166] 「김규식 자필 이력서」(영문, 1950).

관립영어학교 최우등 졸업을 한 것으로 되어 있다.

릴리어스의 회고록에는 이렇게 묘사되어 있다. 본갑이는 정부가 세운 관립학교에 다니며, 문서를 쓰거나 외국인들에게 낯선 여러 일을 하면서 스스로를 돌봤다. 본갑이는 학교를 졸업한 후 출판회사에서 신뢰하는 좋은 지위를 얻었고, 검소하게 살며 열심히 일했고, 신앙을 유지했다. 나중에 다른 3명의 조선인과 함께 미국에 유학했고, 현지 기독교인들의 보조를 받아 대학에 진학한 후 3등으로 졸업했다. 김규식의 「자필 이력서」와 릴리어스의 회고를 종합하면 관립영어학교 졸업 이후 김규식의 직업은 ① 한국인이 운영하는 근대식 식료품점의 영어 사원, ② 서재필 박사의 독립신문사 영어 직원 및 회계의 직위 등이었다.

릴리어스는 언더우드를 회고하는 평전에서도 본갑이를 거론하며, "영어를 재빨리 배워서 현지인 기독교 일꾼들 가운데 가장 열심이고 유능한 한 사람이 되어서, 학교에서 가르치며, 교회와 YMCA에서 지도적 역할을 담당하고, 오랫동안 언더우드의 비서로 일했다"라고 썼다.[167]

이상에서 살펴본 것처럼 어린 김규식은 사고무친의 상태처럼 고아가 되었고, 실질적으로는 친족에 의해 버려졌으며, 죽을 고비에 서 있었다. 그가 삶과 죽음을 넘나들며 느낀 절망과 공포, 동족이 아닌 외국인 손에서 살아내야 했던 삶을 향한 끈질긴 집념, 기댈 곳 없는 삶이 주는 비애, 실낱 같은 가능성을 잡으려는 본능적 집념, 언제나 주위를 감싸는 죽음과 소멸의 두려움 등이 유년기 그의 삶과 그의 정신세계를 구성했을 것이다. 때문에 이정식은 미국 유학길에 오른 김규식이 "희망에 부풀기도 하였으려니와 자기 환경에서 오는 핍박감, 비애감, 고독감, 열등의식, 증오심, 반발심 등으로 가득 차 있었을 것이다"라고 설명했다.[168]

---

167 Lillias H. Underwood, M.D, *Underwood of Korea*, reprinted by Yonsei University Press, 1983, pp.45~46.

김규식은 사회 신분을 중시하는 사회에서 고아원 신세를 졌기 때문에 어린아이들 간에도 많은 경멸과 천대의 대상이 되었을 뿐 아니라 동네 아이들의 놀림감이 되었을 것이다. 어린 김규식은 언더우드의 호의에도 불구하고 많은 심적 고통을 느끼며 자랐을 것이다. 당시 고아로서 서양 선교사의 신세를 진다는 것은 건전한 인격을 형성하는 데 유해하였을 것이다. 이정식은 김규식이 주위의 걷잡을 수 없이 일어나는 비극과 자신이 당하는 멸시와 차별로 인해 성격 형성에 영향을 받았고, 성년이 된 후 다정한 인간이라기보다는 냉정하고 찬 인간이라는 평가를 받게 하는 배경이 되었다고 보았다.[169] 둘째 아들 김진세의 증언에 따르면 김규식은 고아원을 뛰쳐나가 아버지를 찾겠다고 서울 시내를 헤매 다녔다는 것이다.[170]

김규식이 언더우드 고아원에 들어온 지 3년 뒤인 1888년 4월 고종은 경상도가 올린 방미방(放未放) 명부에서 김용원을 석방하라고 지시했다.[171] 김용원과 함께 신선욱·김광훈도 석방하라고 지시했다.[172] 그러나 김용원은 곧바로 풀려나지 못했다. 같은 해 12월 말 고종은 재차 경상도의 방미방 성책(成冊)을 보고 김용원을 풀어 주라고 전교했다.[173] 그럼에도 불구하고 김용원은 1891년까지 해배되지 않은 것으로 보인다. 김규식의 자필 이력서에 따르면 부친 김용원은 1891년 유배에서 풀려났다.[174] 김용원과 함께 유배형에 처해졌던 조중협에게는 1890년 윤2월 보성군 유배에서 풀어 주라는 전교가 내려졌다.[175] 1891년 이후 김규식은 부친과 함께 생활

---

168 이정식, 1974, 위의 책, 28쪽.
169 이정식, 1974, 위의 책, 16쪽.
170 이정식, 1974, 위의 책, 17쪽.
171 『승정원일기』 고종 25년(1888) 4월 4일.
172 『승정원일기』 고종 25년(1888) 4월 4일.
173 『승정원일기』 고종 25년(1888) 12월 26일.
174 「김규식 자필 이력서」(영문, 1950).
175 『승정원일기』 고종 27년(1890) 윤2월 20일.

하게 되었다.

김규식은 "같은 해 여름에 조모상을 당해 부친과 함께 홍천으로 낙향했으며 부친은 서남 지방의 섬에서 유배 생활 중에 걸린 결핵으로 그곳 홍천에서 다음 해에 돌아감"이라고 기록했다.

『청풍김씨세보』에 따르면 김규식의 조모인 광산(光山) 김씨(金氏)는 기묘(己卯, 1819년)에 출생해서 신묘(辛卯, 1891년) 5월 24일에 사망했다. 조모가 1891년 여름(음력 5월 24일, 양력 6월 30일)에 사망한 사실이 확인되므로, 김용원이 같은 해 해배되었다는 김규식의 증언은 정확할 것이다.

김용원은 1891년 유배에서 풀려났고, 모친상을 당해 홍천으로 낙향했다. 김용원의 홍천 시절에 대해서는 홍천 후손들의 증언이 있다. 성격이 급했던 김용원은 집에 돌아오기 무섭게 몸종 복례에게 밥을 달라고 보채고 문에 걸어 놓은 설렁줄을 당기며 다그치는 성격이었다. 또한 손가락 발가락에 붓을 끼워서도 글씨와 그림을 잘 쓰고 그렸다고 한다. 본인의 묘자리도 꿈에 현몽한 산신을 만난 후 스스로 정했다고 한다.[176] 유배 중 결핵에 걸린 김용원은 1년 뒤인 1892년(壬辰) 5월 24일(양력 6월 18일) 홍천에서 사망해 홍천(洪川) 화촌면(化村面) 답기동(畓基洞)에 묻혔다.[177] 만 50세였다. 김용원이 결핵으로 사망했으므로, 가뜩이나 병약하고 건강이 부실했던 김규식도 전염성이 강한 결핵에 걸렸거나 보균자가 되었을 가능성이 매우

---

176 「김주만 인터뷰」(2014. 10. 23, 2017. 8. 1. 홍천 자택); 「김주현 인터뷰」(2017. 8. 9. 서울 돌곶이역).
177 현재 홍천군 화촌면 선영에는 김용원의 묘와 2개의 묘비가 있다. 1947년에 설립된 묘비 앞면에는 "淸風金公諱智性之墓", 뒷면에는 "嗣子 奎植 檀紀四千二百八十年 四月 日立", 최근에 설립된 새로운 묘비 앞면에는 "宣傳官淸風金公智性(鏞元)之墓", 뒷면에는 "仁伯派二十三世子 奎贊 奎植"으로 기록되어 있다. 1947년 비석 건립에는 김규식 대신 부인 김순애가 참석했다. 「김주만 인터뷰」(2014. 10. 23. 홍천 선영); 새로운 묘비에 김용원의 생몰은 "1842. 1. 20. 생, 1896. 5. 25. 몰"로 되어 있다. 그러나 『청풍김씨세보』(1920·1958)에는 김용원의 사망일이 壬辰(1892)으로 되어 있으며, 김규식의 「자필 이력서」에도 1892년으로 기록되어 있다. 여기서는 족보와 김규식의 「자필 이력서」의 사망연도를 따랐다.

홍천 김용원 묘(2014). 저자 촬영.

높다. 훗날 김규식의 첫 부인도 결핵으로 사망했다.

홍천 선산에는 2개의 김용원 묘비가 세워졌다. 첫 번째 비석은 김규식이 귀국한 1947년 세운 것인데 전면에 "청풍김공휘지성지묘"라고 새겼고, 뒷면에는 "사자(嗣子) 규식, 단기4280년 4월 일립"이라고 새겼다. 살아 있던 김규식의 이름만 비석에 새긴 것이다. 최근에 세운 두 번째 비석은 전면에 "선전관청풍김공지성지묘(용원)"라고 새겼고, 뒷면에는 "인백파(仁伯派) 23세 자 규찬 규식"이라 새겼다. 후손들도 김지성의 본명이 김용원이었다는 사실을 최근에 알고 작은 글씨로 괄호에 넣은 것이다.

김용원이 죽은 다음 해인 1893년 4월 김규식의 조부 김동선도 사망해 홍천 땅에 묻혔다.[178] 큰집에 양자로 들어갔던 큰형 김규찬도 1893년 12월 29세의 나이로 사망했다.[179] 2년 사이에 3대가 모두 세상을 떠난 것이다.

---

178 『淸風金氏世譜』(1958) 卷4, 35쪽. 김동선의 묘는 洪川 化村面 水鐵岱(무수터) 巽坐로 되어 있다.
179 『淸風金氏世譜』(1958) 卷4, 35쪽. 김규찬의 묘는 春川 垈谷後山 丁坐로 되어 있다. 현재는 홍천군 화촌면 구성포리 답기동(논틀마을)의 김용원 묘 바로 옆에 위치하고 있다.

김용원의 묘 옆에 김규찬도 나란히 묻혔다.

사고무친이 된 김규식은 14세에 서울로 돌아와 한성 관립영어학교에 입학했다. 당시 교장은 영국인 허치슨(Hutchison)이었다. 김규식은 1년 반 동안 수업을 들은 후 1896년 최상위반(총 5개 등급의 반 가운데 최고반)의 일등으로 관립영어학교를 "필업"(畢業)했다.[180]

15세의 김규식은 한국인이 경영하는 현대적 잡화점에서 영어 직원(English clerk)으로 일했고, 이후 서재필 박사가 설립한 독립신문사에서 영어 직원 겸 회계로 일했다. 이 신문사는 일간 한국어·영어의 이중언어로 간행되는 최초의 한국 신문이었다.[181]

지금까지 우리는 김규식의 부인 김순애와 아들 김진동·김진세가 남긴 김규식·김용원에 대한 증언이 사실의 착오와 선후관계에 혼란이 있음을 알게 되었다. 1차 수신사행, 조사시찰단행, 경상좌도 수군우후 경력, 러시아 밀사 파견, 유배와 몰락 등은 선별적이고 혼란하게 기억되었다. 특히 김용원의 러시아 파견 임무는 조정의 대신들도 알지 못하는 극비였기에 가족들 역시 사태의 전모를 알지 못했음이 분명했다.[182]

김용원은 근대세계를 경험하고 일본과 러시아를 종횡무진한 근대적 화원·외교관·실업가·과학자·사진사였지만, 고종에게 충군애국(忠君愛國)하는 전통적 미덕의 소유자였다. 그는 자신의 러시아 밀사 임무에 대해 입을 다물었고, 그 대가로 유배형에 처해지고 그곳에서 오랫동안 고생하다 질병을 얻어 사망에 이르렀다. 국왕의 비밀을 지킨 일로 유배-중병-죽음에 이른 그의 삶을 아마도 그 가족들조차 온전히 이해하기는 어려웠을 것

---

180 「김규식 자필 이력서」(한문. 1950).
181 「김규식 자필 이력서」(영문. 1950).
182 집안에는 김용원이 "아라사에 군기를 사러 갔다"는 얘기가 전해졌다. 여기서 군기는 군사깃발(軍旗)이 아니라 무기(軍機)를 의미했다. 즉, 무기 구입차 러시아에 갔다는 것이다. 「김주만 인터뷰」(2014. 10. 23. 홍천 자택).

이다. 근대를 향한 치열했던 김용원의 삶이 소멸한 자리에 어리고 병약하고 사고무친(四顧無親)의 김규식이 남겨졌다. 그 앞에 놓인 개인적 형극의 길은 한국 국가·민족의 암울한 전도와 겹치며 그의 삶을 휘저을 것이었다.

　김용원은 아들 김규식에게 근대세계와의 접촉, 일본 유학, 실용적 학문의 추구, 과학기술의 습득, 근대적 외교관이라는 선각자의 경험을 남겼다. 김규식은 정확하게 부친의 경력을 알지 못했겠지만, 미국 유학과 기독교 교육자의 길을 거쳐 독립운동의 외교관으로 나섬으로써 그 유산을 승계했다.

　16세의 김규식은 조사시찰단의 조사 김용원의 서자, 사실상의 고아, 언더우드의 양자, 언더우드 학당의 학생, 관립영어학교 졸업생, 독립신문사 영어 사원이라는 흔치 않은 이력의 소유자가 되었다. 그리고 고종의 아들 의화군 이강의 도미 유학을 조력하는 통역 겸 시종으로 미국에 파견되었다. 김용원과 김규식 부자 모두 근대세계와의 접촉 과정에서 고종과 밀접한 관계를 맺고 있었고, 전통적 국왕 중심의 세계를 통해 근대세계로 나아갔다. 이어 김규식은 1900년 대한제국의 외교관으로 주미공사관에서 일하고, 1905년에는 고종의 밀사 중 한 명으로 포츠머스강화회담에 파견되는 운명을 마주한다. 대한제국의 외교관·밀사로서 김규식의 활동은 1919년 만개하게 되는 그의 파리강화회의 특사 외교에 경험적 근거와 영향을 준 것이 분명하다. 김규식의 근대세계와 외교노선은 고종과 전통왕조의 영향 속에서 성장·변화한 부분이 있었다.

16살에 떠난 도미 유학

: 의화군과의 관계

2

1 의화군의 일본 체류와 도미 유학

16세의 김규식이 1897년 5월 중순 일본 도쿄·요코하마에 나타났다. 의화군의 도미 유학 준비팀이던 선교사 언더우드 및 외부 통역관 박용규와 동행한 것이다.

당시 의화군은 반강제적으로 국내에서 추방되어 일본에 체류 중이었는데, 망명객들의 정치적 구심으로 부상하면서 고종의 잠재적 정적으로 부각되었다. 고종은 의화군의 귀국 또는 도미 유학을 선택지로 제시했고, 결과적으로 의화군은 반강제적인 도미 유학길에 오르게 된다. 이 과정에 김규식과 언더우드가 등장하는 것이다.

의화군(후에 의친왕)은 1877년 귀인 장씨 소생으로 출생했다. 고종의 적자가 아니었지만, 한말의 정치적 격변 속에 유약하고 무능하다는 평을 들은 고종과 병약하고 우매하다는 평판을 들은 세자(순종)를 대체할 수 있는 유력한 왕위계승자로 부각되었다. 의화군과 고종의 조카 이준용은 1895년 을미사변 이래 1905년 을사조약을 전후한 시기까지 고종·세자를 대체할 수 있는 인물로 거론되었다. 두 사람을 둘러싸고 상상할 수 있는 다양한 정치적 음모들이 지속적·반복적으로 제기되었다. 고종 폐위와 의화군·이준용 옹립 음모와 위협이 끊이지 않자, 고종은 1896년 두 사람을 일본에 유학 보내기로 결정했다. 잠재적 왕위계승자이자 정치적 반대파의 중심이 된 두 사람을 조선의 정치 현실에서 배제시키고자 한 것이다. 이 결과, 의화군과 이준용은 1896~1905년간 일본에 체류하게 되었다.

그러나 도리어 이들의 일본 체류는 고종에게 끊임없는 걱정거리를 안겼다. 박영효·유길준과 같은 친일 망명객들이 의화군과 밀접하게 접촉하며, 반공개적으로 고종을 폐위하고 의화군을 옹립한 후 내정개혁을 해야 한다고 주장했기 때문이다. 국내에서 왕권 약화와 잠재적 위협을 우려해 의화군을 일본으로 보낸 고종은 이번에는 국외에서 의화군이 망명 정객은 물론 일본과 결탁해서 자신을 위협할까 봐 걱정하게 된 것이다. 고종의 대안은 의화군의 귀국 혹은 도미 유학이었다.

1905년 고종은 주한일본공사 하야시 곤스케(林權助)에게 "의화궁과 황실과의 관계 및 성품" 등에 대해 "기탄없이 속마음을 털어놓고 얘기"했는데, 의화군이 민왕후에 대해 호의를 품은 반면 대원군과 이재면·이준용에 대해 악심을 품었다고 했다. 이는 의화군의 출생 및 성장, 왕자 책봉과 궁중 출입 등에 관계된 고종식 궁중비사(宮中秘史)였다.[1] 의화군은 세자가 4세 되던 해에 탄생(1877)했다. 궁궐의 관례에 따르면 세자 이후 서출 왕자가 태어나면, 세자가 만 10세가 되기 전까지는 서출 왕자가 궁중에 문후하는 것이 허락되지 않았다. 때문에 의화군은 궁중 출입은 물론 왕자로 책립되는 의전(儀典)을 올리지 못했다. 이후 의화군은 금릉위궁(錦綾尉宮), 즉 철종의 부마인 박영효의 양자와 같은 자격으로 양육되었다. 세자가 만 10세가 되어 민왕후가 의화군의 왕자 책립과 궁중 출입을 발의해 주장했지만, 대원군이 이를 불가하다 하고 조대비의 힘을 빌려 이를 중단시켰다.

---

1 「義和宮의 진퇴에 관한 한국 황제의 의향 보고의 건」(1905. 2. 17), 『(국역) 주한일본공사관 기록』 25. 이는 주한일본공사가 1905년 2월 15일 광무황제를 알현하고 "의화궁과 황실과의 관계 및 성품" 등에 대해 얘기한 내용을 외무대신에게 보고한 것이다.

의화군은 왕자로 책립되지 못하고, 귀인 장씨의 사가에서 "평민적 생활"을 하는 데 불만을 품었고, "시중의 무뢰한과 짝지어 크게 소행을 난잡하게" 하였다는 것이다.² 그 후 수년이 지나 책립의 의전을 행하고 의화궁의 칭호를 받아 친왕의 예우를 받았다. 1891년의 일이었다.

1895년 10월 을미사변으로 민왕후가 시해되자, 의화군은 이 사건이 대원군 일가인 이재면(李載冕), 이준용(李埈鎔)의 음모에서 나온 것으로 추정했고, 자신의 왕자 책립과 궁중 출입을 주창한 민왕후와 이를 방해한 대원군의 전력이 더해져 대원군가에 큰 원한을 품었다. 의화군은 민왕후 복수를 위해 일본 낭인, 한국인 검객, 청국의 세력가 등을 고용해 시기를 엿보아 이재면·이준용을 "넘어뜨리려고 계획"했다. 다만 대원군은 부왕의 아버지이므로 시해할 수는 없다고 했다. 이 음모는 대원군에게 탐지되어 분노를 야기했고, 대원군은 수십 명의 순검을 파견해 의화군의 저택을 봉쇄하고 출입을 금했으며 엄중히 경계시켰다는 것이다. 이에 의화군은 1896년 일본으로 도망갔다는 것이다. 이상이 고종이 1905년 주한일본공사에게 진술한 의화군 관련 평이다.

물론 고종의 이러한 말이 정확한 사실이라고 보기는 어렵다. 의화군과 민왕후·대원군의 관계에 대한 설명에 선뜻 동의하기 어렵기 때문이다. 세자에 대한 지극한 사랑으로 유명했던 민왕후가 의화군을 총애한 반면 대원군이 의화군의 책봉을 반대해 악심을 품었다는 대목이 특히 그러하다.

의화군은 1894년 청일전쟁 종결 후 특파대사로 일본에 파견되었다. 1894년 10월 14일부터 11일 16일까지 한 달가량 유길준·고영희를 포함한 수행원 20명을 대동하고 보빙대사로 일본을 방문했다.³ 의화군은 메이

2 "소행을 난잡"하게 했다는 고종의 지적은 여색에 탐닉했던 의화군의 행각을 지적한 것으로 보인다. 의화군의 여색 행각은 국내외에서 유명했다.
3 박한민, 2017, 「갑오개혁기 보빙대사 의화군과 유길준의 일본 파견과 활동」, 『한국근현대사연구』 81.

지천황을 알현하고 이토 히로부미를 비롯한 일본 고관들과 면담하는 한편, 조병창·제지소·포병공창 등 일본의 주요 근대시설을 시찰했다. 의화군은 을미사변 이후인 1895년 10월 19일 영국·러시아·독일·이탈리아·프랑스·오스트리아 6개국 보빙대사(英俄德意法奧 諸國 報聘 大使)로 특파되었다. 이는 을미사변 이후 정치적 위기에 직면한 고종이 유럽 열강에 특파대사를 파견해 원조를 구하려는 공식적 측면과 함께 잠재적 왕위계승자로 거론되는 의화군을 정치현장에서 제거한다는 정치적 의미를 담고 있었다. 왜냐하면 의화군의 특파대사 파견과 함께 고종 폐위 음모에 연루되어 유배에 처해졌던 이준용의 일본 유학이 동시에 결정·추진되었기 때문이다. 당시 일본 측에서는 조선이 국격에 맞지 않게 황제의 지위를 구하는 한편 특사를 파견하는 소행이라며 반대의견을 피력한 바 있다. 결과적으로 11월 25일 특파 중단 명령이 내려져, 의화군은 중도에서 중단해야 했다.[4] 이 시점에 의화군은 일본에 도착해 있었다. 이로써 의화군은 이준용과 함께 10여 년에 걸친 일본 체류를 시작하게 되었다.

고종은 일본에 체류하게 된 의화군에게 유학을 명령했고, 1896년 1월 궁내대신 이재면을 통해 후쿠자와 유키치(福澤諭吉)에게 의화군의 일본 유학과 관련한 일체의 감독을 위탁했다. 여기에는 수업과 경비에 관한 일체의 일이 포함되어 있었다.

> 의화군이 일본에 유학을 하는데 나이가 어리고 보살펴 줄 사람이 없다. 수업과 경비 등 일체의 대소 사무는 모두 서생을 임명해야 할 것이다. 이에 후쿠자와 유키치에게 전담하여 감독해 줄 것을 위탁한다. 이재면

---

4 「義和君 李堈의 英俄德意法奧 諸國 報聘 大使 特派件」, 外部大臣 金允植→法國署理公使 盧飛鳥(1895. 10. 19); 「英德俄意法奧國 報聘 大使 李堈의 派遣 中止件」, 外部大臣 金允植→法國署理公使 盧飛鳥(1895. 11. 25), 고려대학교 아세아문제연구소, 2010, 『구한국외교문서』. http://www.dbpia.co.kr.access.ewha.ac.kr/Article/2908536.

(李載冕)은 대군주 폐하의 칙지를 받들어 알린다.
1. 학업은 성질과 기력을 보아 적당한 것을 권한다.
2. 경비는 서생의 예에 따라 매월 비용을 계산하되 약간 넉넉하게 산정하여 1년 경비를 조선정부에 알리라.
3. 교제는 본국인과 타국인을 막론하고 잡다한 사람들과 가까이 지내지 못하게 한다.

건양(建陽) 원년 1월 28일
궁내부대신 이재면
후쿠자와 유키치(福澤諭吉) 각하.[5]

"잡다한 사람들과 가까이 지내지 못하게 한다"라는 대목에서 의화군 유학에 담긴 고종의 진의를 가늠할 수 있다. 그러나 의화군의 일본 유학 생활은 원만할 수 없었다. 의화군의 일본 체류는 본인의 의사나 학업 희망에 의한 것이 아니었으며, 그 기간과 미래가 어떻게 될지 모르는 상황이었다. 장래에 대한 희망과 현실에 대한 불만이 교차하는 생활이었다.

이미 갑신정변 당시 민씨 척족들은 갑신정변 주도층들이 의화군을 왕으로 옹립하려 했다는 음모론을 제기했고, 이후 의화군은 다양한 정치적 음모·가설의 주인공이 되었다. 고종의 소생 가운데 생존해 있는 두 번째 아들이자 신체 건강하고 명민한 왕자였기 때문이다. 특히 갑오개혁, 을미사변, 아관파천으로 이어지는 고종 왕권의 대추락은 그러한 기회와 가능성을 증폭시켰다. 일본에서 의지처가 없던 친일 망명정객들은 의화군 주위에 모여 시시때때로 기회를 노려, 고종이나 세자를 제거하고 의화군을 국왕으로 옹립한 후 내정개혁을 시도한다는 일종의 궁정쿠데타 시나리오를 꾸몄

---

5 「〔義和宮殿下 渡美에 대한 後續措置의 件〕」(1897. 5. 29), 外務大臣 伯爵 大隈重信→在京城 辨理公使 加藤增雄, 『(국역) 주한일본공사관기록』 12.

다. 현실적인 힘이 없던 망명객들은 국내외 정세의 변화, 강대국의 개입, 일본 측의 도움 등에 기대며 조선 정국의 변화에 일희일비하고 있었다.

일본 유학에 흥미가 없던 의화군 역시 정치적 음모·궁정쿠데타 기획에 익숙해진 지 오래되었으며, 자신에게 왕위가 돌아올지도 모른다는 희망과 기대를 감출 수 없었을 것이다. 의화군의 일본 체류는 실현되지 않는 다가올 미래에 대한 기대와 조바심으로 연장되었으며, 그는 망명정치객들의 정치적 구심으로 부각되었다. 철종의 부마인 박영효나 고종의 조카인 이준용과 달리 그는 고종의 소생으로 왕위 계승 가능성이 가장 높은 인물이었기 때문이다.

조선 내에서는 일본 내 조선 망명객들의 정치적 구심이 된 의화군을 제거해야 한다는 소문이 돌았고, 소문 중 일부는 일본 외무성에 접수되기도 했다. 1896년 9월의 한 문서는 궁내대신 이재순(李載純)이 홍종우(洪鍾宇)·이일직(李逸稙)을 사주해 의화군과 이준용 등에 대한 암살을 계획했다는 정보를 전하고 있다. 여러 차례 시도에도 경계가 엄중해 실패하자, 홍종우가 김옥균을 일본 밖으로 유인해 상해에서 암살한 것처럼 일본인들을 시켜 의화군을 해외로 유인하려는 계획이 시도되고 있다는 것이다.[6] 홍종우는 김옥균 암살범이었고, 이일직은 1894년 일본에서 박영효 등을 암살하려다 체포·투옥된 바 있다.

이러한 논란 가운데 흥미롭게 등장한 인물은 김윤정(金潤晶)이었다. 김윤정은 훗날 대한제국의 마지막 주미대리공사를 지내며 친일 행각으로 유명세를 떨쳤다. 귀국 후 인천감리를 지냈으며, 도지사를 역임했다. 아들 김용주(Frank Kim)는 총독부 영자신문『서울프레스』(Seoul Press) 기자를 했고, 딸 김고려(Kora Kim)는 윤치오와 결혼해 윤고려로 불렸다. 김윤정

---

6 「〔朴泳孝 등의 動靜報告 件〕」(1896. 9. 8), 外務大臣 西園寺公望→在朝鮮 特命全權公使 原敬,『(국역) 주한일본공사관기록』10.

은 1905년 시오도어 루스벨트와 만난 이승만이 주미공사관을 통해 미 국무부에 한국 독립을 청원하는 외교공문을 보내 달라고 요청하자, 이를 거절한 바 있다.[7] 김윤정은 해방 후 이승만이 귀국하자, 그를 통해 하지 주한미군사령관에게 엽관운동을 시도한 바 있다.[8] 일본 외무대신은 1897년 8월 20일 자로 주한공사에게 "조선 친위대 사관(士官) 김윤정이란 자가 요사이 미국으로 도항했다고 하며, 또한 그 사람은 현재 미국에 체재하고 있는 의화궁을 암살하라는 밀명을 띠고 있다는 소문이 있음. 이에 대한 사실은 과연 어떠한지, 그 사람의 종전 경력과 세평 등을 탐지해서 아울러 답전 바람"이라고 지시했다.[9] 김윤정의 도미가 의화군 암살과 관련되어 있다는 풍설이 도쿄에 파다했던 것이다. 가토 공사는 김윤정은 친위대 사관이 아니며 함경도 출신으로 성명이 유사한 자가 러시아어 통역으로 한국에 있다고 보고(1897. 9. 4)했다.[10] 그러나 김윤정은 친위대 사관 출신으로 이 시점에 도미한 것이 사실이다. 김윤정은 워싱턴디씨의 농아학교인 갤러뎃대학(Gallaudet College)에서 수학한 후 주미일본공사관을 통해 알렌 공사를 소개받았고, 알렌의 추천으로 주미한국공사관에 자리하게 되었다.[11]

반면 갑신정변·갑오개혁에 참가했던 망명객 이규완(李圭完)은 고종이 국리민복을 무시하고 국가와 인민을 애호하는 의지가 없으니, 스스로 왕위

---

7 정병준, 2012, 「1905년 윤병구·이승만의 시오도어 루즈벨트 면담외교의 추진과정과 그 의미」, 『한국사연구』 157.
8 「이승만 대통령, 윤병구 장례식에 조사(弔辭)」, 『서울신문』(1949. 6. 25).
9 「[義和宮 暗殺次 渡美者 金潤晶의 探偵依賴]」(1897. 8. 20), 『한국근대사자료집성』 1;「[滯美中인 義和宮 暗殺說의 主謀者 朝鮮親衛隊士官 金某의 內査回信 要望]」(1897. 8. 20), 『(국역)주한일본공사관기록』 12.
10 「[金潤晶의 身分 照會]」(1897. 9. 4), 『한국근대사자료집성』 1.
11 John Hay (Secretary of State) to Dr. Edward M. Gallaudet (President of the Columbia Institution of Deaf and Dumb)(1903. 3. 27); Min Hui Cho (Korean Minister) to John Hay (Secretary of State)(1903. 3. 24). John Hay (Secretary of State) to Dr. Edward M. Gallaudet(1904. 6. 14). Horace N. Allen to Dr. Edward M. Gallaudet (President of Gallaudet University)(1904. 5. 4, 1904. 8. 25). Gallaudet University Archives.

에서 물러나 국가를 버리고 러시아에 피신한 것이고, 세자는 도저히 왕위를 계승할 인물이 못 되니, 국민의 태반은 군주가 없는 것과 같으므로 의화군을 받들어 국왕으로 삼으려 열망한다고 발언했다.[12] 박영효 역시 의화군을 수호하여 장래의 국왕으로 삼으려 한다는 발언을 여러 차례 하고 있으며, 박영효의 거처에 체재 중인 망명객들 역시 의화군으로 왕위 계승을 희망하고 있었다.[13] 일본 외무성 문서철에는 일본에 망명 중인 이준용, 조희연(趙羲淵), 조중응(趙重應), 정운복(鄭雲復), 유길준(俞吉濬) 등이 의화군과 박영효를 만나 내정개혁과 의화군 옹립 계획 등을 논의하는 장면들이 기록되어 있다.[14]

고종은 의화군의 귀국을 종용하는 한편, 의화군에게 보내는 유학자금·생활비를 중단함으로써 압력을 가하려 했다. 그러나 의화군은 유학자금 변통을 위해 일본인에게 3천 원의 채무를 진 후, 채무 청산을 빌미로 귀국요구를 거절했다.[15] 결국 고종은 1896년 10월경 의화군에게 미국 유학을 가거나 귀국하라는 내명(內命)을 전했다.[16] 1896년 11월 이후 일본 외무성에는 의화군을 미국으로 유학 보내기로 결정했으며, 이를 위해 후쿠자와 유키치나 도쿄 주재 러시아 공사에게 의뢰하기로 했다거나, 의화군이

---

12 「〔李圭完의 動靜報告〕」(1896. 11. 25), 外務大臣 大隈重信印→在京城 臨時代理公使 加藤增雄, 『(국역) 주한일본공사관기록』 10.
13 「〔在須磨 韓客의 動靜報告〕」(1896. 8. 6), 外務大臣 西園寺公望→在朝鮮 特命全權公使 原敬, 『(국역) 주한일본공사관기록』 10; 「〔義和宮·朴泳孝 등의 動靜報告〕」(1896. 8. 25), 外務大臣 西園寺公望→在朝鮮 特命全權公使 原敬, 『(국역) 주한일본공사관기록』 10.
14 「朝鮮國亡命者 動靜報告 件」(1896. 7. 11), 外務大臣 西園寺公望→在朝鮮 特命全權公使 原敬, 『(국역) 주한일본공사관기록』 10.
15 의화군은 1895년 11월 中上川彦次郎에게 3천 원을 차용했고, 주일한국공사 이하영(李夏榮)이 이를 인수해 그중 원금 1천 원과 이자를 갚았지만, 잔액 2천 원이 남아 있었다. 「中上川彦次郎이 朝鮮國 義和宮殿下에 대한 貸與金의 件」(1897. 4. 17), 『(국역) 주한일본공사관기록』 12.
16 「〔日本 滯留中인 義和宮殿下의 動靜에 관한 件〕」(1897. 2. 12), 外務大臣 大隈重信印→在京城 臨時代理公使 加藤增雄, 『(국역) 주한일본공사관기록』 12.

미국 선교사의 감언이설에 넘어가 미국 유학을 계획 중이라는 보고가 올라오기 시작했다.[17]

의화궁비 김씨는 신성구(申聲求)[18] 외 1명을 파견해 귀국할 시기가 아니니 도미나 귀국은 보류하고 일본에 더 체류하라고 권유했고, 박영효 등도 역시 도미에 반대했다. 이 결과, 영어 공부가 필요하다는 계략을 생각한 의화군은 요코하마 야마테거류지(山手居留地)의 미국인 선교사 게일(Gale) 자택에서 영어를 배우기 시작했다.[19] 게일이 도쿄의 의화군 처소에 드나들면서 둘 사이가 친근하게 되었다. 그런데 도미 기일이 다가오고, 게일이 도미 준비를 재촉하자, 의화군은 1897년 1월 22일부터 게일 자택 통학을 중단했다. 의화군은 2월 4일 게일을 방문하고 수행원들의 반대로 미국 유학을 보류한다고 통보했다. 정보보고에 따르면 게일은 3월 하순에 미국으로 귀국할 예정이었다.[20]

일본외무성 기록(1897. 1. 4)에 따르면 고종은 의화군의 미국 유학을 "한 미국인"에게 의뢰해 일본에 가게 했으나, 의화군이 국왕의 친서가 없다는 명목으로 이를 거부했기에 고종이 1주일 전에 친서를 발송했다고 한다.[21] 이 임무를 맡은 "한 미국인"이 바로 선교사 게일이었을 것이다. 미국

---

17 「〔宮內大臣, 王命으로 義和宮의 美國留學을 의뢰〕」(1896. 11. 1), 加藤 代理公使→大隈, 『(국역) 주한일본공사관기록』 10 ; 「〔義和宮의 渡美 拒絶 報告〕」(1896. 11. 21), 『한국근대사자료집성』 1.
18 신성구는 1897년 의화군의 도미 유학에 동행한 후 미국에 잔류했다. 그는 주미공관에서 일한 외교관 출신 김헌식과 함께 신한회를 조직하고 1918년 약소국동맹회와 1919년 3·1운동기에 맹렬한 활동을 벌이며, 구한말 외교관 출신인 자신들의 조직이 한국을 대표하는 정통성 있는 외교기관이라고 주장했다.
19 「〔日本 滯留中인 義和宮殿下의 動靜에 관한 件〕」(1897. 2. 12), 『(국역) 주한일본공사관기록』 12.
20 「義和宮 渡美 探聞報告書」(1897. 2. 7), 「〔日本 滯留中인 義和宮殿下의 動靜에 관한 件〕」 (1897. 2. 12), 『(국역) 주한일본공사관기록』 12.
21 「〔義和宮 美國留學 件〕」(1897. 1. 4), 加藤 辨理公使→大隈 外務大臣, 『(국역) 주한일본공사관기록』 12.

선교사로 한국과 일본에서 활동한 게일(Gale) 집안은 유명한데, 이 가운데 이 시점에 일본에 체류하고 있던 건 제임스 게일(James S. Gale)이었다.²²

주한일본공사관의 가토(加藤) 대리공사는 1897년 5월 12일 고종을 알현하고 의화군의 미국 유학과 언더우드의 일본행에 대해 문의했고, 고종은 사정을 다음과 같이 설명했다.

> 대군주께서 의화궁(義和宮)을 일본에 체재시키게 되면 종래 박영효·유길준과 친교가 있으므로 아직 어린 나이에 사려가 충분치 못하기 때문에 혹시 어떤 뜻밖의 불행을 야기할지도 헤아리기 어렵다고 하시면서, 그렇다면 장래를 위하여 좋지 않을 염려가 있으니 외부 번역관 박용규(朴鎔圭)를 동행시켜 간곡한 유지(諭旨)를 전하여 당분간 미국에 유학시키려고 하는데, 이렇게 하자면 여기에는 다액의 비용이 필요하다. 돈을 가지고 가려면 조선인만으로는 (조선국인의 치욕이지만) 위험하다는 브라운의 주의(注意)에 따라 그의 추천으로 미국인 언더우드를 동행시키고, 그리고 그 사람에게 의화궁의 부채 정리와 환(換)을 미국으로 보내면 현금으로 교환해서 즉시 갚도록 해두었다. 따라서 아무쪼록 일본정부에서도 응분의 진력을 하여 속히 미국으로 가게 해달라고 하셨다.²³

---

22 "Prince of Korea, But the Victim at Times of Most Outrageous Fortunes," *Hopkinsville Kentuckian*, August 13, 1897. 게일은 1904년 이승만의 도미 유학 시 극찬의 추천장을 써준 바 있다. 1941년 태평양전쟁 발발 이후 OSS의 전신 COI가 중경에 정보공작단을 파견할 때 사절단장을 지낸 에슨 게일(Essen Gale)이란 인물이 바로 이 게일 선교사의 조카이다. 에슨 게일은 이승만을 한국의 조지 워싱턴이자 손문이라고 미 국무부에 선전했다. 정병준, 2005, 『우남 이승만 연구』, 역사비평사, 87~88, 241~243쪽; Maochun Yu, *OSS in China: Prelude to Cold War*, Yale University Press, New Heaven and London, 1996, pp.13~23.

23 「舊 守備隊將校 謁見 및 義和宮 美國留學에 관한 건」(1897. 5. 25), 加藤 辨理公使→外務大臣 大隈重信, 『(국역) 주한일본공사관기록』 11; 「〔義和宮의 渡美 유학 확정 件〕」(1897. 5. 12), 加藤 辨理公使→大隈 外務大臣, 『(국역) 주한일본공사관기록』 12.

고종의 말을 종합하자면 첫째로 의화군이 박영효·유길준과 어울리기에 미국 유학을 결정했으며, 둘째로 외부 번역관 박용규를 일본에 보내 의화군과 도미시킬 것이며, 셋째로 의화군의 부채 청산·여비 송금 등을 위해 1만 원을 보내는데 총세무사 브라운의 충고에 따라 언더우드에게 맡겼다는 내용이다.

박용규는 의화군의 도미 유학의 수행원으로 선발된 것이며, 언더우드는 여비와 부채 청산을 위한 회계 처리를 돕기 위해 선정된 것을 알 수 있다. 바꾸어 말하자면 고종은 의화군의 도미 유학이라는 중대사를 해결하기 위한 복심으로 미국 유학생이자 주미공사관원 출신인 박용규와 자신이 신뢰하는 언더우드 선교사를 선택한 것이다.

박용규는 부산 출신으로 1883년부터 영어를 공부하기 시작했으며, 1892년 미국에 건너갔다.[24] 샌프란시스코와 워싱턴디씨에서 영어를 공부했다. 1893년 시카고 컬럼비아세계박람회(Chicago Columbian World's Exposition)가 개최되자 서병규(徐丙珪)와 함께 한국관의 조역으로 일했는데, 한국 사절단 가운데 가장 유창한 영어를 구사했다.[25] 박용규는 1895년 미국 펜실베이니아대학(University of Pennsylvania)에 다녔으며,[26] 서병규는 한국인 최초로 로녹대학(Roanoke College)에 입학했다. 의화군이 훗날 로녹대학에 입학한 것은 이런 인연의 결과였다. 박용규는 주미공사관에서

---

24 박용규에 대해 통감부는 이렇게 기록하고 있다. "부산 사람이다. 천성이 영리하고 간지(奸智)가 있었다. 영어를 연구하기 시작하면서부터 사람이 되어 예식관(禮式官)에 임명되었고 그 후 군수가 되어 정3품까지 올랐다. 5조약(乙巳五條約)에 분개하고 『대한매일신보』의 창립과 동시에 동사(同社)에 들어가 사장 베델의 통역으로 혹은 영자신문의 번역을 통하여 배일 사상을 고취하였다."「한국 관인의 경력 일반 126. 朴容奎」, 『통감부문서』 8.
25 이민식, 2006, 『근대사의 한 장면 콜럼비아 세계박람회와 한국』, 백산자료원, 29, 143~146쪽; 이민식, 2000, 「19세기 콜럼비아 박람회에 비친 정경원의 대미외교와 문화활동」, 『근대한미관계사』, 백산자료원, 512~514쪽.
26 1897년 미국의 한 신문은 그가 프린스턴대학을 다녔다고 썼다. "Korean Prince in Town. Eui Wha Comes to America to Get an Education," *The Times*, June 19, 1897.

일했는데, 서기생(음력 1895. 5. 23), 2등 참서관(1896. 6. 27)을 지냈으며, 1896년 이현직(李玄稙)이 신병으로 귀국하자 서리로 임명되어 서광범이 공사로 부임할 때까지 대리공사로 근무했다. 본인의 진술에 따르면 서재필 부부에게 공사관 방과 몇 달 동안의 식비를 제공했고, 1895년 하반기 서재필의 귀국 여비, 양복, 트렁크를 마련해 주었다.[27] 을미사변 이후 주미공사관 참서관을 사직(음력 1896. 7. 15)하고 귀국해 외부 번역관(주임관 4등)에 임명(음력 1896. 7. 17) 되었다. 독립협회 회원으로 활동했으며, 지도군수(1900)·중추원의관(1904) 등을 지냈다. 베델(Ernest Thomas Bethell)의 『대한매일신보』에서 통역·번역 등으로 일했고, 1907년 국채보상운동이 전개되자 서병규와 함께 국채보상지원금총합소(國債報復志願金總合所)의 발기인 겸 회계감독이 되었다.[28] 일제는 국채보상운동을 무산시키기 위해서 소위 "국채보상금 소비 사건"을 조작해 양기탁, 베델, 박용규를 고소했고, 박용규는 양기탁과 함께 임원직을 사임했다. 1909년 『대한매일신보』 사원이자 통역으로 베델의 집에 동거하는 전(前) 군수 종2품 박용규가 일본의 압제를 피해 영국으로 도항하려고 한다는 정보보고가 있다.[29]

언더우드 부부는 고종과 민왕후의 신뢰를 받는 대표적인 외국인이었다. 언더우드는 한국어를 배워 유창한 한국어를 구사했고 일본어도 가능했다. 두 사람이 결혼할 때 민왕후는 막대한 축하금과 선물을 내렸다. 한말 조선을 방문해 민왕후를 만난 3명의 외국인 여성이 있는데, 릴리어스 언더우드는 늘 그 자리에 동석했다.[30] 언더우드는 1895년 10월 8일 을미사변이

---

[27] 서재필의 귀국 후에도 부인과 하녀는 공사관에 머물렀다. 서재필은 4개월간 총 200달러를 빌려 갔으나 갚지 않았고, 부인은 인종차별적이었다. 게다가 서재필은 서울에서 알렌 공사에게 박용규를 험담해 양자의 관계는 파탄났다. 박용규는 한국정부로부터 매달 받는 "300달러는 그토록 영리한 박사가 결코 포기할 수 없는 파라다이스"라며 서재필을 비판했다. 국사편찬위원회, 2016, 『국역 윤치호 영문 일기』 4(1897. 10. 8).
[28] 국사편찬위원회, 1987, 『한민족독립운동사 1: 국권수호운동 I』, 국사편찬위원회.
[29] 「[일본관헌이 감시 중인 朴容圭의 渡英 企圖에 관한 件]」, 『통감부문서』 6.

발생할 당시 사건을 인지하고 아펜젤러, 에비슨, 르젠드르 등 다른 외국인들과 함께 위험을 무릅쓰고 경복궁으로 들어가 국왕 부부를 보호하려 시도했다.[31] 을미사변 이후 독살 위협을 염려한 고종은 언더우드 부처가 가져온 음식과 통조림만을 먹었다는 이야기는 잘 알려져 있다.

언더우드가 박용규와 함께 의화군의 도미 유학을 주선하는 관련자로 일본에 파견되었다는 사실은 고종을 비롯해 여러 경로로 공식 확인된 바 있다. 가토 공사가 외무대신에게 보낸 정보보고는 언더우드가 의화군을 "미국으로 유인하라는 밀명"을 받고 4월 24일 일본으로 떠날 예정이라고 쓰고 있다. 또한 박용규는 다음 편에 일본으로 밀항해서 고종의 친서를 의화군에 전달할 예정인데, 박용규는 의화군과 동반해 미국으로 떠나고 언더우드는 조선으로 돌아갈 것으로 예상했다. 만약 의화군이 명령을 받들지 않으면 위계(位階)를 박탈한다는 엄포를 놓으라는 내명(內命)을 받았다는 것이다.[32] 릴리어스 언더우드는 이때의 일을 이렇게 기록했다.

> 그해(1897년) 초봄 브라운(McLeavy Brown, 柏卓安) 박사를 통한 왕의 요청에 따라 언더우드는 임무를 띠고 일본에 가기로 했다. 당시 왕위를 이어받을 가능성이 제일 높았던 왕자가 일본에 있었다. 이 왕자가 미국에 가서 우리 선교본부의 감독하에 일급 교육기관에 들어가고, 거기서 해군사관학교나 육군사관학교에 입학하여 교육받는 것이 왕의 희망이었다. 일본에 있는 친구들을 통하여 이 계획을 달성하려고 몇 번 시도했으나, 그때마다 극복할 수 없는 어려움이 생겨 실패하고 말았다. 왕자가 가고 싶어 하지 않았거나, 주변 환경이 그를 일본에 계속 머물게 했

30 이광린, 1992, 「민비와 대원군」, 최문형 외, 『명성황후시해사건』, 민음사.
31 「28일 事變의 顚末」(1895. 12. 30), 주조선공사 小村壽太郎→외무대신 대리 西園寺公望, 『(국역) 주한일본공사관기록』 7.
32 「[宣教師의 義和宮 美國 유인 공작]」(1897. 4. 20), 『(국역) 주한일본공사관기록』 12.

거나 했던 것 같다. 어쨌든, 왕의 계속되는 명령에도 불구하고 왕자는 가지 않았다.³³

의화군의 채무 청산과 유학비용 정산을 위해 언더우드를 보내야 한다는 총세무사 브라운의 주장이 사실임을 알 수 있다. 고종은 의화군의 미국 교육을 선교본부 감독하에 실시하고 해군사관학교나 육군사관학교에서 교육시키려 했던 것이다. 언더우드가 일본 요코하마에서 미국 북장로교 선교부 총무 엘린우드(F. F. Ellinwood) 박사에게 쓴 편지(1897. 5. 6)에 따르면 고종은 의화군을 미국에 보내 수년간 작은 마을이나 소도시에서 대학을 준비하게 한 후 뉴욕시립대학(University of the City of New York, CUNY) 같은 명문대학에서 정규 학위과정을 마치게 하고 졸업 후에는 육군사관학교에서 특별교육을 1년 정도 받게 하려는 희망을 갖고 있었다.³⁴

언더우드의 임무는 의화군의 생활비, 여비, 일본에서 진 채무의 탕감이었다. 고종은 언더우드에게 은 1만 2천 원을 주었는데, 언더우드는 요코하마에서 환어음을 구매해 제1어음은 박용규에게, 제2어음은 엘린우드에게 보냈다. 언더우드는 미국행 증기선 배표를 은밀하게 구매했으며, 의화군의 일본 내 채무를 청산하기 위해 준비했다. 뉴욕까지는 박용규가 동행할 예정이었으며, 같은 배로 떠나는 그린(Green) 박사 편에 의화군의 여행용품을 보낼 계획이었다.³⁵ 언더우드가 이 임무를 맡은 이유는 의화군이 장래 한국 선교에 도움이 될지 모른다는 생각에서였다.³⁶

---

33 릴리어스 호턴 언더우드 지음, 이만열 옮김, 2015, 『언더우드』, 한국기독학생회출판부, 194~195쪽.
34 「언더우드가 엘린우드에게 보낸 편지」(요코하마, 1897. 5. 6), 이만열·옥성득 편역, 2006, 『언더우드자료집 II』, 연세대학교출판부, 400쪽.
35 「(요코하마, 일자 미상)」, 이만열·옥성득 편역, 2006, 위의 책, 399쪽.
36 「1897년 4월 16일 자(서울) 편지 발췌」, 이만열·옥성득 편역, 2006, 위의 책, 397쪽. 언더우드의 편지와 릴리어스의 회고록에 김규식의 도미행은 등장하지 않는다.

박용규는 1897년 4월 29일 인천에서 효고마루(兵庫丸)로 출발해 4월 30일 일본 효고현 고베(神戶)에 도착했다.[37] 박용규의 출발 사실은 이미 안경수(安駉壽)의 편지(1897. 4. 24)를 통해 가토(加藤) 주한공사에게 알려진 상태였다. 안경수는 외부 통역관 박용규가 4월 25일 인천을 통해 도쿄로 갈 예정이며, 고종의 칙지를 의화군에게 전하고 만일 귀국을 거절하면 미국으로 보낼 것이라고 알렸다.[38] 박용규는 5월 1일 고베를 떠나 오사카(大阪)에 도착했으며, 5월 7~8일 요코하마(橫濱)에서 도쿄의 의화군에게 밀지(密旨)를 우송했고, 이에 따라 의화군의 회계 신성구가 5월 8일 요코하마에 와서 박용규를 만났다. 박용규는 5월 12일 도쿄로 상경해 조선공사관을 방문하고 서기생 류찬(劉燦)과 함께 의화군을 만났다. 의화군은 귀국 또는 도미 요구를 사절했지만, 박용규는 미국행이 국왕의 의지라는 점을 강조했다. 아마도 이 시점에서 의화군의 도미 유학은 결정된 것으로 보인다. 남은 것은 미국으로 향하는 선박을 수소문하고 배표를 예약하기 위해 출항지인 요코하마를 방문하는 일이었다. 5월 13일 의화군과 박용규는 도쿄 우에노(上野)공원을 산책했다.

　언더우드는 박용규와 비슷한 시점에 일본에 도착한 것으로 보인다. 주한미국공사 알렌이 엘린우드(Ellinwood) 미국 북장로교 해외선교부 총무에게 보낸 편지(1897. 4. 26)에 따르면 언더우드는 의화군을 미국에 보내기 위해 이미 일본에 건너간 상황이었다.[39] 언더우드는 5월 3일 고베에서 요코하마에 도착해 센트럴 호텔에 투숙하고 있었다. 언더우드는 선교사 H. 루미스와 여러 차례 만났다.[40]

37　이하 박용규의 일본 내 일정은 『한국근대사자료집성』 1권 94, 95, 96, 99, 100, 102, 108, 109번 자료에 의거했다.
38　「〔露國士官 雇傭議案 制止方案이 어렵다는 安駉壽의 私信)」(1897. 4. 24), 『(국역) 주한일본공사관기록』 11.
39　「알렌이 엘린우드에게 보낸 편지」(1897. 4. 26), Horace N. Allen Papers.
40　「미국인 H G. '언더우드'에 관한 동정 보고」(1897. 5. 18), 神奈川縣知事 中野健明→외무대

의화군의 도미 유학 소식은 이미 국내에도 파다하게 알려졌다. 윤치호도 일본의 사촌동생 윤치오(尹致旿)로부터 이 소식을 전해 들었다.

도쿄에 있는 첫째 사촌동생이 보낸 편지에 따르면, 의화군이 미국행을 설득당하고 있다고 한다. 언더우드 박사와 박용규 씨가 조선의 지시를 받고 그 목적으로 일본으로 왔고, 의화군은 이달 하순경 일본을 떠날 예정이라고 한다. 사촌동생은 조선정부가 나를 의화군과 함께 미국으로 보내려고 이곳에 억류하고 있다고 생각하고 있고, 의화군과 함께 미국으로 가지 말라고 강력하게 충고했다. 사촌동생은 이렇게 썼다. "의화군은 생각이 얕고 절조가 없는 사람입니다. 여성에 대한 과도한 열정은 도를 넘어섰습니다. 제가 감각적 쾌락을 향한 미친 열정을 저지한 적이 있기 때문에 의화군은 지금 저와 사이가 틀어진 상태입니다. 형님께서 의화군과 동행하신다면, 오랫동안 함께 지내지는 마시기 바랍니다."⁴¹

윤치오는 의화군의 난봉 행각에 충고를 했다가 사이가 틀어졌다고 주장했지만, 윤치호가 일기를 쓴 바로 이날(1897. 5. 21) 도쿄의 요리점 화월루(花月樓)에서 박영효, 조희연, 이두황, 유성준과 함께 의화군 환송회를 개최하고 있었다.⁴² 같은 저녁 주일공사 한영원은 예기(藝妓) 8명을 불러 의화군을 대접했다. 윤치오·윤치호의 대화와 인식은 의화군이라는 미래권력을 향해 날아드는 정치적 불나방들의 복잡한 소회와 심사를 엿보게 하는 것이다.

신 大隈重信, 『한국근대사자료집성』 1.
41 국사편찬위원회, 2016, 『국역 윤치호 영문 일기』 4(1897. 5. 21).
42 「〔朴鎔奎의 動靜 및 義和宮의 饗宴狀況 報告〕」(1897. 5. 21), 『한국근대사자료집성』 1.

2   요코하마에 도착한 김규식과 언더우드·박윤규

이런 복잡한 상황 속에서 16세의 김규식은 일본 도쿄에 나타났다. 김규식이 맡은 역할은 의화군의 도미 유학에 수행원으로 동반하는 것이었다. 김규식은 이윤구라는 청년과 함께 의화군의 통역·시종·동반 유학생의 역할을 맡고 있었던 것으로 추정된다. 박용규와 언더우드 중 누구와 함께 도일했는지는 분명치 않지만 김규식은 두 사람과 모두 관련을 맺고 있었다.

언더우드는 잘 알려진 것처럼 죽을 고비에 놓인 김규식을 살려서 키우고 교육시킨 사실상의 양부였으며, 친아들이 태어나기 전까지 김규식을 아들처럼 양육했다. 김규식 역시 언더우드의 아들을 자신의 동생처럼 여길 정도였다. 김규식은 「자필 이력서」에서 미국 유학에서 돌아온 후 언더우드의 개인 비서 역할을 했다고 기록했고, 1909년 일제의 정보문서들 역시 김규식이 언더우드의 비서역이라고 쓰고 있다.[43] 이는 양자의 밀접한 관계를 반증하는 것이었다.

---

43 "청년회 학감 김규식은 어렸을 때(6~7세)부터 언더우드에게 양육되어 약 7년 전 미국에서 귀국한 자이며 은고(恩顧)가 적지 않다고 한다. 언더우드가 이곳(서울)에 도착한 다음 날, 즉 11일부터 김규식으로 하여금 거의 자택에서 비서와 같은 일을 시키고 있었다고 한다." 「미국선교사(장로파) 언더우드에 관한 건」(1909. 9. 15), 『통감부문서』 6.

그런데 김규식의 부인 김순애는 언더우드 고아원학교 시절 어린 김규식이 말도 없이 부친을 따라 홍천으로 갔기 때문에 언더우드 목사가 소년 김규식에 대해 좋은 감정을 가지지 않은 탓에 김규식의 도미 유학에 도움을 주지 않았다고 기억했다.[44] 이에 근거해 이정식은 언더우드 대신 서재필이 도움을 주었을 것으로 추정했다. 김규식의 동서이던 서병호에 따르면 김규식은 서재필이 경영하던 독립신문에서 잠깐 근무한 바 있고,[45] 서재필은 당시 청년들에게 미국 유학을 적극 권고하였다고 한다. 서재필은 1896년부터 1898년까지 한국에 체류했는데, 바로 이 시기에 김규식이 미국으로 출발했다는 것이다.[46] 김규식의 부인 김순애의 증언에 일차적으로 의지한 이러한 평가가 지금까지 통용된 것은 다른 자료가 발견되지 않았기 때문이다. 그러나 이는 사실과 거리가 있다. 비록 김규식의 부인이라고 하더라도 결혼하기 22년 전의 일을 정확히 알 수 없었고, 김규식이 자세한 사연을 얘기하기 어려운 복잡한 정치적 맥락과 경과가 개재되어 있었기 때문이다.

당시 조선의 긴박한 정치 상황, 태평양을 횡단하는 여정과 비용, 미국 대학 입학에 이르는 복잡한 수속 과정과 이에 수반되는 미국 교육 시스템에 대한 이해, 김규식의 사회적 지위·재정 여건 등을 떠올려 본다면, 그의 미국행과 대학 입학 과정에 도움을 준 조선과 미국 측 후원자가 있었음을 알 수 있다. 누군가의 관대하고 중요한 도움이 그의 미국 유학을 가능하게 했을 것이다. 김규식 이전에 미국으로 건너간 유학생들은 갑신정변 등 정치적 대사변에 휘말려 임시변통의 방법으로 미국행을 택했고 말 그대로 견문을 넓히는 유학(遊學)과 보신의 태도를 취했다. 반면 김규식은 대학의

---

44 「김순애여사담」(1970. 6. 11), 이정식, 1974, 위의 책, 18쪽.
45 「서병호씨담」(1967. 5. 24), 이정식, 1974, 위의 책, 18쪽.
46 이정식, 1974, 위의 책, 18쪽.

정규학위 취득을 목표로 도미한 첫 세대가 되었다. 언더우드가 김규식의 도미 유학에 도움을 전혀 주지 않았다는 김순애의 증언과는 달리 이 시점에 김규식은 언더우드와의 관계에 의해서만, 그리고 의화군의 도미 유학과 연관되어서만 미국 유학길에 오를 수 있었던 것이다.

박용규와 김규식의 관계가 언제 형성된 것인지는 명확치 않다. 그렇지만 여러 가지 점에서 교집합을 찾아볼 수 있다. 첫째, 박용규는 주미공사관 근무를 마치고 1896년 하반기에 귀국했는데, 당시 김규식은 관립영어학교를 졸업하고 외국인을 상대로 한 상점의 영어 직원 및 독립신문의 영어 직원으로 근무했다. 주미 외교관 출신 박용규에게 어학에 능통한 김규식이 눈에 띄었을 가능성이 높다. 둘째, 1897년 도쿄와 요코하마에서 김규식·이윤구는 박용규와 함께 움직이며, 유학생으로 의화군의 도미 유학에 동반하는 역할을 부여받았다. 여기에는 언더우드의 추천과 박용규의 동의가 필수적이었을 것이다. 셋째, 김규식은 1897년 6월 박용규의 동생 박윤규(朴潤奎)와 함께 도미했다.[47] 넷째, 김규식이 유학한 곳은 로녹대학이었는데, 이 대학은 학장 드레허가 워싱턴 주미공사관을 직접 찾아와 학생 입학 문제를 상의한 후 한국 학생이 입학한 곳이다. 처음으로 입학한 한국 학생은 서병규였는데, 그는 1893년 박용규와 함께 컬럼비아박람회에서 일했으며, 로녹대학 입학 당시 박용규는 주미공사관에서 일하고 있었다. 즉, 김규식의 로녹대학 입학에는 박용규의 정보와 서병규의 경험이 중요한 역할을 했으며, 그 핵심에는 주미공사관과 로녹대학의 친밀한 관계가 놓여 있었다. 서병규는 귀국 후 대한제국의 국장급으로 일했고, 1907년 국채보상운동에서는 박용규와 함께 활동했다.

47　NARA, 'Passenger Lists of Vessels Arriving in San Francisco, California, 1893~1953' M1410. 방선주, 2003, 「한인 미국이주의 시작-1903년 공식이민 이전의 상황진단」, 『한국사론』 39, 14쪽.

김규식이 일본에 도착한 이후 행적을 보여 주는 문서가 몇 건 발견되었다. 1897년 5월 16일 도쿄 경시총감은 「의화궁저를 방문한 박용규 일행의 동정 보고」 문서를 외무차관에 발송했다. 이에 따르면 김규식은 도쿄 시바구치(芝口) 야마가타여관(山方止宿)에 체류 중이었다.

> 지난 14일 오전 10시 30분 미국 선교사 루미스 외 1명(이름을 언더우드라고 하며 일찍이 조선 정동 배재학당에 거주하고 있는 자라 함)이 조선공사관에 와서 박용규와 면담했으며, 오전 11시 박용규는 공사관 서기생 류찬(劉燦) 및 미국인 2명과 함께 아자부 야마모토마치(麻布山本町)의 의화궁(義和宮)을 방문했으며, 미국인 등이 먼저 궁저(宮邸)에서 물러나와 다시 조선공사관에 들러 박용규 등을 기다렸으며 박용규는 류찬과 함께 오후 4시 30분 공사관에 돌아와서 재차 미국인 2명과 면담했는데, 미국인 2명은 곧바로 물러간 후 박용규는 시바구치(芝口) 1정목(一丁目) 1번지의 야마가타여관(山方止宿)의 한인 김규식(원문에는 金圭稷으로 오기됨), 이윤구(李允九)를 방문하고 오후 7시 20분 요코하마의 반구정옥(伴久井屋)에 도착했으므로 동지 경찰서에 [사무를] 인계함.
>
> 1897년 5월 16일
> 경시총감(警視總監) 山田爲暄
> 외무차관(小村 外務次官) 殿

추신
이어서 같은 날 의화궁저에는 조선에서 건너온 망명자 유길준, 조희연, 구연수(具然壽), 정란교(鄭蘭敎) 등이 회합해 미국인 루미스 등이 떠나자 격론을 수 시간 벌였으나 의화군의 도미 건은 이미 결정되어 만회할 방법이 없다고 유길준 등은 망연자실한 태도라고 운운.[48]

앞서 살펴본 것처럼 박용규는 도미 유학에 대한 고종의 칙지를 의화군에게 전달했으며, 의화군은 더 이상 거절할 명분·방법이 없어서 이에 동의했던 것이다. 5월 14일 도쿄 공사관에서 있었던 한국 외교관(박용규·류찬), 미국 선교사(루미스·언더우드), 의화군의 회동은 도미 유학과 관련된 실무를 협의하기 위한 자리였을 것이다. 루미스(Henry Loomis, 1839~1920)는 미국 성서공회 일본지부 총무였고, 언더우드(Horace G. Underwood)는 배재학당을 설립한 주한 선교사였다. 외교관들은 도미와 관련한 절차와 의전을, 선교사들은 의화군의 부채 청산과 여비 정산, 환전 문제 등을 맡았다. 김규식·이윤구는 의화군의 통역·시종역이자 동반 유학생으로 선발된 역할을 맡은 것으로 판단된다. 의화군 자택에서 유길준, 조희연, 구연수, 정란교 등이 모여 의화군의 도미 유학을 둘러싼 격론을 벌였지만 이미 결정된 사안이어서 손쓸 방법이 없었던 사정을 알 수 있다.

언더우드의 기록에 따르면 의화군은 도미 절차를 고안했는데, 이는 아무 말도 하지 않고 루미스 선교사의 자택에서 저녁 식사를 한 다음 날 곧바로 증기선을 타고 미국으로 떠나는 것이었다.[49]

5월 14일에 회동했던 이들은 5월 15일 요코하마로 이동했다. 요코하마는 미국행 기선의 출항지였다. 가나가와현(神奈川縣) 지사가 외무대신에게 보낸 1897년 5월 16일 자 문서는 요코하마에서 의화군 일행의 행적을 다음과 같이 기록하고 있다.[50]

조선인 박용규는 지난 14일 오후 8시 15분 도쿄에서 요코하마에 와서 혼마치(本町) 오정목(五丁目)의 여관 반구정옥(伴久井屋)에 투숙하고 있

---

48 「義和宮邸를 訪問한 朴鏞奎 一行의 動靜 報告」, 警視總監 山田爲暄→小村 外務次官(1897. 5. 16), 『한국근대사자료집성』1.
49 「(요코하마, 일자 미상)」, 이만열·옥성득 편역, 2006, 위의 책, 398~399쪽.
50 「〔朴鏞奎 및 渡日 朝鮮人의 動靜 報告〕」(1897. 5. 16) 『한국근대사자료집성』1.

는데 지난 15일 정오 12시 15분 의화궁(義和宮) 전하는 한응이(韓應履)·조선공사관 참찬 류찬·유학생 이윤구·동 김규식(金奎植) 및 일본인 이토 코우키치(伊東荒吉), 고쿠레 나오지로(小暮直次郎)를 동반하고 요코하마에 와서 오타마치(太田町) 6정목(六丁目) 니시무라여관(西村旅店)에서 잠시 휴게한 후 한응이 외 전하를 포함한 일행은 반구정옥(伴久井屋)에 도착해 박용규를 방문하고 무언가를 담화한 후 이윤구·김규식은 그곳에 남고 전하 및 박용규, 류찬, 이토 코우키치, 고쿠레 나오지로는 거류지 179번지 센트럴호텔에 도착해 동 호텔에 체류 중인 외국인 H. C. 언더우드를 방문했는데, 동인은 조선국에 재류하는 자로서 직업은 의사로서 선교사라고 하는데 그렇지만 동인이 야마테변(山手邊)에 오게 된 이유는 알 수 없는데, 동 일행은 동 호텔에서 점심 식사를 하고 마고토쓰나마치(眞砂町) 1정목(一丁目) 다카기자전거점(高木自轉車屋)에 이르러 이곳에서는 한응이도 기다리고 있어서 전하는 공원에서 자전거 연습을 하고 동일 오후 3시 반경 한응이 외 동일행은 다시 센트럴호텔에 도착해 당구를 치고 있다가 마침 언더우드가 돌아옴으로써 일동은 누상에 모여 무릇 30분간 무슨 일을 담화하고 4시가 지나 동일행은 호텔을 떠나 전하 및 류찬, 한응이, 일본인 이토 코우키치, 고쿠레 나오지로는 오후 5시 25분발 기차로 도쿄에 돌아오고 박용규는 반구정옥에 돌아갔는데, 여관에 남아 있던 이윤구, 김규식 두 사람에게 언더우드가 반구정옥을 찾아와서 동인은 이윤구가 내방했을 때 가지고 온 손가방을 전해 주기 위해 찾아온 것이라고 하는데 김규식은 오후 8시발 기차로 귀경하고, 그날 밤 박용규는 이윤구와 함께 10시경까지 음식담화(飮食談話)했는데 박용규는 이윤구와 함께 금16일 오전 9시 57분발 기차로 상경했으며 전해 들은 바에 따르면 의화궁 전하 도미의 기일은 미정이나 사정에 따르면 오는 22일, 23일경이 될 것이라고 하며 또 그 수행은 박용규, 언더우드, 이윤구, 김규식이 될 것이라고 하며 또 일본인 이토 코우키치, 고쿠레 나오지로 등은 매입자(賣込者)로서 도쿄시(東京市) 니혼바시구(日本橋區) 하마초(濱町) 2정목(二丁目) 8번지(八番地)에 거주하며 전하와 알고 지내고 있으며 이번에 수행해 온 것은 무역상의 의향이라고 한다.

메이지 35년(1897) 5월 16일
가나가와현지사(神奈川縣知事) 中野健明

이에 따르면 김규식은 1897년 5월 15일 도쿄에서 의화군 일행과 함께 요코하마로 내려왔는데, 일행은 시종 한응이, 주일공사관 참찬, 유학생 이윤구 및 일본인 이토 코우키치, 고쿠레 나오지로 등이었다. 요코하마에 도착한 의화군 일행은 외부 번역관인 박용규를 방문해 만났고, 의화군과 박용규·류찬 등은 센트럴호텔에 투숙 중인 언더우드를 방문해 두 차례 회동했다. 회동 후 의화군은 류찬·한응이 등과 도쿄로 돌아갔고, 김규식은 혼자 귀경했다. 다음 날 박용규·이윤구도 도쿄로 귀경했다. 의화군은 5월 22일, 23일경 도미할 것으로 알려졌으며, 수행원은 박용규·언더우드·이윤구·김규식이 될 것이라는 보고였다.

5월 14일의 행적과 결합해 보면, 김규식은 의화군 도미행의 수행자로 선발되었으며, 이에 따라 5월 15일 의화군과 함께 요코하마로 내려왔다. 요코하마에는 전날 도쿄에서 회동했던 외부 번역관 박용규와 언더우드 선교사가 내려와 체류 중이었다. 이들은 의화군의 미국 유학을 논의하며 5월 15일 요코하마에서 미국행 배편을 물색하고 배표를 구매했을 것이다.

김규식의 요코하마 등장에 대해 다룬 가나가와현 지사의 5월 18일 자 보고는 다음과 같이 설명하고 있다.

1. 조선인 류찬은 지난 17일 오후 1시 26분 도쿄에서 요코하마로 와서 거류지 179번지 체재 언더우드를 방문해 4시 55분 귀경했는데, 언더

우드를 방문한 것은 동인이 조선으로 출발하는데 고별차 말을 건네기 위한 것이었다고 함.
1. 조선인 최상돈(崔相敦), 이윤구, 김규식 3명은 동일 오후 6시 45분 도쿄에서 요코하마로 와서 혼마치 여관 반구정옥(伴久井屋)에 이르러 박용규의 소재를 문의한 후 김규식·이윤구 두 사람은 언더우드를 방문해 밀담을 1시간가량 했는데 그 담화의 모양은 방을 밀폐해서 타인의 출입을 금하고 아주 비밀을 유지했기 때문에 판명할 수 없는데 다분히 의화군 전하 도미에 대해 타합하기 위한 것이었다고 하는데 이들은 오후 7시 15분발 기차로 귀경했다.

의화궁 전하는 박용규, 한응이와 함께 지난 17일 오후 8시 15분경 도쿄에서 당지에 와서 곧바로 거류지 179번지에 체재하는 언더우드를 방문했고, 박·한 두 사람은 반구정옥에 이르러 전하의 귀착을 대기하고 있다가 전하가 그 용무를 끝내고 반구정옥에 돌아오자 함께 만찬을 하고 오후 11시 20분발 기차로써 한응이를 수행원으로 귀경했는데 전하가 요코하마에 온 용무는 도미와 관련한 일 때문이라고 한다.

메이지 30년 5월 18일
가나가와현지사(神奈川縣知事) 中野健明
외무대신 백작 大隈重信 殿[51]

이 보고 역시 5월 17일 김규식·이윤구가 도쿄에서 요코하마로 와서 박용규의 소재를 수소문하고, 언더우드를 방문해 의화군의 도미 유학에 관해 밀담을 했으며, 의화군 역시 박용규·한응이와 함께 요코하마로 와서 언더우드를 만나 도미 유학을 상의했다고 밝히고 있다. 의화군의 부채 청산, 도미 경비 환전 등의 임무를 마친 언더우드가 한국으로 돌아갈 예정임을

---

51 「〔橫濱 滯留中인 徐廷岳 등의 動靜 報告〕」(1897. 5. 18), 『한국근대사자료집성』 1.

알 수 있다. 언더우드는 의화군 도미 유학 임무를 마치고 5월 18일 요코하마를 떠나 고베·나카사키를 경유해 귀국했다.[52]

그런데 언더우드는 의화군이 미국으로 가길 원치 않는다는 것을 깨달았다. 때문에 "왕자는 온갖 반박할 이유를 구구절절 제기했으나, 왕의 강한 명령을 더 이상 무시할 수는 없었다. 가장 좋은 옷을 준비하고, 빚을 갚고 여행 계획을 짰다. 도쿄의 한국공사관과 협의하고 일본과 한국정부 사이에 한두 번 전문이 오간 후에, 왕자의 항해는 시작되었다"라고 썼다.[53]

박용규는 5월 19일 요코하마에서 도쿄 주일공사관을 들른 후 의화군을 방문했으나 부재로 만나지 못했다. 박용규는 5월 20일 의화군을 만났고, 요코하마에서 큰 가죽가방, 모포, 손가방 등이 주일공사관으로 배달되었다. 이날 이준용·조희연·후쿠자와 유키치가 의화군을 방문했다. 의화군은 후쿠자와에게 1897년 5월 19일 "칙교를 받들어 미국으로 가게 되었으니 양해하라"는 친필서신을 보냈고, 후쿠자와는 사실 확인차 의화군을 찾아온 것이었다. 후쿠자와는 1년 반이나 의화군을 돌보았는데, 아무런 설명이나 사전조치 없이 일방적인 통지를 하는 것은 "우롱"에 해당한다며 곧바로 조선정부에 항의(1897. 5. 20)했다. 그러나 후쿠자와에게 적절한 설명이 전해졌는지는 알 수 없다.

5월 20일 오후 5시부터 도쿄 요리점 화월루(花月樓)에서 박영효, 조희연, 이두황, 윤치오, 유성준 6명이 의화군 송별회를 개최했고, 7시 40분 요리점 이세감(伊勢勘)에서 대리공사 한영원(韓永源), 박용규 등이 송별회를 열었다. 의화군은 5월 21일 요코하마로 내려가 5월 22일 미국행 배에 오를 예정이었다.[54]

---

52 「〔미국인 H G. '언더우드'의 長崎 向發 보고〕」(1897. 5. 19), 神奈川縣知事 中野健明→외무대신 大隈重信, 『한국근대사자료집성』 1.
53 릴리어스 호턴 언더우드 지음, 이만열 옮김, 2015, 위의 책, 195~196쪽.
54 「〔朴鏞奎의 動靜 및 義和宮의 饗宴狀況 報告〕」(1897. 5. 21), 『한국근대사자료집성』 1.

미국 언론 속 의화군.
The Record Union(1897. 6. 27); Hopkinsville Kentuckian(1897. 7. 23); The Progress(1897. 7. 10).

이상의 경과를 종합하면 김규식은 의화군의 도미 유학행에 통역 겸 시종 자격으로 선발된 것임을 알 수 있다. 그 배후에는 언더우드의 역할이 결정적이었다. 김규식은 언더우드와 함께 당시 의화군이 체재 중이던 일본 도쿄·요코하마를 방문했으며, 언더우드·의화군과 여러 차례 만나고 도미 유학을 상의했다. 그런데 정치적 음모의 소용돌이에 빠져 있던 의화군은 자신의 시종이나 친구가 아니며 생면부지였던 김규식의 미국 동행을 거부한 것으로 보인다.

3   의화군과 김규식의 미국 유학행

　의화군은 5월 22일 오전 9시 6분 도쿄에서 요코하마로 내려와 미국 선교사 루미스, 류찬과 동행해 승선 수속을 하고 오전 10시 10분경 콥틱(Coptic)호에 승선했다. 의화군은 박영효와 상의한 후 선실이 불결하다는 핑계로 다음 선박을 이용하겠다며 마지막까지 도미행을 중단하려 시도했다. 그러나 박용규가 선장과 상의해 선장실을 제공하기로 하고 의화군의 하선을 중단시켰다. 결국 의화군은 박용규 및 수행원 신성구와 함께 정오 12시 30분 미국으로 출발했다.[55] 요코하마에서의 출항 장면은 향후 미국에서 의화군의 생활을 짐작케 하는 것이었다.
　미국 신문의 보도에 따르면 중국·일본을 거쳐 온 증기선 콥틱호는 5월 22일 오후 1시 49분 요코하마를 출항해, 5월 31일 오전 3시 34분 호놀룰루에 도착했으며, 이어 6월 6일 저녁 샌프란시스코에 도착했다. 신문 보도에 따르면 의화군 일행은 박용규(Pak Yng Kin), 신성구(S. K. Sin)로 구성되어 있었다.[56] 『샌프란시스코 콜』 신문은 박용규를 인터뷰했는데, 그는 전

55　「〔義和宮殿下 突然 美國向發 件〕」(1897. 5. 25), 『(국역) 주한일본공사관기록』 12.
56　"The Coptic Arrives, Breaks the Record Between Yokohama and Honolulu–Cabin

한국공사관 공사로 소개되었다. 그의 임무는 언젠가 한국의 왕위를 승계할 가능성이 있는 젊은이의 보호자 역으로 알려졌다. 박용규는 왕자가 영어를 전혀 모르며, 이번 여행의 목적은 왕자를 동부 어느 곳의 교육기관에 입학시켜 3년간 영어 수업을 듣게 하는 것이라고 했다. 교육기관은 아직 결정되지 않았다. 신문은 의화군이 둘째 아들이지만 왕세자의 정신적 무능으로 말미암아 왕위를 승계할 가능성이 매우 높다고 관측하고 있다. 이 때문에 국왕이 왕자로 하여금 최고의 교육을 받게 한 것이며, 박용규는 어느 교육기관을 선택할지 결정하는 민감한 임무를 수행할 정도로 신뢰받고 있으며 신성구(Sing Sang Koo)는 왕자의 친구로 동반하고 있는데 두 사람은 동일한 학업코스를 수행할 것이라고 보도하고 있다.[57]

또 다른 신문은 의화군이 일본에서 유명한 후쿠자와학교를 1년 수학한 후 샌프란시스코에 도착했으며, 가을학기에 동부의 큰 대학 중 하나에 들어가길 희망한다고 썼다. 박용규는 의화군이 고국보다 미국에서 대학에 다니는 것이 훨씬 안전한데, 왜냐하면 한국 음모가들이 그의 생명을 빼앗으려고 여러 차례 시도했기 때문이라고 발언했다. 신문은 의화군이 학위를 딴 후 고국으로 돌아가 왕좌를 위해 싸울 것이라고 관측했다.[58]

동양에서 온 왕자에 대한 가십성 기사가 다수 신문에 게재되었다. 한 신문은 그를 미국에 유학 보낸 고종이 "명백히 진보적이며 민주적 군주"이며, 의화군은 매력적인 성격의 인물로 천연두 곰보가 얼굴에 있다고 평했다.[59]

Passenger List," *The San Francisco Call*, June 7, 1897.
57 "He will rule Korea, Prince Eui Wha Comes to America for Learning. Although the Second Son; He is Generally Looked Upon As the Future King," *The San Francisco Call*, June 7, 1897; "Corea's Crown Prince. Now in the United States to finish his education," *Hopkinsville Kentuckian*, July 23, 1897.
58 "A Crown Prince Visiting America," *The Progress*, July 10, 1897.
59 "Korean Prince in Town, Eui Wha Comes to America to Get an Education," *The Times*,

의화군은 6월 16일 뉴욕에 도착한 후, 6월 17일 워싱턴을 향해 출발했다.[60] 의화군의 미국 도착을 전후한 보도 가운데 가장 흥미로운 것은 『뉴욕월드』(N. Y. World)에 게재된 기사였다.

한국의 의화군(Eui Wha 혹은 Ye Wha Kung)은 학업을 마치기 위해 최근 미국에 왔다. 그는 왕의 둘째 아들로 후궁 소생이지만, 그의 형인 왕비의 소생이 저능아이기 때문에 적출로 인정되었다. 그의 청년기는 진정으로 격변이었다. 왕국이 자기 아들의 손에 승계되어야 한다고 믿는 왕비의 미움을 받아, 청년의 삶을 파괴할 수 있는 모든 잔인한 수단이 동원되었다. 그를 더욱 사랑하던 부왕의 궁전에서 고용된 암살범들이 그의 모친을 살해했다. 당시 그가 궁전에 있었으며 살인범들의 국적을 폭로할 수 있는 존재였음에도 불구하고, 그가 어떻게 탈출했는지는 알려지지 않았다. 왕자는 많은 독자들에게 알려지지 않았는데, 1895년 그의 문제가 극도에 달해 그는 숨어 지냈으며 고(故) 코커릴(John A. Cockerill) 대령에게 자신이 한국에서 탈출하려는데 도와 달라며 중재를 구했다. 코커릴 대령이 편지를 통해 진술한 상황에 대한 설명은 당시 다음과 같이 출간되었다.

"자기 아들 왕세자에 대한 광신적 사랑이 맹렬했던 왕비는 젊은 의화궁에 대한 호의가 고조되는 것을 보자, 그를 극도로 미워하게 되었다. 그녀는 한국의 소용돌이치는 정치를 이해했으므로, 이 청년이 자기 외아들에게 심각한 라이벌이 될 수 있다고 보았다."

"그녀는 그(의화군)의 어머니가 살해되고 그의 동생과 여동생이 제거되도록 했다. 젊은 왕자는 그의 부친과 조부인 대원군의 보호를 받았다."

June 19, 1897.
60 「[義和宮의 美國도착]」(1897. 6. 22), 『(국역) 주한일본공사관기록』 12.

대령은 일련의 음모들을 설명했는데, 이를 통해 왕비는 청년이 모든 방면의 냉대를 받게 만들 수 있었다. 종국적으로 상황이 악화되어 그의 친구들이 그를 국외로 나갈 수 있도록 준비했다. 그들은 코커릴 대령을 찾아왔는데, 코커릴은 이에 대해 다음과 같이 진술했다.

"나는 『뉴욕헤럴드』를 위해 그렇게 하기로 했으며, 만약 내가 발각되면, 사악한 왕비와 마주치게 되며 내가 잘못되리라는 것을 잘 알고 있었다. 준비된 계획은 왕자와 젊은 시종들이 스스로 변장해 일본인 하인처럼 머리를 자르고 옷을 입는 것이었다. 내게 편지들을 주었는데, 이를 통해 서울의 포구인 마포와 제물포항 사이를 왕복하는 소형 일본 증기선 중 한 척의 선장의 협력을 얻을 수 있었다. 포구에서 우리는 지푸, 천진, 상해 혹은 홍콩 등 일본 외의 어떤 곳으로 떠나는 증기선의 탑승을 시도했다. 왕자는 나의 시종 자격으로 나라를 떠나기로 합의되었다."

그러나 일련의 사건이 발생했으며 실제로 탈출하기 전에 왕비가 시해되었으며, 왕은 물러났고, 왕자의 교활하고 늙은 조부인 대원군이 정부의 통제권을 장악했다. 그는 왕자와 연락했으며, 왕궁으로 귀환했다. 후에 그의 부친이 왕좌를 회복하고 청년과 화해했다.

그러나 이것으로 그의 고난이 끝나지는 않았다. 그는 미국 선교사인 게일 목사와 지난 3월 미국에 오기로 했다. 증기선이 도착했을 때 그는 탑승하지 않은 상태였다. 게일 목사는 한국인 역도들 때문에 그가 요코하마를 떠날 수 없었다고 했는데, 이들은 의화군을 왕으로 선포할 결심으로 그를 억류했다.

어떤 영향력이 작용해서 그는 빠져나올 수 있었고, 이제 생애 처음으로 그는 휴식 기간을 가질 수 있게 되었다. 그는 작은 신장이며 한민족의 또렷하지 않은 용모를 지니고 있다. 그는 약 24세이며, 한때 일본에서 수학했다. N. Y. World.[61]

이 기사의 취재원으로 등장하는 코커릴 대령은 『뉴욕헤럴드』 신문의 특파원으로 1895년 8월 21일 서울에 들어온 존 코커릴(John Albert Cockerill, 1845~1896)이다. 그는 코커릴(Joseph Randolph Cockerill) 준장의 아들로 태어나, 15세에 남북전쟁에 참전했고, 18세 때인 1868년 『데이톤데일리렛저』(Dayton Daily Ledger)의 편집장이 되었다. 이후 『신시내티인콰이어러』(Cincinnati Enquirer) 편집장 겸 러시아-터키전쟁 통신원, 퓰리처(Joseph Pulitzer) 소유의 『세인트루이스 포스트디스팻치』(St. Louis Post-Dispatch) 편집장을 지냈다. 1891년 퓰리처의 『뉴욕월드』(New York World) 편집장, 『뉴욕애드버타이저』(New York Advertiser) 특별편집장을 지냈다. 일본에서 활동하면서 일본정부를 위해 한국에 파견되었을 때 을미사변의 진상을 목격했다. 일본천황의 신뢰를 받는 역사학자이자 언론인으로 칭송받았고, 외국인으로 3명만 수여받은 서보장(瑞宝章, The Order of the Sacred Treasure) 훈장을 수여받았다.[62] 한국에서는 을미사변의 진상을 취재·보도함으로써 일본의 만행을 폭로하는 데 기여했다고 알려져 있다.[63]

민왕후가 의화군의 생모 귀인 장씨 및 외삼촌·이모를 제거했다고 한 부분은 일정 부분 항간의 소문을 반영한 것이며,[64] 의친왕의 모친이 궁궐

---

61 "Prince of Korea, But the Victim at Times of Most Outrageous Fortunes," *Hopkinsville Kentuckian*, August 13, 1897.
62 "John Albert COCKERILL (1845-1896)" http://trees.ancestry.com/tree/6984125/person/-775590779/media/1; "John Albert Cockerill" https://www.findagrave.com/memorial/21989/john-albert-cockerill.
63 조항래, 1998, 「19세기말~20세기초 일본대륙낭인의 한국침략행각연구」, 『국사관논총』 79; 최문형 외, 1992, 위의 책; F. A. Mckenzie, *The Tragedy of Korea*, Hodder and Stoughton, 1908(Reprinted by Yonsei Univ. of press, Seoul, 1969); 유영익, 2000, 「제3차 개혁」, 『신편 한국사』 40(청일전쟁과 갑오개혁), 국사편찬위원회, 261쪽.
64 『매천야록』에 따르면 의화군은 상궁 장씨(張氏)의 소생이다. 이강이 태어나자 왕후가 칼로 찔러 죽이려 하였으나, 장씨가 목숨을 구걸하자, 살을 베어낸 후 밖으로 내보냈고, 장씨는 그 상처로 십여 년 고생하던 끝에 죽었다. 황현 지음, 임형택 외 옮김, 2005, 『매천야록』 상, 문

에서 암살범들에게 살해되었다고 쓴 부분은 을미사변을 잘못 쓴 것이 분명하다. 다만 1897년 3월 게일 목사가 의화군과 함께 도미하려고 했으나 재일 망명객들이 의화군을 둘러싸고 놔 주지 않아 올 수 없었다는 설명은 사실이다. 이 기사는 코커릴이 일했던 『뉴욕월드』에 실린 것을 전재한 것으로 보인다. 이런 기사를 마지막으로 미국 신문에서 1897~1898년간 의화군 관련 소식은 찾아볼 수 없다.

의화군이 미국에 도착하자마자 당면한 가장 시급한 문제는 체류경비였다. 이미 1897년 7월 4일 워싱턴 일본공사관의 하세가와 공사는 오쿠마 외무대신에게 편지를 보내 의화군이 7월 3일에 찾아와서 오쿠마가 미화 5백 달러를 제공하기로 했다며 돈을 요구했다고 보고했다.[65] 오쿠마는 그런 약속을 한 적은 없지만 의화군의 자금 형편이 심각하다면, 절대적으로 필요한 금액을 전보로 알리라고 통보(1897. 7. 7)했다.[66]

한편 의화군을 무사히 미국까지 안내한 박용규는 미국 증기선 도릭(Doric)호를 타고 샌프란시스코에서 하와이를 거쳐 1897년 8월 14일 요코하마항에 도착했다.[67] 그는 8월 23일 야마구치현을 거쳐 귀국했다.[68] 박용규는 3개월 정도 미국에 체류했는데, 의화군이 입학할 대학은 결정되지 않았다. 의화군은 워싱턴 주미공사관에 체류한 것으로 생각된다.

의화군과 동행하기로 얘기가 되었던 김규식과 이윤구가 동행하지 않은 정확한 이유는 알 수 없다. 가장 큰 가능성은 의화군의 거절이나 변덕

학과지성사, 293~294쪽.
65 Hayashi to Okuma(1897. 7. 4), 『韓國皇族義化宮及同國人李埈鎔等動靜取調一件』, 아시아역사자료센터 소장. http://www.jacar.go.jp. Reel No. 1-0716, Frame 0037.
66 Okuma to Hayashi(1897. 7. 7), 『韓國皇族義化宮及同國人李埈鎔等動靜取調一件』, 아시아역사자료센터 소장. http://www.jacar.go.jp. Reel No. 1-0716, Frame 0037.
67 「〔明星皇后殺害事件 告訴 關係로 渡日한 朴鎔奎의 動靜 報告〕」(1897. 8. 16), 『한국근대사자료집성』1.
68 「〔義和宮의 隨行員인 趙在善·崔昌五·金聖學·朴溶奎 등의 歸國 報告〕」(1897. 8. 23), 『한국근대사자료집성』1.

때문이었을 것이다. 의화군은 물론 박영효 등 재일 망명객들은 끝까지 꼼수를 동원해서라도 의화군의 도미 유학을 저지하려고 했기 때문에 김규식 등 의화군이 전혀 알지 못하고 신뢰할 수 없는 일행의 동반을 원치 않았다. 의화군에게 행동상의 구속이나 신변을 위협하는 정보의 누출 가능성으로 해석되었을 가능성이 높다. 의화군의 유일한 동반자는 고종의 칙지를 가져온 외교관 겸 감시인 박용규, 자신의 시종이자 친구인 신성구 두 사람뿐이었다.

김규식은 의화군이 떠나고 40여 일 뒤인 6월 29일 요코하마를 출발했다. 그는 7월 11일 샌프란시스코에 도착했다. 방선주가 발굴한 샌프란시스코 도착 승선자명부(Passenger List)에 따르면 3명의 한인 학생들이 동시에 입국했다. 이들의 이름은 박윤규(朴潤奎), 강운식(康運植), 김규식(金奎植)이다.[69] 릴리어스 언더우드가 김규식이 3명의 다른 조선인 청년과 함께 미국에 유학했다고 한 회고와 일치한다.

방선주의 연구에 기초해 워싱턴디씨의 미 국립문서기록관리청 본관을 방문해 김규식의 입국기록을 찾았다. 1897년 샌프란시스코항의 출입국 기록은 「1883~1953년간 캘리포니아 샌프란시스코에 도착한 선박의 승선자명부」(Passenger Lists of Vessels Arriving in San Francisco, California, 1893~1953)라는 제목의 마이크로필름에 들어 있다.[70]

이에 따르면 김규식은 일본 요코하마에서 1897년 6월 29일 도릭호에 탑승했고, 7월 11일 샌프란시스코에 도착한 것으로 되어 있다. 일행은 3명인데 박윤규, 강운식, 김규식이다.

이 기록은 여러 가지 정보를 제공한다. 먼저 김규식은 자신의 나이를 20세로 적었다. 실제 나이는 16세였으며, 매우 어린 외모를 하고 있었기

---

69 방선주, 2003, 위의 논문.
70 M1410, Roll #2(Mar. 4, 1896, AUSTRALIA - Oct. 2, 1898, SAN BLAS), NARA.

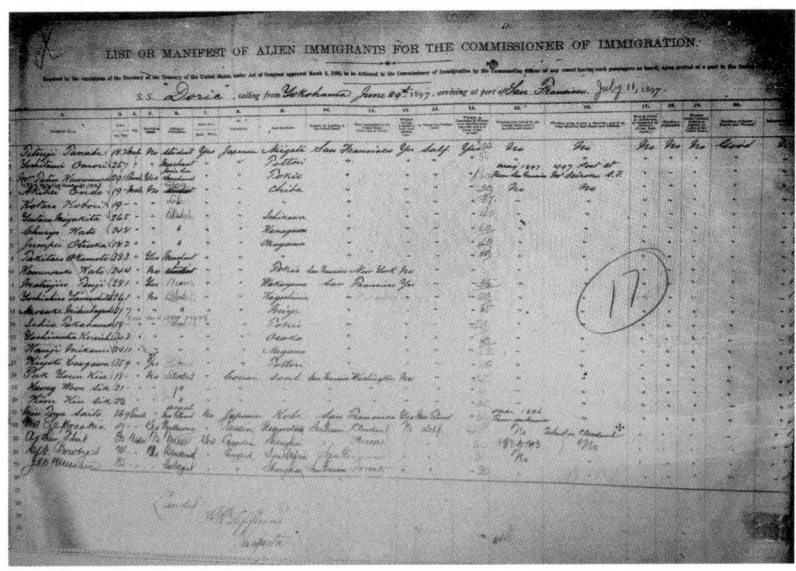

김규식 미국 입국기록(Doric호, 1897. 6. 26. 요코하마 출항, 1897. 7. 11. 샌프란시스코 입항). NARA.

〔표 2-1〕 김규식·박윤규·강운식의 미국 입국기록(1897)

이름	연령	결혼 유무	직업	문해 능력	국적	출항지	기항지	목적지	소지금
박윤규朴潤奎 Pak Youn Kiu	18	미혼	학생	가능	한국	서울	샌프란시스코	워싱턴디씨	35불
강운식康運植 Kang Woon Sik	21	미혼	학생	가능	한국	서울			30불
김규식金奎植 Kim Kiu Sik	20	미혼	학생	가능	한국	서울			35불

때문에 입국 시 있을지 모르는 난관을 회피하기 위해 일부러 나이를 올려 적었을 것이다.

김규식과 일행으로 함께 간 박윤규·강운식은 일본인 승객 다음에 3명이 단체로 입항신고를 했다. 세 사람 모두 직업·국적·출발지·도착지·목적지가 동일하며, 소지금 역시 30불에서 35불로 맞춰져 있다. 목적지가 워싱턴디씨인 것은 주미한국공사관으로 집결하려 했음을 보여 준다. 일행으로 미국에 입국한 것이 분명했다. 김규식과 동행한 사람들의 존재를 통해 김규식의 도미 과정에 대한 추가 실마리를 얻을 수 있다.

김규식은 의화군 일행과 함께 도미하지 않았다. 그러나 다시 한국으로 돌아오지 않았다. 이를 통해 의화군의 도미 유학이 그의 미국행을 결정하는 데 중요한 계기였으나, 가장 중요한 것은 미국 유학을 떠나고자 하는 김규식의 열의나 결심이었음을 알 수 있다. 그에게 새로운 일행, 새로운 계획이 생겼는데, 그것은 외부 통역관 박용규의 동생과 동행하는 일이었다.[71]

아마도 박용규는 의화군이 김규식과 동행해 도미 유학하는 것을 거부하자, 자신의 동생을 김규식과 함께 도미시키기로 결정한 것으로 보인다. 박용규의 제일 중요한 임무는 어떤 방법을 써서라도 의화군을 미국으로 보내는 것이었으므로 의화군과 함께 도미했지만, 일본에 남게 된 김규식을 위해, 혹은 김규식의 도미행을 활용하기 위해 자신의 동생을 일본으로 불러들인 것이다. 이 대목에서 김규식의 도미행이 조선정부나 궁궐의 사전동의를 받은 것으로, 그의 미국행이 결정되어 있었다는 판단이 가능하다.

박용규의 동생 박윤규(朴潤圭, 18세)는 1897년 6월 24일 요코하마에 나타났다. 그는 외부대신의 사위인 홍준식(洪浚植, 19세)과 동행했다.[72] 다

---

71 김규식은 「자필 이력서」에 이에 대해 아무런 언급을 남기지 않았다. 이하의 서술은 현재까지 발견된 자료에 근거한 가장 그럴듯한 추정이다.
72 「〔朴潤圭·洪浚植의 動靜 報告〕」(1897. 6. 24), 『한국근대사자료집성』 1.

른 보고에 따르면 홍준식은 홍운병(洪運柄)으로 표기되었는데, 친구 박윤규를 환송하러 인천항에 나왔다가 일본까지 온 것으로 되어 있다. 박윤규는 미국으로 가는 우편선을 타려고 했으나 인천에는 배가 없어서 일본에 건너온 것으로 되어 있다.[73] 친구 따라 강남 간다는 격으로 인천에서 요코하마까지 따라온 것이다. 박윤규는 이미 1896년 무관학교 주사로 나타나고 있으니, 관직 경험이 있는 상태였다.[74] 도미한 이후 박윤규가 어느 학교를 다녔는지는 미상이다. 김규식이 수학한 로녹대학에는 적을 두지 않았지만, 유학 선배였던 형 박용규의 도움과 지시로 미국 학교에서 수학했을 것이다.

2년이 지난 1899년 3월 박윤규는 일본으로 돌아왔다. 효고현 지사의 보고(1899. 7. 11)에 따르면 박윤규는 1896년 이래 미국에서 유학하고 돌아왔으며, 1899년 3월 이래 도쿄 한국공사관에 체류하고 있는 것으로 되어 있다.[75] 박윤규는 1899년 8월 28일 궁내부 번역관보에 임명되었고,[76] 같은 해 궁내부 번역관보를 의원면직했다.[77]

또 다른 일행인 강운식의 출신은 명확치 않다. 1902년 9품 광제원(廣濟院) 임시위원에 임명되었다 해임된 기록이 있다.[78]

16세의 김규식은 35불을 손에 쥔 채 샌프란시스코항에 내렸다. 그의 미국 유학 시대가 시작되는 순간이었다. 그는 박윤규·강운식과 함께 워싱턴 주미공사관으로 이동했다. 김규식은 1897년 8월 21일 로녹대학이 위치

---

73 「〔朴潤奎·洪運柄의 動靜 報告〕」(1897. 6. 24), 『한국근대사자료집성』 1.
74 『일성록』 건양 1년(1896. 4. 2, 음력).
75 「〔李邦協·朴潤奎·玄濟昶·崔廷德 등의 動靜 報告〕」(1899. 7. 11), 『한국근대사자료집성』 1.
76 『국역승정원일기』 140책 고종 36년(1899) 7월 23일〔양력 8월 28일〕.
77 『국역승정원일기』 고종 36년(1899).
78 「김관룡 등의 광제원임시위원 해임 건 등 관보 게재 요망」(1902. 9. 26), 『각사등록 근대편 內部來文23』; 「광제원임시위원 김서필 등 해임 건 관보 게재 요망」(1902. 10. 10), 『각사등록 근대편 內部來文24』.

한 버지니아주 세일럼(Salem)에 도착했다. 1897~1898학년도가 시작하는 시기였다.

김규식은 자신이 어떻게 로녹대학에 입학하게 되었는지를 설명하지는 않았다. 그렇지만 우리가 살펴본 바에 따르면 그가 로녹대학에 가게 된 것은 주미한국공사관과 로녹대학 학장 드레허의 오랜 인연 때문이며, 나아가 언더우드 선교사의 조언이 작용했을 가능성을 보여 준다. 미국 대학에 대한 정보와 입학 방법, 유학 및 생활경비 등에 대해 아무런 정보가 없던 김규식은 독자적인 판단보다는 생명과 영혼의 아버지나 다름없던 언더우드의 권고를 따랐을 것으로 생각된다. 언더우드는 1892년 4월 1일 로녹대학이 위치한 세일럼장로교회에서「한국과 선교활동」이라는 제목으로 설교한 바 있다.[79] 이는 언더우드가 로녹대학을 잘 알고 있었으며, 나아가 드레허 학장 등과도 친분이 있었을 가능성을 보여 준다.

김규식은 로녹대학 재학 시절 주미한국공사관에서 일했으며, 또한 1900년 의화군의 도미 유학을 로녹대학에서 보살폈으며, 그의 미국 각지 여행에 통역이자 비서로 동행했다. 이런 공적 관계와 사적 관계가 교직되어 김규식의 로녹대학 입학이 결정된 것이다. 이러한 전후 사정과 인간관계는 향후 1910년대 그가 위치하게 될 공적 세계와 사적 세계의 공간이 기독교, 근왕주의, 계몽·문화운동, 도미 유학생 등에 위치할 것임을 보여 준다.

---

[79] *Roanoker Times*, March 30, 1892. 이 자료는 로녹대학의 스텔라 수(Stella Xu) 교수가 제공한 것이다. 스텔라 수 교수에 따르면 이채연의 부인이 1892년 7월 장로교회에서 세례를 받았으며, 김규식 역시 로녹대학에서 가까우며 인근의 유일한 장로교회였던 이 교회를 다녔을 것이라고 한다.「스텔라 수-정병준」(2022. 8. 8).

로녹대학 시절

: 새로운 세계, 평생의 친구를 만나다

3

(1897~1903)

1   로녹대학의 한국 학생들

김규식이 입학한 버지니아주 세일럼의 로녹대학(Roanoke College, 로어노크대학)은 어떤 곳인가? 김규식의 로녹 시절을 처음 발굴한 이정식은 이렇게 묘사하고 있다.

> 로녹대학은 미국의 수도 워싱턴의 남쪽에 있는 한 폭의 풍경화와도 같은 아담하고 깨끗한 소도시인 세이럼에 자리 잡고 있는데, 두 개의 산맥이 교차하는 산중의 분지에 위치한 세이럼은 로녹강을 옆에 끼고 농촌으로 둘러싸여 있어서 우리나라의 소도시를 연상케 하는 곳이다. 세이럼 바로 옆에 있는 로녹시는 당시 인구가 5,000명 정도로 철도와 여러 국도의 교차점이므로 상업이 발달하였으며 비교적 높은 문화수준을 지니고 있었다.[1]

로녹대학의 마크 밀러(Mark F. Miller) 교수가 쓴 로녹대학교 150년사는 이렇게 쓰고 있다.[2] 로녹대학의 전신은 1842년 가을 루터교 목사

---

1   이정식, 1974, 위의 책, 19쪽.

인 데이비드 비틀(David F. Bittle)과 크리스토퍼 바우먼(Christopher C. Baughman)이 버지니아주 오거스타에 설립한 소년예비학교였다. 1845년 버지니아공회는 이 학교의 이름을 버지니아대학기관으로 승인했다. 1847년 학교 이사회는 오거스타에서 남쪽으로 130마일 떨어진 세일럼으로 학교를 옮기기로 결정했는데, 세일럼은 상업과 교통의 중심으로 발전하고 있으며 인구 수 2천 명을 상회하고 있어서 새로운 학교부지로 적합했기 때문이다. 버지니아의회는 1853년 대학 설립을 허가하며 로녹대학이라는 교명을 승인했다. 이는 로녹언덕과 로녹강이라는 현지 지명에서 따온 것이다. 로녹대학은 미국 남북전쟁 중에 문을 열었으며, 다수의 참전군인을 배출한 남부의 대학이었다. 또한 19세기 말부터 외국인 학생들을 받기 시작했는데, 최초의 멕시코 학생은 1876년에, 최초의 일본인 학생은 1888년에, 최초의 한국인 학생은 1894년에 입학했다. 즉, 로녹은 기독교 정신에 입각해 설립된 미국 남부의 전형적인 인문계 대학이었다.

초창기 로녹대학은 학생들이 준수해야 할 규칙 6개조를 정했는데, 이는 대학의 특성을 잘 보여 주고 있다. 첫째, 학생들은 교사들의 말을 법으로 준수해야 한다, 둘째, 훌륭한 도덕적 품성이 요구된다, 셋째, 엄격한 오락시간이 설정된다(오전 8~9시, 오전 12시~오후 2시, 겨울 오후 3~8시, 여름 오후 5~9시), 넷째, 학교는 매일 아침과 오후에 기도를 하고 일요일에는 예배와 성경 암송을 요구한다, 다섯째, 모든 파손은 책임 있는 개인에게 배상이 부과되며 범인이 체포되지 않으면 벌금은 전체 학생공동체에 부과될 것이다, 여섯째, 이사진은 학생들이 정해진 기간에 비용을 지불할 것을 권고한다.[3]

---

2 Mark F. Miller, *"Dear Old Roanoke": A Sesquicentennial Portrait, 1842~1992*, Mercer University Press, 1992, pp.1~30.
3 Mark F. Miller, 1992, 위의 책, p.20.

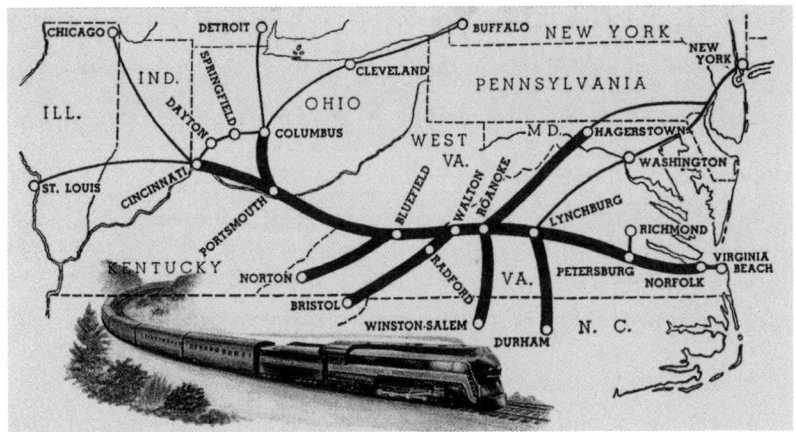

로녹의 철도망(The Norfolk and Western Railway).

　버지니아주 세일럼은 워싱턴디씨에서 서남쪽으로 239마일 떨어져 있으며, 미국 동부에서 단풍으로 유명한 세난도어 국립공원과 조지워싱턴앤드제퍼슨 국유림의 남쪽 끝에 위치하고 있다. 도시 남쪽으로 체로키 국유림 산맥이 자리하고 있다. 세일럼 남쪽으로 버지니아 남부와 노스캐롤라이나 북동쪽을 관통하는 로녹강이 흐르고 있다. 지형적으로 사통팔달 육상교통의 요충지로 상업이 발달할 수 있는 요지이다.

　1832년 이래 노폭앤드웨스턴레일웨이(The Norfolk and Western Railway)라는 철도회사가 로녹에 본사를 두고 영업을 개시했다. 이 회사는 1838~1982년간 200개의 철도회사를 합병하며 운영된 미국의 1급 철도회사였다. 동쪽으로는 버지니아의 노퍽(Norfolk)항, 서쪽으로는 오하이오의 신시내티, 일리노이의 시카고, 남쪽으로는 노스캐롤라이나의 더럼, 북쪽으로는 메릴랜드의 해거스타운에 이르는 방사형의 광범위한 철도망을 갖추고 있었다.[4] 로녹은 이 철도망의 중심부에 위치하고 있었다. 워싱턴에서

4 　https://en.wikipedia.org/wiki/Norfolk_and_Western_Railway.

린치버그를 경유하면 바로 로녹에 접근할 수 있었다. 로녹의 한국 학생들은 이 노선을 이용해 워싱턴디씨의 한국공사관을 드나들었을 것이다.

로녹대학이 한국과 인연을 맺게 된 것은 줄리어스 드레허(Julius D. Dreher, 1878~1903) 학장 때문이었다. 드레허는 1892년 3월 워싱턴디씨를 방문했을 때 한국에 관심을 갖게 되었고, 한 친구의 제안으로 아이오와 서클(Iowa Circle)에 자리한 워싱턴 한국공사관을 방문했다. 드레허는 이채연(李采淵) 서기관을 만났는데, 이채연은 이미 주미일본공사관 아이마로 사토(Aimaro Sato, 佐藤愛麿) 서기관을 통해 로녹대학 얘기를 들었다. 사토 서기관은 무네미쓰(Mutsu, 陸奧宗光) 장관의 아들을 입학시키기 위해 1891년 로녹을 방문했는데, 로녹대학이 한국 청년들에게 적합한 곳이라고 추천했다는 것이다.[5] 드레허는 6월 졸업식에 이채연 부부를 초청했고, 이들은 7월 첫 주에 로녹대학을 방문했다. 부인은 양장을 했고, 이채연은 양장에 갓을 썼으며, 점잖고 조용한 매너를 지니고 있었다. 드레허는 이채연 부인이 로녹에서 장로교 교인이 되었으며, 한국에 선교사로 파견되는 버지니아 출신 여성에게 조언을 했다고 기억했다.[6] 이후 로녹대학은 한국 학생들을 특별히 받아들이기로 했다.[7] 한국인으로 처음 로녹대학에 입학한 것은 서병규(徐丙珪)였다. 그는 1894년 초에 로녹대학에 입학했고, 그 소

---

5 무쓰 무네미쓰는 1888년 주미공사로 근무했으며, 1890년 농상무상, 1892년 외무상이 되었다. 아이마로 사토(1857~1934)는 미국 드포(DePauw)대학에서 수학했고, 외무성에 들어가 해외공관에 근무한 후 1916~1918년간 주미대사를 지냈다.

6 Julius D. Dreher, "Korean in America, Roanoke College A Favored Spot for Them," *Boston Evening Transcript*, March 26, 1904.

7 William Edward Eisenberg ed., *The First Hundred Years: Roanoke College 1842~1942*, Salem, VA, Shenandoah Publishing House, Inc., 1945, pp.214~217; 이정식, 1974, 위의 책, 19쪽. 스텔라 수(Stella Xu) 교수에 따르면 이 여성은 리니 데이비스(Linnie Davis)로, 1892년 10월 이채연 부인과 같은 배로 한국에 들어간 최초의 남장로교 선교사였다. 리니 데이비스는 1892년 7월 이채연 부인이 세일럼장로교회에서 세례를 받도록 주선했다. 이채연 부부는 1896년 서울에서 열린 데이비스의 결혼식에 참가한 유일한 한국인 손님이었다. 「스텔라 수-정병준」(2025. 3. 20)

식은 로녹대학 학보인 『로녹 칼리지언』(Roanoke Collegian)에 게재되었다.

> 로녹은 촉토(Choctaw) 인디언 학생들을 24년간 가르쳤고, 멕시칸은 약 20년간, 최근에는 몇몇 일본 학생들을 가르쳤다. 이제 우리는 최초의 한국 학생인 서울의 서병규를 받게 되었다. 이 청년은 지난 4월 미국에 왔으며 세계박람회(시카고 컬럼비아박람회)에서 좋은 시간을 보냈다. 그를 로녹에 추천한 것은 워싱턴 주재 전 한국공사였으며, 현재는 단성 지방장관(하동부사)인 이채연으로, 그는 1892년 7월 대학을 방문했다. 또한 세계박람회의 조수였던 박용규도 서병규를 로녹에 추천했는데, 그는 드레허(Dr. Dreher) 박사, 모어헤드(Morehead) 교수 및 다수의 로녹 학생들을 박람회에서 알게 되었다. 박씨는 법학을 전공하기 위해 펜실베이니아주립대학에 입학했으며, 그와 서병규는 현재 미국에 있는 2명의 한국인 학생이다.
> 서병규는 이미 영어를 잘 구사하며, 매우 부지런한 학생이다. 그의 현재 목적은 로녹에서 졸업하기 위해 정규 코스를 수강하는 것이다. 워싱턴 한국공사관의 서기관인 장봉환과 서울 외부 서기관으로 현재 워싱턴을 방문 중인 이현직은 드레허 박사에게 편지를 보내 서병규에게 보여준 친절에 감사하며 이 젊은 신사를 대학 교수진에게 추천했다.[8]

로녹대학은 인디언, 멕시칸, 일본인 등 다양한 소수민족을 수용하는 데 대한 자부심을 가지고 있었고, 서병규는 한국인 최초로 이 대학 신입생이 된 것이다. 1898년 7월 현재 로녹대학 재학생은 191명이었는데, 그 가

---

[8] "Our First Korean Students," *Roanoke Collegian*, vol. 20, no. 3. January, 1894. p.47. 이를 요약한 기사들이 미국 지방신문에도 게재되었다. "A Korean Student," *Dakota Farmer's Leader*, January 19, 1894.

운데는 13개 국가, 인디언보호구역, 일본인 1명, 한국인 5명이 포함되어 있었다.[9] 서병규 이후로도 계속해서 한국 학생들이 입학한 것이다. 로녹대학에 따르면 이후 의화군 이강을 비롯한 30여 명의 한국 학생들이 입학했고, 그중 9명이 학부를 졸업했다.[10]

지금까지 로녹대학과 한국이 인연을 맺은 것은 1892년 드레허 학장이 워싱턴 한국공사관과 관계를 맺은 때문으로 알려져 있다. 그런데 위 기사에 따르면 1893년 드레허 학장이 모어헤드 교수 및 다수의 로녹 학생들과 함께 컬럼비아세계박람회를 방문해서 박용규를 만난 사실도 배경으로 작용했음을 알 수 있다. 로녹교사에 따르면 드레허와 모어헤드 교수는 26명의 학생들을 이끌고 컬럼비아박람회를 방문했다.[11] 박용규는 서병규와 함께 컬럼비아박람회 한국관 조역으로 일했는데, 드레허에게 서병규의 입학을 추천한 것이다. 박용규는 주미공사관의 서기관·대리공사로 일했다.

이런 경과를 보면 서병규의 로녹대학 입학은 개인적 선택의 결과인 동시에 주미한국공사관이 개재된 일종의 관비·국비유학이었음을 알 수 있다. 이채연, 장봉환(張鳳煥), 이현직(李玄稙) 등 주미한국공사관의 외교관이 입학을 추천·격려했으며, 1895년까지 서병규는 주미한국공사관에서 매달 50원의 학비를 보조받았다.[12]

『대한제국관원이력서』에 따르면 서병규의 이력은 다음과 같이 기록되어 있다.

1890년 4월 미국 샌프란시스코에 가서 샌프란시스코소학교(桑港小學

---

9 "Roanoke College," *Staunton Spectator and Vindicator*, July 14, 1898.
10 이정식, 1974, 위의 책, 19쪽.
11 Mark F. Miller, 1992, 위의 책, p.91.
12 「미국 유학생 서병규와 황현모의 학업 성취도에 따라 외부에서 학비를 지급해 줄 것을 조회」, 1895년 11월 12일(음), 『각사등록 근대편 學部來去文』

校)에 입학
1893년 워싱턴중앙중학교(華盛頓中央中學校) 전입
1894년 로녹대학교 전입
1898년 6월 15일 졸업하며 문학사(文學士) 수여
1898년 9월 11일 프린스턴대학 대학원(푸린스톤專門學校) 전입
1899년 7월 18일 프린스턴대학 일반대학과정 정치학전공 문학석사(文學博士 普通大學科程專門政治) 수여[13]

이민식에 따르면 서병규는 1871년생으로 동촌(東村)에 살면서 육영공원에서 영어 공부를 했고, 일본 게이오기주쿠에서 공부하다가 미국으로 건너갔다.[14] 로녹대학 기록에는 그가 1893년 4월 컬럼비아박람회 당시 도미했다고 되어 있지만,[15] 『대한제국관원이력서』에는 1890년 샌프란시스코소학교를 입학했다고 되어 있다. 컬럼비아세계박람회 한국관에서 조수로 일했으며, 1893년 워싱턴중앙중학교에 입학했다.[16] 1894년 1월 워싱턴 한국공사관과 박용규의 추천으로 로녹대학에 입학했는데, 예과에 해당하는 준신입생(Sub-Freshmen) 과정이었다. 로녹대학 학보에 따르면 "14개월 이전에 영어를 전혀 알지 못했던" 서병규는 입학 후 한 학기만인 1894년 6월 2등 우등상을 받았다.[17]

13 『대한제국관원이력서』, 국사편찬위원회 한국사데이터베이스.
14 이민식, 2006, 『근대사의 한 장면 콜럼비아세계박람회와 한국』, 백산자료원, 147~149쪽.
15 "Our Korean Student," *Roanoke Collegian*, vol. 20, no. 8. June-July, 1894. p.135.
16 이는 Central High School, Washington DC로 생각된다. Central High School은 1776년에 설립된 여자중학교(Advanced Grammar School for Girls)와 1777년에 설립된 남자중학교(Advanced School for Boys)가 1880년 통합해 설립되었으며, 워싱턴씨 내에 설립된 최초의 고등학교였다. Seven and O Streets에 위치해 있었다. http://www.theusgenweb.org/dcgenweb/history/school/central.shtml.
17 "Our Korean Student," *Roanoke Collegian*, vol. 20, no. 8. June-July, 1894. p.135. 로녹대학은 1893년부터 우등상 제도를 도입해서 최우등상(1등), 우등상(2등)을 정했고, 4학년은 졸업논문을 제출하도록 규정했다. Mark F. Miller, 1992, 위의 책, p.90.

서병규의 로녹대학 입학에 서광범 주미공사의 도움이 있었다는 주장이 있지만,[18] 서광범은 청일전쟁 발발 후인 1894년 11월 귀국해 법무대신이 되었고, 1896년 2월 15일에야 주미공사로 워싱턴에 부임하였다.[19] 때문에 서광범은 1892~1894년 당시 주미 한국공사관과 무관한 상태였고, 서병규의 로녹대학 입학은 서광범의 도움이라기보다는 이채연 공사와 박용규의 추천에 따른 것이었다. 박용규는 워싱턴 주미공사관의 서기생(음력 1895. 5. 23), 2등 참서관(1896. 6. 27)을 지냈으며, 대리공사로 1895년 6월 로녹대학 졸업식에 참석한 기록이 있다.

1898년 서병규는 6월에 로녹대학을 졸업하면서 세계 최초로 문학사를 받은 한국인으로 소개되었다.[20] 1899년 7월 프린스턴대학에서 정치학 전공으로 석사학위(AM)를 받았는데, "세계 최초로 문학사(A.B), 문학석사(A.M)를 받은 한국인"으로 미국 언론에 소개되었다.[21] 로녹대학을 졸업한 후 프린스턴대학에서 우드로 윌슨(Woodrow Wilson) 교수의 지도로 문학석사 학위를 받았다고 알려졌다. 그의 성취와 진로는 이후 로녹대학 후배들에게 영향을 끼쳤다. 김규식도 로녹대학을 졸업한 후 프린스턴대학원 진학을 결심했다. 「자필 이력서」에 따르면 프린스턴대학의 입학 허가와 장학금을 받았지만, 러일전쟁 발발 이후 귀국해야 했다.[22] 1907년 헤이그 평화회담 당시 유럽으로 건너가 한국대표단의 일원으로 활약한 송헌주 역시 로녹대학을 졸업한 후 프린스턴대학 대학원에서 공부했다.[23]

서병규는 귀국하여 1900년 궁내부 전화과 주사, 1902년 중추원 의관

---

18 이민식, 2006, 위의 책, 148쪽.
19 방선주, 1987, 「서광범과 이범진」, 『최영희선생 화갑기념 한국사학논총』, 탐구당.
20 "Roanoke College," *Staunton Spectator and Vindicator*, July 14, 1898.
21 "The First Korean Master of Arts(From the Roanoke Collegian)," *The Evening Times*, July 8, 1899.
22 「김규식 자필 이력서」(영문, 1950).
23 최기영, 2015, 「송헌주의 재미민족운동과 한인단체 연합활동」, 『한국독립운동사연구』 51.

(주임6등), 1902년 유민원 총무국장(주임5등), 1905년 농상국부 상공국장 (2등)·공무국장, 1906년 인천감리·인천항 재판소 판사·관립인천일어학교장 등을 지냈다.[24] 그의 이력 중 가장 흥미로운 것은 한국 최초 공식 해외 이민이었던 하와이 이민사업을 담당하는 유민원(綏民院) 국장을 역임했고,[25] 개항장이던 인천의 감리를 지냈다는 사실이다. 그는 대한제국의 국장급 고관으로 근대화사업의 핵심 관직을 역임했다. 1907년 국채보상운동이 전개되자, 미국 시절 친구였던 박용규와 함께 국채보상지원금총합소의 발기인 겸 회계감독이 되었다.[26] 대한제국 멸망 이후 그는 중국으로 망명해서 훈춘·안동·광주·상해의 해관 등에서 일했으며, 1936년 이후 안동에 거주하며 다양한 사업을 벌였다. 1945년 귀국했고, 1952년 부산에서 사망했다.[27] 일제 정보당국에 따르면 1928년 상해해관에서 근무하던 서병규는 김규식을 통해 임시정부에 매년 5백 달러를 기부하기로 약속했다는 기록이 있다.[28] 중국 시절 김규식과의 관계가 지속되었던 것이다.

1895년 7월 『로녹타임즈』(Roanoke Times)에 따르면 황현모(Whang Hyen Mo, 黃顯模)가 가을학기에 입학하기 위해 세일럼에서 영어를 배우고 있었다.[29] 드레허는 황현모가 1895년 5월 로녹에 와서 예과에서 영어를

---

24 『대한제국기관원이력서』 664, 847쪽.
25 서병규는 자신의 큰아들(James)을 하와이 이민배에 실어 보냈다. 서병규의 딸 체스넛은 아버지에 대한 회고록을 출간했다. Anna S. Chesnutt, *Destined*, Kearney; Morris Publishing, 1995; 이민식, 2009, 「왕바우산 밤나무집 사람-겸양 성실 긍률의 화신 서병규(1872~1952)」, 『개화기의 한국과 미국관계』, 한국학술정보(주).
26 국사편찬위원회, 1987, 위의 책.
27 이민식, 2009, 위의 책, 362~385쪽.
28 당시 서병규는 상해 세관 근무 외에 志成公司(北四川路 소재)라는 무역업을 경영하고 있어 매월 월 4~5백 달러의 수입을 가지고 있었다. 서병규는 1929년 10월 세관을 사직한 후 매년 5백 달러를 임시정부 유지비로 기부하기로 약속했다. 「臨時政府의 經費困窮狀況 및 所在地·重要委員件」, 국사편찬위원회, 1983, 『한국독립운동사』 자료2(임정편Ⅱ).
29 *The Roanoke Times*, July 3, 1895; "Koreans in America," *Democratic Northwest and Henry County News*, July 18, 1895.

배우며 가을학기 입학을 준비 중이었다고 기억했다. "젊은 시인"이던 황현모는 아내의 편지를 받고 향수병이 생겼다. 부인과 부모의 반대에도 불구하고 영어를 배우기 위해 미국에 왔던 황현모는 박용규 대리공사에게 귀국을 요청했고, 결국 본국으로 송환되었다.[30] 『각사등록』에 따르면 1895년 현재 주미공사관은 서병규에게 매달 50원의 유학자금을 제공했고, 황현모에게도 매월 50원의 유학자금을 제공하자고 제안한 것으로 되어 있다.[31] 1895년 짧은 로녹 생활을 끝낸 후 황현모의 이후 행적은 미상인데, 1930년 경성에서 자동차 부속품을 다루는 아세아자동차부(亞細亞自動車部)를 설립해 운영한 기록이 있다.[32]

로녹대학 문서보관소 기록에 따르면 1894년 이후 1945년까지 로녹대학에 재학했던 한국 학생들은 학부, 예과, 특별과(부분과, 부분특별과, 경영과, 특별과)를 합해서 모두 32명이다.[33] 이 가운데 문학사(BA)를 받은 졸업생은 서병규, 김규식, 이원익, 송헌주, 이병간, 강영복, 안승한, 허연, 안승만 등 9명이다.[34]

한국 학생들은 대부분 정규 대학 교과를 수강할 수 있는 영어 능력이나 기본 학습·소양이 부족했기 때문에 예과(Sub-Freshmen Course, Preparatory Course), 부분과(Partial Course, Partial-Special Course)를 다니며 1학기 혹은 1년 정도 영어 능력과 기본 수학능력을 기른 후 정규

---

30 Julius D. Dreher, "Korean in America, Roanoke College A Favored Spot for Them," *Boston Evening Transcript*, March 26, 1904.
31 「미국 유학생 서병규와 황현모의 학업 성취도에 따라 외부에서 학비를 지급해 줄 것을 조회」(1895. 11. 12. 음력), 『각사등록 근대편 學部來去文』.
32 『朝鮮銀行會社組合要錄』(1937년판), 국사편찬위원회 한국근현대회사조합자료.
33 입학 순서대로 명단을 정리하면 다음과 같다. 서병규, 황현모, 박희병, 이희철, 김규식, 오성순, 의화군(이강), 한응이, 신성구, 이원익, 김용주, 윌리엄김, 신철현, 송헌주, 홍덕수, 송진헌, 최정철, 강영복, 한인승, 강흥섭, 김정은, 김정급, 민형수, 차성현, 김정은, 안승한(안승만), 김병익, 허연, 한복용, 임정기, 심상훈, 이병간.
34 로녹대학 문서보관소 기록에 나타나지 않는 졸업생 4명(강영복, 안승한, 허연, 안승만)은 로녹대학의 스텔라 수 교수가 확인해 주었다. 「스텔라 수-정병준」(2025. 3. 20)

대학 과정에 입학했다. 서병규를 필두로, 김규식 등 후배들도 동일한 경로를 거쳤다.

한국인 32명이 대학에 입학했지만, 9명만이 졸업한 사실에서 알 수 있듯이 대부분의 한국 유학생들은 4년간 로녹대학을 다니며 문학사를 받지는 않았다. 영어 능력, 경제적 사정, 다른 대학으로의 전학·이동 등이 작용한 결과였을 것이다. 다른 대학으로 이동한 경우, 전형적인 인문계 대학이었던 로녹대학 대신 실질적인 기술·직업과 관련한 학과를 지닌 대학 혹은 이름이 알려진 유명 대학으로의 이동이 많았을 것이다.

〔표 3-1〕 1893~1936년간 로녹대학에 재학한 한국인

	학부				예과	특별과(부분과, 부분특별과,경영과, 특별과)	졸업/우등
	1학년	2학년	3학년	4학년			
1893~1894					서병규		2등(서병규)
1894~1895	서병규				황현모		
1895~1896		서병규					
1896~1897	박희병 이희철		서병규				2등(서병규)
1897~1898				서병규	김규식 박희병 이희철	오성순(부분과)	
1898~1899	김규식				이기종	오성순(부분과)	졸업(서병규) 2등(김규식)
1899~1900		김규식					
1900~1901			김규식			의화군·한응이·신성구 (부분과)	2등(김규식)
1901~1902				김규식		신성구(부분과)	
1902~1903				김규식			졸업(김규식)
1903~1904	이원익						

연도						
1904~1905			이원익			
1905~1906	김용주		이원익			2등(이원익)
1906~1907			이원익		윌리엄김·신철현 (부분특별과) 송헌주(경영과)	
1907~1908			이원익		홍덕수(부분특별과)	졸업(이원익, 송헌주) 2등(송헌주)
1910~1911					홍덕수·송헌주 (부분특별과)	
1911~1912	홍덕수				송헌주(부분특별과)	2등(송헌주)
1912~1913	홍덕수 송헌주			송진헌		
1913~1914			송헌주			
1914~1915						졸업(송헌주)
1919~1920					최정철(특별과)	
1920~1921		강영복			한인승·강흥섭·김정 은·김정급·민병수 (특별과)	
1921~1922		차성현	김정은			
1922~1923		안승한				
1923~1924			강영복		김병익(특별과)	
1926~1927	허연	안승만	한복용			
1927~1928	임정기		한복용 허연			
1928~1929		임정기	안승만	허연	심상훈(특별과)	
1929~1930			임정기	안승만		
1930~1931				임정기		
1933~1934			이병간			
1935~1936						졸업(이병간)

〔출전〕 "Catalogue of Roanoke College," in folder of Korean Students-Master List, Roanoke College Archives.

1890~1900년대 로녹대학은 미국에서 한국 학생 관련 기사를 제공하는 유일한 대학이었다. 1895년 로녹대학 졸업식에는 주미대리공사이던 박용규가 참석한다는 기사가 보도되었다. 박용규는 2년 전 로녹대학의 한국인 학생인 서병규와 같은 시기에 미국에 왔으며, 수년 전 이채연 공사 부부가 세일럼에서 받은 환대를 받게 될 것이라고 했다.[35] 1897년 겨울에는 서광범 공사가 로녹을 방문해 명예석사 학위를 받았고, 1899년 1월 이범진 공사가 아들 이기종을 로녹대학에 입학시키러 로녹에 와서 극진한 대접을 받았다. 서광범이 1897년 워싱턴에서 사망했을 때 부고기사가 로녹대학 잡지에 특별기사로 게재되기도 했다.[36]

1896년 11월에는 박희병(Hi Beung Pak, 朴羲秉)이 로녹대학에 신입생으로 입학했다. 박희병은 일명 박장현(朴章鉉)으로 미주 독립운동 지도자 박용만의 숙부이다. 그를 통해 박용만이 미주로 유학길에 올랐고, 박장현이 네브래스카에서 운영하던 한인노동주선소를 기반으로 박용만이 소년병학교를 설립했다.[37] 박용만은 이승만·정순만과 함께 한성감옥에서 이름이 '만'자로 끝나는 삼만결의형제가 된 것으로 유명했다. 또한 박장현은 이승만이 청년 외교관으로 이름을 얻게 된 1905년 시오도어 루스벨트 대통령 면담외교를 국내에 대대적으로 홍보한 주역이기도 했다. 박장현은 이승만이 윤병구와 함께 시오도어 루스벨트 대통령과 면담하고 루스벨트의 호의로 포츠머스강화회담 '방청권'을 얻었지만 주미대리공사 김윤정이 국가를 배신·매국함으로써 기회가 무산되었다는 기사를 『황성신문』(皇城新聞)에 투고했다. 이를 통해 고종이나 대신들은 물론 외교관들도 한국 독립 유지를 위해 어떤 노력을 기울이지 못했는데, 의기남아(義氣男兒) 이승만이

---

35   *The Roanoke Times*, June 9 1895.
36   이정식, 1974, 위의 책, 19쪽.
37   방선주, 1989, 「박용만평전」, 『재미한인의 독립운동』, 한림대학교출판부, 12~16쪽.

1   로녹대학의 한국 학생들

청년 외교관으로 한국을 지키려 노력했다는 신화가 만들어지게 되었다.[38]

박희병은 갑오개혁 이후 일본 게이오기주쿠에 정부 유학생으로 파견되었다가, 1896년 아관파천 이후 캐나다 밴쿠버를 거쳐 1896년 4월 미국으로 건너온 김헌식(金憲植), 안정식(安禎植), 여병현(呂炳鉉), 이범수(李範壽), 이하영(李厦榮), 이희철(李喜轍), 임병구(林炳龜), 현동식(玄東植) 등의 일원이었다. 박희병은 1896년 4월 19일 샌프란시스코에 도착했다. 출항지는 요코하마였으며, 당시 25,6세, 직업은 학생, 소지금 45달러를 보유한 것으로 기록되어 있다.[39] 이들 중 7명이 서광범의 주선으로 워싱턴디씨의 흑인 대학인 하워드대학에 입학했는데, 랜킨(Dr. Rankin) 학장은 특설반을 개설하고 포스터(Foster) 교수에게 이들에 대한 교육을 맡겼다. 이들은 임병구(Blusig Kwe Im, 18세), 이희철(Hee Chull Ye, 21세), 이범수(Bum Suw Ye, 23세), 이하영(Ha Lung Ye, 25세), 안정식(Jung Sik Aan, 28세), 김헌식(Hun Sik Kee, 27세), 여병현(Blusig Hinor Yue, 28세) 등이었다. 서광범은 워싱턴공사관에서 이들을 1개월 동안 보호하고, 의복을 제공했으며, 교육국의 스미스(Annie Tolman Smith)가 영어를 가르쳤다. 서광범이 5월분 학비를 제공했다.[40] 서광범 이후 주미공사가 된 이범진의 『미사일록』(美槎日錄)에 따르면 1896년 일본 유학생 김헌식·이희철·임병구·안정식·여병현·이범수·이하영 등이 미국에 건너와 공부했으며, 그중 임병구·여병현·이범수·이하영 등이 영국·프랑스 두 나라 유람을 위해 떠났다.[41] 김헌식은 미국에 잔류했고, 임병구·여병현은 미국 하워드대학(Howard College)·영국 클리프대학(Cliffe College)·할리대학(Harley

---

38 정병준, 2012, 위의 논문.
39 방선주, 2003, 위의 논문, 14쪽.
40 "Korean Boys at Howard," *The Evening Times*, May 11, 1896; *The Morning Times*, May 12, 1896.
41 김철웅, 2010, 「주미공사 이범진의 미국 여정과 활동」, 『역사학보』 205, 207쪽.

College)에서 수학한 후 귀국했다.[42]

이들은 모두 1900년대 한국과 미국에서 계몽운동기의 주역이 되었다. 김헌식은 미국에 잔류하며 1950년대까지 한국 독립운동에 종사했다. 여병현은 여운형의 7촌 종숙으로 미국·영국에서 유학한 후 대한자강회·대한협회에서 계몽운동을 폈다. 이희철은 귀국 후 만주에서 영국인과 무역업에 종사했다. 임병구는 귀국 후 민영환이 창립한 흥화학교(興和學校) 부교장(1898. 10)을 맡았으며, 1899년 임병항(林炳恒)으로 개명해 여병현과 같이 대한협회 등에서 활동했다. 이범수 역시 귀국 후 대한협회에서 활동했는데, 임병항과 함께 국가의 빈부는 실업 발달의 여하에 있다며 한미흥업주식회사 주식 모집에 나선 바 있다(1909. 4). 이희철(하워드대학)·박희병(로녹대학)은 귀국 후, 1905년 8월 멕시코 한인이민 시찰을 위해 멕시코로 파견되었으나, 유카탄반도로 가지 않고 미국으로 건너갔다. 박용만의 삼촌인 박희병은 1906년 네브래스카주에서 사망했다.[43]

1897년 6월 로녹대학에는 서병규, 황현모, 박희병 등 3명의 학생이 재학 중이었다. 서병규는 다음 학기 4학년이 될 예정이었다. 이들 3명은 모두 외국에서 공부했고, 일부는 책의 저자라고 알려졌다.[44]

김규식은 1897년 8월 21일 세일럼에 도착했다. 1897~1898학년도가 시작되는 시기였다. 김규식과 동행한 것은 다름 아닌 박희병이었다. 김규식은 "매우 젊고 특별히 총명하며 한국에서 수년간 영어공부를 한 것으로 알려져 있다"라고 보도되었다.[45] 김규식이 박희병과 동행한 것은 여러 가

---

42 방선주, 「김헌식과 3·1운동」, 『재미한인의 독립운동』, 한림대학교 아시아문화연구소, 330쪽; 『駐美案』卷1, 「報告第4號」(1896. 4. 28).
43 정병준, 2012, 「한말 미국 유학 지식인의 서구 '사회과학' 수용과 '근대' 인식」, 『이화사학연구』 44, 100~101쪽.
44 "Roanoke College," *The Norfolk Virginia*, June 27, 1897. 황현모는 1895년에 이미 귀국했다.
45 *The Roanoke Times*, August, 22, 1897; *Tazewell Republican*, September 23, 1897;

지 면에서 특기할 만하다.

첫째, 김규식은 워싱턴디씨 주미한국공사관과 언더우드로부터 로녹대학을 소개받았을 것으로 보인다. 주미한국공사관은 로녹대학과 특별히 밀접한 연계를 맺고 있었으며, 의화군과 김규식 유학을 주선한 언더우드는 1892년 로녹대학이 위치한 세일럼장로교회에서 연설한 적이 있었다. 또한 언더우드는 의화군을 미국 북장로교 선교부 총무 엘린우드(F. F. Ellinwood)에게 소개한 바 있는데, 실제 의화군이 공부하기 위해 입학한 곳이 로녹대학이었다. 로녹대학은 그만큼 이 시기 주한미공사관, 언더우드, 재미 한국인들에게 우호적이고 친화적인 학교였던 것이다. 이미 로녹대학에 입학해 있던 박희병이 워싱턴에서 김규식을 동반하고 세일럼에 도착한 것은 이러한 상황을 반증하는 것이었다.

둘째, 김규식은 아마도 국내 시절부터 박희병과 알고 지냈을 가능성이 높은데, 박희병을 통해 자연스럽게 그의 조카 박용만과 연결될 수 있었다. 김규식은 1895년 관립영어학교에 입학했고, 박희병은 그 이전에 관립영어학교를 다녔으므로, 두 사람은 관립영어학교를 매개로 인연을 맺은 것이 분명하다. 같은 시기 박용만이 관립일어학교를 다녔으므로, 박희병을 매개로 김규식이 박용만을 알게 되었을 것이다.

박용만은 1881년생으로 유년기 부친을 잃은 후, 1893년경부터 숙부 박희병이 양육하였다. 박희병이 관립영어학교를 다닐 때 박용만은 관립일어학교를 다녔으며, 박희병이 1895년 관비유학생으로 일본에 유학할 때 함께 도일해 게이오기주쿠에서 2년간 정치학을 배웠다. 김현구는 박용만이 일본 유학 시 박희병의 소개로 박영효 등을 사귀고 그의 활빈당에 가입하였고, 안국선, 오인영과 함께 귀국하다가 체포되었다가 수개월 만에 석방되었다고 썼다.[46] 즉, 박희병과 박용만은 국내, 일본, 미국에서 함께 수

"Roanoke's Openning Day," *Clinch Valley News*, September 24, 1897.

학하고 활동했으므로, 김규식는 자연스럽게 박희병·박용만 숙질(叔姪)과 연결되었을 것이다. 김규식과 박용만은 1917년 대동단결선언 당시 함께 서명자로 이름을 올렸으며, 1919년 김규식이 파리강화회의 대표로 파견되는 시점에 접촉하려고 노력했던 미주의 유일한 인물이었다.[47]

셋째, 김규식은 로녹대학 재학 중 주미한국공사관에서 일하는 한편, 공사관 관원으로 임명되기도 했다. 1895년 주미한국공사관은 서병규와 황현모를 일종의 관비유학생으로 규정하고, 이들에게 적절한 유학자금을 제공한 바 있다. 1897년 주미한국공관의 보고는 미국 유학생 21명을 들고 있는데, 이들은 이승구(李升九), 홍운표(洪運均), 백상규(白象圭), 송영덕(宋榮德), 김윤정(金潤晶), 김헌식(金憲植), 안정식(安廷植), 이희철(李禧轍), 신성구(申聲求), 손병균(孫炳均), 오성희(吳性喜), 김상언(金相彦), 김용주(金用柱), 박윤규(朴潤奎), 김규식(金奎植), 박희병(朴羲秉), 서병규(徐丙奎), 현동식(玄東軾), 박여선(朴汝先), 박여선의 아내(朴汝先妻, 朴에스더) 등이었다.[48] 1896년 일본 게이오기주쿠에서 도망친 김헌식, 안정식, 이희철, 1896년 로녹대학에 입학한 박희병, 1897년 김규식과 함께 도미한 박윤규, 1897년 의화군의 시종으로 도미한 신성구, 1897년 의화군 암살을 목적으로 도미했다고 알려진 김윤정과 그 아들 김용주, 선교사 홀 부인을 따라 도미한 박에스더와 남편 박여선, 브라운대학을 다니던 백상규 등이 포함되어 있다. 이승구는 김규식과 함께 일본에 건너온 이윤구, 홍운표는 함께 도일한 홍운병(洪運柄, 혹은 洪浚植)일 가능성이 있다. 이 가운데 로녹대학에 적을 둔 것은 이희철, 신성구, 김용주, 김규식, 박희병, 서병규 등 6명이다.

---

46 방선주, 1989, 위의 논문, 12쪽; 김도훈, 2010, 『미대륙의 항일무장투쟁론자 박용만』, 역사공간, 19쪽.
47 정병준, 2017, 「파리로 가는 김규식」, 『역사비평』 겨울호.
48 『駐美內案』(奎章閣圖書) 卷一, 김원모, 1985, 「서광범연구」, 『동양학』 15, 262쪽.

김규식 입학 사진. 로녹대학 소장.

김규식은 1899년 10월 17일 주미공사관 서기생으로 이름을 올렸으며, 같은 날 주차아법오(駐箚俄法墺)공사관 서기생에 임명되었다. 그가 러시아·프랑스·오스트리아 공사관 서기생에서 의원면관한 것은 1899년 11월 22일이었다.[49] 이는 김규식이 의화군의 도미 유학 동행인이자 관비유학생이었고, 유학 생활 중 워싱턴 주미공사관의 관원으로 일했음을 의미한다. 영어에 능통하고, 미국 생활에 이해가 높은 김규식이 방학 중 혹은 요청에 따라 워싱턴공사관의 일을 도왔음이 분명했다.

당시 미국 신문에 따르면 1898년 6월 15일 개최될 로녹대학 졸업식에서 한국인 재학생 5명 중 한 사람인 서병규가 최초로 문학사 학위를 받을 예정이며, 초청장을 받은 5명의 한국 관리가 참석할 예정으로 황제의 둘째 아들 의화군, 러시아 황제 대관식에 참석했던 민영환, 이범진 주미공사, 이위종 주미공사관 서기 등이 포함되었다.[50] 의화군·민영환 등은 졸업식에 참석하지 않았다. 이러한 보도는 주미한국공사관과 로녹대학의 긴밀한 관계를 보여 주기에 충분한 것이었다. 이범진 공사의 아들 이기종은 1898년 겨울과 1899년 봄학기 동안 로녹대학에서 수학했다. 이범진은 유럽공사로

49 「통첩 제109호〔해외공관 서기생 임명건 등을 관보에 게재할 것〕」(1899. 10. 17), 『각사등록 근대편 外部來案』; 「통첩 제123호〔해외공관 서기생 임면건 등을 관보에 게재할 것〕」(1899. 11. 22), 『각사등록 근대편 外部來案』.
50 *The True Democrat*, March 12, 1898.

떠날 예정이었다. 김규식(Kiu Seek Kim)은 1학년을 마쳤고, 다음 학기에 2학년으로 진급할 예정이었다.[51]

---

[51] "The First Korean Master of Arts (From the Roanoke Collegian)," *The Evening Times*, July 8, 1899.

2 김규식의 학창 시절(1): 학업

2016년 5월 말 로녹대학을 방문했다. 워싱턴디씨에서 로녹으로 향하는 66번 도로는 청명하고 눈부신 햇살, 짙은 안개, 구름 낀 산맥으로 이어졌다. 미국에서 가장 아름다운 셰난도어산맥을 넘어 로녹대학이 위치한 버지니아주의 세일럼에 도착했다. 세일럼은 유색인종은 거의 살지 않는 전형적인 남부의 소도시이다.

로녹대학 아키비스트 린다 밀러(Linda Angela Miler)와는 이미 여러 차례 편지 왕래가 있었다. 2008년 겨울 워싱턴디씨를 방문했을 때 로녹대학 방문 계획을 세웠지만, 만성적 허리 통증으로 장거리 운전이 어려웠다. 2015년에 도착하고 보니 이번에는 린다 밀러가 심장병으로 병원을 오가는 처지였다. 대신 사학과 스텔라 수(Stella Xu) 교수의 친절한 도움을 받았다. 머물렀던 게스트하우스는 100년이 넘는 역사를 지닌 곳이었다.

병중의 린다 밀러는 자신이 정리하고 모아 놓은 김규식 자료를 보여 주었다. 그녀의 남편 마크 밀러(Mark Miller)가 『로녹대학 100년사』를 쓴 바 있으니, 부부가 로녹 역사의 최고 전문가들이다. 많은 자료를 볼 수 있었지만, 아쉽게도 김규식의 성적표는 볼 수 없었다. 수년 전 홍수로 성적표들이 망실되었다는 얘기였다. 1970년대 이정식 교수가 이미 김규식의 성적표를 보았으며, 로녹대학을 졸업한 허연의 후손도 최근 할아버지의 성적표를 찾아본 얘기를 블로그에 올린 바 있다. 아쉬움을 뒤로하고 발걸음을 돌려야 했다. 그 후 7년이 지난 2023년 스텔라 수 교수로부터 김규식의 성적표(transcript)를 찾았다는 연락을 받았다. 반갑고도 반가웠다. 이메일에 동봉된 김규식의 성적표는 100여 년 전 한 한국 소년의 대학 시절을 설명하고 있다.[52]

세일럼은 여름에 덥고 습하며, 겨울에 온화하고 춥다. 김규식이 입학할 무렵 세일럼의 인구는 1890년 3,279명, 1900년 3,412명 정도에 불과했다. 이 중 로녹대학 학생은 200명 미만이었다. 김규식이 입학한 1897~1898학년도 로녹의 재학생은 대학원 1명, 4학년 20명, 3학년 27명, 2학년 27명, 1학년 28명, 예과 35명, 부분과정 34명, 경영과 19명 등 총 191명이었다. 주별·국가별로는 버지니아 130명, 노스캐롤라이나 15명, 미시시피 9명, 웨스트버지니아 7명, 오하이오 6명, 메릴랜드 5명, 테네시 4명, 루이지애나 3명, 사우스캐롤라이나 1명, 조지아 1명, 텍사스 1명, 미주리 1명, 네브래스카 1명, 인디언보호구역 1명, 한국 5명, 일본 1명으로 되어 있다.[53]

지금의 로녹대학은 학생 수 2,050명, 정년교수 129명으로 10배 규모가 되었지만, 아직도 교내에서 마주치는 사람들이 모두 인사를 나눌 정도의 유대감을 유지하고 있다. 전형적인 남부의 인문학 중심 대학이다. 그러니 김규식이 다니던 19세기 말, 20세기 초 로녹대학은 1학년부터 4학년까지 총 200여 명에 불과한 가족적 분위기가 물씬 나는 학업과 생활의 공동체였다. 김규식은 졸업한 이후에도 로녹대학 시절을 늘 기억했는데, 그가 대학 동창과 대학 측에 보낸 편지에 그런 그리움과 애정이 잘 드러나 있다.

52　Kim Kyusik's transcript, 「스텔라 수-정병준」(2023. 4. 24).
53　한국인은 서병규(4학년), 김규식·박희병·이희철(예과), 오성순(부분과 과정생) 등이었다. Catalogue of Roanoke College in Korean Students-Master List folder, Roanoke College Archives.

로녹대학에서 김규식을 소개한 글들도 그를 기억하는 "모교 동창과 마을 주민"의 이야기를 쓰고 있다.

김규식은 언더우드학당과 관립영어학교에서 영어를 배웠지만, 미국 대학 정규과정을 이수하는 데 필요한 정도의 학술적 영어를 구사했다고 보기는 어렵다. 김규식은 예과에 입학했다. 당시 로녹대학은 문학사(Bachelor of Arts) 학위를 수여하는 정규 교과과정 외에 예과, 부분과, 상업과·경영과 등의 과정을 운영하고 있었다.

예과는 1학년 학업 준비가 안 된 사람들, 부분과·경영과를 들으려는 사람들, 기타 불충분하거나 비정규적인 준비를 한 사람들을 대상으로 한 것이었다. 예과는 정규 1학년에 입학할 수 있는 실력을 갖추기 위한 수업 과정을 진행했고, 가급적이면 정규 교수들이 담당했다. 예과 학생들은 도서관과 문학회 등 대학시설을 이용할 수 있었다. 이들은 라틴어, 그리스어, 영어, 수학, 자연과학, 역사, 지리, 신화, 영어습자를 배웠으며, 매주 작문과 연설 연습을 해야 했다. 당시 미국 남부에는 예비학교를 운영하는 곳이 많지 않았으며, 상대적으로 소수만이 대학 1학년 입학에 필요한 수업과정을 가지고 있었다. 이런 면에서 로녹대학의 강점이 있었다.[54]

부분과는 대학 학위 취득이 목표가 아닌 학생들을 대상으로 한 것이었다. 이들에게 필수교과로 영어와 수학을, 권장교과로 라틴어를 가르쳤으며, 뛰어난 성취를 보인 학생에게는 증명서를 발급했다.[55]

상업과·경영과는 문학수업과 동시에 상업적 목적을 추구하는 학생들을 위해 운영하는 과정이었다. 이들이 상업 준비에 필요한 단기과정을 만들었는데, 영어와 수학은 대학 정규반에서 수업하고, 동일한 수업료를 지

---

54 "Sub-Freshman Course," Catalogue of Roanoke College in Korean Students-Master List folder, Roanoke College Archives.
55 "Partial Course," Catalogue of Roanoke College in Korean Students-Master List folder, Roanoke College Archives.

불했다. 경영과는 대학과정에 있는 모든 학생들에게 개방되어 있으며, 9개월 내에 전 상업과정 이수를 권장했다. 과정 이수생에게는 상업 분야 이수 증명서를 제공했다. 배우는 교과목은 회계과 부기, 은행 업무, 상업제서식, 상업서한, 영어습자, 상업수학, 상법, 철자법 등이었다.[56]

한국 학생들 가운데 예과에 입학하는 사람들은 대학 정규과정으로 진학했고, 부분과(부분특별과)·상업과(경영과)의 입학생은 중도에 대학을 그만두는 사례가 적지 않았다. 한국인 가운데에는 송헌주가 8년에 걸쳐 경영과, 부분특별과, 본과를 모두 거친 유일한 학생이었다.

김규식의 성적표는 모두 18장인데, 기말성적(term report), 분기성적(quarterly report)으로 구성되어 있으며, 한 학기는 4.5개월이고, 분기는 1개월로 구성되었다. 성적표에는 수강과목의 성적(100점 만점, 다음 단계 진급은 75점 이상), 결석, 벌점, 품행, 암송 횟수 등이 기재되어 있다.

스텔라 수 교수로부터 받은 성적표는 총 17장으로, 예과(1898년 기말성적 2회), 1학년(1899년 기말성적 1회, 분기성적 2회), 2학년(1900년 기말성적 1회, 분기성적 2회), 3학년(1901년 기말성적 2회, 분기성적 2회), 4학년(1902~1903년 기말성적 2회)이며, 성적이 기재되지 않은 1학년 기말성적(1899. 6), 4학년 기말성적(1902. 6, 1903. 1) 등 3장이 포함되어 있다. 따라서 실제 성적이 기재된 성적표는 13장이다.

이수한 과목들을 성적표에 기재된 횟수로 기록해 보면 영어는 13회, 라틴어는 12회(2회는 시험 결시), 독일어 7회, 프랑스어 10회, 역사 8회, 정치경제 1회, 심리학 2회, 영어성경 2회, 웅변 1회, 예술 1회, 수학 8회, 천문학 1회, 식물학 3회(2회는 시험 결시), 동물학 1회, 화학 3회, 생리학 및 위생 2회, 상업수학 1회, 부기 2회, 습자 1회, 맞춤법 1회 등이다.

---

56 "Commercial Course," Catalogue of Roanoke College in Korean Students-Master List folder, Roanoke College Archives.

김규식이 재학하던 시기(1897~1902)에 로녹대학의 교과목 편성표는 아래 표와 같다. 여기서 알 수 있듯이, 주당 20시간에서 15시간까지 거의 대부분이 필수과목으로 지정되어 있었고, 선택과목은 제한적이었다.[57] 주로 영어, 라틴어, 그리스어를 중심으로 프랑스어, 독일어 등의 문학과 어학을 가르치는 인문학 중심 대학임을 쉽게 알 수 있다.

〔표 3-2〕 김규식 재학(1897~1902) 기간 로녹대학의 교과목 편성

	1학기	2학기
예과 (1897~1898)	라틴어, 그리스어, 영어, 수학, 자연과학, 역사, 지리, 신화, 영어습자	
1학년 (1898~1899)	영어(고급문법·작문) 4, 라틴어(키케로연설·작문) 4, 그리스어(크세노폰의 아나바시스·작문) 혹은 초급프랑스어 4, 수학(고급대수) 4, 역사(고대) 4	영어(작문·수사학) 4, 라틴어(베르길리우스의 Aeneid·작문) 4, 그리스어(크세노폰·작문) 혹은 프랑스어 4, 수학(평면기하학) 4, 역사(중세·근대) 4
2학년 (1899~1900)	영어(실용수사학·에세이·웅변술) 4, 라틴어(리비우스) 3, 그리스어·프랑스어 혹은 독일어 3, 수학(고급대수·기하학) 4, 생리학 및 위생 3, 영어성경 1	영어(실용수사학) 4, 라틴어(호라티우스) 3, 그리스어·프랑스어 혹은 독일어 3, 수학(삼각법·계량) 4, 공민학(미국헌법·정부) 3, 영어성경 1
3학년 (1900~1901)	영어(앵글로색슨·역사적 문법·에세이) 3, 신성사 2, 심리학 3, 화학 혹은 물리학 4, (선택과목: 라틴어 3, 그리스어 3, 프랑스어 3, 독일어 3 중 2과목)	영문학·에세이 3, 정치경제 3, 화학 혹은 물리학 3, 동물학·식물학 3, (선택과목: 라틴어 3, 그리스어 3, 프랑스어 3, 독일어 3 중 2과목)
4학년 (1901~1902)	(필수과목) 영문학·비평 3, 문명사·경제학 3, 심리학 및 논리학 3, 기독교의 증거 2, (선택과목: 라틴어 2, 화학 2, 지질학 2, 해석기하학 2, 측량 2, 천문학 2, 미술사 2 중 2과목)	(필수과목) 영문학·논문 3, 사회학·에세이 2, 윤리학 2, 종교철학 2, (선택과목: 라틴어 2, 철학사 2, 응용화학 2, 지질학 2, 천문학 2, 미적분학 2 중 3과목, 그리스어 3, 독일어 3, 프랑스 3 중 1과목)

* 각 과목 옆에 표시된 숫자는 주당 수업시간으로 추정.

〔출전〕 "Synopsis of Courses of Study," Catalogue of Roanoke College, Roanoke College Archives.

---

57 로녹대학은 1893년에야 선택과목을 설정했고, 그 이전에는 모두 지정된 필수교과목을 이수해야 했다. Mark F. Miller, 1992, 위의 책, p.91.

김규식이 수강한 과목도 동일했다. 예과에서는 영어, 라틴어, 역사, 수학을 1~2학기에 들었으며, 그 외 독해, 맞춤법, 상업수학 등을 들었다. 품행은 우등으로 평가되었다. 예과에서 들은 영어, 라틴어, 역사, 수학은 김규식이 로녹대학에서 가장 많이 학습한 교과목이었다. 1학년 때 여기에 프랑스어가 더해져 3학년까지 들었으며, 2학년 때 독일어, 화학이 추가되었다. 즉, 김규식이 가장 많이 공부한 과목은 영어, 라틴어, 역사, 수학, 프랑스어, 독일어, 화학 등이었다.

역사에 운명이나 교지(狡智)가 있다고 생각할 수는 없지만, 이러한 로녹대학 수학은 결과적으로 외교관 김규식을 만들기 위한 과정이었다고 해도 과언이 아니었다. 1919년 파리강화회의에 파견된 김규식은 혈혈단신이었지만, 로녹에서 배우고 익힌 영어, 프랑스어, 독일어, 라틴어에 대해 자유로운 언어 구사력을 지녔고, 서양고전과 역사·문화에 대한 통찰력을 지닌 지성인이었다. 파리강화회의 각국 외교관과 언론을 상대할 수 있는 지성과 언어 구사력, 품위를 지녔던 것이다. 김규식은 이러한 필수과목 외에 정치경제, 철학, 영어성경, 웅변, 독해, 예술, 천문학, 식물학, 동물학, 생리학, 상업수학, 부기, 맞춤법 등을 추가로 수강했다.

예과 입학 후 김규식은 1897년 가을학기에 영어 88점, 초급 라틴어 94점, 역사 87점, 영독(英讀) 94점, 수학 88점, 상업수학 80점, 영작(英作) 89점, 품행 우등, 결석 2일의 성적을 얻었다. 1898년 봄학기 성적은 영어 92점, 라틴어 91점과 96점, 역사 94점, 수학 97.7점을 받았다.[58] 김규식의 성적은 일취월장하여 1898년 6월 예과에서 2등 우등상을 받았다.[59]

이정식에 따르면 1학년 때 김규식은 영어, 라틴어, 불어, 일어, 역사

---

58 이정식, 1974, 위의 책, 20~21쪽.
59 로녹대학에서 제공한 자료에는 김규식의 1897년 예과 성적표가 포함되어 있지 않다. 아마도 1970년대 초 이정식 교수가 로녹대학을 방문했을 때는 확인이 가능했던 것으로 보인다.

TERM REPORT.

Roanoke College, Salem, Virginia.

Report of Mr. _K. S. Kim_ for the Term ending JANUAR. 1898

The object of the Term Report is to give the Class-standing, Absences, Demerits, and Deportment of the student for the Term of four and a half months.

SUBJECTS STUDIED.	B.&P.	FR.	SO.	JR.	SR.	SUBJECTS STUDIED.	B.&P.	FR.	SO.	JR.	SR.
English,	88					Mathematics,	88				
English Literature,						Astronomy,					
Anglo-Saxon,						Geology,					
1st Latin,	94					Botany,					
Greek,						Zoology,					
German,						Physical Geography,					
French,						Physics,					
History,	87					Chemistry,					
Political Economy,						Physiology and Hygiene,					
Sociology,											
Psychology,						Commercial Arithmetic,	80				
Logic,						Commercial Law,					
Moral Philosophy,						Bookkeeping,					
Evidences of Christianity,						Business Correspondence,					
English Bible,						Penmanship,					
Elocution,						Spelling,	89				
Reading	94										

The Maximum Grade is 100. Required for Class Advancement, 75.

ABBREVIATIONS—B. and P., Business Course and Preparatory; Fr., Freshman; So., Sophomore; Jr., Junior; Sr., Senior.

NUMBER OF RECITATIONS A WEEK 23 { NOTE.—No student is allowed to have fewer than eighteen, or more than twenty-five recitations a week, without special permission.

ABSENCES.						DEMERITS.
EXCUSED.			UNEXCUSED.			FOR MISCONDUCT.
From Class.	From Chapel.	From Room.	From Class.	From Chapel.	From Room.	
2						

NOTE.—The absences and demerits herein reported are for the Term. The limit of unexcused absences and demerits combined, for a Term, is fifteen.

DEPORTMENT 1 { NOTE.—Deportment grades are—1, Excellent; 2, Generally Good; 3, Unsatisfactory

REMARKS: {

If any further information is desired, it will be furnished on request.

William A. Smith
Secretary of the Faculty.

김규식의 로녹대학 예과 성적(1898. 1). 로녹대학 소장.

및 수학을 들었고, 자연과학 필수과목 몇 가지와 선택과목인 심리학, 정치경제학을 들었다. 이 중 동물학 75점을 제외하고 모두 평균 90점 이상을 받았으며, 라틴어 평균 93점, 불어 평균 94점, 독일어 평균 95점을 받아 어학에 능통했음을 입증했다.[60] 김규식은 1학년에서 2등을 차지했다.[61] 김규식은 2학년을 마치고 1900년 6월 2등 우등상을 수상했다. 3학년 때도 2등을 차지했다.[62] 1903년 6월 졸업 당시 김규식은 91.67점을 받아 3등을 차지했고, 6년간 종합 평균 성적은 92.16점이었다.[63] 그는 졸업식에서 졸업생을 대표해 연설한 4명 중 한 사람이었다. 즉, 김규식은 로녹대학 시절 예과 2등, 1학년 2등, 2학년 2등, 3학년 2등, 4학년 3등을 수상하는 등 외국인 학생으로서는 보기 어려운 매우 우수한 성취를 얻었다.

    로녹대학 학창 시절 김규식의 모범은 서병규였다. 서병규는 미국에 도착할 당시 영어를 구사하지 못했지만, 1894년 1월 로녹대학 예과에 입학한 이후 빠른 성취를 보였다. 서병규는 1894년 6월 2등 우등상을 받았으며, 1897년도에 우등상을 받았다. 입학 후 문학회 회원이 되어 토론·변론·작문을 활발하게 벌였다. 교회, 주일학교, YMCA, 성경학교 및 유용한 것을 배울 수 있는 모든 곳에 다녔고, 미국 풍습에 잘 적응했다. 배우는 데 열망이 있는 그는 1894년 가을 공부를 위해 워싱턴 한국공사관의 지위를 거절하기도 했다. 그는 정직하고 온화한 성품으로 대학생들 사이에서 꽤 인기가 높았다.[64] 로녹대학 학보에 여러 편의 한국 소개 에세이를 썼으며,

---

60 이정식, 1974, 위의 책, 21쪽. 로녹대학 교과목 편성표에는 일어가 포함되어 있지 않으며, 정치경제학은 3학년 과목으로 되어 있다. 과목 선택에서 일정한 유동성이 있었을 것이다.
61 "Catalogue of Roanoke College," in folder of Korean Students-Master List, Roanoke College Archives.
62 "Catalogue of Roanoke College," in folder of Korean Students-Master List, Roanoke College Archives.
63 이정식, 1974, 위의 책, 27쪽.
64 "Our Korean Student," *Roanoke Collegian*, vol. 20, no. 8. June-July, 1894. p.135.

1897년 6월에는 매사추세츠주 노스필드에서 개최된 세계학생대회에 참가했고,[65] 1898년 졸업식에서는 졸업생 대표로 연설했다.

그가 걸어간 길, 즉 로녹대학 예과에 입학해 우수한 성적을 거두고, 문학회 회원, 교회 등 마을공동체 생활을 통해 미국 풍습에 익숙해지고, 워싱턴공사관과 일했으나 학업에 집중했고, 노스필드세계학생대회에 참가하고, 대학학보에 기사를 쓰고, 졸업생 연설을 하고, 프린스턴대학 대학원에 진학하는 코스는 바로 김규식이 걸어간 길이었다. 즉, 적어도 로녹대학에서 서병규의 대학 생활은 후배 김규식의 전감(前鑑)이 된 것이다.

서병규가 졸업하던 1898년 6월 로녹대학 학보는 그를 이렇게 소개했다.

올해 로녹졸업식의 이채는 한국 서울에서 온 서병규(Kiu Beung Surh)의 졸업연설로, 그는 세계에서 최초로 문학사 학위를 받는 한국인이다. (중략) 청년 서씨는 한국의 학교에서 수학하고 많은 곳을 여행한 후 1893년 시카고에서 개최된 컬럼비아박람회를 보러 17세로 미국에 왔다. 1894년 겨울, 그는 로녹대학에 입학했다. 영어가 매우 어렵다는 것을 발견했고, 발음이 "매우 어렵다"는 것을 알았지만, 그는 성공적인 학생이었으며, 여러 차례 자기 학급에서 우등상을 획득했다. 그는 『로녹 칼리지언』을 위해 한국에 관한 흥미로운 기사들을 몇 편 썼다. 그는 예절 바르면서 적절한 매너를 지녔고, 미국 옷을 입는 꽤 유명한 청년이다. 그는 감독교회의 안수를 받았으며 프리메이슨의 회원이며 미국지리학회의 회원이다. 그의 계획은 프린스턴대학에 진학해, 우드로 윌슨 교수의 지도하에 행정학 분야의 특별과정을 이수해 자신이 헌신할 사랑하는 조국에 봉사할 준비를 보다 잘하려고 한다. 서씨는 대학, 버지니아 여러 곳에 수많은 친구들을 두고 떠나며, 이들은 그의 앞날을 주의 깊게 지켜 볼

---

65   "Korean Items," *Roanoke Collegian*, vol. 23. no. 8. June, 1897. p.436.

것이다.[66]

서병규는 로녹대학에 재학하며 모두 4편의 글을 대학학보인 『로녹 칼리지언』(Roanoke Collegian)에 투고했다. 처음 쓴 글은 한국의 편싸움, 투석전을 소개한 것으로 입학 후 불과 1년 반 만에 영문 에세이를 대학학보에 실은 것이다.[67] 두 번째 글은 한국 복식을 소개하고 있는데, 주로 흰옷과 파란옷을 입고 있으며, 중국·일본의 복식과 전혀 다르다는 설명을 하고 있다.[68] 세 번째 글은 한국의 역사와 지리를 소개하는 것으로, 한국의 지리, 부산·서울에 대한 소개, 기자조선부터 삼한·고구려·백제·고려·조선의 역사를 설명한 후, 하멜 표류 등 서양과의 접촉 사례를 설명하고 있다.[69] 그의 마지막 글은 졸업식 연설이기도 했는데, 사회에서 개인의 위치와 역할을 논하는 것으로, 한국 학생이 쓴 글 가운데 가장 긴 것으로 생각된다.[70] 서병규의 졸업식 연설은 6명 중의 하나였는데, "잘 준비되고 주의 깊게 전달되었으며, 청중들의 매우 우호적인 반응을 얻었다."[71]

서병규가 프리메이슨(Freemason) 회원이었으며, 미국지리학회 회원이었다는 점도 특기할 만한 것이다. 서병규가 프린스턴대학 대학원을 졸업했다는 기사를 마지막으로 그의 소식은 로녹대학 학보에서 사라졌다.[72]

---

[66] "Kiu Beung Surh-First Korean Bachelor of Arts," *Roanoke Collegian*, vol. 24, no. 8. June, 1898. p.607.
[67] Surh Beung Kiu, "Korean Peun Sam," *Roanoke Collegian*, vol. 22, no. 8, June, 1895. pp.278~279.
[68] K. B. Surh, "Native Korean Costumes," *Roanoke Collegian*, Vol. 24. No. 2. December 1897. pp.484~485.
[69] K. B. Surh, "Some Facts About Korea," *Roanoke Collegian*, vol. 24, no. 4, February, 1898. pp.519~521.
[70] K. B. Surh, "The Individual in Society: Graduating Address of Kiu Beung Surh, Seoul, Korea" *Roanoke Collegian*, vol. 24, no. 8, June, 1898. pp.597~600.
[71] "The Commencement Exercise," *Roanoke Collegian*, vol. 24, no. 8. June, 1898. p.610.
[72] "A Few of Our Koreans," *Roanoke Collegian*, vol. 25, no. 8, March, 1899. p.133. 서

김규식은 1899년 1월 18일 주미한국공사 이범진이 첫째 아들 이기종을 대동하고 세일럼에 도착해 이틀간 체류했을 때 통역을 맡았다. 이범진의 방문 목적은 아들을 로녹대학에 입학시키는 것이었는데, 영어를 할 줄 몰랐기에 "아주 유창하게 영어를 구사"하는 "우리 한국 학생 김규식"이 통역으로 수고했다.[73] 한국공사의 대학 방문은 로녹대학에는 중요한 사건이었으며, 지역사회의 뉴스가 되었다. 이범진 공사는 그 전해 졸업식에 의화군·민영환·이의담과 함께 초청을 받았으나 참석하지 못했다. 이기종은 1898년 가을부터 1899년 봄학기를 로녹에서 보내고 이범진을 따라 유럽으로 떠났다.[74]

　　이정식에 따르면 당시 학비는 책값과 의복값을 제외하고 1년에 200달러 정도였다고 하는데,[75] 고학생이던 김규식에게는 큰 부담이 되었을 것이다. 김규식은 1898년 여름과 1899년 여름에 워싱턴에서 일자리를 얻어 고학했다.[76] 김규식의 「자필 이력서」에 따르면 미국에서 공부하는 동안 여름방학 및 틈날 때마다 학비와 생활비를 벌기 위해서 신문배달원, 하우스보이, 웨이터, 집사, 요리사, 백만장자 요트의 집사, 연극작가의 개인 비서 등으로 일했다.[77]

　　병규의 소식은 50년 뒤 그의 딸 한나가 로녹에 입학한 후에 등장했다. "Roanoke's First Oriental Student: Kiu Byeng Surh. '98. Was Active Modernizer in Korea at Turn of Century: Protege of Dreher," *The Roanoke Collegian*, October, 1950. p.5.

73　"A Distinguished Visitor," *Roanoke Collegian*, vol. 25, no. 4. February, 1899. p.62.
74　김혜령·정병준, 2022, 「이기종의 생애와 주요 활동-알려지지 않은 이범진·이위종의 동반자」, 『한국민족운동사연구』 113.
75　서병규가 입학하던 1894년 로녹의 학비는 173달러였다. 1학년생 34명, 전체 학생 수 161명, 교수 13명이었다. William Edward Eisenberg ed., 1945, 위의 책, p.485.
76　이정식, 1974, 위의 책, 21~22쪽.
77　「김규식 자필 이력서」(영문, 1950).

3   김규식의 학창 시절(2): 주미공사관·의화군과의 관계

1899년 여름 김규식은 로녹을 떠나 있었고, 로녹대학 학보에는 그가 가을 학기에 로녹 2학년으로 돌아오길 기대한다는 기사가 실렸다.[78] 『각사등록』에 따르면 김규식은 1899년 10월 17일 주미공사관 서기생·주차아법오(駐箚俄法墺)공사관 서기생에 임명되었고, 1899년 11월 22일 러시아·프랑스·오스트리아 공사관 서기생을 의원면관했다.[79] 김규식은 약 한 달 정도 주미·주유럽공사관 서기생으로 일한 것으로 되어 있는데, 공사관 근무에 대한 대가를 지불하기 위해 관직을 제수한 것으로 해석된다. 당시 주미공사 이범진은 1899년 3월 주차아법오특명공사로 임명되었기 때문에, 김규식이 주미·주유럽 공사관 서기생으로 임명된 것은 이범진의 추천에 따른 것이 분명했다.

이범진은 1899년 3월 20일 주차아법오 3국특명전권사(三國特命全權

---

[78] "A Few of Our Koreans," *Roanoke Collegian*, vol 25, no. 8, June, 1899, p.133; "The First Korean Master of Arts (From the Roanoke Collegian)," *The Evening Times*, July 8, 1899.

[79] 「통첩 제109호〔해외공관 서기생 임명건 등을 관보에 게재할 것〕」(1899. 10. 17) 『각사등록 근대편 外部來案』; 「통첩 제123호〔해외공관 서기생 임면건 등을 관보에 게재할 것〕」(1899. 11. 22), 『각사등록 근대편 外部來案』.

公使), 즉 러시아·프랑스·오스트리아 3국 전권공사로 임명되었고, 3월 25일 이기종은 같은 공사관 3등 참서관(參書官)에 전임되었다.[80] 그러나 프랑스로 떠나기까지는 만 1년 이상이 더 소요되었다. 이범진 일가가 미국을 떠난 것은 1900년 3월 29일이었다. 이범진·후처 박씨·이기종·이위종은 뉴욕, 영국 런던을 경유하여 5월 4일 프랑스 파리에 도착하였다.[81] 김규식이 실제로 워싱턴 주미공사관에서 일한 기간은 1899년 한 해 동안이었을 것이다.

전반적으로 재미 유학생의 생활은 곤궁한 상태 그 자체였다. 주미공사 조민희(趙民熙)는 본국에 이렇게 보고했다.

조회(照會) 제17호
우리나라 미국 유학생의 학비와 식비를 마련해 나누어 주어 이들 학도의 아사(餓死)를 면케 할 뜻으로 전임 공사 이범진의 10호 보고서가 이미 있사온 바 그때 연도가 광무 3년(1899) 10월이온데 지금 광무 5년(1901)에 여하히 조처한다는 훈령이 아직 없사오니 이들 학도들이 유학 중 죽지 않은 것은 미국인의 구휼에 다행히 의지하오니 이들 학도가 본국이 있고 공관 공사가 역시 있사온데 본국과 본공관에서는 본국 학도가 아사하든지 빌어먹든지 귀 막고 입 막은 듯하고 타국인의 원조를 우러러 바라오니 인접국에 수치를 끼침이 심대하올뿐더러 본부는 수륙으로 멀리 떨어져 이목에 보고 듣는 바 희소하옵거니와 본공사는 이 땅에 주재하여 하루 또 하루 상황을 바라봄에 긍휼하고 측은하여 소문이 창피하여 얼굴을 들어 사람을 보기에 붉은 땀이 저절로 나온즉 이들 학도

80　『구한국외교문서』 19, 法案 1, 「李範晋의 俄法奧 三國 駐紮公使 任命 通告」(1899. 3. 20);『사료 고종시대사』 4(1899. 3. 25).
81　*The evening times*, March 29, 1900;*The Times*, March 29, 1900.

의 학비와 식비를 연도별로 액수를 정해 즉시 속히 보내주신 후 나라의 체모와 공관의 체면이 무릇 격식을 갖추게 되옵기 미국 유학생 제학도의 성명을 적어 보고하오니 당해 비용을 매인당 연액(年額)을 넉넉히 마련하와 학부 및 탁지부에 조회를 보내 발행하게 하시기를 요청합니다.
(유학생 명단)
김규식(金奎植) 조익원(趙益源) 이규삼(李奎三) 박승렬(朴勝烈) 이재훈(李載勳) 김윤정(金潤晶) 김용주(金用柱) 하란사(河蘭史) 김별사(金鼈史) 김상언(金相彦) 김헌식(金憲植) 서도희(徐道熙) 안정식(安廷植) 현장(玄椳) 김윤복(金允復) 백상규(白象圭) 현동식(玄東植).[82]

이범진 공사 시절이던 1899년 10월 유학생들의 학비와 식비를 마련해 이들의 아사를 면하게 해달라고 본국에 요청했는데, 2년이 지난 1901년 중반 조민희 공사 부임까지도 전혀 회답이 없다, 유학생들은 미국인의 구휼에 의지하고 원조를 바랄 뿐으로 수치가 심대하니 빨리 유학생의 학비·식비를 마련해 달라고 요청한 것이다. 김규식 역시 보통의 재미 유학생들과 마찬가지로 경제적 곤궁함을 벗어나기 어려웠을 것이다. 이 명단의 첫 번째에 김규식이 올라 있는 것은 이범진 공사의 배려이자 그가 공관원으로 일했기 때문일 것이다. 또한 김규식이 정식 관비유학생은 아니었지만 대한제국의 보살핌과 관심하에 놓여 있는 상태였음을 보여 준다.

김규식과 주미공사관의 관계는 이범진 공사가 떠난 이후에도 지속되었다. 이번에는 1897년 도미했던 의화군이 재차 미국에 온 것이다. 1900년 의화군이 미국에 도착하자, 김규식은 통역 겸 수행비서의 역할을 담당하게 되었다. 의화군은 시티오브페킹(City of Peking)호를 타고 1900년 8월

---

[82] 「學部來去文 10: 미국 유학생 김규식 등의 학비와 식비 지급 요청」, 외무대신 박제순→학부대신 민영소(1901. 8. 3), 『각사등록 근대편 學部來去文』.

로녹대학의 김규식, 이범진, 이기종(1898, 오른쪽부터). Mark F. Miller.

4일 샌프란시스코에 도착했다. 주미공사 신태무와 시종 한응이가 동행하고 있었다.[83] 그는 수년간 미국에 머물며 영어 공부를 할 계획으로 알려졌는데, 동부의 로녹대학, 서부의 캘리포니아주립대학·스탠퍼드대학(Leland Stanford) 등을 고려하고 있다는 보도가 있었다.[84] 다른 보도에 따르면 의화군은 미국 도착 직후 1900~1901학년도에 로녹대학에 입학할 계획이었으나, 워싱턴 한국공사관에서 수개월 체류하며 영어를 공부했다. 의화군은 1901년 3월 7일 세일럼으로 내려왔다.[85]

위의 표에 나타난 것처럼 의화군과 한응이·신성구는 1900~1901학년도에 로녹대학 부분과에 적을 둔 것으로 되어 있다. 그러나 학업에 관심

---

83 "Korean Prince Seeks Learning in America," *The San Francisco Call*, August 5, 1900.
84 "Korea's Crown Prince," *Custer County Republican*, August 23, 1900.
85 "Korean Prince is Catching on," *The Times*, April 28, 1901. 로녹대학에는 의화군과 시종 2명(한응이, 신성구), 김규식이 함께 찍은 사진이 소장되어 있다. 사진 뒷면에 이러한 설명이 붙어 있다. 「로녹대학의 한국 학생들」 1. 의화군: 한국 황제의 둘째 아들로 약 22세, 4년간 일본에서, 1년간(1897~88) 미국에서 공부했으며, 1900년 7월 미국에 돌아와서 1901년 3월 7일 로녹대학에 올 때까지 워싱턴에서 영어를 공부했다. 2. 신성구, 3. 한응이: 왕자의 동행들, 4. 김규식: 3학년 학생으로 영어를 아주 잘 하며 1900년 6월 웅변대회에서 수상했다. 1901년 3월 20일 버지니아 세일럼 촬영."

이 없었던 의화군은 제대로 수업을 듣지 않은 것으로 보인다. 의화군은 로녹에 도착한 지 세 달 만인 6월 28일부터 7월 7일까지 시종 한응이·신성구는 물론 김규식을 대동하고 매사추세츠주 노스필드에서 개최된 세계학생대회에 참석했다. 수년 전 서병규가 참석한 대회로 로녹대학이 정규적으로 학생들을 파견한 것으로 보인다. 김규식은 영어를 능숙하게 구사하며, 1년 전인 2학년 때 웅변상을 받은 것으로 소개되어 있다. 로녹대학 부교수인 캔너데이(C. B. Cannaday)가 이들과 동행했으며, 이후 보스턴을 방문하고, 버펄로의 범미박람회(Pan-American Exposition)에 참석할 예정이었다.[86]

의화군은 1902년 6월까지 로녹대학에 적을 두었으나,[87] 수업을 듣거나 로녹대학의 다양한 활동에 참가한 기록이 발견되지 않는다. 의화군으로서는 한국에서 일본으로, 일본에서 다시 미국까지 사실상 유배에 처해졌다고 생각했을 것이다. 의화군을 둘러싼 다양한 정치적 음모와 역모 사건이 1890년대 중반부터 1900년대 중반까지 끊이지 않았다. 동학농민전쟁-청일전쟁-을미사변-러일전쟁으로 이어지는 일련의 국내적·국제적 대사변 속에서 의화군은 고종·순종을 대체할 수 있는 실현 가능한 대안으로 부각되었기 때문이다.

1901년 이상헌(李祥憲)이라는 자는 일본에 건너와 박영효와 교섭하면서 황제(고종)과 황태자(순종)을 물러나게 하고 미국에 있는 의화군을 옹립하자고 모의했다.[88]

1902년에는 유길준을 중심으로 일본에 유학 중인 사관 16명과 함께 황제를 살해하고, 의화군을 추대하며, 황제의 측근을 숙청하고 정부를 개

---

86 *New York Tribune*, June 23, 1901; *Boston News*, June 30, 1901.
87 "Roanoke College, Commencement Exercises of This Famous Old School," *Richmond Dispatch*, June 13, 1902.
88 「韓人李祥憲及亡命韓客ニ關スル探聞」, 『한국근대사자료집성』 3.

조하자는 서약을 했다는 정보가 있었다.[89] 유길준이 중심이 된 정변 음모는 고종의 시해, 의화군 옹립, 간신 제거, 망명자들로 신정부를 조직한다는 그림이었다.[90]

1905년 6월 하란사의 남편인 하상기(河相驥)가 도미차 일본에 건너왔는데, 6월 2일 제일은행에서 본국에서 보내온 6천 5백 원을 찾아 정금은행(正金銀行)에 예치했다. 하상기는 1904년 도미할 때 의화군 및 망명자들의 행동을 본국에 통보해 고종의 신임을 얻었는데, 이 도항 역시 의화군의 행적을 추적해서 엄비의 총애를 사려는 것으로 추측했다.[91] 하상기의 부인 하란사는 도미 유학생으로 의화군과 친분이 있었으며, 1919년 3·1운동기 북경에서 병사했다.

일본 외교문서에 따르면 하상기는 1894년 경응의숙을 나와 한국공사관 2등 참서관이 된 후 인천감리가 되어 일본 망명자의 귀국을 감시했으며, 일본 내 의화군 및 기타 망명자의 행동을 정찰했다. 1905년 5월 재차 일본에 건너와, 조선에서 배척을 받아 건너왔다는 소문을 내며 실제로는 한일협약의 내용 및 망명자에 대한 행동을 정찰해 보고함으로써 엄비 일파의 총애를 얻어 육군무관에 등용되었다. 의화군이 이토 통감의 진력에 의해 귀국하게 되자, 자신의 전력이 탄로날까 두려워 의화군에 대한 유언비어를 백방으로 퍼뜨렸다. 하상기는 엄비에게 의화군이 일본에 도래해 망명자와 기맥을 통해 모반을 도모하고 있다는 참언을 함으로써 다액의 비용을 얻었다. 다시 일본에 건너와 자기 처가 미국으로부터 귀국하는 길에 요코하마에 상륙하게 된 것을 환영하기 위함이라 칭하고 1906년 5~7월 일본 내 의화군(의친왕)의 행동을 탐문하여, 의친왕에게 위해를 가할 혐의자로

---

89 「망명자 俞吉濬의 사주에 관계되는 음모폭로 건에 관한 具申」(1902. 5. 2), 林公使, 『(국역) 주한일본공사관기록』 17.
90 「〔俞吉濬의 政變企圖說 조사보고 건〕」(1902. 4. 29), 林公使, 『(국역) 주한일본공사관기록』 18.
91 「韓人ニ關スル件〔河相驥의 渡美〕」, 『한국근대사자료집성』 3.

포착되었다.[92]

로녹대학에 적을 두었던 의화군은 버지니아주 세일럼을 떠나 1902년 9월 13일 오하이오 델라웨어에 도착했다.[93] 오하이오 웨슬리언대학(Ohio Wesleyan University)에 입학하기 위해서였다. 의화군이 로녹을 떠나서 웨슬리언대학에 가게 된 것은 주한미국공사인 알렌(H. N. Allen)과 웨슬리언대학 총장 배시포드(James W. Bashford)의 영향 때문이었다.[94] 알렌은 오하이오주 델라웨어 출신이자, 웨슬리언대학 졸업생이었다. 또한 웨슬리언대학 배시포드 총장과 친밀한 사이였으며, 웨슬리언대학 동창생들과도 긴밀한 유대관계를 맺고 있었다.[95]

의화군은 시종 한응이를 대동하고 델라웨어에 도착해 다른 학생들과 마찬가지로 생활하며, 4~5개의 방을 가진 아파트에 살고 있었다. 문제는 웨슬리언대학이 남녀공학이었다는 점이다. 워싱턴디씨나 세일럼의 로녹대학은 남녀공학이 아니었으며, 젊은 여성을 만날 기회가 없었다. 웨슬리언대학으로 옮긴 이후 의화군을 둘러싼 가십성 연애기사가 미국 신문에 여러 차례 보도되었다.

첫 번째 기사는 1903년 1월이었는데, 의화군이 웨슬리언대학 학생인 18세의 앤지 그래이엄(Angie Graham)과 사랑에 빠졌다는 것으로, 그

---

[92] 「韓人ニ付テ〔義親王 危害嫌疑者 河相驥・趙南舜에 대한 警戒〕」(1906. 5. 5);「韓人ニ付テ〔義親王 危害嫌疑者 趙南舜・河相驥의 動靜〕」(1906. 5. 7);「〔義親王 危害嫌疑者 河相驥의 動靜〕」甲秘第九二號 (1906. 5. 8);「韓人ニ付テ〔趙南升・河相驥・韓護東의 動靜〕」(1906. 5. 10);「韓人ニ付テ〔河相驥・趙南舜의 動靜〕」(1906. 5. 10);「〔義親王 面會 위해 河相驥의 箱根 訪問〕」(1906. 6. 23);「韓人歸國ノ件〔河相驥의 歸國〕」(1906. 7. 28);『한국근대사자료집성』 3.

[93] "A Prince of Korea," *The Pacific Commercial Advertiser*. September 20, 1902.

[94] "Doesn't Want to be King, A Korean Prince Who Is Attending An American College," *The Savannah Morning News*, January 18, 1903.

[95] 뉴욕공립도서관 알렌문서에는 웨슬리안대학 베시포드 총장과 주고받은 서한 등이 포함되어 있지만 의화군의 웨슬리안대학행과 관련한 서한은 발견되지 않는다. 「근대 전환기 알렌문서 정리·해제 및 DB화」, 한국학중앙연구원 한국학진흥사업성과포털 http://waks.aks.ac.kr/rsh/?rshID=AKS-2016-KFR-1230009.

1	
2	3
4	

미국 언론에 보도된 의화군.
① 의화군과 메리 버틀스.
② 의화군과 클라라 불.
③ 의화군.
④ 버틀스와 산책하는 의화군.

The Princeton Union(1907. 8. 1); *The Springfield Herald*(1904. 9. 16); *The Virginia enterprise*(1905. 1. 6); *The St. Louis Republic*(1903. 3. 1).

래이엄은 웨스트버지니아의 유명 목사인 그래이엄 목사(Rev. Dr. C. B. Graham)의 딸이었다.[96] 의화군은 기자에게 고종이 사망하면 형인 왕세자가 계승할 것이고, 그다음은 자신에게 왕위가 돌아올 것이라고 했다. 한국에서는 계약에 의해 결혼이 이뤄지기 때문에 온갖 불행이 집안에 가득하며, 이혼법이 없으므로 불행한 결혼을 끝낼 수 없다고 했다.

두 번째 기사는 1903년 4월 의화군이 델라웨어 모자상점의 점원 클라라 불(Clara Bull)에게 마음을 빼앗겼다는 기사였다. 모자가게가 신제품 모자를 선전하기 위해 신시내티에서 온 클라라 불 자매를 고용했는데, 의화군이 수사법과 작문 수업도 빼먹고 불에게 매료되었다는 기사였다. 불에게 다이아몬드 반지를 선물했고, 그녀는 보석이 박힌 로켓(Jeweled locket)을 걸고 다녔다는 것이다. 의화군은 "Prince Penkeel Euiwah"로 불렸고, 불은 한국인의 아내가 되기로 결심했다 운운하는 기사였다.[97] 미국 신문들은 의화군이 클라라 불과 약혼했다고 보도한 바 있다.

세 번째 기사는 1904년 9~10월 다수의 미국 신문에 보도되었다. 의화군이 여름에 메릴랜드주 휴양소인 마운틴레이크파크(Mountain Lake Park)에서 오하이오 콜럼버스시 메이슨가에서 온 16세의 여고생 메리 버틀스(Mary Buttles)를 만났고, 공식 약혼 발표가 임박했다는 내용이었다. 버틀스는 어머니와 함께 휴양소를 찾았다가 인근 세일럼에서 온 의화군을 만났는데, 의화군은 궁중 예법에 따라 궁 밖에서는 걷지 않았는데, 버틀스의 취미가 산책이어서 산으로 들로 의화군을 끌고 걸어 다녔다는 내용이

---

[96] "Doesn't Want to be King, A Korean Prince Who Is Attending An American College," *The Savannah Morning News*, January 18, 1903; "CLEVER AMERICAN GIRL CHARMS ANOTHER PRINCE. Korea's Heir Loves a Ministers Daughter," *The Washington Times*, January 10, 1903.

[97] "Love Affairs of A Korean Prince, He wants to marry a pretty American Girl, Trouble for His Guardian," *The Virginia Enterprise*, January 6, 1905; *Waterbury Evening Democrat*, December 29, 1904.

다.⁹⁸ 의화군이 콜럼버스를 방문해 버틀스 가족의 환대를 받았고 공식 약혼 발표가 임박했다 운운하는 기사였다.

그런데 이런 기사들의 사실 여부는 정확하게 알 수 없다. 대부분 실명이 등장했으므로 거론된 여성들이 실재했음은 분명하지만, 신비한 동양에서 온 왕위계승자인 의화군의 미국 여성과의 연애담은 신문 판매를 위한 가십성 기사의 성격이 강했다.⁹⁹ 아래 사진을 보면 의화군이 미국 신문에 어떻게 소모되었는지를 알 수 있다. 중국인 복장의 의화군이 미국 여성을 따라다니거나, 의화군 사진 위에 일본 여성과 국적 불명의 인물들이 위치해 있다. 미국 신문들은 의친왕이 미국 대학에 다니며 87벌의 미국 양복에 꽃장식 된 조끼를 보유하고 있으며, 미국 여성과 3차례의 연애를 벌였다는 등속의 흥밋거리용 기사로 의화군을 다루었다.

의화군은 웨슬리언대학에 재학 중 미국 언론과 몇 차례 인터뷰를 했다. 기자들은 주로 미국 여성과의 염문을 취재하면서 의화군과 접촉했다. 1903년 1월 13일 웨스트버지니아 휠링(Wheeling)발 기사에 의화군은 자신이 한국의 두 번째 왕위계승자이지만, 국왕의 일상은 힘든 것이고 자신은 미국의 자유와 독립을 선호하며 한국의 왕이 되길 원치 않는다고 했다.¹⁰⁰ 또한 의화군은 한국의 결혼제도를 비판하며 남녀 대학생의 자유로

---

98 "Corean Prince to Marry an American Schoolgirl," *Charlevoix County Herald*, October 8, 1904; *The Columbus Journal*, September 14, 1904; *The Loup City Northwestern*, September 15, 1904; *The Republican*, September 1, 1904; *The Springfield Herald*, September 16, 1904.
99 의친왕의 딸 이해경 여사는 회고록에서 의친왕과 에밀리 브라운이라는 미국 여성이 결혼했다는 『보스턴선데이포스트』(Boston Sunday Post)의 기사(1903. 11. 29)를 언급했다. 그러나 이는 의친왕의 결혼이 아니라 고종과 에밀리 브라운의 결혼을 다룬 허위기사였다. 김원모 교수는 이 허위기사들과 이에 대한 알렌 공사의 대응 등을 상세히 다룬 바 있다. 이해경, 1997, 『나의 아버지 의친왕』, 도서출판진, 238~239쪽; 김원모, 1991, 위의 책, 307~316, 325~335쪽.
100 미국 신문과의 인터뷰에서 의화군은 자신은 미국 생활의 자유를 즐기며 한국의 왕이 되고 싶지 않다는 발언을 여러 차례 했다. "Korean Prince Prefers Freedom to Throne," *The St.*

운 교제와 결혼을 칭찬했다. 기독교가 한국에 전파되길 희망한다고도 했다.[101] 의화군은 일본·미국에서 내내 시종인 한응이와 함께했는데, 둘은 소싯적부터 궁전에서 함께한 사이로 소개되었다.

1903년 2월 28일 오하이오 델라웨어발 기사에 따르면 의화군은 억양은 이상하지만 곧잘 영어를 구사했다. 인터뷰에서 의화군은 자신의 해외생활을 이렇게 소개하고 있다.

나는 너무 오래 집을 떠나 있었다. 나는 너무 오래 집을 떠나 일생을 살아온 것 같다. 나는 겨우 13살의 어릴 때에 일본으로 가서 그곳에서 5년간 살며 군사 전술과 일본 풍습을 공부했다. 그 후 미국에 가서 워싱턴에서 1년을 보냈으며 그 후 집에 돌아가 몇 달간을 지냈다. 나는 다시 일본에 가서 약 1년 전쯤 미국에 왔다. 나는 잠시 동안 버지니아주 로녹에서 학교를 다녔으며 지난여름 오하이오 웨슬리언대학에 와서 영어와 음악을 배우고 있다. 다가올 여름에 유럽을 방문하게 될 것 같다. 고향에는 왕세자인 또 다른 형제가 있는데, 그는 부왕의 사망 이후 왕이 될 것이다. 그러나 내 형은 건강이 매우 나쁘며 만약 그가 왕이 된 후 사망하면, 내가 왕좌를 승계할 것이다. 내가 왕위를 거부할 경우, 이는 형의 장자에게 돌아갈 것이다.

한국은 다른 나라들과 매우 다르다. 유럽에서 왕들은 모두 행복하게 지낸다. 우리나라에서 왕은 절대군주로서 업무가 매우 많으며 너무 행사가 많아서 즐거움이 거의 없다. (중략) 왕은 왕국에서 가장 열심히 일하는 사람일 것이며 즐거움이 거의 없어서 나는 당신들 미국인들이 향유하는 자유를 더 선호한다. 미국의 청년들은 보다 나은 생활을 하며, 내

Louis Republic, March 1, 1903.
101 "Doesn't Want to be King, A Korean Prince Who Is Attending An American College," *The Savannah Morning News*, January 18, 1903.

나라에서 할 수 있는 것보다 더 많이 인생을 즐기고 있다. 나는 왕이 되고 싶다고는 생각하지 않는다.[102]

의화군은 일본에서 5년간 군사 전술과 일본 풍습을 공부했다고 했는데, 1894년 일본에 특사로 파견된 때부터 1897년 도미 유학할 때까지를 언급한 것으로 보인다. 이후 미국 워싱턴에서 1년을 보냈다는 것은 1897~1898년간 워싱턴 주미공사관 생활을 뜻한다. 귀국 후 한국에서 몇 달을 보낸 후 다시 일본에 갔다가 1900년 8월에 미국에 다시 온 것이다. 1900~1901년간 버지니아 로녹대학에 재학한 후 1902년 여름 오하이오 웨슬리언대학에 와서 영어와 음악을 배우는 중이라고 했다. 의화군은 여름에 유럽을 방문하게 될 것이라고 했는데, 아마도 을미사변 후 의화군이 영국·러시아·독일·이탈리아·프랑스·오스트리아 6개국 보빙대사(英俄德意法奧 諸國 報聘 大使)로 임명되었던 사실과 연관이 있을 것이다. 주미공사 이범진도 러시아·프랑스·오스트리아 대사로 임명된 바 있다.

의화군의 웨슬리언대학 생활은 1년 정도에 불과했다. 의화군은 웨슬리언대학에서 횡액을 당했다. 1903년 6월 11일 저녁 델라웨어 남쪽으로 4km 떨어진 스트라트퍼드공원(Stratford Park)에서 조셉 스타우트(Joseph Stout)라는 농부이자 웨슬리언대학 학생이 술에 취한 채 의화군을 무차별한 주먹질·발길질로 폭행했고, 말리던 시종 한응이도 스타우트 일행 2명에게 몰매를 맞았다. 스타우트는 "중국인을 때리고 싶었다," "왕자가 여성들 사이에 인기가 많은데 시기심을 느꼈다"라고 주장했다.[103] 의화군은 의식을 잃었다가 다음 날에야 기억을 되찾았고, 이후 꼬박 사흘을 침대에 누

102 "Korean Prince Prefers Freedom to Throne," *The Republic*, March 1, 1903; "Korean Prince Prefers Freedom to Throne," *The St. Louis Republic*, March 1, 1903.
103 "Too Popular with the Girls, Ohio Boy Pleads Guilty to Assaulting Korean Prince," *Madison Daily Leader*, October 27, 1903.

위 있어야 했다.¹⁰⁴ 사건은 곧 국제적인 외교 문제가 되었다.¹⁰⁵ 일부 신문은 의화군이 농부의 여자친구에게 눈길을 건넨 결과 농부가 왕자를 폭행한 것이라고 했다.¹⁰⁶ 6월 18일 주미공사관 변호사 찰스 메드햄(Charles Medham)이 델라웨어에 와서 사건을 조사한 후 시청 관리와 검사를 만나 엄정한 처리를 요구했다.¹⁰⁷ 미 국무부는 7월 28일 자로 주미한국공사에게 사건의 경과를 설명했다. 의화군은 워싱턴으로 돌아가 몇 개월을 보낸 후 10월 말 다시 델라웨어 웨슬리언대학으로 돌아왔다.¹⁰⁸

그러나 11월에 재차 문제가 발생했다. 스타우트는 11월 2일 재판에서 30일 투옥, 벌금 25달러를 선고받았는데, 범행에 비춰 볼 때 중형이었다.¹⁰⁹ 스타우트가 11월 감옥에서 탈옥해서 자택으로 돌아왔다는 보도들이 있었고, 이 와중에 의화군은 11월 아파트에서 복면강도를 당했다. 강도는 의화군에게 리볼버 권총을 겨누고 귀중품을 훔쳐 갔다.¹¹⁰ 언론은 의화군이 스타우트와 다시 재회하지 않길 희망해 1903년 11월 13일 오하이오 델

---

104 「의친왕 미유학 중 봉변당했었다」, 『경향신문』(1995. 5. 8);「의친왕 1903년 미유학 중 뭇매 맞았다」, 『조선일보』(1995. 5. 6). 이 보도는 공개된 미 국무부 문서에 따른 것이다.
105 "Korean Prince, Attacked by Drunken man at Delaware, O., and Badly Beaten," *The Stark County Democrat*, June 12, 1903.
106 "Korean Prince Eui-Wha Said to Be in Hiding, Attaches of Legation Say Heir to Throne will Visit Washington, But Refuse to Disclose His Whereabouts," *The Washington Times*, January 22, 1904; "Prince Yee or Korea Comes to Washington, College Troubles of the Young Man Have Given Him Worry and Some Notoriety," *The Washington Times*, November 16, 1903. *The Princeton Union*, August 1, 1907.
107 "Korean Prince Will be Avenged," *The Spokane Press*, June 18, 1903.
108 "Korean Prince on Russia, Son of Emperor Thinks It is after the whole of Asia," *Waterbury Evening Democrat*. October 26, 1903; *The Bottineau Courant*, October 30, 1903.
109 "Costs Money to Strike a Prince," *Lewiston Evening Teller*. November 2, 1903; "Punishment for Striking Prince," *The Evening Statesman*, November 2, 1903.
110 "Prince Yee Coming Here, Sone of the Korean Emperor Leaves Ohio College," 1903. 11. Horace N. Allen Papers, Newspaper articles, Miscellany; "Prince Yee of Korea Comes to Washington, College Troubles of the Young Man Have Given Him Worry and Some Notoriety," *The Washington Times*, November 16, 1903.

라웨어를 떠나 워싱턴으로 간다고 보도했다.¹¹¹ 학생들의 박해가 의화군이 델라웨어를 영영 떠나게 된 이유라고 알려졌다. 의화군은 워싱턴에 와서도 자신의 소재를 알리지 않았다.¹¹²

일본에서와 마찬가지로 미국 체류 시절에 의화군은 다액의 채무를 지고 있었다. 1902년 1월 로녹에서 워싱턴공사관으로 돌아왔을 때 뉴욕에 본사를 둔 울프브러더스(Wolfe Brothers & Co.)은행으로부터 3만 달러를 갚으라고 고소를 당해, 최고법원의 소환장을 받았다. 의화군의 해결책은 "아버지에게 연락해라"였다. 의화군은 매년 4천 달러 혹은 8천 달러의 용돈을 받았다고 알려졌는데, 미국 신문은 그가 어떻게 3만 달러를 썼는지 의문이라고 썼다. 미국 신문들은 의화군이 뉴욕과 워싱턴을 자주 여행하며 이 돈을 낭비했다고 보았다.¹¹³ 의화군은 1902년 1월 주미일본공사관을 찾아가 본국에서 공급이 끊겨 매우 궁박한 상황이라며, 한국정부에 송금을 교섭해 달라고 부탁하며 일본정부로부터 금화 500원의 대여를 요청한 바 있다.¹¹⁴ 1907년 헤이그밀사 사건으로 고종이 강제 퇴위를 당하고 순종이 왕위를 계승하자, 미국 언론에서는 다시 의화군을 주목했는데, 이 기사들은 의화군이 버지니아 로녹대학 시절 뉴욕을 자주 방문했는데, 잘 차려입었고, "펑펑 돈을 잘 쓰는 사람"으로 불야성의 브로드웨이에 돈을 뿌리고 지나갈 때 수많은 여성들을 매혹시켰다고 썼다.¹¹⁵

111　"Persecution Drives Prince Yee Away, Son of the Emperor of Korea Finds School Life in America Too Unpleasant," *The St. Louis Republic*, November 14, 1903.
112　"Prince Eui Wha, The Korean Adonis," *The Princeton Union*, August 1, 1907; "Korea's Heir Apparent. What is Said at the Legation Regarding Secret of His Whereabouts," *Evening Star*, January 23, 1904.
113　"Prince "Blew In" $30,000 to See Gotham, Second Son of the King of Korea Sued by a Banking Firm," *Richmond Dispatch*, January 22, 1902; "Korean Prince a High-Roller, The Prince Owes New York Bankers Thirty Thousand, Seeing Sights in the Metropolis," *Tazewell Republican*, January 23, 1902.
114　「[義和宮에 대한 送金交涉 건]」(1902. 1. 17), 東京 小村, 『(국역) 주한일본공사관기록』 18.
115　"Korean Prince Was New York Sport," *Deseret Evening News*, August 3, 1907; "Korean

의화군은 1904년 3월 말 주미일본공사를 찾아가 수개월 동안 자신에게 수당이 오지 않는다며 한국정부를 설득해 달라고 요청했으며,[116] 4월 또다시 주미일본공사를 찾아 2주 전부터 병으로 금전이 궁색하다며 보조를 요청하고, 한국정부에 1만 원의 송금을 부탁했다.[117] 총세무사 브라운은 미화 2천 달러를 의화군에게 송금했다.[118]

의화군의 미국 시절은 사실상의 추방 혹은 유배 생활이었다. 고종과 엄비는 의화군을 일본에 둘 수 없었기에 미국으로 보냈으나, 어떠한 보호나 관리·감독을 제공할 수 없었다. 심지어 적절한 생활비를 제공하거나 생활을 관리할 방법을 갖고 있지 못했다. 미국 언론에는 의화군이 암살범들의 미행에 쫓기고 있다는 소문이 파다했다.[119]

엄비는 의화군이 일본이나 조선에 귀국하지 못하도록 하는 한편, 자신의 아들이 순종 이후 왕위계승자가 되도록 하는 데 주력했다. 1900년 의화군을 수행해 미국에 도착한 신태무는 엄비의 사람으로 유명했다. 의화군은 서울에서 벌어지는 정계의 소식을 들으며 워싱턴 주미한국공사관 관원들의 감시를 받아야 했다. 워싱턴 커버넌트(Covenant)교회의 햄린(Rev. T. S. Hamlin) 목사는 현재 왕위계승자가 천치(imbecile)인데, 대신들이 그를 왕위에 올리고 자신들이 완전히 통제하려고 해서, 활동적이고 지적인 의화군을 결정적으로 반대한다고 주장했다. 햄린 목사는 의화군에게 부당한 처사가 행해지고 있으며, 귀국하면 암살 위험에 처할 것이라는 인터뷰를 하

Prince Was New York Sport," *The Hawaiian Star*, September 5, 1907. 기사에는 의화군이 아니라 민영환의 사진이 실려 있다.
116 「〔義和宮의 수당 요구〕」(1904. 3. 31), 外務大臣 小村, 『(국역) 주한일본공사관기록』 23.
117 「〔義和宮의 보조금 韓國政府에서 직송 조치 要望 件〕」(1904. 4. 30), 東京 小村, 『(국역) 주한일본공사관기록』 23; 「〔在美國 義和宮 생활비 急送 요망 件〕」(1904. 5. 2), 林權助, 『(국역) 주한일본공사관기록』 24.
118 「〔義和宮 학자금 2,000불 송금 件〕」(1904. 5. 2), 林公使, 『(국역) 주한일본공사관기록』 23.
119 *New York Tribune*, January 26, 1902.

기도 했다.[120]

1903년 11월 오하이오 웨슬리언에서 워싱턴으로 돌아온 의화군은 다시 버지니아 세일럼으로 돌아갔다. 정확한 시점은 알 수 없지만, 1904년 10월 현재 의화군은 세일럼에서 로녹대학이 아니라 개인 교사에게 배우고 있다고 되어 있다.[121] 러일전쟁이 진행되는 중에 의화군이 미국에서 할 수 있는 일은 아무것도 없었다. 1904년 봄경 인터뷰에서 의화군은 이렇게 발언했다.

러일전쟁으로 한국의 미래 역사가 완전히 바뀔 가능성이 있다. 어떤 제국이 될지는 잘 모르겠다. 개인적으로 전쟁에서 나는 일본 편이다. 대부분의 한국인이 이 방면에 동정적일 것이라고 생각한다. 물론 우리는 일본의 승리를 희망한다. 그럴 경우 아마도 한국은 예전처럼 제국을 유지하는 게 허락될 것이다.

어떤 경우라도 나는 왕좌에 오르지 않을 것이다. 나는 완전히 새로운 정권을 시작해야만 한다. 보다 서구화된 문명화가 한국에 도입되어야 한다. 우리는 정부 모든 부서를 개혁해야 한다. 교육의 확산이 가장 중요 원칙으로 정부가 에너지를 집중할 분야이다. 한국은 지적 각성이 필요하다. 나는 많이 공부해 많이 배웠으며, 이를 통해 한국에 돌아가서 왕국의 지배자가 아니라 교육자로서 임무를 수행해야 한다는 점을 발견했다.[122]

---

120 "Injustice done to Korean Prince, Dr. Hamlin the Champion of Eui-wha," *The Washington Times*, February 21, 1904.
121 "Corean Prince to Marry an American Schoolgirl," *Charlevoix County Herald*, October 8, 1904.
122 *The Princeton Union*, August 1, 1907.

의화군은 러일전쟁 와중에서 한국의 운명을 걱정했으나, 일본이 주장하는 인종주의·지역주의에 동조하며 대한제국의 유지를 기대했다. 한편 서구적 문명화, 정부 개혁, 교육 확산, 지적 각성 등이 중요하며 자신이 귀국 후 교육 분야 개혁을 맡길 희망한다고 했다.

의화군은 1905년 2월경 미국에서 일본으로 돌아왔다. 의화군은 일본 도쿄에 도착했지만,[123] 고종은 의화군의 귀국을 강력하게 막았다. 주한일본공사 하야시(林權助)는 고종을 만나 의화군의 귀국을 종용했지만, 고종은 완강히 반대했다.[124] 하야시는 2월 15일 고종을 알현했는데, 이 자리에서 고종은 의화군에 대해서 이렇게 얘기했다.

동궁의 미국 체재 중의 행장은 매우 평판이 좋지 않았고, 또 전혀 학업에 종사하지도 않고 있다가 돌아왔다고 들었다. 그러므로 만약 이를 본국으로 귀래시켰다가는 대원군가와의 사이에 다시 원한을 맺어 어떤 불상사를 야기할는지를 보장할 수 없다. 그렇게 되면 이 때문에 또 황실에 누를 끼쳐 추태를 부릴 염려가 없지 않다. 따라서 지금 3~4년 계속 일·미 양국 중 어느 나라든 본인이 원하는 곳을 선택시켜 유학시키는 것이 필요하다. 그러나 이후는 엄중한 감독자를 부탁하여 동인의 학문은 물론 그 성행에도 간섭하여 감독하고 세상 사람과 같은 정도의 인물로 양성하고 싶은 희망이다. 만약 일본에 유학할 뜻이라면 이토(伊藤) 후작 혹은 이노우에(井上) 백작에게 감독을 의뢰하고자 한다. 만약 미국으로 가기를 원한다면 외부(外部) 고문 스티븐스에게 부탁하여 미국인 중 적

---

123 일본 외교문서에는 의화군이 1905년 2월 14일 이전 요코하마(橫濱)에 체류 중이라고 되어 있다. 「[義和宮의 장래 문제에 대한 알현 요청]」(1905. 2. 14), 林權助, 『(국역) 주한일본공사관기록』 25.
124 「義和宮의 진퇴에 관한 한국 황제의 의향 보고의 건」(1905. 2. 17), 『(국역) 주한일본공사관기록』 25.

당한 사람을 구하여 감독을 위촉하려고 한다. 어쨌든 본인의 의견을 확인하기 위하여 직접 전보를 쳐서 물어 보아야겠지만 또한 일본정부에서 본인의 희망을 문의할 것을 바란다는 말씀이 있으셨다.[125]

일본은 의화군과 자신들이 아무 연관이 없다며 의화군을 재차 3~4년간 미국이나 일본에 유학시켜 엄중한 감독하에 두어야 한다는 고종의 뜻을 강조했다.[126] 의화군의 "미국 체재 중의 행장은 세간에 평판이 나쁘고 아울러 학업에 이르러서는 하등 얻는 바 없는 것"이 매우 유감이기에 미국에 간다면 스티븐슨, 일본에 있으면 이토(伊藤) 후작 혹은 이노우에(井上) 백작에게 감독을 맡겨야 한다고 했다.

이미 1902~1904년간 유길준 등이 고종을 시해하고 의화군을 옹립한다는 등의 쿠데타 계획이 조선과 일본 정계에 파다한 상황이었고, 러일전쟁 이후 일본의 영향력이 압도적인 상황 속에서 오랫동안 일본에 체류하고, 망명객들의 중심이 되어 온 의화군의 귀국은 고종에게 즉각적인 정치적 위협이 되었기 때문이다.

의화군은 또다시 미국이나 일본에서 유학하라는 고종의 뜻을 받아들이지 않았다. 고종은 현영운을 중간에 세워 의화군과 전보를 주고받으며, 미국으로 유학해야 한다는 내명을 내리고, 1905년 2월 궁내부 협판 박용화(朴鏞和)를 일본에 파견했다.[127] 의화군은 하는 수 없이 1905년 3월 17일 다시 미국행 배에 올랐다. 고종은 스티븐스의 친지에게 감독을 의뢰했다. 의화군에게는 월 800원, 여비 5,000원이 주어졌다.[128]

125 「義和宮의 진퇴에 관한 한국 황제의 의향 보고의 건」(1905. 2. 17), 『(국역) 주한일본공사관기록』 25.
126 「[義和宮 유학문제에 관한 건]」(1905. 2. 16), 『(국역) 주한일본공사관기록』 26.
127 「[義和宮 유학문제 續報(2)]」(1905. 2. 22), 『(국역) 주한일본공사관기록』 26; 「[義和宮 유학문제 속보(3)]」(1905. 2. 23), 『(국역) 주한일본공사관기록』 26.
128 「[義和宮 渡美 및 체재비에 관한 건]」(1905. 3. 7), 東京 小村, 『(국역) 주한일본공사관기록』.

그러나 의화군은 불과 5개월 뒤인 1905년 8월 14일 캐나다 밴쿠버발 선편으로 귀국하기 위해 8월 9일 워싱턴을 떠났다. 이유는 받은 학자금을 다 소진했다는 것이었다.[129] 의화군은 1905년 8월 말 일본에 들어왔다. 의화군은 더 이상 외국에 머물 수 없다고 했으며, 고종도 더 이상 의화군을 해외에 둘 수 없으니, 귀국길에 일본에 들리면 상륙시키지 말고 바로 한국으로 보내 달라고 했다.[130] 고종은 아직 내각이 새로 조직을 정비하지 못했기 때문에, 의화군이 귀국하면 "일부 야심가로 하여금 이용하게 될 염려"를 고려하며, 의화군의 귀국을 2~3개월 일시 연기하라고 했다.[131] 의화군은 고종에게 봉서(封書)를 보내 "한국 보호 문제는 일본정부에서 이미 결정되었다는 것, 기타의 요건은 얼굴을 뵌 후가 아니면 그 뜻을 다하기 어려우므로 속히 소환의 칙명을 바란다"는 뜻을 전했다.[132]

1905년 11월까지 고종은 의화군과 이준용의 귀국을 강력하게 반대했다. 의화군의 귀국을 가로막는 것은 고종의 반대뿐 아니라 채무 문제였는데, 약 2만 원에 달했다.[133] 의화군은 고리대로 1천 원 정도를 빌려, 숙박비 88원을 지불한 후 11월 23일 한국으로 출발할 예정이었다.[134] 고종이 김치만(金致萬)·장자문(張子文) 2명을 파견해 의화군의 귀국에 동행하게 한다는 소식이 있었지만,[135] 의화군은 1906년 초까지 귀국할 수 없었다.

26.
129 「〔義和宮(李堈) 귀국 건〕」(1905. 8. 13), 東京 桂, 『(국역)주한일본공사관기록』 26.
130 「〔義和宮 歸韓 도중 일본 체재 저지에 관한 건〕」(1905. 8. 23), 林公使, 『(국역) 주한일본공사관기록』 26.
131 「〔한국 황제의 義和宮 귀국 一時 연기조치 건〕」(1905. 9. 1), 林公使, 『(국역) 주한일본공사관기록』 26; 「〔義和宮 귀국에 관한 稟申 건〕」(1905. 9. 13), 林公使, 『(국역) 주한일본공사관기록』 26.
132 「〔內閣員의 內政肅正 奏請 件〕」(1905. 10. 17), 萩原, 『(국역) 주한일본공사관기록』 26.
133 「義和宮歸國ニ關スル件」甲秘第三六三號(1905. 11. 7), 『한국근대사자료집성』 3.
134 「韓人ニ關スル件〔朴泳孝·李容九·義和宮의 動靜〕」甲秘第三七七號(1905. 11. 20), 『한국근대사자료집성』 3.
135 「〔宮中·政界 및 한국사회의 동정 보고 件〕」(1905. 11. 15) 警務顧問 丸山重俊, 『(국역) 주한일

의화군의 귀국은 1906년 2~3월 내내 일본 외무성의 주요 관심사가 되었다. 일본에 오래 망명 중이던 권동진, 오세창, 김윤식 등도 모두 귀국해서 공공연하게 서울에서 활동하는데 의화군과 이준용만 귀국하지 못한다는 점을 일본은 강조했다. 외무성은 1차로 의화군, 2차로 정황이 가벼운 망명자, 3차로 이준용, 4차로 박영효 등 망명자를 귀국시켜야 한다고 판단했다.[136] 고종은 4월 13일 이준용·박영효·유길준 등 14명의 죄상은 단연코 용서할 수 없으니 귀국할 수 없다고 했다.[137] 의화군의 귀국 과정에서도 또 문제가 된 것은 빌린 돈의 처리 문제였다. 약 1만 원의 부채와 일본인(永瀨治右衛門)에게 빌린 5만 원 등 총 6만여 원의 부채가 있었다.[138]

결국 의화군은 한국에 부임하는 이토와 함께 귀국하게 되었다. 이토에 따르면 자신이 통감으로 한국에 파견되기 전 의화군을 회견하니 귀국 알선을 부탁했다. 이토는 1906년 3월 9일 고종을 알현한 자리에서 의화군의 귀국을 요청했으나, 고종은 즉답을 피했다.[139] 결국 의화군은 3월 15일경 고종으로부터 귀임칙명(歸任勅命), 즉 소환의 칙전(勅電)을 받아 귀국할 수 있었다.[140] 그런데 귀국할 때 공포를 품어 암살 또는 독살의 변을 당할 것을 두려워했기에, 이토가 헌병을 붙여 호위의 임무를 맡게 했다.[141] 『매천야록』은 이렇게 쓰고 있다.

본공사관기록』 24.
136 「〔義和宮 李堈鎔 및 한국망명자 귀국에 관한 건〕」(1906. 2. 26), 外務大臣 加藤高明, 『(국역) 주한일본공사관기록』 26.
137 「義和宮 외 망명자 귀국에 관한 건 外務大臣에 회답안」(1906. 3. 22), 伊藤 統監, 『(국역) 주한일본공사관기록』 26.
138 「〔義和宮 귀국비용과 借用金 상환조처를 위한 佐藤 派韓 件〕」(1906. 3. 15), 倉知 書記官, 『(국역) 통감부문서』 3;「〔義和宮 歸國旅費 부족액 증액 추가 청구에 대한 조언 依賴 件〕」(1906. 3. 26), 倉地 書記官 『(국역) 통감부문서』 3.
139 「統監 謁見의 상황」(1906. 3. 11), 『(국역) 통감부문서』 1.
140 「〔歸任勅命 傳達 件〕」(1906. 3. 15), 『(국역) 통감부문서』 3.
141 「한국의 시정개선에 관한 협의회 제8회 會議錄」, 『(국역) 통감부문서』 1.

3월 의친왕 이강이 귀국하였는데, 통감부에 머물러 있으면서 이등박문과 잠시도 서로 떨어지지 않았다. 입근(入覲)할 때도 이등박문이 함께 알현을 하고 본궁으로 돌아가지 않았다. 이강이 일본에 있을 때, 자객을 만나 간신히 죽음을 면한 적이 있었는데 혹자는 엄비(嚴妃)를 지목하기도 하였다. 이강은 어려서부터 좋은 평판이 없었는데 외국에 오래 있고 보니 학문을 닦지 못했으며, 오직 주색에 빠지고 자전거를 잘 타는 것으로써 이름이 있었다. 일본이 장차 관병식을 행하려고 하여 이등박문과 장곡천이 자기 나라로 돌아가는데 이강 또한 따라갔다. 그는 3월 14일에 왔다가 25일에 떠났다. 10년 만에 귀국하여 겨우 열흘 머물렀으니 사람들은 더욱 의심하였다.[142]

『매천야록』의 기록은 음력을 기준으로 한 것이다. 의화군은 4월 1일 도쿄를 출발해, 4일 시모노세키(馬關)에 도착해, 당일 저녁 연락선으로 부산에 건너와 하룻밤을 잔 후 6일 서울에 들어왔다.[143] 의화군은 1907년 4월 8일 육군 부장(副將)에 임명되었고, 4월 15일 육군 부장 자격으로 일본 관병식에 파견되었다.[144]

귀국 후 이토 통감이 의화군을 챙겨 주는 모습이 계속되었다. 1906년 4월 9일 한국 시정 개선에 관한 협의회 제3회 회의에서 이토는 각 대신들에게 의화군에게 문안드렸는지 여부를 묻고, 의화군을 적십자총재로 고종에게 제청하자고 했다.[145] 4월 19일 협의회 제5회 회의에서 이토는 귀국한 의친왕이 거처할 주택이 없으니 노츠(野津) 고문의 주택을 탁지부 경비로

---

142 황현 지음, 임형택 외 옮김, 2005, 『매천야록』 하, 문학과지성사, 305쪽.
143 「[義和宮 출발일자 통보]」(1906. 3. 27), 倉地 書記官, 『(국역) 통감부문서』 3; 『대한계년사(大韓季年史)』 下(1907. 4. 6); 「[義親王 釜山 도착일자 통보]」(1906. 4. 3), 『(국역) 통감부문서』 3.
144 『고종시대사』 6(1907. 4. 15).
145 「한국의 시정개선에 관한 협의회 제3회 會議錄」, 『(국역) 통감부문서』 1.

6만 원에 구매하라고 지시했다.¹⁴⁶ 이토는 의친왕이 일본 체류 중에는 천황, 황태자 다음 순서로 친왕보다 우대를 받았는데, 귀국해 보니 "영친왕은 그 대우가 실로 정중하여 여러 가지 대우를 받는데도 불구하고 나는 그와 같은 상태에 있다"고 이토에게 호소했다는 것이다.¹⁴⁷ 의화군은 귀국 이후 1906년 8월 중 친왕 책봉의식을 거행하게 되었다. 원래 1890년 8월 의왕(義王)에 책봉되어 책봉의식을 귀국 후로 미루었던 것을 거행한다는 것이었다.¹⁴⁸

이정식에 따르면 김규식은 1901년 봄학기에 학교의 허가를 얻어 98회나 결석을 했는데, 아마도 의화군을 위한 일이었을 가능성이 높다.¹⁴⁹ 김규식은 의화군의 여행을 따라 1901년 6~7월 이후 매사추세츠 노스필드, 보스턴, 버펄로의 범미박람회, 오하이오 웨슬리언대학을 여행했을 것이다. 의화군의 통역이자 수행 역으로 미국을 여행한 것은 한편으로 김규식의 학업을 잠시 중단하게 한 것이었지만, 다른 한편으로 미국 전역을 여행하며 견문을 넓힐 수 있는 기회가 되기도 했을 것이다.

김규식이 미국식 근대와 만나는 지점에 고종과 의화군 등 조선왕실이 등장한다는 사실, 즉 미국식 근대와 조선왕실 인물이 교차하며 그의 삶에 영향을 주고 있었다는 사실은 향후 그의 시대인식과 활동 방향을 헤아리는 데 중요한 시사점을 주는 것이다.

1907년 헤이그밀사 파견으로 고종이 강제 퇴위하고 순종이 즉위하게 되자 영친왕 이은이 황태자가 되었다. 의친왕은 두 번째 왕자였으나, 황태

---

146 「한국의 시정개선에 관한 협의회 제5회 會議錄」, 『(국역) 통감부문서』 1.
147 「한국의 시정개선에 관한 협의회 제8회 會議錄」, 『(국역) 통감부문서』 1.
148 「〔귀국한 義和宮의 예우에 관한 보고〕」(1906. 4. 22), 鶴原 長官, 『(국역) 통감부문서』 3.
149 이정식, 1974, 위의 책, 22쪽. 김규식은 1901년 3월 봄학기에 이미 49회나 학교의 허가를 받은 결석이 기록되어 있다. 1901년 6월 기말에 이르러 결석일이 총 98회에 이르렀다. 의화군을 따라 미국 전역을 여행했기 때문일 것이다. "Catalogue of Roanoke College," in folder of Korean Students – Master List, Roanoke College Archives.

의화군 일행과 김규식(로녹대학). 1열 왼쪽부터 한응이, 의화군, 신성구. 2열 김규식(1901. 3. 20). 로녹대학 소장.

자가 되지 못했다. 고종의 의심과 엄비의 배척이 심했으며, 오랜 기간 국외를 떠돌아 국내에 그를 지지하는 세력이 미약했고, 정적들에 의해 과장된 풍문과 염문·낭비벽이 걸림돌이 되었다.[150] 역설적으로 을사조약 이후 이토는 고종의 정상적인 두 아들 모두에게 강력한 영향력을 행사할 수 있었다. 고종이 귀국을 저지한 의친왕은 이토의 도움과 보호를 받아야 했고, 이토의 도움으로 황태자가 된 영친왕은 이토를 멘토로 일본에 강제 유학을 가야 했다. 1909년 안중근 의거가 발생하자, 순종과 고종은 의친왕을 이토의 조문사절로 정해 일본에 파견하려고 할 정도였다.[151]

의화군(의친왕)은 고종의 둘째 아들로 태어났으나, 모친 장씨는 민왕후의 미움을 받아 죽었고, 외가나 정치적 의지처가 없었다. 의화군을 통해

---

[150] 『매천야록』은 이렇게 쓰고 있다. "새 황제(순종)가 슬기롭지 못하고 또 대를 이어 나갈 희망이 없음을 알았고, 엄귀비는 한창 총애를 독차지하고 있었으므로 자기의 아들을 높이려는 마음에 많은 뇌물을 이등박문에게 주고 힘을 실어 주기를 원했다. 의친왕 이강이 나이는 비록 더 많았으나 여러 번 위의를 잃은 데다 인망이 없고 또 고립된 채 도와 주는 사람이 적었으므로 임금 또한 그를 좋게 보지 않았다." 황현, 2005, 위의 책, 419쪽.

[151] 의친왕의 특사파견은 과중하다며 신하를 대신 보내라는 일본 측 만류로 비밀리에 중단되었다. 「〔伊藤 公 國葬에 義親王을 대신할 사람 파견 요청 件〕」(1909. 10. 29) 『(국역) 통감부문서』 7.

3 김규식의 학창 시절(2): 주미공사관·의화군과의 관계   221

순종의 후사를 도모하고자 그를 후원했던 민왕후가 을미사변으로 시해된 후 사실상 일본으로 추방되었다. 1895년 이후 1906년 귀국할 때까지 거의 11년가량을 일본과 미국에서 지내야 했다. 역설적으로 의화군은 조선의 왕위계승자는 물론 주요 해외유학파 가운데 가장 많은 해외 생활과 유학 경험을 통해 일본·미국을 포함한 근대세계에 정통한 인물이 되었다. 그러나 국내와 일본에서 의화군을 둘러싼 정치적 음모와 소문이 팽배하자 고종과 엄비는 의화군의 귀국을 막았고, 이미 정치적 소용돌이에 휘말린 의화군 역시 장기적 미래를 도모하기 어려운 형편이 되었다. 일본에서는 망명객과 음모자, 암살범들이 주위에 모여들었고, 미국에서는 로녹대학과 웨슬리언대학을 다녔으나 학업에 뜻을 두지 못했다. 결국 을사조약으로 이토가 통감으로 부임하면서야 귀국할 수 있었다. 대한제국이 사실상 몰락하는 순간에야 귀국할 수 있었던 의화군은 역설적으로 대한제국의 강제병합 이후에야 왕실 인물 가운데 가장 유력한 독립운동의 중심인물이 될 수 있었다. 의화군에게 정치적 기회가 주어지지 않은 것은 대한제국의 비극적 일면을 반영하는 것이었다.

김규식은 의화군의 짧은 로녹 방문 시절 그를 수행한 일을 제외하면 전반적으로 로녹에서 평안하고 행복한 생활을 영위했다. 이정식은 김규식의 로녹 재학 시절을 이렇게 묘사했다.

모름지기 인천 항구를 떠날 때의 소년 김규식은 희망에 부풀기도 하였으려니와 자기 환경에서 오는 핍박감, 비애감, 고독감, 열등의식, 증오심, 반발심 등으로 가득 차 있었을 것이다. 그러나 6년간의 학창 생활, 특히 미국 남부의 조용한 농촌도시에 위치한 조그마한 대학에서의 생활은 그가 지니고 있던 여러 가지 복잡한 심리적 갈등을 없애 버리고 개성 통합을 이룩하는 데 충분하였을 것이다. 사기(邪氣)가 없고 천진난만한 미국 대학생들과의 오랜 교제는 특히 정신요법적 효능이 있었을 것이다. 불안과 빈곤과 멸시와 차별이 가득한 환경에서 지내다 안정되고 부유한 환경에 젖어 들어 학교 내에서의 특출한 명물로서 대우를 받아감에 따라 그의 인생관도 달라졌을 것이고, 암흑에 가까웠던 19세기 말의 한국과 신세계로 알려졌던 미국을 비교할 때에 새로운 사명감도 느꼈을 것이다.[152]

김규식의 불우했던 어린 시절, 신분적 한계, 좌절과 불운과 대비되는 미국 생활의 안도감과 평안함, 새로운 친구·공동체의 사랑이 그의 인격을 형성했다는 설명이다. 유소년기에서 청년기로 넘어가는 시기 김규식의 심리 상태를 잘 묘사한 것으로 생각된다.

로녹 시절 김규식은 로녹대학 학생들이 모여 사는 학교 앞 하숙집(Boarding houses)에 거주했다. 1900년 6월 12일 자 제12회 전미인구센서스에 따르면 김규식의 주소는 버지니아주 로녹군 세일럼지구 로녹대학 세일럼마을로 되어 있다. 이 집에는 로녹대학 선생인 존 D. 로디퍼(John D. Rodiffer), 18명의 로녹대학 학생, 하숙집을 관리하는 부부와 딸 2명, 다른 기숙자 1명 등 총 24명이 거주하는 것으로 나타난다. 김규식(Kimm Kiu Seek)은 직업 학생, 인종 한국인, 남성, 1882년 12월생, 17세, 미혼, 한국적으로 기록되어 있다.[153] 로녹대학 교사에 따르면 대학은 학생 대다수에게 하숙집을 제공했는데, 합리적 가격으로 방을 제공했고, 전반적으로 학생들에게 매우 유용했다고 한다.[154]

---

152 이정식, 1974, 위의 책, 28쪽.
153 1910 United States Federal Census, http://www.ancestry.com.
154 Mark F. Miller, 1992, 위의 책, p.96. 1947년의 예이지만, 학생들은 학비 30달러, 하숙비 20달러, 세면비 8달러, 조명·난방 6달러, 방세 3달러로 총 67달러를 냈으며, 목사 예비후보생들은 54달러로 감액되었다. Mark F. Miller, 1992, 위의 책, p.19.

4   김규식의 학창 시절(3): 글쓰기와 토론, 졸업

김규식은 학업뿐 아니라 문학회 활동과 대학학보에 글쓰기 활동, 남학생 사교클럽 활동에도 열심이었다. 이에 대해서는 이정식의 훌륭한 연구가 있다.[155] 또한 최근 김규식의 영문 저술의 한글 번역본이 출간되었다.[156] 이에 기초해 그의 대학 시절 토론과 글쓰기를 중심으로 한 그의 학교 생활을 검토해 보자.

김규식은 로녹에 들어간 후 데모스테니언 문학회(Demosthenean Literary Society)에 가입했다. 데모스테네스(Demosthenes)는 기원전 4세기 그리스의 유명한 웅변가다. 당시 로녹에는 2개의 문학회가 있었는데, 하나는 데모스테니언 문학회이고, 다른 하나는 시세로니언 문학회 (Ciceronian Literary Society)였다.[157] 시세로 혹은 키케로(Marcus Tullius Cicero)는 로마의 유명한 웅변가이자 수사학의 혁신가다. 그리스와 로마의 전설적 웅변가를 내세운 두 문학회는 웅변과 토론을 통해 대학생들의 지성

---

155 이정식, 1974, 위의 책, 22~30쪽.
156 우사김규식연구회 편, 심지연 번역·해설, 2016, 『우사김규식영문자료집』, 우사김규식연구회.
157 *X Röntgen Rays '98*, published by the Roanoke College Annual Staff of 1898. Roanoke College Archives.

데모스테니언 문학회 전용
홀(1896). 로녹대학 소장.

과 활력, 미래 사회지도자로서의 자신감과 능력을 북돋으려고 한 것이다. 대학이 정책적으로 두 문학회가 서로 라이벌로 경쟁하면서 응집력을 키우고, 토론을 통해 충성심과 헌신성을 기르게 하려고 했으므로, 설립 초기부터 이 두 문학회는 성황을 이루었다.[158] 두 문학회 모두 잘 꾸며진 문학회 전용 홀에 의자·책장 등 집기류를 갖추고 있었으며, 이는 당시 로녹대학이 도서관과 함께 대학생에게 제공하는 특별 혜택으로 자랑하는 것이었다.

데모스테니언 문학회는 매주 특정 제목을 정해 찬반 팀을 구성하고 웅변술을 연마하는 동시에 매년 웅변시합을 하는 한편 시세로니언 문학회와 연차 대항웅변대회를 개최했다. 이 웅변대회는 지역의 대표적 행사로 교내 교수뿐 아니라 인근의 정치인과 유지들이 모두 모여 성황을 이루었다.[159] 미국 사회에서는 토론, 변론을 매우 중시하였는데, 배심원 제도를 사용하는 재판시스템에서 논리적이고 훌륭한 변론이 재판의 성패를 좌우하는 중요 요소였으며, 국회에서도 의원의 변론·토론이 중요한 자질 중 하나로 여

---

158 Mark F. Miller, 1992, 위의 책, p.20.
159 이정식, 1974, 위의 책, 23쪽.

겨졌다. 로녹대학이 위치한 세일럼 주민들이 대학의 연차웅변대회를 주목한 것도 같은 맥락이었다. 중요한 오락거리이자 장래 사회의 지도자가 될 대학생들의 웅변술과 논리, 패기를 맛볼 수 있는 기회였던 것이다.

문학회의 토론 활동과 김규식의 참가 내역을 정리하면 다음과 같다.[160]

〔표 3-3〕 1898~1902년간 김규식의 데모스테니언 문학회 활동

연도	월일	토론주제(찬성팀/반대팀)
1898	4. 23.	○ 미국과 스페인 관계
	4. 30.	○ 미국정부 정책은 정당하다
	5. 7.	○ 대통령 예선은 중앙정부가 관리하여야 한다(반대)
	10. 8.	○ 영·미동맹은 미국에 유리할 것이다(반대)
	10. 22.	○ 학교에서의 영향은 가정에서의 영향보다 청년의 장래에 더욱 중요하다(찬성)
	12. 10.	○ 흑인교육은 미국 남부에 유익하다(찬성)
1899	1. 14.	○ 영국정부의 제도는 미국정부보다 더욱 우월하다(반대)
	2. 26.	○ 비스마르크는 글래드스턴보다 더 위대한 정치가이다(반대)
	3. 11.	○ 미국은 군비(軍備)를 강화하여야 한다(찬성)
	3. 25.	○ 아기날도(Aquinaldo: 필리핀-미국전쟁의 지도자)가 미국의 힘에 대항해 반란을 일으킨 것은 정당하다(찬성)
	4. 15.	○ 제55회 의회는 전반적으로 의무를 다하지 못했다(찬성)
	9. 30.	○ 흑인 교육은 남부에 유익할 것이다(찬성)
	10. 14.	○ 백화점은 우리나라에 해가 된다(찬성)
	10. 21.	○ 부동산 분배는 유언장에 의해서가 아니라 법률에 따라 동등하게 분할되어야 한다(찬성)
	10. 28.	● 김규식 배석심판으로 선출됨

160 1898년부터 1899년 3월 11일까지의 기록은 이정식, 1974, 위의 책, 23~24쪽, 그 이후는 "Kimm Kyusik Notes, Demosthenean Society-1899~1902," 25 November 2013, Roanoke College Archives에 따름.

1899	11. 18.	○ 로녹대학 학생들은 월요일 모든 암송에서 해방되어야 한다(찬성)
	12. 2.	● 김규식 기록서기로 선출됨
	12. 16.	○ 일요일 신문은 법률로 금지해야 한다(김규식 연사)
1900	1. 13.	○ 안드레(John Andre. 미국 독립전쟁 중 스파이로 처형된 영국군 장교)의 처형은 정당하지 않다(반대)
	1. 20.	○ 모세는 위대한 지도자가 아니었다(반대)
	2. 3.	○ 버지니아에서 짐 크로법(인종차별법)의 제정은 정당하다(반대)
	2. 10.	○ 푸에르토리코는 미국과 자유무역을 해야 한다(찬성)
	2. 24.	○ 현재 흑인 교육 시스템은 남부에 불이익이다(찬성)
	3. 10.	○ 정당은 자유 정부에 필수요소이다(찬성)
	3. 24.	○ 음악은 미술보다 인류에 보다 강력하고 고무적 영향을 끼쳤다(찬성)
	4. 21.	○ 법률가는 의사보다 세계에 이로운 역할을 한다(반대)
	5. 12.	○ 여성은 투표권을 가져야 한다(찬성)
	5. 19.	● 김규식 재무
	5. 26.	○ 헌법제정회의는 버지니아에서 개최되어야 한다(찬성)
	9. 27.	○ 대학은 특정 교파의 통제하에 있어야 한다(반대)
	10. 6.	● 김규식 다음 회기 부회장으로 선출됨
	10. 13.	○ 현재 행정부는 필리핀인들에 대한 태도에서 현명한 정책을 추구하고 있다(찬성)
	11. 3.	○ 오늘날 소녀들은 20년 전 소녀들보다 우월하다(반대)
	12. 1.	○ 교육은 좋은 사업투자이다(반대)
1901	1. 26.	○ 열강이 지난 의화단 반란과 관련해 중국에 배상을 요구하는 것은 정당하지 않다(찬성)
	3. 6.	○ 선박보조법안은 현명한 수단이다(찬성)
	3. 23.	● 김규식 비정규적 활동으로 회원자격이 1주일간 정지됨 ● 김규식 결석과 토론 불참으로 벌금 20센트
	4. 13.	○ 국경일은 학생들에게 이익이다(반대)
	6. 3.	● 1901년 9월 21일 내년도 질문선정위원회, 제1연설자 김규식 ○ 아메리카공화국은 제국으로 나아가고 있다 ○ 무신론은 기독교에 이익이 되어 왔다

1901	10. 5.	○ 발명은 노동계급의 상황을 개선시킨다(김규식과 Grove 토론)
	11. 30.	○ 여성은 돈보다 더 많은 영향을 남성에게 끼쳤다(찬성) ● 김규식 회장에 선출됨
	12. 16.	● 신임 간부진들이 취임, 회장 김규식의 활동 연기
1902	1. 4.	● 회장 김규식 부재로 부회장이 정숙을 명함
	1. 11.	● 회장 김규식 부재로 부회장이 정숙을 명함 ○ 수업의 선택은 규정된 교과과정을 따라가는 데 더 낫다(반대)
	1. 18.	● 회장 김규식 부재로 부회장이 정숙을 명함 ● 간부진의 정규선거 시기여서 회장으로 Cooper를 선출
	1. 25.	● 회장 김규식의 활동 연기
	2. 15.	○ 정부는 철도를 소유해야 한다(반대) ● 결석과 토론 불참으로 김규식 벌금 15센트
	3. 8.	○ 루스벨트가 부커 워싱턴(Booker T. Washington: 흑인 교육가)과 만찬을 한 것은 정당하다(반대)

〔비고〕 ○토론주제 ●김규식의 문학회 임원 경력
〔출전〕 이정식, 1974, 위의 책, 23~24쪽, "Kimm Kyusik Notes, Demosthenean Society-1899~1902," 25 November 2013, Roanoke College Archives.

데모스테니언 문학회가 다룬 주제는 당시 미국의 정치·사회적 이슈, 국제정치 현안, 남부·인종·여성 문제 등 다양한 현안 이슈 등이었다. 여기에 찬성, 반대로 표시된 모든 토론에 김규식이 참석한 것은 아니었다. 1902년 1월 11일 자 기록을 보면 김규식은 회의에 불참했지만 반대편으로 분류되어 있다. 일률적으로 데모스테니언 문학회에서 찬반팀을 나눈 것으로 보인다. 1901년 상반기, 1901년 하반기부터 1902년 상반기에 이르는 기간 김규식은 결석으로 인해 문학회 활동에 적극적으로 나설 수 없었고, 그로 인해 활동 정지 및 벌금을 많이 부과받고 있다. 의화군을 수행해 각지를 여행한 사정과 관련이 있을 것이다.

김규식은 문학회 활동에 적극적이었고, 회원들의 평판도 좋아서, 1898년 이래 다양한 간부로 선출되었고, 1900년 10월에 부회장으로 1901

년 11월에는 회장으로 선출되었다. 그러나 1901년 하반기부터 1902년 상반기까지 김규식은 실제 회장으로서 활동은 할 수 없었던 것으로 보인다. 이는 그의 졸업 연기 및 뉴욕에서의 취직 생활 때문이었을 것이다.

김규식이 문학회 활동을 통해 배운 회의 규칙, 연설, 태도 등은 그의 자산이 되었다. 해방 후 과도입법의원 의장이 된 김규식의 가장 큰 임무는 의원들에게 회의 규칙과 발언 방법, 예의 등을 가르치는 것이었는데, 그 기초는 로녹 시절 데모스테니언 문학회 활동에서 비롯된 것이었다.

김규식의 연설은 뛰어난 것이어서 1900년 6월 강연대회에서 1등을 차지했는데, 외국인으로 영어를 배우는 것만도 힘든 일인데 강연상을 받은 것은 더욱 훌륭한 일이라는 평을 얻었다.[161] 1901년 5월 전교강연시합에서도 김규식은 데모스테니언 문학회 대표로 다른 학생 2명과 시합을 했다. 김규식은 「인류문화의 비밀: 낙관주의」라는 제목으로 연설했는데, 특출한 웅변과 탁월한 영어로 찬사를 받았다.[162]

김규식은 로녹대학 학보인 『로녹칼리지언』에 모두 6편의 글을 투고했다. 이 글은 1900년에서 1905년 시기에 발표되었는데, 20대 청년으로 성장한 김규식이 대학 수업과 문학회 활동, 미국 지성계와 언론계의 주류적 견해를 흡수하면서 정리한 시대인식과 평가를 담고 있다. 이 글이 쓰여진 시기는 중국 의화단의 난(1900)부터 러일전쟁 시 여순항 함락(1905)까지에 해당했다. 이 글의 주된 논조는 한국과 중국의 현재와 미래를 비관적으로 평가한 점, 러시아의 팽창주의를 극히 비판·경계한 점, 일본의 선의와 러일전쟁 승리를 예견하고 찬양한 점, 미국의 입장과 역할을 전혀 언급하지 않은 점 등이다.

첫 번째 글은 1900년 5월에 발표한 「한국어」로 한국어의 어원, 특징,

---

[161] *Roanoke Collegian*, June, 1900, p.132; 이정식, 1974, 위의 책, 24쪽.
[162] *Roanoke Collegian*, June, 1901, p.127; 이정식, 1974, 위의 책, 24쪽.

동서양 언어와의 관계 등을 다루었다.[163] 이 글에서 김규식은 영어, 불어, 독일어, 라틴어, 산스크리트어 등을 인용해 가며 비교하여 한국어를 소개하고 있는데, 좀처럼 따를 수 없는 솜씨를 가진 그의 박식함이 드러나 있다.[164] 한국어에 대한 김규식의 지속적인 관심은 귀국 후 『대한문법』(1908. 9. 초판), 『조선문법』(1912. 9. 수정 재판), 『대한문법』(1913. 9. 3판)을 간행하는 배경이 되었다.[165] 지금까지 주목받지 않았지만, 김규식은 우리나라 한국어 문법의 초기 저자로 이름을 남기고 있다. 이미 1900년 시점에 이러한 국어학 글을 쓸 수 있었다는 것은 국어학자로서 김규식의 학문적 관심과 성취를 보여 주는 것이다.

두 번째 글은 웅변클럽인 데모스테니언 문학회에서 행한 연설 「동양의 여명: 연설」로 1902년 2월에 게재되었다.[166] 이 글은 1902년 1월 31일 개최된 데모스테이언 문학회 제31차 연례대회에서 한 김규식의 연설이다. 김규식의 연설은 "시의적절하고 진지"하고 우아했으며, 청중들의 진심 어린 박수를 받았다.[167] 김규식은 중국에서 의화단 사건(1910), 한국에서 을미사변(1895) 등 연달아 실패한 '혁명'을 언급하면서 반면 "떠오르는 태양" 일본은 새로운 탄생을 경험했고 이제 곧 여명이 될 터이니, 동양의 잠자는 나라들, 즉 중국과 한국은 "떠오르는 태양"이 비추는 길을 따라 번영해야 한다고 쓰고 있다. 당시 구미에 만연해 있던 정세관과 문명관을 반영해 미국 유학생들이 일반적으로 갖기 쉬운 일본 주도의 동양문명화론을 펼

---

163 Kiu Seek Kimm, "The Korean Language," *Roanoke Collegian*, May, 1900, pp.108~111; 우사김규식연구회 편, 2016, 위의 책, 19~22, 161~168쪽; 김민수, 1981, 「김규식의 "The Korean Language"에 대하여」, 『어문논집』 22, 민족어문학회.
164 이정식, 1974, 위의 책, 25쪽.
165 김민수, 1977, 「김규식, 『대한문법』의 연구」, 『인문논집』 22, 고려대학교 문과대학.
166 Kiusic Kimm, "The Dawn in the East. An Oration," *Roanoke Collegian*, vol. 28, no. 4, February, 1902. pp.89~92; 우사김규식연구회 편, 2016, 위의 책, 23~25, 169~173쪽.
167 "Demosthenean Celebration," *Roanoke Collegian*, vol. 28, no. 4, February, 1902. pp.89~92.

친 것이다. 만 21세의 청년이 미국 교육을 받으며, 미국 지성계·언론계의 정세관과 세계관을 익히며 갖게 된 일반적인 생각인 것이다.

세 번째 글은 1902년 4월에 발표한 「고귀한 분과 조카」라는 일종의 우화이다.[168] 얘기는 왕족이자 왕국의 수상인 고귀한 분과 그의 세 아들, 그리고 그에게 호의를 얻지 못한 조카의 갈등과 대립, 복수의 우화를 다루고 있다. 조카가 삼촌에게 명마로 위장한 가짜 말을 선사해 큰 부상을 입히자, 이에 화가 난 그의 세 아들이 복수에 나섰다는 내용이다. 이야기의 구성이나 전개가 부자연스럽고, 글은 완성되지 않은 채 연재를 예고했지만 중단되었다.

네 번째 글은 1903년 5월에 발표된 「러시아와 한국 문제」이다.[169] 이 글은 러일전쟁을 예견하며 동아시아의 향배를 다룬 것이다. 이 시점에 김규식의 동아시아 정세관, 대한·대중·대일·대러관을 엿볼 수 있다. 요지는 다음과 같다. 한국은 15세기 초까지 독립된 왕국이었지만, 이후 1866년까지 중국의 조공국이 된 "은둔의 왕국"이었고, 일본은 개항 이후 가장 강한 육해군 전력을 가진 나라가 되었고, 중국은 쇠퇴해 열강이 탐내는 고깃덩어리가 되었다. 러시아는 1억 2천 9백만의 인구와 세계 최대의 상비군을 갖고 있고, 조선은 먹잇감으로 전락했다. 일본은 과잉인구와 에너지의 자연적 출구로 조선을 필요로 하며, "공간과 생존을 위해 조선을 원하며 반드시 가져야 한다". 러시아가 조선을 장악하면 극동에서 문명은 정지되겠지만, 아시아 대륙에서 일본의 발전은 동양에 최고의 이익이 될 것이다. 전쟁이 시작되면 일본은 최후까지 싸울 것이고, "떠오르는 태양"이 승리자가 됨으로써 전 아시아의 이익이 될 것이다. 김규식은 한국이 일본 아니면 러

---

168 Kuisic Kimm, "The Nobleman and His Nephew," *Roanoke Collegian*, vol. 28, no. 6, February, 1902. pp.133~138; 우사김규식연구회 편, 2016, 위의 책, 26~31, 174~180쪽.
169 Kiusic Kimm, "Russia and the Korean Question," *Roanoke Collegian*, vol. 29, no. 7. May, 1903. pp.128~132; 우사김규식연구회 편, 2016, 위의 책, 32~34, 181~185쪽.

시아에 속박될 터인데, 가난하고 불행한 한국인들에게는 어떤 경우라도 현재의 한국정부하에서 지내는 것보다는 나을 것이다. 러시아 지배하에서는 진보하지 못하는 반면, 일본 지배하에서는 재산과 권리를 빼앗긴 채 의식주, 교육 문제를 해결하고 일본제국의 신민으로 평화롭게 살 것이라는 비관적 관측을 내놓았다. 지금이라도 한국이 각성한다면 속박의 굴레를 벗어나, 일본으로부터 이웃으로 인정받게 될 것이라는 아쉬움을 덧붙이고 있다. 흥미로운 것은 이런 글들에서 정작 자신이 교육받고 생활하고 있는 미국의 역할, 미국과 한국의 관계 설정 등에 대해서는 전혀 언급이 없다는 사실이다. 한미관계에 대한 미국 조야, 학계, 언론의 관심 부재가 반영되었을 것이다.

다섯 번째 글은 1903년 6월 개교 50주년 기념 졸업식의 「극동에서의 러시아(졸업 연설)」이라는 제목의 연설로 위의 글과 동일한 문맥을 갖고 있다.[170] 전 세계에 공포와 우려의 대상이 된 러시아는 조선을 소유하고 중국을 최종적으로 정복해 전 아시아를 지배하려 한다. 이는 영국의 인도 정복과 달리 아시아 전체의 파멸이 될 것이다. "떠오르는 태양"이 "곰" 러시아를 물리쳐 반드시 승리자가 될 것이고, 이는 일본의 자력이 아니라 전 몽골 인종과 세계의 이해를 반영한 결과이다. 두 나라의 전쟁은 인종 간의 전쟁으로 황인종을 해방시키는 투쟁이며, 일본은 황실의 마지막 자손이 끝까지 싸울 것이고 혈연관계이자 자매관계인 일본의 이웃 국가들도 공동투쟁할 것이다. 러일전쟁이 발발하고 일본이 필연적으로 승리할 것을 예견한 글이다. 러시아를 아시아의 침략자, 일본을 아시아의 해방자로 인식하고, 이를 백인종과 황인종의 전쟁, 러시아 대 일본·동양제국의 연대투쟁으

170　Kiusic Kimm, "Russia in the Far East; Graduation Address," *Roanoke Collegian*, vol. 29, no. 8, June, 1903, pp.169~171; 우사김규식연구회 편, 2016, 위의 책, 35~37, 186~189쪽.

로 규정한 점은 이 시기 일본의 영향하에 만연해 있던 문명개화론자들의 보편적 시각이자 구미의 인식이었다. 한국 지식인들의 인식 전환은 러일전쟁 이후 을사조약을 계기로 일본의 위장된 한국 독립·보호론이 실상은 제국 팽창의 술책이었음이 드러날 때까지 기다려야 했다. 러일전쟁기 윤치호, 이승만, 여운형, 이준 등 당대 개화파 지식인들이 가졌던 일본의 대러시아전 승리를 응원하던 정서와 동일한 것이었다. 한국 지식인들뿐 아니라 동아시아 정치인·지식인들도 대일 우호적 인식의 그물망에서 벗어날 수 없었다. 김규식의 연설은 1903년 6월 14일 자 『선』(The Sun)에 전재되었다.[171]

여섯 번째 글은 서울에 돌아가 쓴 글이다. 「근대 세바스토폴의 함락」이라는 제목으로 1905년 5월호에 발표되었다. 서울에서 로녹으로 글을 보낼 정도로 모교와 끈끈한 유대를 지속했음을 알 수 있다.[172] 러일전쟁이 발발하고 여순전투에서 일본이 승리(1905. 1. 2)하자, 그 의미를 정리해 보낸 것이다. 글의 요지는 다음과 같다.

청일전쟁 이후 10년 동안 "북극곰"과 "동양의 검투사"가 힘을 길렀는데, 그동안 일본은 전함과 군인 수만 늘린 것이 아니라 다양한 정보 활동으로 러시아에 관한 정보를 수집했다. 세계 최고 난공불락의 요새이던 여순항은 1년 이상이 걸릴 것이라는 예상과 달리 불과 6개월 만에 함락되었다. 여순항의 함락은 크림전쟁에서 세바스토폴항의 함락과 유사하다. 세바스

---

171 "A Corean's College Theme, Russia Discussed by Kiusic Kimm at the Roanoke Commencement," *The Sun*, June 14, 1903. p.6. 드레허 학장은 김규식의 글이 『뉴욕선』(The New York Sun)에 게재되었다고 했는데, 정확하게는 뉴욕에서 간행되는 『선』(The Sun)이었다. Julius D. Dreher, "Koreans in America, Roanoke College A Favored Spot for Them," *Boston Evening Transcript*, March 26, 1904.
172 K. S. Kimm, "The Fall of a Modern Sebastopol," *Roanoke Collegian*, vol. 31, no. 7. May, 1905, pp.97~99. (K. S. Kimm, '03, Seoul, Korea, January 13, 1905); 우사김규식연구회 편, 2016, 위의 책, 38~40, 190~193쪽.

토폴항의 함락으로 크림전쟁의 승패가 정해졌고, 여순항의 항복으로 러일전쟁의 승패가 정해진 것이다. "모든 전쟁은 문명의 전쟁과 인류의 진보를 앞당길 운명이었다는 것을 역사는 보여 주고 있다." 김규식은 러일전쟁이 새로운 세기, 새로운 시대를 개시하며 세계 문명의 전환점이 될 것이라고 덧붙였다.

김규식의 글은 로녹대학과 미국 대학생을 독자로 하는 것이었으므로, 전반적으로 당시 미국 대학 사회에서 합리적으로 인정될 수 있는 인식·논리·세계관을 담은 것으로 볼 수 있다. 미국이 어떤 입장, 태도, 정책을 취할 것인지를 얘기하지 않고, 현재 한국·중국의 상황을 비판적으로 서술한 위에 긍정적이고 진취적인 일본과 부패하고 탐욕스런 러시아를 대립시키는 방식의 글쓰기를 시도한 것이다.

김규식은 러일전쟁에서 일본의 승리에 큰 감상이 있었고, 이미 그를 단정적으로 예견했던 터이므로, 그 기분을 유지한 채 빨리 글을 써서 『로녹대학 학보』 5월호에 게재하게 된 것으로 생각된다. 이 글은 1903년에 쓴 「러시아와 한국 문제」·「극동에서의 러시아(졸업 연설)」에서 보여준 문제의식의 연장선상에 있다. 김규식은 자신의 예상대로 러일전쟁이 전개됨을 보면서 한편으로는 고개를 끄덕이고, 한편으로는 한국의 운명을 비관적으로 예상하고 있었음을 알 수 있다.

김규식은 또한 로녹대학의 파이 감마 델타(Phi Gamma Delta)라는 남학생 사교클럽에 소속되어 있었다. 미국 대학의 프레터니티(fraternity) 시스템은 대학 생활 동안 클럽에서 형제적 관계를 맺어 일생을 통한 우정을 나누게 하는 것인데,[173] 로녹대학은 시그마 알파 프레터니티(Sigma Alpha Fraternity)의 발상지일 정도로 남학생 사교클럽이 활발히 진행된 곳이기도 했다.[174]

---

173 이정식, 1974, 위의 책, 28~29쪽.

김규식은 피지그룹(Fiji Group)이라는 별명으로 불린 자신의 클럽 회원들과 긴밀한 연락관계를 유지했는데, 1919~1920년 구미위원부 위원장으로 워싱턴에 체류했을 때 다시 로녹대학을 방문했으며, 옛 친구들을 만났다. 김규식은 1944년 급우이던 그린랜드(J. Allen Greenland)와 연락이 닿았는데, 소렐(Sorrell)이란 그의 별명을 부르며 필라델피아 펜실베이니아주립대학 와튼스쿨의 옛 친구 올드 커니(old Cunny) 커닝햄(Wallace McCook Cunningham), 윌리엄스버그의 윌리엄앤메리대학의 옛 친구 덧치 윌리엄스(Dutchy Williams), 뉴욕의 양크 후버(Yank Hoover), 워싱턴의 슈거트(Shugart), 영 바버(Young Barber), 프레스턴 페이턴(Preston Peyton) 등 옛 친구들의 안부를 물었다.[175]

로녹대학은 김규식에게 학업과 생활의 공동체였고, 한국에서와 다른 새로운 가족공동체를 그에게 선사했다. 출신과 신분에 구애받지 않았고, 미국 남부의 따뜻함이 제공하는 기독교의 포용 속에서, 지성의 전당에서 학문과 자유를 향유하며, 미국과 세계를 주도하는 세계시민으로 거듭날 수 있었다. 버려진 고아 본갑이는 한국 땅에서는 느껴 보지 못한 상냥함과 따뜻함을 맛보며 새로운 가족과 결속해서 당대 최고의 지성인으로 탈바꿈할 수 있었다.

한 학년 20~30명, 전교생 200여 명에 불과했던 로녹 시절의 동창생들은 그의 평생 친구이자 가족이 되었다. 한집에서 생활하며, 4년간 거의 동일한 교과목을 한 강의실에서 함께 듣고, 문학회에서 매주 열띤 토론을

---

[174] X Röntgen Rays '98, published by the Roanoke College Annual Staff of 1898. Roanoke College Archives.
[175] 「김규식이 "Sorrel"에게 보낸 편지」(1944. 8. 11. 중국 중경 사서함 233호), 우사김규식연구회 편, 2016, 위의 책, 139~141, 309~311쪽; 「김규식이 "Sorrel"에게 보낸 편지」(1948. 11. 29. 서울 삼청동 145의 6), 위의 책, 143, 316~318쪽. 커니는 김규식과 같은 데모스테니언 문학회 소속이었다. "Kimm Kyusik Notes, Demosthenean Society-1899~1902," 25 November 2013, Roanoke College Archives.

하고, 대학 클럽에서 정들은 이들은 새로운 가족이자 평생의 동반자가 되었다.

로녹대학은 1923년 김규식에게 명예법학박사 학위를 수여했고, 로녹대학 역사를 빛낸 동창생 중 한 명으로 기억했다. 김규식 역시 모교에 대한 고마움과 애정을 늘 간직하고 있었고, 1946년 1천 달러를 로녹대학에 기증했다. 해방 후 자기 소유의 집 한 채가 없던 김규식이 거액 1천 달러를 보냈다는 소식은 로녹대학 학보를 통해 알려졌다. 김규식은 자신의 마지막 소원이 1953년 개교 100주년 기념식에 참가하는 것이지만, 건강이 허락할지 모르겠다는 얘기를 전했다.[176]

원래 김규식은 1902년 졸업 예정이었지만, 드레허 학장이 1903년 로녹대학 설립 반(半)백 주년, 즉 50주년 기념 졸업식에 참석하라고 권유해서 1년간 졸업을 유예했다. 김규식의「자필 이력서」에는 로녹에 입학해 1년간 예과를 다녔고, 4년간 본과를 이수했는데, 자금 부족으로 1년간 학교를 떠나 있어야 해서, 총 6년간 학교를 다녔다고 되어 있다. 1902년 5월 간행된 한 잡지에 따르면 김규식은 뉴욕 어빙턴에 취직한 것으로 되어 있다.[177] 이정식에 따르면 1901년 11월 학기에 2과목을 선택한 후 1903년 봄학기까지 학교에 등록하지 않았고, 1902년에 충분히 졸업할 수 있었는데 1년간 유예하였으며, 뉴욕에서 1년을 보낸 후 1904년 봄에 귀국했다.[178]

『로녹대학 학보』에 따르면 김규식은 1903년 가을 뉴욕 컬럼비아대학에서 한 과목을 수강 중이었다.[179] 당시 의화군은 미국에 체류 중이었는데, 감시를 당하며 오락거리가 없던 워싱턴보다는 뉴욕을 자주 왕래하고 있었

---

176 "Dr. Kiusic Kimm, Famous Korean Alumnus Reappears in the News," *The Roanoke Collegian*, December, 1946. pp.4~5.
177 *The Phi Gamma Delta*, XXIV no.7, May, 1902. p.622; 이정식, 1974, 위의 책, 22쪽.
178 이정식, 1974, 위의 책, 22쪽.
179 *Roanoke Collegian*, Nov/Dec. 1903. 이 자료는 로녹대학의 스텔라 수 교수가 제공한 것이다.

다. 때문에 김규식이 1902~1904년간 뉴욕에 체류하게 된 데에는 의화군의 뉴욕 왕래와 관련이 있을 가능성이 있다. 또한 김규식의 친척이자 일본 게이오기주쿠 유학생으로 도미 유학했던 김헌식(金憲植)이 뉴욕에 거주하고 있던 사정과도 연관이 있을지 모르겠다. 김헌식은 김규식과 같은 항렬의 친척으로 1896년 4월 게이오기주쿠 유학생 5명과 함께 미국에 건너왔으며, 이후 1951년 사망할 때까지 주로 뉴욕을 근거지로 활동했다.[180]

김규식의 장녀 김우애의 증언에 따르면 드레허 학장은 졸업을 1년 늦춰서 특별히 1903년 50주년 기념 졸업식에 참석해 달라, 첫 번째 한국인으로 로녹 역사에 남아 달라고 부탁했지만, 김규식은 왜 자신을 이용하느냐며 화를 냈다고 한다. 김규식은 학교를 떠나서 졸업장을 안 받고 뉴욕으로 가서 1년 동안 "저널리즘인지 뭐인지 리포트 하는 그런 거"를 했다는 것이다.[181] 즉, 김규식은 뉴욕에서 기자 혹은 작가 같은 글 쓰는 직업을 가졌던 것이다. 김규식이 유학 시절 경험한 아르바이트 목록에 신문 배달, 연극작가의 개인 비서 등이 있으며, 그의 졸업 연설이 『뉴욕 선』(New York Sun)에 보도된 것과 관련 있는지 모르겠다. 김규식의 딸 김우애는 뉴욕 시절 김규식이 어떤 백인 여성과 사귄 적이 있었지만, 자신이 한국으로 돌아갈 처지였기에 더 이상 관계가 깊어지지는 않았다는 얘기를 남겼다.[182]

여러 사정을 종합하면 김규식은 1902년 5월 이전부터 로녹대학 50주년 기념 졸업식이 개최되던 1903년 6월까지 뉴욕에서 일했으며, 졸업식에 참가한 후 한국으로 돌아오는 1904년 4월 이전까지도 뉴욕에서 계속 일했을 것으로 보인다.

---

180 방선주, 1989, 「김헌식과 3·1운동」, 위의 책.
181 「조종무 기증자료: 구술 폴린장」 OH_056_027_폴린장_11. 국사편찬위원회 2006년도 구술자료수집사업, 7~8쪽.
182 「조종무 기증자료: 구술 폴린장」 OH_056_027_폴린장_11. 국사편찬위원회 2006년도 구술자료수집사업, 7~8쪽.

위: 로녹대학 1903년 졸업반. 1열 가장 왼쪽에 김규식이 있다. 로녹대학 소장.
아래: 김규식 로녹대학 졸업 기사. The Times Dispatche (Richmond, 1903. 5. 10).

1903년 6월 김규식의 졸업 소식이 미국 여러 신문에 보도되었다. 버지니아 리치몬드의 『타임즈 디스팻치』(The Times Dispatches)는 소호 김규식(Kiusic Soho Kimm)이 미국에서 두 번째로 문학사를 받는 한국인이며 「극동에서의 러시아」란 제목으로 유창한 졸업 연설을 했다고 보도했다.[183] 다른 신문은 김규식이 올해 졸업하는데, 수년 전 웅변대회 수상자로 명연설자라고 보도했다.[184] 김규식의 졸업식에는 주미공사 조민희가 참석했다.[185]

졸업 후 김규식의 추가 행적은 알려지지 않았다. 이정식은 김규식이 대학원 진학을 생각했다가 뉴욕에서 1년을 보내며 귀국할 여비를 장만했을 것으로 추정했다. 김규식도 「자필 이력서」(한문)에서는 "1904년 미국 프린스턴대학 문학석사학위 취득"이라고 썼지만, 「자필 이력서」(영문)에서는 "프린스턴에서 대학원 장학금을 받았지만, 1904년 러일전쟁 발발 후 한국에 돌아왔다"라고 쓰고 있다.[186] 로녹대학의 기록 등에도 김규식이 프린스턴대학을 나온 것으로 쓰여 있지만,[187] 이는 사실과 다르다.

김규식의 장녀 김우애(Pauline Kimm Chang)는 1978년 아들이 프린스턴대학에 입학한 것을 계기로 학교를 방문해 부친 김규식의 프린스턴대학원 재학 여부를 문의했으나, 학적부 확인 결과 프린스턴대학에 재학한 적이 없음을 알게 되었다.[188] 그러나 언론에서는 여전히 김규식이 프린스

---

183 "Mr. Kiusic Kim, of Seoul, Korea to Graduate as Bachelor of Arts-Festivities Arranged for Commencement Season," *The Times Dispatches*, May 10, 1903, June 12, 1903.
184 "The Cause of Education," *Boston News*, June 30, 1903.
185 "A Corean's College Theme, Russia Discussed by Kiusic Kimm at the Roanoke Commencement," *The Sun*, June 14, 1903.
186 「김규식 자필 이력서」(영문, 1950).
187 로녹대학 학보는 김규식이 1910년 프린스턴에서 석사학위를 받았다고 쓰고 있다. "Dr. Kiusic Kimm, Famous Korean Alumnus Reappears in the News," *The Roanoke Collegian*, December, 1946. pp.4~5. 미주에서도 김규식이 1904년 6월 프린스턴에서 석사학위를 받았다고 알려져 있다. 김원용, 1959, 위의 책, 371쪽.
188 「조종무 기증자료: 구술 폴린장」 OH_056_027_폴린장_11. 국사편찬위원회 2006년도 구술

턴에서 석사학위를 받은 것으로 이야기되었다.[189]

김규식은 1904년 4월 9일 하와이 호놀룰루항을 떠나서 일본 요코하마로 가는 콥틱(British S. S. Coptic)호에 탑승했다. 승선자명부에 따르면 이름 김규식(K. Kimm), 나이 21세, 성별 남성, 직업 학생, 한국인, 가방 2개를 소지하고 있는 것으로 되어 있다.[190] 16세의 나이로 한국을 떠났던 사고무친의 소년이 이제 미국 대학을 졸업한 21세의 청년 문학사로서 귀국하게 된 것이다. 그는 유망한 청년인재로 성장했지만, 그의 조국은 몰락 직전에 놓여 있었고, 그의 앞길에는 희망과 비관으로 교직된 불투명한 미래가 기다리고 있었다.

그의 귀국 소식은 『황성신문』에 이렇게 소개되었다. "외부(外部) 교섭국장 김익승(金益昇) 씨의 조카(姪) 김규식 씨가 9년 전 미국에 입(入)하야 로크대학교에서 보통문학을 졸업하고 귀국하엿더라."[191]

자료수집사업, 7~8쪽.
189 "Daughter Visits Famous Father's Alma Mater," *Roa-Notes*, January/February 1994.
190 "List or Manifest of All the Passengers" British S. S. Coptic, from Honolulu to Yokohama, April 9, 1904. http://www.ancestry.com.
191 「미국졸업」, 『황성신문』(1904. 4. 28).

〔표 3-4〕 김규식의 로녹대학 성적 (1898~1903)

학년 성적 과목	예과		1학년				2학년			3학년			4학년	
	1898. 1.	1898. 6.	1898. 11.	1899. 1.	1899. 3.	1899. 6.	1899. 11.	1900. 3.	1900. 6.	1900. 11.	1901. 3.	1901. 6.	1902. 1.	1903. 6.
영어	88	92	93	90	86		92	90	90	93	90	93	90	90
라틴어	94	91	97	89	95		93	92	94	96	o	97	*	
독일어							98	96	96	95	95	95	90	
프랑스어			92	83	94		98	95	96	95	95	95	94	
역사	87	94	80	90	80			85	86	90		97		
정치경제										90				
심리학										90	93			
영어성경								95	95					
웅변							88							
독해		94												
예술													93	
수학	88	97.7	96	90	95		98	99	98.6					
천문학													96	
식물학									97	a	a			
동물학												75		
화학									97		95			93
생리학 및 위생								90			93			
상업수학	80													
부기			99	92										
서법			99											
맞춤법	89													
암송	23회		25회											

결석	2		1	7 (무단1)	(무단1)	4		15 (무단1)	(무단2)	49 (채플3)	(무단3)	98 (채플10)	21 (무단3)
품행	1급	1급	1급										1급
비고				근신					a	o./a.		*	
	o. 시험 2회 결시, a. 시험 2회결시, * 2학기 모든 시험 결시													

〔비고〕 매년 1월과 6월은 기말 성적, 그 밖의 달은 분기 성적임.
〔출전〕 Kim Kyusik's transcripts(김규식 성적표), 로녹대학.

국내에서의 김규식

4

(1904~1913)

고아로 버려진 후, 죽을 고비를 넘기고, 미국인 선교사가 세운 고아원학교에서 생존과 영어를 배워 살아남은 김규식은 스스로의 힘, 미국 선교사들의 도움, 대한제국의 조력으로 미국 대학 문학사가 되어 금의환향했다. 버림받은 존재에서 서구 학문과 근대세계를 꿰뚫는 세계시민으로 돌아온 김규식이 마주한 모국은 구원이 절박한 상황이었다.

귀국 후 중국 망명 이전까지 김규식의 국내 활동은 기독교, 교육·문화, 청년을 중심으로 한 계몽·교육을 통한 애국운동 추구였다. 김규식은 본격적인 정치운동이나 결사·투쟁을 주도하거나 그에 참여하지는 않았다. 이는 그가 체득한 생존의 본능이자, 삶의 교훈을 반영한 결과였을 것이다. 부친이 정치외교적 사건에 휘말려 멸문지화에 처했던 개인적 경험은 그의 인생에 큰 영향을 끼쳤다. 살아남기 불가능한 처지에서 생존했다는 경험칙이 이 시기 그를 지탱한 중요한 동력이자 교훈이었다. 또한 그를 구원해 근대세계시민으로 성장시킨 언더우드 등 미국 선교사들은 정교분리에 따른 종교와 정치의 거리 두기를 선교의 원칙으로 삼았고, 김규식도 그 영향을 받았을 것이다. 이런 연유로 러일전쟁부터 을사조약, 정미조약, 강제병합에 이르는 격동과 격변의 시기, 김규식은 정치 활동에 앞장서거나 전면에

나서지 않았다.

귀국 후 10년간 김규식은 정중동의 활동을 펼쳤다. 그의 본격적인 독립운동은 한국을 떠나 중국으로 망명한 후에야 시작되었다. 나라의 운명은 기울었고, 일본의 팽창은 막을 수 없는 기세였으며, 우국지사들은 울분을 토했으나 군주제하에서 난국을 돌파할 정치적 구심력은 역설적으로 형성되기 어려웠다.

1950년 칠십줄 노경의 김규식은 자신이 걸어온 1904~1913년을 이렇게 기억했다.

1904년 한국에 돌아온 후 서울 YMCA 설립에 관심을 갖고 최초의 이사회 중 한 명이 되었으며 동시에 이사회 기록서기가 되었으며 YMCA 학교에서 약간 가르치는 일을 수행했다. 후에 교육부국장이 되었으며 동시에 YMCA 중학교를 지도했다(1910년까지). 1905년 여름 일본과 러시아 간 평화협상에서 한국 문제를 애원하기 위해 포츠머스로 가기 위한 황제의 비밀사절단 9명으로서 본인과 다른 성원들은 미국에 갈 승선권을 살 목적으로 상해에 갔다. 그러나 여행비용에 쓸 자금과 황제의 비밀메시지를 가지고 상해로 오기로 한 사절단 다른 성원들이 나타나지 않았고 3개월 가까이 시간을 허비한 후, 그동안 조약이 9월 6일 포츠머스에서 이미 서명되었기에 같은 해 11월 7일 한국으로 귀환했다. 이때부터(1905년 11월) 보호조약이 1905년 11월 7일 밤 일본에 의해 한국에 강제된 이후, 추가 학업을 위해 미국에 가겠다는 모든 생각을 포기했으며 고 호레이스 G. 언더우드 박사의 개인 비서로 활동했다. 1913년 봄까지 이 직분에서 일했다. 이 기간 동안 때때로 YMCA의 교사, 경신중학교(장로교 선교부가 설립하고 운영하던 John D. Welles 훈련학교로도 알려짐)의 교감, 조선기독대학-현재의 연희대학교의 최초 2개 신입생 반의 교수 중 한 명으로서 다양한 직위로 동시에 근무했다.

1913년 봄, 총독이 도쿄외국어학교에서 영어 교수직과 동시에 동경제국대학의 동양사 장학금을 제안한 것을 거절한 후, 오스트레일리아에 한국 인삼을 현지 중국인들에게 판매하기 위해 간다는 구실로 여권을 획득해서 실제로는 일본 강압의 옥죄이는 족쇄로부터 탈출할 진짜 목적을 수행했으며, 중국에 가서 그곳에서 영원히 체류했으며 한국 독립운동을 고양하는 데 일정 부분 기여했다.[1]

그의 자서전에 따르면 이 시기 김규식은 첫째로 YMCA에서 일했고, 둘째로 1905년 고종의 밀사로 비밀외교를 시도했고, 셋째로 언더우드 목사의 개인 비서로 일했으며, 넷째로 총독부의 교수직 제안을 거부하고 중국으로 망명했던 것이다. 나아가 김규식은 기독교지도자이자 한글학자로 활동했으며, 결혼해 가정을 이루었다. 소년이 청년으로 성장해 사회 활동을 본격화하며, 가정을 이루고 사회의 주역으로 활동하기 시작한 것이다.

---

[1] 「김규식의 자필 이력서」(영문). 한국전쟁 발발 직전 김규식은 김원용에게 1950년 3월 5일 자로 된 한문·영문 이력서를 보냈다. 김원용은 해방 후 재미한족연합위원회 대표로 국내에 파견되어 과도입법의원을 지냈으며 재미한인사회에서 유명한 캘리포니아 리들리 3김씨 중 한 명이었다. 김규식은 한국전쟁 중 납북되어 그해 12월 평북 만포진에서 병사했다. 20년이 흐른 1971년 김원용은 자신이 보관하고 있던 김규식의 자필 이력서들과 사진 3장(1920, 1933, 1947년 촬영)을 김순애에게 돌려주었다[「김원용이 김순애에게 보낸 편지」(1971. 7. 14); 「김규식 자필 이력서」(한문); 「김규식 자필 이력서」(영문)]. 이 자료들은 2015년 1월에 전 우사 연구회 총무 장은기 선생으로부터 받았다. 원본은 김규식의 차남 김진세가 소장하고 있다. 「김규식 자필 이력서」를 이 책에 부록으로 첨부했다.

1   YMCA 이사, 서기

귀국 후 김규식의 주된 활동 터전은 YMCA, 학교, 교회 등 교육·문화사업 분야였다. 1903년 10월 창설된 YMCA는 황성기독교청년회라는 명칭으로 발기했는데, 창립총회 이후 1904년 가을에 정식 이사회 임원 조직을 마쳤다.[2] YMCA는 기독교 전도기관이었을 뿐 아니라 일반 사회단체적 성격을 가졌으며, 창립총회가 성립될 때까지 미국·캐나다로 조직된 YMCA 국제위원회의 도움이 있었고, 국내적으로는 각국 외교관·은행가·실업가·교육가·선교사들로 조직된 자문위원회의 도움을 받았다.[3] 전택부는 초기의 중요인물로 여병현, 질레트(Phillip L. Gillette), 헐버트를 꼽았다. 또한 독립협회 해산(1898) 이후 옥중에 있던 이상재(李商在) 등이 1904년 석방되었는데, 이들은 옥중에서 기독교로 개종한 첫 번째 양반들이었다. 이들은 게일 목사의 연동교회에 입교했으며, 또한 황성기독교청년회에 단체로 가입했다. 여기에 지방에 가 있던 윤치호와 미국에서 귀국한 김규식이 합류한

2   이하 서술은 다음을 참조. 전택부, 1994, 『한국기독교청년회운동사』, 범우사; 대한YMCA연맹 엮음, 1986, 『한국YMCA운동사 1895~1985』, 路출판; 민경배, 1993, 『서울YMCA운동사 1903~1993』, 路출판.
3   전택부, 1994, 위의 책, 68쪽.

것이다.[4]

여병현(1867~?)은 여운형의 집안 숙부뻘로 여운형을 근대 학문과 근대세계로 초대한 인물이었다.[5] 황해도 출신으로 1895년 일본 게이오기주쿠에 유학생으로 파견되었다가, 1896년 김헌식 등 6명과 함께 캐나다를 경유해 미국으로 건너갔다. 서광범 주미공사의 도움으로 흑인 대학이던 하워드대학(Howard College)에 적을 두었으며, 재차 서광범의 주선으로 영국에 건너가 영국 클리프대학·할리대학에서 수학했다고 알려져 있다. 여병현에 대해 3·1운동 당시 제암리학살 등을 세계에 알린 스코필드(Frank W. Schofield)의 기록이 있다. 스코필드의 부친 프랜시스 스코필드(Francis W. Schofield)는 클리프대학(1897)·할리대학(1899)에서 신약성서와 희랍어 강의를 맡았는데, 소년 스코필드는 1897년 클리프대학에서 여병현을 만나 한국을 알게 되었다.[6] 여병현은 1900년 2월 15일 귀국했으며, 국제 YMCA 간사가 한국을 방문해 YMCA 창설을 계획할 때 한성기독청년회를 만들고, 의사부(議事部) 위원장으로 YMCA 설립을 준비했다.[7] 상공학교 교관을 지냈으며, 1905년 공사관 3등 참서관, 1906~1907년 중추원 부찬의를 지냈다.[8] 중추원에서 한성 자치제를 건의했으며, 1907년 천안군수에 서임되었으나 취임하지는 않았다.[9] 일본·미국·영국 유학을 함께한 '6인조'의 일원이었던 임병구(임병항)와 함께 대한자강회·대한협회에서 계몽운동을 활발히 전개했다. 미국 유학생 출신으로 대한자강회·대한협회 회보에 가장 많은 글을 쓴 인물로 생각된다. 1908년 대한협회 교육부장 등으로 활

---

4 전택부, 1994, 위의 책, 81쪽.
5 정병준, 2012, 「한말 미국 유학 지식인의 서구 '사회과학' 수용과 현실 인식」, 『이화사학연구』 44.
6 「스코필드 박사 연보」, 석호필 스코필드박사 사이버기념관(http://schofield.snu.ac.kr).
7 이찬영, 1979, 『한국기독교사연대표』, 창미서관, 266쪽.
8 『고종실록』(1905. 2. 20); 『관보』(1905. 2. 22, 1905. 2. 23).
9 국사편찬위원회, 1999, 「三. 韓官人ノ經歷一般」, 『통감부문서』 8.

동했고, 국채보상금 조사위원을 지냈다. 1909년에는 대한협회와 일진회의 연합 시도를 비판하며 일진회장·송병준의 엄벌을 요구했다. 일제의 분류에 따르면 김린(金麟)과 함께 기독교청년회파(YMCA) 수령이었고, 한성부민회 규칙 기초위원이었다. 여병현은 1926년 스코필드가 귀국했을 때, 그를 영접하는 자리에 참석했다.[10] 1927년 『별건곤』 기사에 따르면 서대문에서 비석 장사를 하는 것으로 나타나 있다.[11]

　이상재는 한말에서 일제시대를 아우르는 대표적인 민족주의자이며, 근왕론적 개화파에서 민족주의자로 변신한 최초의 인물이다. 또한 양반으로 한성감옥에서 기독교로 개종한 첫 세대로, 이후 황성기독교청년회, 즉 YMCA의 토대를 닦는 데 전력을 기울인 인물이다. 주미공사관에서 근무한 이래 친미 개화파의 후원자이자 지도자였으며, 양반·개화파·기호·기독교 등의 교집합의 중심에 서 있던 비타협적 민족주의자이자 이승만의 핵심 국내 지지 기반이었다.[12]

　황성기독교청년회의 가장 중요한 사업은 1904년에 회관을 마련한 일이었다. 서울 시내에 한국인 중심의 상설 기독교 문화기관이 설립되었고, 그 영향하에 한국인의 교육, 문화, 직업, 체육 활동이 활발하게 펼쳐질 수 있는 기반이 마련된 것이다. 또한 그 시설과 지향이 당대 최첨단이어서 청년들을 매혹시켰다. 1904년 하반기에 한국인 간사들을 임명했는데, 출옥한 독립협회 지도자인 김정식이 수석간사, 최재학이 서무간사 겸 통역, 김규식·육정수·이교승이 교육부 간사, 김종산이 운동부 간사로 임명되었다.[13] 외국인 수석간사는 질레트였으며, 뒤에 질레트는 미국인 총무라 하고, 김정식은 한인 총무 혹은 질레트를 총무, 김정식을 부총무라 하였다.

10　『동아일보』(1926. 6. 6, 1926. 6. 25, 1926. 6. 27).
11　송작(松雀), 1927, 「금인(今人)·고인(古人) 명사의 실태비화, 창피 대창피」, 『별건곤』 3.
12　정병준, 2005, 위의 책.
13　전택부, 1994, 위의 책, 83쪽.

전택부에 따르면 1903년 10월 28일 창립 이후 약 7개월간은 준비 기간으로 총회 사회자였던 헐버트가 YMCA 대표자를 맡았다. 1906년 6월 제3회 정기총회에서 이사진(司事部)으로 회장 게일, 부회장 헐버트, 보재위원장 브라운, 장재(재무) 베크, 기사(서기) 김규식, 총무 질레트, 부총무 브로크만, 한인 총무 김정식이 선임되었다.[14] 1908년에는 사업 집행을 담당하는 의사부 위원장 여병현, 위원 전덕기, 김명준, 김규식, 조남복, 고찬익, 민준호, 김원선, 이익채 등이 선임되었다.[15]

즉, 김규식은 1904년 귀국한 이래 이사회의 임원이자 의사부 임원으로 YMCA의 중심인물이 된 것이다. 불과 23세의 나이였다. 1908년 간행된 『대한황성종로기독교청년회약사』에 따르면 김규식은 YMCA에서 의사부 위원, 교육부 위원, 교수부 교사 등을 맡고 있는 것으로 나타나고 있다.[16] 다양한 위원회에서 중견 인물로 활동한 것임을 알 수 있다.[17]

YMCA는 교육사업을 중점적으로 추진했는데, 1905년 이상재가 제2대 교육부 위원장으로 취임하면서부터였다. 국제적으로도 "중국 Y는 운동식, 일본 Y는 교회식인데 반하여 조선 Y는 학교식"이라고 할 정도로 교육은 한국 YMCA를 상징하는 사업이었다.

김규식이 자신의 이력서에 적은 것처럼 "1904년 한국에 돌아온 후 서울 YMCA 설립에 관심을 갖고 최초의 이사회 중 한 명이 되었으며 동시에 이사회 기록서기가 되었으며 YMCA 학교에서 약간 가르치는 일을 수행했다. 후에 교육부 국장이 되었으며 동시에 1910년까지 YMCA 중학교를 지도했다"는 것이다. 당시 언론에 보도된 김규식의 황성기독교청년회 활동

14　P. L. Gillete's Letter to Mr. Edwin V. Morgan, American Legation on October 30, 1905. 전택부, 1994, 위의 책, 92쪽.
15　『대한황성종로기독교청년회약사(1908)』 1쪽; 전택부, 1994, 위의 책, 93쪽.
16　『대한황성종로기독교청년회약사(1908)』; 전택부, 1994, 위의 책, 101쪽.
17　전택부는 김규식이 1904년부터 YMCA 교수, 1904년에는 YMCA 초대 학관장, 1910년부터 YMCA 학생부 담당 간사이자 이사였다고 썼다. 전택부, 1971, 『인간 신흥우』, 홍성사, 118쪽.

1　YMCA 이사, 서기

은 다음과 같다.

황성기독교청년회에 심상영어속성과(尋常英語速成課)를 설립하고 1906년 1월 8일부터 개학해 하오 6시~7시까지 수업을 진행했는데, 김규식이 교사를 맡았다.[18] 1월 16일 저녁 7시 반에는 연설회를 개최했는데, 구미 각국에 다년 유학하고 귀국한 김규식이 「대한정형」(大韓情形)으로 연설했다.[19] 3월 27일 저녁 7시 반 김규식은 「스웨덴(瑞典)황제 거스테쓰바사의 사적(事蹟)」이란 제목으로 연설했다.[20] '거스테쓰바사'는 스웨덴 구스타브 1세 바사(Gustav I Vasa, 1496~1560)로, 1520년 덴마크가 스톡홀름을 침략하자 해외로 탈출한 후 농민반란을 주도해 1523년 6월 6일 스웨덴을 해방시킨 인물이다. 김규식이 황성기독교청년회에서 하던 연설이 주로 애국심을 고취시키고 독립열을 고조시키는 데 초점을 뒀음을 알 수 있다. 6월 9일 오전 10시 흥천사(興天寺)에서 황성기독교청년회 하기 방학 예식 및 대운동회가 개최되었는데, 김규식은 유성준과 함께 운동회 심판위원으로 참가했다. 총무 질레트, 부총무 김정식, 교육부장 이상재 등도 참가했다.[21] 더도 말고 덜도 말고, 김규식은 황성기독교청년회(YMCA)의 젊은 중추였던 것이다.

1906년 10월 22일 저녁에는 황성기독교청년회관에 미국 철학박사 조원시(趙元時, George Heber Jones) 초청 친목회가 개최되었는데, 조원시(존스) 목사가 연설한 후 영어교사 김규식이 감사의 답사를 행했다. 친목회는 대황제폐하 만세, 제국 독립 만세, 청년회 만세를 연호한 후 폐회되었으니 황성기독교청년회의 지향과 목표를 알 수 있다.[22]

---

18 「本會에서 尋常英語速成課를 設立허고」, 『대한매일신보』(1906. 1. 4).
19 「青年演說」, 『대한매일신보』(1906. 1. 16).
20 「青會開會」, 『대한매일신보』(1906. 3. 27).
21 「皇城基督敎靑年會夏期放學禮式與大運動會盛況」, 『황성신문』(1906. 6. 13).
22 「青會親睦」, 『황성신문』(1906. 10. 24).

황성기독교청년회는 1907년 보통과(2년제) 1~2학년(62명), 일어특별과 1~2학년(37명), 영어특별과 1~3학년(72명), 직업과 등을 두었으며, 직업교육에 중점을 두었다. 1907년에 등록한 학생 수가 352명이었으며, 강연회와 토론회도 성황을 이루었다. 1907년 질레트의 보고서에 따르면 YMCA는 총 37회의 토론회, 총 83회의 강연회를 개최했고, 각각 300~400명의 청중이 모여들었다. 강연 제목은 「신시대에 처한 기독교의 사명」, 「한국인의 임무」, 「교육과 기독교」, 「재래식 혼인 관습의 개혁」, 「기회는 기다리지 말고 만들자」, 「위대한 민족성의 3대 요소」, 「청년이 할 수 있는 일」, 「자기 시련」 등이었고, 토론 제목은 「덕망이냐 지위냐」, 「경험이냐 교훈이냐」, 「도의냐 법률이냐」 등이었다.[23]

1908년 9월에는 학생 수가 241명, 1909년 6월에는 222명이었다. 그 가운데 전문부 학생 74명, 영어연구과 19명, 직업과 32명, 일어연구과 18명, 고등과 79명 등이 포함되었다. 학생 수가 줄어든 것은 1909년 일제의 사립학교령에 의해 학부의 인가를 받게 되었기 때문이다. 1908년부터 공동 학감 제도가 생기며 육정수 부학감 대신 김규식이 공동학감을 맡았고,[24] 김규식과 백상규가 교사에 취임해 교육사업이 큰 활기를 띠게 되었다. 김규식은 1909년 공동학감을 사임했다.

의정부 참찬으로 정부 고관이던 이상재가 황성기독교청년회 종교부 총무로 취임하고, 1905년 교육부 위원장이 된 데에서 알 수 있듯이, 초기 황성기독교청년회는 고종 및 대한제국 정부와 우호적인 관계를 유지했다. 1907년 11월 회관 정초식에는 영친왕이 머릿돌 글을 썼고, 고종이 1만 원의 하사금을 내렸다. 이때 이사회는 회장 터너, 부회장 윤치호, 서기 김규

---

[23] G. A. Gregg's Annual Report, Year Ending September 30, 1907; 전택부, 1994, 위의 책, 110쪽.
[24] 전택부, 1994, 위의 책, 119, 122쪽.

1 YMCA 이사, 서기

식, 회계 모리스 등 한·미·영·일 12명의 이사로 구성되어 있었다. 김규식은 의사부 위원이었다. 황성기독교청년회는 1907년 고종이 강제 양위를 당했을 때 강하게 항의하며 대한자강회와 함께 일진회 기관지를 공격하고 대한문 앞에서 통곡했다.25

1907~1909년간 YMCA에서 김규식의 주된 활동은 대중 강연·연설이었다. 김규식은 1907년 2월 21일 하오 7시 반 청년회관에서「盖時樣必由人而至矣人不必待時自至矣」라는 주제로 연설했다.26 "어찌 시류가 반드시 사람으로 인하여 도달하는 것인가? 사람이 기다리지 않더라도 시대가 스스로 도달할 따름이다"라는 주제였으니, 사람이 시대를 능동적으로 따라가야 한다는 의미의 연설로 생각된다.

1907년 3월 중국 상해와 일본 동경을 돌아보고 온 김규식은 1907년 4월 23일 저녁 7시 반 청년회관에서「재일 한국 유학생의 정형」이라는 주제로 연설했다.27 6월 13일 저녁에는 청년회관에서「문명의 기초」라는 주제로 연설했다.28

1908~1909년에도 김규식은 황성기독교청년회관에서 진행된 연설회의 연사로 나섰다. 1908년 3월 3일 하오 7시 반 김규식은「우리 한국의 전도」(我韓前途)라는 주제로 연설했고,29 4월 23일에는 청년회관에서「우리 한국의 전도 문제」(我韓前道問題)로 연설했다.30 김규식은 6월 18일 저녁 8시에 청년회관에서「청년은 국가의 원기」(國之元氣)라는 주제로 연설했다.31

25 민경배, 1972,『한국기독교회사』, 대한기독교출판사, 187쪽; 전택부, 1994, 위의 책, 140쪽.
26 「靑會演說」,『대한매일신보』(1907. 2. 21);「紳士演說」,『황성신문』(1907. 2. 21).
27 「靑會開演」,『대한매일신보』(1907. 4. 23).
28 「靑會演設」,『대한매일신보』(1907. 6. 13).
29 「靑會開演」,『황성신문』(1908. 3. 3).
30 「靑會演說」,『황성신문』(1908. 4. 23).
31 「靑年停會」,『대한매일신보』(1908. 6. 18);「靑會演說」,『황성신문』(1908. 6. 18).

1909년에도 김규식의 연설은 계속되었다. 6월 15일 하오 8시 청년회관 연설회에서 김규식이 연설했으며,[32] 10월 11일 일요일에는 미국 박사 채응만(蔡應萬)이 연설하고 김규식이 통역을 했다. 기사에 따르면 청중 1천여 명 중 감화 입교자(感化入敎者)가 55명에 이르렀다고 한다.[33]

이상에서 살펴본 것처럼 김규식이 연설한 주제는 시대에 부응해서 청년들의 애국심과 교육열을 격동시키고, 기독교를 통해 근대화로 나아가야 한다는 내용이었다. 당대 보통의 한국 청년으로서 갖기 힘든 언더우드 고아원-영어 학습-독립신문 영어 직원-미국 유학이라는 근대 엘리트 지식인으로서의 경험이 그 배경에 깔렸을 것이다.

김규식의 연설은 지적이고 합리적이었지만, 웅변조는 아니었던 것 같다. 김규식은 로녹대학 시절 토론클럽에서 맹활약하며 회장으로서 역할했지만, 토론클럽과 대중 연설은 다른 면모가 있었던 듯하다. 홍희(洪憙)는 1925년 『개벽』에서 김규식의 언변에 대해 이렇게 쓰고 있다.

> 그의 언변은 엇더냐고 말슴입니까. 그가 연설하는 것을 몇번밧게 듯지 못하야서 거연(遽然)히 말슴하기는 어려우나 웅변이라고는 하기 어렵겟지요. 그의 두뇌가 명석한 까닭에 판설(辯說)의 조리(條理)가 정연해서 거의 물부어 샐틈이 업듸다. 그가 공적 활동무대에 나선뒤로 연달(練達)이 적지 아니되얏슬 터이니까 지금은 전과 엇더한지 대톄로 말슴하면 말재조는 늘엇슬지 모르나 목소리야 커젓슬나구요. 그가 웅변가가 되자면 「데모스데네스」처럼 큰 물가에서 소리를 질러서 목소리를 키울 필요가 잇습니다. 자기도 항상 음량 적은 것을 한사(恨事)가치 말합듸다.[34]

---

32 「靑舘開演」, 『대한매일신보』(1909. 6. 15); 「靑會演說」, 『황성신문』(1909. 6. 15).
33 「靑舘演說會況」, 『황성신문』(1909. 10. 14).

1 YMCA 이사, 서기

홍희가 볼 때 김규식은 조리 있고 정연하게 말해서 물샐 틈이 없으나, 웅변이 아니라 목소리가 작았고, 본인도 이를 한스러워했다는 것이다. 로녹대학 시절 김규식이 영어 웅변으로 상을 받았다는 기록과 비교해 볼 때 차이가 있으나, 이는 한국과 미국에서 연설에 대한 청중의 태도나 연설의 방식 등에서 비롯된 차이일 수도 있겠다.

　　한편, 김규식은 한국 YMCA의 청년지도자로 인정되어 해외에서 개최된 YMCA 국제회의에 한국대표로 참석했다. 1907년 3월 김규식은 윤치호, 김필순(金弼淳), 강태응(姜泰膺)과 함께 중국 상해에서 개최되는 동양연합회 및 일본 동경에서 개최되는 만국청년연합회 위원으로 선정되어 3월 17일 상해로 출발했다.35 그렇지만 공식 간행된 한국 YMCA 역사에는 상해 동양연합회와 동경 만국청년연합회의 구체적인 내용이 밝혀져 있지 않으며, 당시 기독교계의 사정을 세세히 기록한 『윤치호일기』도 1907년도분은 결락이어서 세부 사항을 확인할 수 없다.

　　또한 1908년 12월 1일 황성기독교청년회관 낙성식이 거행되었는데, 김규식은 유성준(兪星濬), 미국인 브로크만(芭樂萬. F. S. Brockman)과 함께 준비위원으로 활동했다.36 어느 모로 보나 김규식이 한국 측과 미국 선교사 측에서 중시하는 황성기독교청년회(YMCA)의 청년 지도자였음을 의미한다. 김규식은 러일전쟁 와중에 귀국했고, 이후 을사조약이 체결되고 헤이그밀사 사건 이후 1907년 고종의 강제 퇴위와 군대 해산 등이 이어졌다. 나라의 운명이 기울고, 일제의 지배가 분명해지는 순간 근대세계를 경험하고 귀국한 세계시민 김규식은 기독교 청년운동에 희망을 걸었던 것이다.

34　홍희, 1928, 「어학에 능한 김규식박사」, 『개벽』 62. 홍희는 유학자로 조선사편수회 위원을 지냈다.
35　「靑會派員」, 『대한매일신보』(1907. 3. 19) ; 「委員派送」, 『황성신문』(1907. 3. 19).
36　「落成式委員」, 『황성신문』(1908. 11. 20).

1910년 한일병합 후 YMCA 바보클럽 회원들. 1열 왼쪽부터 김규식, 송언용, 백상규, 2열 신봉희, 서상란, 이승만(다른 사진의 얼굴만 합성), 현순, 3열 조종룡, 육정수, 신흥우, 홍석후, 최재학, 정태응. 전택부 소장.

김규식 본인의 이력서에는 1910년까지 YMCA에서 일한 것으로 되어 있고, YMCA 역사에는 1909년 김규식이 공동학감을 사임한 것으로 되어 있다. 한일강제병합 이후 한국 YMCA의 독자성을 허물고 일본 YMCA에 부속시키려는 일제의 공작과 이에 편승한 김린 등 친일파의 발호가 시작되었다. 김린은 강제병합 이후 본격적인 친일 활동에 나섰는데, 한국 YMCA를 중국 YMCA와 분리시킨 후 일본 YMCA 산하에 집어넣어야 한다는 적극적인 친일 행각을 서슴지 않았다. 원래 한국 YMCA는 중국·한국·홍콩 YMCA 전체위원회의 총무로 있던 브로크만의 자문으로 1903년 결성되었고, 국제적 지원과 관계망 속에 놓여 있었다. 그런데 한일병합 이후 일제의 사주를 받은 친일파들은 한국이 일본 식민지가 되었으니 당연히 한국 YMCA도 일본 YMCA의 관할하에 두어야 한다고 주장하기 시작했다.

1911년 9월 중국·한국·홍콩 YMCA 전체위원회에서 황성기독교청년회, 즉 한국 YMCA를 탈퇴시키는 문제가 제기되었다. 일본 YMCA의 미국인 간사 피셔(G. M. Fisher)와 히바드(C. V. Hibbard)의 제안에 따라 중국 YMCA의 브로크만은 1912년 12월 중국 YMCA 전국대회에서 황성기독교청년회의 탈퇴와 일본 YMCA와의 관계 형성을 결의했다.[37] 1912년 중국 YMCA 전국대회가 개최되자 한국 YMCA를 대표해 김규식과 신흥우가 참가했다. 경무총감부(警務總監部)가 발행한 「외국여권하부표」(外國旅券下附表)에 따르면 김규식과 신흥우는 12월 7일 기독교회 출석차 지나(支那) 북경으로 가는 여권을 발급받은 것으로 되어 있다.[38] 신흥우의 회고에 따르면 YMCA 북경대회의 명칭은 중국·한국·홍콩 YMCA 대회(China, Korea & Hong Kong YMCA Convention)였다.[39] 1912년 김규식의 YMCA 북경

---

37 민경배, 2004, 『서울YMCA운동 100년사』, 서울YMCA, 145쪽; 박혜미, 2019, 「일본조합교회 간사 김린의 생애와 친일활동」, 『한국기독교와 역사』 51, 59쪽.
38 警務總監部, 「外國旅券下附表」(大正 元年 10月~12月), 일본외무성 외교사료관.
39 신흥우는 1912년 김규식, 질레트(吉禮泰, P. L. Gillete)와 함께 셋이서 북경아세아YMCA

대회 참석은 1913년 중국 망명으로 이어지는 계기가 되었다. 김규식은 북경에서 한국 망국의 실체와 중국 신해혁명의 가능성을 보았을 것이다.

1911년 일제가 조작한 105인 사건이 벌어지자, 김규식은 일제의 압박을 받았다.[40] 105인 사건으로 600여 명이 검거되었고, 123명이 기소되었다. 주모자로 몰린 윤치호는 YMCA 부회장이었고, 가담자로 체포된 상동교회 전덕기 목사는 YMCA 위원이었다. 윤치호는 징역 5년형을 선고받았고, 전덕기 목사는 고문 후유증으로 사망했다. 김규식이 체포되어 심문을 받았다는 기록은 없지만, 그의 양부 언더우드 목사는 조선총독부에 의해 데라우치 총독의 서순(西巡) 일정을 탐지해 알려줌으로써 '데라우치 총독 암살미수 사건'의 발단을 제공한 인물이라는 혐의를 받고 있었다.[41] 언더우드, 윤치호, 전덕기 등이 총독 암살 혐의를 받는 상황 속에서 김규식 역시 자기 턱 밑까지 조여드는 일제의 압력을 느꼈을 것이다.

그러던 차 1912년 12월 중국 북경 YMCA 대회에 참석한 김규식은 1911년 신해혁명의 기운이 휩쓸고 있던 중국의 기풍에서 희망의 단서를 보았을 가능성이 높다. 그의 친구인 세브란스 출신 의사 김필순과 이태준 등이 신해혁명에 참가하겠다며 중국으로 망명했다.

1912년 12월 북경 YMCA대회 이후 김린은 1913년 봄 한국 YMCA를 '혁신'하겠다는 유신회를 조직하고 한국 YMCA를 일본 YMCA에 편입시킴으로써 '진일보'한 기관으로 '발전'시켜야 한다고 주장했다.[42] 김린은 주로 미국인 선교사들을 공격했는데, 그 초점은 서양인 총무와 선교사로 조직된

대회에 참석했다고 증언했다. 전택부는 이 대회명이 China, Korea & Hong Kong YMCA Convention이라고 썼다. 전택부, 1971, 위의 책, 118쪽.
40 윤경로, 2012, 『105인 사건과 신민회 연구』, 한성대학교출판부; 전택부, 1994, 위의 책, 154~160쪽. 박혜미는 김규식이 105인 사건 당시 가담자로 체포되었다고 썼으나 기록에서 확인되지는 않는다(박혜미, 2019, 위의 논문, 57쪽).
41 윤충로, 2012, 위의 책, 142~143쪽.
42 전택부, 1994, 위의 책, 161~170쪽.

1 YMCA 이사, 서기

이사회(司事部)가 헌법·규칙 없이 한국 YMCA를 운영했다는 점, 경상비는 한국에서 부담하고 매년 1만 원의 보조금을 한국정부로부터 받고 있으나 재정에 대해 한국인의 참여를 불허한 점, 창립 이래 미국인이 YMCA 운영권한을 독점하고 있음을 비판했다.[43] YMCA 이사회는 부총무 김린을 파면 (1913. 2. 27)하지만, 김린은 총독부 후원하에 『매일신보』를 통해 공격을 계속하였다.[44] 그 결과 1913년 4월 10~11일 일본 도쿄에서 한국 YMCA 대표와 일본 YMCA 대표가 회합하여 연락 조건 6개조를 의결했고, 그 결과 한국 YMCA는 일본 YMCA에 사실상 강제로 편입되었다.[45]

하와이의 『국민보』는 한국 YMCA를 일본 YMCA에 강제 편입시킨 이 사건이 김규식의 중국 망명 원인이 되었다고 분석했다.

> 한국 기독청년회가 일본 기독청년회 동맹부에 가입하는 협약을 체결하였다가 한국 청년 중의 의기남자 한 부분에서 격앙한 태도를 일으킨 결과로 그 협약이라는 것은 아직까지 양편에서 아무 기수 없이 잠잠한 모양이라. 당시 청년회 중 의기남자로 지목하는 전 학감 김규식 씨는 또한 촉감의 한을 무한히 품고 인하여 해외로 나가매 현금의 해씨(該氏)로 청년회 총무를 추천하여 다시 끌어들이기를 꾀하려 하나 한번 뜻을 결단하고 떠난 바에는 용이히 그 발길을 돌이키기가 어려울지라.[46]

---

43 「조선중앙기독교청년회 내 유신회 회장」, 『매일신보』(1913. 1. 20).
44 김린, 「기서. 청년회 혁신에 취(就)하여」, 『매일신보』(1913. 3. 14). 총독부 기관지 『매일신보』는 1913년 1월 30일부터 5월 10일까지 총 14차례에 걸쳐 유신회의 주장을 보도했다. 박혜미, 2019, 위의 논문, 57쪽.
45 한국YMCA가 정식으로 일본YMCA에 가맹된 것은 1914년 2월 23~24일 일본에서 개최된 제5회 일본YMCA동맹 총회에서였다. 전택부, 1994, 위의 책, 196쪽. 박혜미, 2019, 위의 논문, 62쪽.
46 「청년회의 내용」, 『국민보』(1914. 1. 24).

2 홍화학교·경신학교 교사

다른 한편 김규식은 1906~1907년간 민영환이 설립한 홍화학교(興化學校)에서 총교사(總敎師)로 일했다. 홍화학교는 1895년 설립되었으며, 1905년 을사조약 체결 후 민영환이 자결하자 임병항이 교장, 백상규가 부교장 겸 총무 교사에 취임하였다.[47] 홍화학교, 대한협회 등에는 미국 유학생 출신들이 다수 포진하고 있었고, 김규식도 이 공간에 동참하게 된 것이다.

교장이 된 임병항과 부교장 백상규는 모두 미국 유학생 출신으로 김규식과도 오랜 인연을 맺었다. 임병항은 여병현 등과 함께 1894년 갑오개혁 이후 게이오기주쿠에 정부 유학생으로 파견되었다가 1896년 아관파천 이후 캐나다 밴쿠버를 거쳐 1896년 4월 미국에 건너온 일단의 유학생 중 일본·미국·영국 유학을 함께 한 '6인조'의 일원이었다.

홍화학교 부교장 백상규는 브라운대학을 졸업했으며,[48] 늘 자신을 'Brown 05', 즉 브라운대학 05년도 졸업생이라고 자칭할 정도로 아이비

---

47 정영희, 1997, 「사립홍화학교에 관한 연구」, 『동서사학』 3.
48 일제하에서 재미한인 유학생들은 1910년 이전 유학 선배로 서재필, 윤치호, 백상규, 오긍선, 김규식, 하란사, 박에스더, 이승만 등을 꼽았다. 기사부(記事部), 1925, 「유미졸업생일람표」, 『우라키』 1.

리그 출신이라는 데 자부심을 가지고 있었다. 해방 직후 건국준비위원회를 조직한 여운형의 지시에 따라 여운홍과 함께 인천 앞바다에서 진주하는 미군을 기다린 바 있다.

1906년 10월 29일 홍화학교 추기 운동회가 동소문 밖 홍천사(興天寺) 근방에서 개최되었는데, 김규식은 총교사로 "유여(有餘)한 학문으로 교육상 대지(大旨)를 백여 명 학도에게 힘써 권면"한다고 되어 있다.[49] 11월 6일자 『황성신문』에는 문학사 김규식이 미국에 다년 유학하다 연전에 환국했는데, 교육상 아주 열심이어서 근일 홍화학교 영어반 학도를 고명한 학문으로 종상(綜詳)히 교수해서 일반 학도들이 감복하지 않는 자 없다며 학도의 전진유망(前進有望)을 찬하(攢賀)한다는 기사가 실렸다.[50] 11월 30일에는 홍화학교 교장으로 순국 자결한 민영환 추도식이 거행되었다. 홍화학교 고 교장 민충정공순국기념일(故校長閔忠正公殉國紀念日)에 교장 임병항이 추도회의 뜻을 설명하고, 총교사 김규식은 민충정공의 사적을 설명했으며, 총무 김석환은 유서를 크게 읽었다. 내빈으로는 민병석, 설태희, 여병현, 김규식, 현은, 김명준, 지석영 등이 참가했다고 되어 있다.[51]

1907년 4월 30일 춘기 운동회가 개최되었는데, 총교사 김규식이 '학업의 요의(要義)'를 통론(痛論)했다.[52] 홍화학교는 원래 영어·일어 2개 국어를 십여 년간 가르쳐 온 곳인데, 1907년에는 고등중학교 과정을 실시하여 1학기가 경과하였다. 1907년 7월 12일 상품수여식이 거행되었는데, 교

---

49 「興校運動」, 『대한매일신보』(1906. 10. 30).
50 「金氏熱心」, 『황성신문』(1906. 11. 6).
51 「興校追悼概況」, 『황성신문』·『대한매일신보』(1906. 12. 1). 민영환 추도가는 다음과 같다. "天地至剛 至正氣가 閔忠正의 一刀로다/피가 흘너 되가 되니 大韓帝國 光榮이라/居諸光陰 밧비오니 殉節ᄒ신 今日이라/全國同胞 二千萬이 一般追悼ᄒ려니와/數間 基礎 우리 學校 遺澤尙新ᄒ시도다/奮發홀 수 學徒더라 丁寧 遺書이질손가/忠愛目的 본을 바다 獨立精神 기를세라/年年此日 이 노릭를 紀念삼아 ᄒ여보셰."
52 「興校運動」, 『황성신문』(1907. 5. 2).

사 김규식과 백상규가 고명한 학문으로 각기 권면적 연설을 했다고 되어 있다.[53]

한 가지 주목할 사실은 이 시점에 여운형이 흥화학교 학생이었다는 점이다. 원래 여운형은 여병현의 권유로 14세 때 배재학당에 입학했으나, 일요일에 예배당 출석 여부를 조사해 학생을 책벌하자 퇴학하고 민영환이 설립한 흥화학교에 갔다. 러일전쟁, 을사조약 후 교장 민영환이 유서를 쓰고 자살하자, 여운형은 대성통곡하고 민영환의 유서를 해방 후까지도 "달송(達誦)할 수 있도록 기억"하게 되었다.[54] 1905년 민영환 자결 당시, 여운형(1886년생)은 20세였으며, 김규식(1881년생)은 25세였다. 나이로는 불과 다섯 살 차이였으나, 여운형은 흥화학교 학생 출신이었고, 김규식은 미국 문학사 출신 총교사였다. 지금까지 전혀 알려지지 않은 두 사람의 첫 만남은 저명 총교사와 일반 학생의 관계였던 것이다. 여운형은 민영환 자결 이후 양평군 향리로 내려가 노방 연설을 하며, 자기 동네에 광동학교(光東學校)를 설립하고 기독교에 입문했다. 여운형이 아직 학생 신분이던 시점에 이미 김규식은 여운형의 숙부이자 그를 근대 학문으로 이끈 여병현과 함께 계몽운동 단체의 중견으로 활약하고 있었다. 1905년 처음 만난 두 사람은 사회 활동과 교육계 지위에서 현저한 위계 차이가 있었다. 1918년 여운형이 신한청년당을 조직하고 김규식을 초청해 파리강화회의 특사로 파견하는 시점에서도 두 사람은 흥화학교에서 맺었던 교사와 학생이라는 관계의 관성을 기억했을 가능성이 높다.[55]

그 외에도 김규식은 평양 대동학교의 찬성원(1906. 7), 서울 광신사

---

53 「興校進就」, 『황성신문』(1907. 7. 13).
54 이만규, 1946, 『여운형투쟁사』, 민주문화사; 이만규, 1947, 「몽양여운형투쟁사」, 『신천지』 8월호.
55 김규식이 1919년 파리강화회의행 전후로 여운형의 역할 및 그와의 관계를 전혀 기술하지 않은 것은 이러한 두 사람의 초기 관계의 영향을 받았을 가능성이 있다.

(廣信社) 상업전문학교 교사(1906. 12), 장훈학교(長薰學校) 찬무회(贊務會)(1907. 2) 등 다양한 학교와 관련해 이름을 올렸다.[56] 김규식은 1912년 배재학당 대학부에서도 영어강사로 일했다.[57]

　김규식은 자신을 구원한 언더우드 고아원학교가 발전한 경신학교의 교사 겸 학감을 맡았다. 1885년 언더우드 고아원학교로 출발한 이 학교는 다양한 이름과 성격으로 변천을 거듭했다. 『경신사』의 공식 입장에 따르면 언더우드학당(1885~1890), 예수교학당(1890~1893), 민로아학당(1893~1897), 중학교(1901~1902), 예수교중학교(1902~1905), 경신학교(1905~현재)로 변화했다.[58] 김규식은 정동에서 연지동으로 옮긴 경신학교에서 10여 년간 서양사 교원 및 영어를 담당하며, 학교 운영의 내실과 본관 건축, 경신 수공부(手工部) 발전에 기여했다.[59] 김규식이 학감을 맡은 시기는 1909~1913년경으로 추정된다. 1905년부터 교장을 맡아 오던 밀러(密義斗, Edward H. Miller) 목사는 1908년 휴가 및 대정부 관계 때문에 물러나고 그린필드(M. W. Greenfield, 權一斗) 목사가 교장서리를 맡았다. 경신학교 출신인 민충식(閔忠植)의 회고에 따르면, 그린필드가 문제를 일으켜 교장 퇴출 스트라이크가 벌어졌다. 그린필드가 전임(專任) 선생들을 모두 도태시키고 지방에서 값싼 저급 교사를 선택했고, 새로 온 교사들이 강의가 너무 무능력해서 학생들의 불평과 자퇴생이 급증했다. 그래서 재학생들이 교장 배척 운동을 시작했고, 졸업생 37명은 현 교장 명의 졸업장을 거부했다는 것이다. 결국 졸업생 32명이 퇴학 처분을 당했고, 그린필드가 퇴출되자 언더우드가 교장, 김규식이 임시 학감을 맡았다는 것이다.[60]

56 「本學校는 光武八年에 學部에 認許를 承ㅎ야」, 『대한매일신보』(1906. 7. 22); 「敎師延聘」, 『대한매일신보』(1906. 12. 6); 「長薰校贊會」, 『황성신문』(1907. 2. 5).
57 김민수, 1977, 「김규식, 「대한문법」의 연구」, 『인문논집』 22, 고려대학교, 11쪽.
58 경신사편찬위원회, 1991, 위의 책, 211쪽.
59 경신사편찬위원회, 1991, 위의 책, 360쪽.
60 민충식, 『단원 민충식 자서전』 1, 104~106쪽. 연도 미상, 수기. 국사편찬위원회 소장

경신학교 개교 63주년 기념식전(1949)에서 축사하는 김규식. 경신학교.

『경신사』에 따르면 그린필드 이후 1909년 레이너(Ralph O. Reiner) 목사가 교장서리로 일했다. 1910년부터는 설립자 언더우드 목사가 교육사업 요원으로 임시교장(제6대)에 취임하게 되어 밀러 목사는 교장서리(부교장)로 보조하였다. 1912년 언더우드가 사임하자 밀러 교장서리가 교장(제7대)으로 취임했고, 1913년 쿤스(E. W. Koons, 君芮彬) 목사가 교장이 되었다. 김규식은 1911년 교감 겸 교원이었고, 1912년 현재 교감이자 서양사, 영어 과목을 담당했다.[61] 경신학교는 1908년 사립학교령에 의해 정식 인가를 받았으며, 9월에는 4년제 대학과 학생을 모집하기 시작했다. 김규식은 이력서에 "조선기독대학-현재 연희대학교의 최초 2개 신입생반 교수 중 한 명으로서 다양한 직위"로 근무했다고 했으므로, 대학과에서 강의를 했을 것인데, 대학과는 1910년 9월 학생 모집을 중단했다.

　1913년 3월 28일 승동예배당에서 경신학교 제8회 졸업식이 개최되어 당시 일본 동경에 있던 모트(Mott) 박사를 초청해 연설을 들었는데, 김규식 교감이 통역을 해서 많은 이들의 감탄을 자아냈다.[62] 졸업식 다음 날 김규식은 교감직을 사임했고, 4월 2일 8회 졸업생과 재학생들은 남대문역에 나가 해외로 떠나가는 김규식을 눈물로 환송했다.[63]

(CO0000013048), 고춘섭 기증자료.
61　경신사편찬위원회, 1991, 위의 책, 269, 271쪽.
62　*The Korea Mission Field*, Vol. IX, No. 5(1913. 5), p.15; 경신사편찬위원회, 1991, 위의 책, 242쪽.
63　경신학교 제8회 진석오(陳錫五) 증언(1966. 6. 2); 경신사편찬위원회, 1991, 위의 책, 243쪽.

3 미스터리한 도미 외교 시도(1905)

김규식은 「자필 이력서」에서 "1905년 여름 미국 포츠머스에서 러시아와 일본의 강화 담판 준비 전에 궁정의 밀령을 받들어 도미를 기도했다"(한문), "1905년 여름 일본과 러시아 간 평화협상에서 한국 문제를 애원하기 위해 포츠머스로 가기 위한 황제의 비밀 사절단 9명으로서 본인과 다른 성원들은 미국에 갈 승선권을 살 목적으로 상해에 갔다. 그러나 여행비용에 쓸 자금과 황제의 비밀 메시지를 가지고 상해로 오기로 한 사절단 다른 성원들이 나타나지 않았고 3개월 가까이 시간을 허비한 후, 그동안 조약이 9월 6일 포츠머스에서 이미 서명되었기에 같은 해 11월 7일 한국으로 귀환했다"(영문)라고 쓰고 있다.

미국의 중재로 러일전쟁을 종결하는 포츠머스강화조약이 체결되려는 순간, 고종은 다양한 방법으로 한국 독립을 유지하려는 소위 '독립유지외교'를 펼쳤다. 대한제국과 외교관계를 맺은 미국, 러시아, 독일, 프랑스에 밀서·밀지·신임장을 지참한 밀사를 파견해 독립 유지를 호소하는 방법이었다.

고종은 1905년 이래 구미열강에 밀사를 파견하고 밀서를 전달함으로써 일본 위협하의 한국 상황을 전달하며 한국 독립 유지를 시도했다. 밀사·밀서외교는 국가 위기 상황에 스스로를 지킬 수 없게 된 고종이 택할 수 유일한 수단이자 미약한 희망의 실마리였다. 또한 이는 1919년 3·1운동 이후 한국 독립운동의 중요 노선이 된 외교독립노선의 연원을 형성하는 것이기도 했다. 외교독립노선을 대표하는 이승만, 김규식, 송헌주 등은 모두 고종의 '독립유지외교'에 관여했던 인물들이다. 고종의 밀사·밀서 파견을 통한 독립유지외교가 3·1운동 이후 외교독립노선으로 변용·계승된 것이다.

고종이 가장 심혈을 기울인 나라는 러시아와 미국이었다. 고종은 1905년 1월 10일 러시아황제 니콜라이 2세에게 친서를 보내고, 1905년 말 이용익을 통해 러시아의 보호를 요청하는 밀서를 전달했다. 고종은 1905년 2월 상해의 러시아인 파블로프(Pavlow)를 통해 러시아황제에게 보내는 밀서를 전달하려 했는데 이 정보가 입수된 후 1905년 2~5월까지 상해·서울·동경의 일본 외교라인은 그 내막과 실체를 파악하려고 동분서주했다.[64] 밀서와 밀사의 임무는 동일했다. 러시아가 대한제국의 독립을 회복, 유지시켜 달라는 내용이었다.

특히 중국 상해에는 한일의정서 체결 직후 망명한 고종의 측근세력들이 있었다. 전시중립선언의 주역이었던 이학균(李學均)과 현정건(玄正健) 등이다. 두 사람은 1904년 3월 서울을 벗어나 미국 군함 신시내티호를 타고 중국 지푸(之罘)를 거쳐 상해로 갔다. 이들은 러일전쟁 발발 이후 상해로 철수해 온 전 주한러시아공사 파블로프를 만나 향후 대책을 숙의했다.[65] 이들은 고종에게 밀서를 보내 러시아가 한국 독립을 조장할 것이니 기다리라고 알렸다. 이학균 등은 1905년 2월에도 주한프랑스공사관 통역관이자

---

64 「事項十三 韓帝密使發遣ニ關スル件」, 문서번호 424~460, 外務省 編纂, 1958, 『日本外交文書』 38, 제1책, 630~656쪽.
65 서영희, 2003, 『대한제국정치사연구』, 서울대학교출판부, 220~242쪽.

고종의 측근인 이건영에게 밀서를 보내 러시아 등 구미열강에 호소해 간섭을 요청하자고 했다. 고종은 이용익을 통해 한국의 상황을 설명하는 국서 5통을 작성해 외국인을 통해 상해에 전달한 후 이학균 등을 통해 구미에 전달하려고 했다. 이들은 상해로 망명하기 전 콜브란-보스트윅개발회사에 대한 광산 특허, 서울의 전차·전기·전화부설권 등 이권을 내주고 상당한 비자금을 마련해 놓았다.[66]

1905년 3월 하순 고종이 러시아황제에게 보내는 친서를 상해 주재 일본영사관이 탐지했다. 밀서는 서울-부산-일본 나가사키-상해로 들어왔는데, 전달자는 상해를 오가는 한국인 매약업자 김유호(金裕晧), 김성삼(우경명禹敬命의 변명)이었다. 김성삼은 황제의 밀사로 정기적으로 상해를 오가며 파블로프와 한국 궁정을 연결했다. 러일전쟁으로 러시아의 패배가 분명해지는 순간에도 고종은 상해를 통해 러시아와 연결되려고 노력했다. 또한 상해에는 1886년 이래 민비의 친족이자 최고 세도가였던 민영익이 체류하고 있었는데, 민영익은 민씨 척족 출신 외교관들이 1905~1906년 상해로 집결하는 구심이 되었다.

고종은 미국에 대해서도 여러 차례 밀사·밀서외교를 시도했다. 동경 주재 공사 조민희는 컬럼비아대학 총장 니드햄을 통해 1904년 12월 21일 미 국무장관 헤이와 만나 한미조약에 따라 한국 독립과 영토 보전을 구두 요청한 바 있다.[67] 일본 당국은 고종의 밀사 파견·밀서 전달 시도가 계속되자 감시와 긴장의 끈을 놓지 않고 있었다. 미국에 대한 독립유지외교와 관련해 가장 유명한 것은 1905년 8월 루스벨트의 여름별장이던 오이스터베

---

66 서영희, 2003, 위의 책, 237쪽.
67 「韓帝密旨ヲ在本邦韓國公使ヨリ米人ヲ通シ國務長官ニ傳ヘタル舊聞情報ノ件」(1905. 6. 12)(林權助公使→小村外務大臣);「韓帝密旨米政府ニ傳達一件ニ關シ訓令ノ件」(1905. 6. 14)(小村外務大臣→林權助公使);「在米韓國公使館顧問 '코롬비야'大學總長'니―다모'ヨリ趙民熙ニ與ヘル書面寫送付ノ件」(1905. 6. 15)(林權助公使→小村外務大臣), 『日本外交文書』 제38권 제1책, 654~656쪽.

이를 방문해 직접 루스벨트와 만났던 이승만·윤병구의 '면담외교'였다.[68] 이승만은 1904년 8월 7일 감옥에서 석방된 후 민영환·한규설의 밀사로 11월 4일 한국을 출발해 12월 31일 워싱턴에 도착했다. 그는 1905년 2월 주한미국공사를 지낸 딘스모어(Hugh A. Dinsmore) 하원의원과 헤이(John Hay) 국무장관을 면담한 바 있다.[69] 이후 1905년 7~8월간 서울·워싱턴·도쿄의 일본공관은 고종 혹은 한국 궁중의 밀사 이승만의 행방과 활동에 지속적으로 촉각을 곤두세웠다. 1905년 7월 14일, 하야시 곤스케(林權助) 주한일본공사는 가쓰라 타로(桂太郎) 외무대신에게 이승만이 고종의 밀사로 미국에 파견됐다는 정보보고를 보냈다.[70] 하야시는 정보원이 '믿을 만한 한국 대관(大官)'의 '극비(極秘)의 내보(內報)'라고 밝혔다. 궁중의 비밀 논의들이 조정의 중신을 통해 주한일본공사에게 직보되는 상황이었던 것이다. 당시 이승만은 워싱턴디씨의 조지워싱턴대학 학생이었다.

하야시는 고종이 평화회의를 계기로 이승만을 미국에 파견해 미국의 후의에 의해 한국 독립을 유지하려고 노력한다고 보고했다. 하야시는 이런 비밀협의가 궁중에서 진행되었고 이를 위해 비용을 지출한다고 대략 결정되었으며, 실행 계획을 세우기 위해 박용화(朴鏞和)와 이용익 두 사람이 각처에서 비밀회의를 하고 있다고 덧붙였다.

이에 대해 7월 16일 가쓰라는 이승만이 현재 어느 나라에 체재 중인지 알아보라고 지시했다.[71] 하야시는 7월 17일 이승만이 1904년 장남을 동반하고 미국에 건너가 체류 중이지만 어느 지방에 거주하는지는 불명이라고 보고했다.[72] 같은 날 가쓰라는 고종이 한인을 강화 담판지에 파견해 한국

---

68 정병준, 2012, 위의 논문.
69 정병준, 2005, 위의 책, 81~86쪽.
70 「李承晚ヲ米國ニ渡航セシメントスル韓廷密議ニ關スル情報ノ件」(1905. 7. 14)(林權助→桂太郎), 『日本外交文書』 38, 제1책, 656쪽.
71 「李承晚ノ所在調査報告方ノ件」(1905. 7. 16)(桂太郎→林權助), 『日本外交文書』 38, 제1책, 657쪽.

의 지위 공고화를 시도하고 있으며 이미 운동비를 내탕금에서 하사했다고 일본 신문들이 보도하고 있으니 사실 여부를 조사하라고 지시했다.[73] 하야시 공사는 7월 19일 궁중에서 이승만 등을 파견해 강화회의 경과를 탐지하고, 미국의 동정을 얻자는 비밀논의가 행해지고 있으나 다액의 운동비를 지출했는지는 미상이라고 보고했다.[74]

하야시는 7월 20일 궁중에 들어가 고종 알현을 청했으나, 고종은 더위를 핑계로 이를 거절했다. 하야시는 참정대신 심상훈(沈相薰)을 만나 미국 파견 밀사 건을 캐물었다. 이에 대해 심상훈은 고종이 결단코 이런 일을 한 적이 없으며 사실무근이라고 답했다. 나아가 한국은 일본을 신뢰해 한일제휴의 결실을 거두고 있는데, 일본을 제쳐 두고 직접 타국을 향해 운동을 시도하는 일은 없을 것이라고 답했다.[75]

윤병구·이승만 일행은 고종 측근이던 민영환·한규설이 파견한 사실상 고종의 밀사였지만 오이스터베이에서 미국 기자들과 만났을 때 고종과 대신들을 비난하며, 자신들은 고종이나 대한제국의 밀사가 아니라고 공표하며, 심지어 자신들은 새로운 민중조직인 일진회의 대표라고 주장하기까지 했다.[76] 윤병구·이승만이 루스벨트와 잠깐 면담할 수 있었던 것은 윤병구가 하와이를 방문한 루스벨트의 최측근인 육군장관 태프트를 만나 하와이 7천 한인 대표로 선물을 건네고 소개장을 받았기 때문이다. 여기에 감리교 감독 와드만의 도움이 있었다. 즉, 이승만의 소위 루스벨트 '면담외교'는

---

72 「李承晚ノ所在ニ付回申ノ件」(1905. 7. 17)(林權助→桂太郎), 『日本外交文書』 제38권 제1책, 657쪽.
73 「韓廷ニ於ケル獨立保持運動ノ眞僞調査報告方訓令ノ件」(1905. 7. 17)(桂太郎→林權助), 『日本外交文書』 38, 제1책, 657~658쪽.
74 「韓廷ニ於ケル韓國ノ獨立保持ニ關スル秘密協議ハ事實ト認メラル'旨回申ノ件」(1905. 7. 19)(林權助→桂太郎), 『日本外交文書』 38, 제1책, 658쪽.
75 「米國ヘ密使派遣ノ件ニ付韓帝否認ノ旨報告ノ件」(1905. 7. 21)(林權助→桂太郎), 『日本外交文書』 38, 제1책, 658쪽.
76 정병준, 2012, 위의 논문, 166~172쪽.

사실 하와이 한인대표 윤병구가 태프트의 소개장을 얻어 루스벨트를 면담할 수 있었던 것이 실체였다. 일본 측은 이승만이 고종의 밀사라고 추정하고 있었고, 이승만은 사실상 민영환·한규설을 통해 파견된 고종의 밀사였지만, 이승만은 자신을 사형시키려 한 고종에 대한 반감이 심했다. 또한 하와이 7천 한인으로는 대표성이 부족하다고 생각해 당시 민중조직·민회로 주목받던 일진회 대표라 자처하는 우극(愚劇)을 벌인 것이다.

그럼에도 불구하고 국가적 위기 속에서 어떤 외교적 노력도 가시화되지 않던 상황에서 절망과 나락을 경험하던 한국인들에게 이승만·윤병구의 루스벨트 면담은 대성공으로 홍보되었고, 심지어 주미공사관 김윤정 대리공사가 이들이 요구한 정식 외교 공문을 미 국무부에 보내지 않아 러일강화회담 참가가 무산되었다는 과장 보도가 국내 언론에 유포되면서 이승만의 명성이 높아졌다.

이승만의 루스벨트 면담외교의 성공은 그를 청년지사, 외교적 영웅으로 부각시킨 일대 사건이었지만, 정작 이승만은 외교적으로 순진했고, 정치적으로 미숙했으며, 반고종·반대한제국·친일·반러 노선을 추구했다.

한편 고종은 을사조약이 체결된 이후 1905년 11월 26일 호머 헐버트에게 전문을 보내 을사조약이 무효라고 주장했다. 헐버트는 1906년 예정되었던 만국평화회의에 참가할 계획이었고, 회의가 1년 연기된 탓에 1907년 헤이그로 향하는 한편, 미국, 영국, 프랑스, 독일, 러시아, 오스트리아-헝가리, 이탈리아, 벨기에, 중국 등 9개국 원수에게 고종의 친서를 전달하려고 시도했다.[77]

한편, 이 시기 고종은 주한공사에서 해임(1905. 3. 19)되어 미국으로 귀국(1905. 6. 9)하게 된 알렌을 통해 한국 독립유지외교를 시도한 바 있다. 실력 있는 유명 미국 변호사를 고용해서 한국 문제를 대변해 달라고 요

---

77 서영희, 2003, 위의 책, 220~233쪽.

청하며 알렌에게 1만 달러를 건넸다. 사건의 개요는 해링턴(Fred Harvey Harrington)·김기석 등의 연구로 밝혀져 있다.[78] 을사조약 체결 직후 고종은 뛰어난 미국 변호사를 고용해 루스벨트로 하여금 한국 문제를 조사하게 하고, 대한제국을 일본 및 여러 열강의 공동 보호하에 두게 함으로써 일본의 한국 독점을 막자는 방안을 구상했다. 이는 한국이 미국·영국·일본의 3국 보호를 받게 해달라는 3국 공동 보호조약(Triple Protectorate) 방안이었다.[79] 1905년 11월 21일 이후 대한제국 관리들과 언더우드, 남정진(南廷鎭), 이근상(李根湘), 콜브란-보스트윅개발회사(Collbran-Bostwick Development Company) 중역 등이 연쇄회담을 거친 후 알렌에게 1만 달러를 송부할 터이니 유능한 변호사를 고용해 한국이 미국·영국·일본의 3국 보호를 받게 해달라고 요청했다.[80] 1만 달러가 전신으로 송금되었지만, 알렌은 1906년 2월 고종의 계획이 돈 낭비일 뿐 아니라, 3국 공동보호는 국제분쟁을 불러일으킬 수 있다며 거부했다.[81]

즉, 1905년 내내 고종과 측근들, 해외의 망명 측근 세력, 외국인 등은 포츠머스강화회담과 을사조약에 대처하기 위한 비밀외교에 분망했다. 다양한 인물, 다양한 지역, 다양한 시점에 중복적인 시도가 있었던 것이다. 너무 많은 시도가 있었으므로 비밀이 유지되기 곤란했고, 또한 비밀을 유지할 수 있는 성격도 아니었다.

---

78 Fred Harvey Harrington, *God, Mammon and the Japanese: Dr. Horace N. Allen and Korean-American Relations, 1884~1905*. Madison, Wisconsin, University of Wisconsin Press, 1944; F. H. 해링튼 지음, 이광린 옮김, 1981, 『개화기의 한미관계: 알렌 박사의 활동을 중심으로』, 일조각; 김기석, 1995, 「광무제의 주권수호외교, 1905~1907: 을사조약 무효선언을 중심으로」, 이태진 편, 『일본의 대한제국 강점: "보호조약"에서 "병합조약"까지』, 도서출판 까치; 이영미, 2017, 「을사조약 후 고종의 대미교섭 시도에 대한 알렌(Horace N. Allen)의 인식과 대응」, 『한국근현대사연구』 82.
79 이영미, 2017, 위의 논문, 107쪽.
80 「보스트윅이 알렌에게 보낸 편지」(1905. 12. 9), 「알렌이 초트(Joseph H. Choate)에게 보낸 편지」(1905. 12. 8), 이영미, 2017, 위의 논문, 108, 113쪽.
81 이영미, 2017, 위의 논문, 117쪽.

그렇다면 1905년 여름 김규식이 고종의 9명 사절단의 일원으로 상해에서 3개월 동안 체류하며, 포츠머스강화회담에 참가하려 했다는 것은 충분히 있을 법한 일이다. 그런데 김규식이 고종의 어떤 선을 통해 상해까지 가게 되었는지는 명확하지 않다. 이 시기 일본 측은 상해로부터 일본을 경유해 한국에 오는 한국인과 외국인들을 감시하고 있었기 때문에, 김규식의 상해행이 고종의 비밀외교와 관련한 것이었다면 기록이 남았을 가능성이 높다.

『주한일본공사관기록』 1905년 10월 25일 자에 김규식이 등장한다. 고경제23호(顧警第23號)로 경무고문 마루야마(警務顧問 丸山重俊)가 작성한 것인데, 미국인 루바도가 별안간 사직하고 귀국하는 데 대해 여러 풍설이 있다며, 그중 한 설에 따르면 루바도는 이봉래(李鳳來)와 언더우드 간에 비밀교섭이 있었던 결과 귀국하게 된 것이라고 하며, 언더우드가 유년 시절부터 양육한 한인 김규식(金圭植)도 언더우드의 내의(內意)를 받아 수일 전 어딘가로 출발하였다는 보고이다.[82] 김규식이 언더우드의 지시를 받아 1905년 10월 하순경 어딘가로 출발했다는 것이다. 언더우드는 1905년 11월 을사조약이 체결된 이후 이의 선후책을 논의하기 위해 11월 21일 입궐하여 관리들을 만나는 등 궁중과 밀접한 관계를 유지하고 있었다.[83]

김규식은 그 후 13년이 지난 1918년 7월 12일 로녹대학 동창생 그린랜드(J. Allan Greenland)에게 보낸 편지에서 자신이 포츠머스강화회의에 참석하기 위해 서울을 떠나 상해에 도착했는데, 이미 강화조약이 체결되어 참석할 수 없었다고 밝혔다.[84] 같은 편지에서 김규식은 을사조약 체결 이

---

[82] 「외국인에 관한 件」(1905. 10. 25), 顧警第23號, 警務顧問 丸山重俊→萩原 臨時代理公使, 『주한일본공사관기록』 24.
[83] 「셸든이 보스트윅에게 보낸 편지」(1905. 11. 22), 이영미, 2017, 위의 논문, 107쪽.
[84] 「김규식이 그린랜드(J. Allan Greenland)에게 보낸 편지」(몽고 고륜, 1918. 7. 12), 이정식, 1974, 위의 책, 31쪽.

후 뉴욕대학 대학원에 입학할 계획을 세웠으나, 외교권을 장악한 통감부가 여권 신청을 거절하여 미국 대학 대학원 진학을 단념하였다고도 썼다.[85] 이런 사실을 종합하면 김규식이 1905년 궁중으로부터 포츠머스강화회담의 밀사 임무를 받고 상해에 파견되었으나, 미국 파견에는 성공하지 못했다는 회고는 사실로 생각된다.

상해에는 고종의 망명 측근들이 존재했으며, 콜브란-보스트윅의 사장 콜브란이 체류 중이었으며, 고종의 내탕금·비자금이 존재했다. 청년 김규식은 미국 사정에 밝은 사람이자, 주미공사관 서기생·주아법오공사관 서기생 등의 외교관 이력을 지녔으니 궁중의 쓰임에 적합한 바가 있었다. 이 정도가 현재로서는 가늠해 볼 수 있는 가능성이다.

---

85 「김규식이 그린랜드(J. Allan Greenland)에게 보낸 편지」(몽고 고륜, 1918. 7. 12), 이정식, 1974, 위의 책, 32쪽.

4 조은애와 결혼(1906)

김규식은 1906년 조은애와 결혼했다. 그의 첫 결혼에 대한 개략은 이정식이 정리한 바 있다. 이정식은 1974년 김순애·김필례·서병호 등 김규식의 두 번째 처가 쪽에서 들은 얘기들에 기초해 첫 결혼에 대해 설명했다.[86] 이 정식에 따르면 김규식은 1906년 5월 21일 새문안교회에서 같은 교회 교인이며, 과거 군수를 지냈다는 조순환의 15세 된 무남독녀 조은수(趙恩受)와 결혼했다.[87] 그런데 결혼일자와 부인의 나이를 제외하고 사실에 맞는 것이 하나도 없다.[88]

먼저 장인의 이름은 조순환이 아니라 백천 조씨 조창식(趙昌植)이며, 부인의 이름은 조은수가 아니라 조은애(趙恩愛)이다. 조은애는 무남독녀

---

[86] 이정식은 첫 부인과 결혼하기 전, 김규식이 세브란스병원 의사로 명망 높던 김필순의 동생 김순애(두번째 부인)와 혼담이 오갔으나, 김순애가 아직 정신여학교 재학 중이어서 혼사가 이루어지지 않았다고 썼다(이정식, 1974, 위의 책, 35쪽). 그런데 김필순은 1908년에야 제중원의학교를 졸업하고 의학교 교수가 되는 것이며, 김규식이 조은애와 결혼 전 김순애와 먼저 혼담이 있었다는 얘기는 1900년대 초반의 시대상을 고려할 때 신뢰하기 어렵다.
[87] 이정식, 1974, 위의 책, 36쪽.
[88] 이정식은 로녹대학 학보에 실린 김규식의 결혼소식을 발굴했다. "5월 21일 김규식(03년 졸업반)은 한국 서울의 미쓰 조와 결혼했다. 결혼식은 서울 새문안교회에서 열렸다." *Roanoke Collegian*, July, 1906, p.173.

외동딸이 아니라 위로 2명의 오빠가 있었다. 이정식이 어떤 근거로 조순환의 딸이라고 했는지는 알 수 없다. 다만 장인이 군수를 지냈고, 부인이 1892년생으로 결혼 당시 15세였던 것은 사실에 부합한다. 부인과 장인의 이름에 착오가 있는 가장 큰 이유는 첫 부인이 1917년 중국 장가구에서 사망해 현지에 묻혔고, 김규식은 1913년 한국을 떠난 후 32년 뒤인 1945년 말에 한국으로 돌아왔기 때문이다. 김규식은 첫 부인 사망 이후 처가와의 연락이 끊긴 채 긴 망명 생활을 했고, 게다가 1919년 김순애와 재혼했기에 조은애 가족과는 연이 끊어졌을 것이다.

김규식의 결혼 소식은 당시 『제국신문』(帝國新聞)에 실렸는데, 전 참판 김규식(金奎軾)의 아들 혼례식이 새문안 예배당에서 열렸다는 기사였다. 이는 오보였고 다음 날 정정기사가 실려 미국에서 귀국한 김규식의 혼례임을 밝혔다.[89]

이정식에 따르면 김규식의 결혼식은 서양식이 아닌 전통혼례였다. 새문안교회에서 열린 결혼식인 데다, 미국에서 대학을 졸업하고, 미국 선교사들 및 YMCA에서 일하는 청년의 결혼식이었으므로 서양식 결혼을 생각했으나 김규식은 사모관대를 쓰고, 신부는 족두리를 쓰고 연지곤지 찍고 결혼했다는 것이다. 축하객들이 모두 김규식의 애국심의 발로라고 칭송했다고 한다.[90] 결혼 후 김규식은 부인 조씨를 정신학교에 입학시켜 신문화를 배우게 하였다. 1907년에 장남을 낳았으나, 6개월 만에 사망했다. 그 후 1912년[1910년의 오류] 아들을 가졌으니, 큰아들 김진동(金鎭東)이다.[91]

김규식의 장인이 조순환이 아니라 조창식(趙昌植)이라는 사실을 처

---

89 「傳說多誤」, 『제국신문』(1906. 5. 25). 『제국신문』 1906년 5월 24일 자는 현전하지 않아 기사를 확인할 수가 없다.
90 「김순애·김필례 증언」(1970. 7. 19), 이정식, 1974, 위의 책, 36쪽.
91 김진동은 1910년(경술년)생이다.

음 지적한 것은 한국 족보학의 대가였던 하버드대학의 에드워드 와그너(Edward Wagner) 교수였다. 그는 『청풍김씨세보』 1919년판 1-87A에 근거해 김규식(金奎植)의 처부(妻父)가 백천(白川) 조씨 조창식(趙昌植)으로 군수를 지냈으며, 처모(妻母)는 광산(光山) 김씨로 되어 있다고 밝혔다.[92] 와그너가 인용한 것은 『청풍세보』(淸風世譜) 권1로 1919년 간행된 판본인데, 김규식에 대해 다음과 같이 설명하고 있다.

> 규식(奎植) 경진(庚辰, 1880년) 12월 28일생. 배우자(配) 백천 조씨(白川 趙氏) 임자(壬子)생. 기일(忌) 4월 21일, 부친 군수 창식(昌植). 아들 진필(鎭弼) 경술(庚戌, 1910년) 생.[93]

즉, 김규식은 음력 1880년 12월 28일생으로 배우자는 백천 조씨 1892년생이며, 사망은 4월 21일, 처부(妻父)는 군수를 지낸 조창식(趙昌植)이라고 되어 있다. 처부의 이름과 관직이 기록된 것은 1919년 족보가 유일하다. 진필(鎭弼)로 기록된 것은 1910년에 출생한 큰아들 김진동(金鎭東)이다. 김진동의 영어 이름이 필립(Philip)이었기 때문에, 진필이라고 불렀을 가능성을 배제할 수는 없지만, 진동 대신 진필이라는 이름이 족보에 등재된 이유는 미상이다.[94] 1919년이면 김규식은 이미 중국에 망명한 이후였으

---

92 에드워드 와그너 지음, 이훈상·손숙경 옮김, 2007, 「[부록6] 세계도에 수록된 인물에 대한 주석」, 『조선왕조 사회의 성취와 귀속』, 일조각, 328쪽. 그런데 1919년판 『청풍세보』에는 장인이 청풍 조창식 군수라는 건 나오지만, 장모가 광산 김씨라는 사실은 나타나지 않는다. 김규식의 후처인 김순애가 광산 김씨였다는데, 이를 장모로 오기했을 가능성이 높다.
93 『淸風世譜』 卷1, 국립중앙도서관 소장본(古朝 58 가58-33, 1919). 배우자 조씨는 임자생이 아니라 임진(壬辰)생이다.
94 우사연구회가 엮은 『우사 김규식 생애와 사상: 몸으로 쓴 통일독립운동사』(한울, 2000)에 첨부된 「우사 김규식 관련 연보」에 김진필이 1897년에 태어나 곧 사망한 첫째 아들로 기록되어 있다. 이후 한국어 위키피디아 등에 김진필이 김규식의 첫째 아들로 소개되어 있다. 그러나 이는 사실일 가능성이 없다. 1919년 간행된 청풍 김씨 족보에서 1907년 생후 6개월 만에 사망한 유아의 이름을 올린 반면 1910년생인 아들의 이름을 빠뜨렸을 가능성은 전무하다.

므로, 한국의 친족들이 단자(單子)를 넣었을 것이다.

1958년 간행된 『청풍세보』 제1권에는 다음과 같이 기록되어 있다.

규식(奎植) 경진(庚辰: 1880년) 12월 28일생. 미국 유학, 법학박사, 프랑스(佛國) 파리평화회의 한국 민족대표 출석, 중국 천진 제2대학원장(天津第二大學院長), 병술(丙戌) 1946년 군정 입법원 의장, 경인난(庚寅亂, 1950년 한국전쟁) 피납 입북.
배우자(配) 백천 조씨(白川趙氏) 임진(壬辰, 1892년) 4월 18일생. 정사(丁巳 1917년) 5월 8일 졸(卒), 묘 중국 장가구(張家口) 교회. 묘지 생1남.
후배우자(后配) 광산 김씨(光山金氏) 5월 12일생. 생1남1녀.
아들 진동(鎭東) 경술(庚戌, 1910년) 4월 1일생.
아들 진세(鎭世) 병인(丙寅) 1926년 12월 21일.[95]

1958년 족보에서야 첫 부인의 생몰연대(1892. 4. 18~1917. 5. 8)가 처음으로 기록되었다. 1919년 족보와 비교해 보면 생몰연도가 모두 정정된 것을 알 수 있다. 또한 중국 장가구 교회 묘지에 안장된 사실을 기록하고 있다. 1958년이면 김규식의 큰아들 김진동이 48세, 둘째 아들 김진세가 32세였기에 사실을 제대로 기록했을 것이다.

다음으로 1989년 간행된 『청풍김씨세보』 권4에는 다음과 같이 기록되어 있다.

규식. 호 우사(尤士), 경진(庚辰: 1880년) 12월 28일생. 미국 유학, 프랑스(佛國) 평화회의 한국 민족대표 출석, 중국 천진 제2대학원장(天津第

김진필은 김진동의 아명이었거나, 단자에 착오가 있었을 것이다.
[95] 淸風金氏譜所 編, 1958, 『淸風世譜』第四卷. 국립중앙도서관 소장본(古第 91705~91716호 12책)(複古 2518-10-193. 1~12).

二大學院長), 병술(丙戌) 1946년 군정 입법원 의장, 경인(庚寅) 1950년 피납 입북. 기사(己巳, 1989년) 건국훈장을 받음.

배우자. 백천(白川) 조은애(趙恩愛), 임진(壬辰) 1892년 4월 18일생, 정사(丁巳) 1917년 5월 8일 졸. 묘는 중국 장가구(張家口) 교회 묘지, 1남을 낳음.

후배우자. 광산(光山) 김순애(金淳愛), 기축(己丑) 1889년 5월 12일생, 1남을 낳음. 건국훈장을 받음.

아들 진동(鎭東). 경술(庚戌) 1910년 4월 1일생.

아들 진세(鎭世). 병인(丙寅) 1926년 12월 6일생

딸 우애(尤愛). 무진(戊辰. 1928년) 생.[96]

1989년 족보에 처음으로 김규식의 첫 부인의 이름이 조은애(趙恩愛)로 기록된 것이다. 족보에 조은애의 이름이 등재될 수 있었던 확실한 근거는 김규식의 호적등본이었을 것이다. 김규식의 호적등본(1988)에 따르면 김진동은 김규식과 조은애(趙恩愛)의 아들로 1910년 4월 1일 출생한 것으로 기재되어 있다.[97] 이정식은 『김규식 평전』 원고에서 조은애(趙恩愛)로 기록했으나, 출판 과정에서 조은수(趙恩受)로 오식(誤植)되었을 가능성도 있다. 이 때문에 오랫동안 조은수라는 잘못된 이름이 알려졌고, 1989년 족보에는 그간의 오류를 시정한다는 의미에서 조은애의 이름이 등재된 것으로 추정된다.

이상과 같이 1919·1959·1989년간 청풍 김씨 족보를 종합해 보면 김

---

[96] 清風金氏世譜編纂委員會, 1989, 『清風金氏世譜』 卷之三, 回想社. 국립중앙도서관 소장본 (999.11 김882ㅅㅍ 1-13).

[97] 「김규식 호적등본」(1988. 12. 7. 서울특별시 중구청장 발행). 김규식은 납북되어 1950년 사망했으나, 가족들은 공식적으로 생사 확인이 되지 않은 상태였으므로 1988년까지 사망신고를 하지 않았다. 호적등본 상에 전(前) 호주 김지성(金智性), 호주 김규식(金奎植)으로 되어 있다. 1989년 김규식에게 대한민국장이 서훈되는 시점에 사망신고를 한 것으로 추정된다.

규식의 첫 부인은 조은애(趙恩愛, 1892. 4. 18~1917. 5. 8)이며, 장인은 군수를 지낸 백천 조씨 조창식(趙昌植)임을 확인할 수 있다. 에드워드 와그너에 따르면『고종실록』22-38A(1885. 7. 30)에 교섭아문(交涉衙門) 주사(主事) 조창식이 국경선 문제로 중국 측 대표와 회담하기 위해 급파되었다는 기록이 있다.[98] 와그너는 조창식이 잡과-중인종족 출신이라는 사실은 놀라운 일이 아닐 것이며, 김규식이 그 같은 종족 출신들과 결혼했다는 것도 불가능한 일이 아니라고 평가했다.[99] 와그너는 김규식의 부친 김용원이 도화서 화원 출신으로 수군우후를 지냈고, 조창식도 교섭아문 주사이니 같은 신분일 것으로 추정한 것이다.

그렇다면 김규식의 장인인 백천 조씨 조창식이 누구인가를 확인하면 될 일이다. 1904년 간행된 백천 조씨 족보『은천세가』(銀川世家)「유사록(有司錄)」의 별유사(別有司)에 군수 창식(郡守 昌植)이 들어 있다.[100] 조창식은 백천 조씨 족보를 내던 1904년의 시점에 가문에서 중요한 인물로 평가받고 있었다고 볼 수 있다.『은천세가』(銀川世家) 사(巳, 제6권)에 조창식 4대의 내력이 다음과 같이 적혀 있다.

[조부] 조진(趙鏩): 자(字) 여진(汝進), 병신(丙申. 1776년) 생.

[부] 조해원(趙海原): 자(字) 사심(士深), 정묘(丁卯. 1807년) 3월 7일생, 경자(庚子. 1840년) 5월 8일 졸.

[본인] 조창식(趙昌植): 생부 명원(命源), 자(字) 성서(聖瑞), 을사(乙巳. 1845년) 2월 초7일생, 을유(乙酉. 1885년) 교섭주사(交涉主事) 벼슬(筮

---

98 1885년 7월 30일 내부는 안변부사 이중하(李重夏)를 토문감계사(土們勘界使), 통리교섭통상사무아문 주사 조창식을 종사관으로 임명했다.
99 에드워드 와그너, 2007, 위의 책, 308, 328~329쪽.
100 『銀川世家(白川趙氏世譜)』亥 (趙撤 편, 1904년 간행), 국립중앙도서관 소장본(古 2518 72-98. 12).

任), 동년 북도(北道) 토문(土們) 감계종사관(勘界從事官) 벼슬을 받음. 임진(壬辰. 1892년) 9월 승육하는 특별한 은혜를 입었음(陞陸特恩). 무술(戊戌. 1898년) 12월 순안군수(順安郡守)가 되었고, 신축(辛丑. 1901년) 5월 초1일 정3품으로 가자(加資)되는 은명(恩命)을 받았음.

〔배〕 숙부인(淑夫人): 진주(晉州) 강씨(姜氏) 부(父) 통덕(通德)

〔자〕 조영(趙燈): 생부 봉선(奉善), 무자(戊子. 1888년) 2월 초7일생

〔자〕 조이(趙炳): 경인(庚寅. 1890년) 6월 14일생.[101]

이를 종합한다면 조창식은 백천 조씨 조명원의 아들로 1845년 태어나 조해원의 양자가 되었으며, 1885년 교섭주사, 토문감계종사관이 되었고, 1898년 순안군수가 되어 정3품에 가자(加資)되었다는 것이다. 부인은 진주 강씨이며, 1888년생 아들은 조봉선의 아들인데 조창식에게 양자로 입적되어 첫째 아들이 된 것이며, 1890년 둘째 아들이 출생했다. 여기까지가 족보에 기록된 내용이며, 1892년 조은애가 태어난 것임을 알 수 있다. 와 그녀는 1919년 『청풍김씨세보』에 조창식의 부인이 광산 김씨라고 되어 있다고 했으나, 해당 족보에는 그런 기록이 없는 반면 『은천세보(백천조씨세보)』(1904)에는 진주 강씨로 나타나 있다. 『은천세보(백천조씨세보)』의 기록이 정확하다고 판단된다. 『은천세보(백천조씨세보)』는 1904년에 간행되었으므로 아직 결혼하지 않은 딸의 이름은 족보에 올라가지 않은 것으로 보인다.

그렇다면 조은애의 부모와 오빠 2명의 이후 행적은 어떻게 되는가? 1995년 백천 조씨 대종회가 간행한 『백천조씨대동세보』(白川趙氏大同世譜) 제1권에 따르면 조창식의 몰년, 부인의 생몰년, 두 아들의 몰년 등이

---

[101] 『銀川世家(白川趙氏世譜)』 巳(趙撤 편, 1904년 간행), 국립중앙도서관 소장본(古 2518 72-98. 12).

전혀 기록되어 있지 않다. 즉, 1904년 족보에 기재된 대로만 적혀 있을 뿐이다.¹⁰² 이는 1904년 이후 이 집안의 대가 끊겼을 가능성을 의미하는 것이다. 양자로 들인 큰아들 조영(1888년생)은 1904년 족보 간행 당시 16살이었고, 둘째 아들 조이(1890년생)는 14살이었으니, 결혼했을 가능성이 높다. 그럼에도 불구하고 족보에 더 이상의 기록이 남지 않은 것은 어떤 이유인지 알 수 없지만 조창식 집안이 몰락하거나 남은 두 아들이 친족들과 완전히 교류가 끊긴 상태가 되었음을 의미한다. 그렇지 않고서야 1904년 족보 간행 당시 별유사(別有司)로 기록된 조창식 일가의 행적이 사라졌다는 것이 쉽게 이해되지 않는다. 이후 백천 조씨 족보에는 딸 조은애나 사위 김규식이 기록되지 않았다. 만약 이들이 생존했다면, 해방 후 입법의원 의장을 지낸 김규식의 이름을 족보에 넣었을 것이 분명했다.『백천조씨대동세보』에 나타나는 조창식의 가계를 정리하면 다음과 같다.

이상에서 살펴본 것처럼 김규식의 부인이 군수를 지낸 조순환의 무남독녀 외동딸이라는 이정식의 설명은 사실과 다르다. 조은애는 순안군수를 지낸 조창식의 딸로 태어났고, 위로 2명의 오빠가 있었다. 그런데 조은애가 장가구에서 사망한 전후로 조창식 부부와 오빠 2명이 모두 사망하거나 집안이 몰락했고, 김규식과의 연락·유대 관계도 단절된 것으로 판단된다.

족보에 적힌 대로 조창식은 1885년 7월 감계사(勘界使) 이중하(李重夏)의 종사관(從事官)으로 토문(土門)지구 감계(勘界)를 위해 경성부(鏡城府), 회령(會寧) 등에 파견되어 청나라가 파견한 덕왕(德王) 등과 협의한 바 있다.¹⁰³ 1898년 평안남도관찰부 총순(平安南道觀察府 總巡)으로 판임관7등에 임명되었고,¹⁰⁴ 1899~1905년간 평안남도 순안군수(順安郡守)를

---

102 白川趙氏大宗會, 1995,『白川趙氏大同世譜』1, 516쪽.
103 「與淸國派員德玉等勘界事實勘界使李重夏狀啓」(1885. 12. 6),『통감부문서』2;「〔在間島韓民保護를 위해 官憲을 同地에 派遣하는 件에 관한 照會〕(1906. 12. 11),『통감부문서』2.
104 「내부에서 한용선의 면직 외 8건의 관보 게재 문제로 의정부에 보낸 통첩」(內部參書官 金始

4 조은애와 결혼 283

〔표 4-1〕 조창식-조은애 가계도

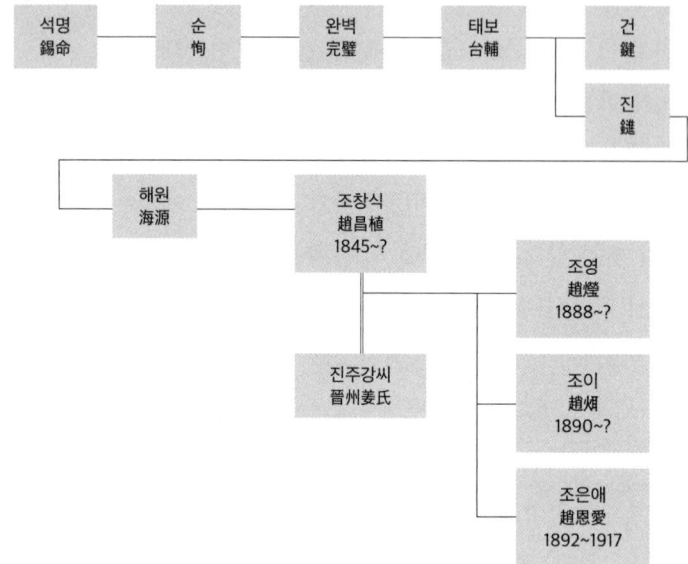

〔출전〕 『銀川世家(白川趙氏世譜)』 巳(趙撤 편, 1904년 간행), 국립중앙도서관 소장본(古 2518 72-98. 12); 白川趙氏大宗會, 1995, 『白川趙氏大同世譜』 제1권, 516쪽.

지낸 기록이 있다. 1909년 신궁경의회(神宮敬義會)에서 서부 양생방(養生坊) 창동(倉洞)에 지부를 설치하고 임원을 두었는데, 그 가운데 총무 조창식(趙昌植)이 나타나지만 동일인 여부는 알 수 없다.[105] 또한 김윤식의 『속음청사』(續陰晴史)에 1917~1921년간 조창식(趙昌植)이 김윤식을 방문한

男)(1898. 4. 18), 『內部來文』.
105 「集報」(1909. 10. 14), 警秘第二六五號. 『통감부문서』 10. 황현의 『매천야록』에 따르면 일본인들이 중앙복음전도관(中央福音傳道館)이란 종교를 설립한 후 국가의 흥망이나 자신의 생사를 생각하지 않고 오직 하늘만 믿으면 복음이 자연히 온다고 우민을 현혹했다. 이때 중앙복음전도관과 함께 설치한 교회가 신궁경의회(神宮敬義會), 정토종(淨土宗), 신리교(神理教), 천조교(天照教)라고 했다. 황현, 2005, 위의 책, 권6. 한편 신궁경의회는 1909년 총재 이준용(李埈鎔), 부총재 이재극(李載克), 회장 김재순(金在珣), 부회장 고교구사(高橋久司), 고문 민영휘(閔泳徽), 김종한(金宗漢), 조종구(趙鼎九) 등으로 대한제국 종실과 고관들이 임원을 맡았다. 「〔神宮奉敬會에 관한 件〕」(1909. 9. 11), 警秘, 『통감부문서』 8.

것으로 나타나는데 역시 동일인 여부는 미상이다.[106]

그런데 한 가지 주목할 점은 조창식이 토문지구 감계를 위해 종사관으로 함경도에 나아간 시점이 1885년이었다는 사실이다. 조창식은 통리교섭통상사무아문 주사로서 안변부사(安邊府使) 토문감계사(土們勘界使)로 파견된 이중하(李重夏)를 따르는 종사관(從事官)이었다. 같은 시점에 김규식의 부친 김용원은 1884년 11월 초(양력 12월 중순) 권동수·김광훈·신석욱과 함께 고종의 밀명을 받고 블라디보스토크로 건너가 조러밀약을 맺은 후 1885년 5월 서울로 귀환했다. 즉, 조창식이 고종의 명으로 청나라와 국경선 획정을 다루기 위해 토문지구로 나아가던 때, 김용원은 고종의 명으로 러시아 블라디보스토크로 건너가 조러밀약을 맺고 돌아왔던 것이다.

국경을 넘어 청나라·러시아와 교섭한다는 것은 조선 시대에 흔한 일상적 업무가 아니었다. 이런 외교 업무를 담당한 이들은 고종의 총애나 신임을 받은 인물들이었다고 할 수 있으며, 같은 시기에 청·러시아와 특별한 외교적 업무를 담당한 두 사람은 서로를 알고 있었을 개연성이 매우 높다. 두 사람이 개인적 친분을 맺었는지는 미상이지만, 두 사람은 신분과 맡은 바 업무에서 서로 교차하는 공통된 점이 있었다. 1906년 김규식과 조은애가 결혼했을 때, 그 뒤에서 대러외교를 담당한 김용원과 대청외교를 담당한 조창식의 그림자가 교차하고 있었던 것이다.

조은애과 관련된 기록은 1908년 『황성신문』에서 찾아볼 수 있다. 여학교 운동 상황을 전하는 기사이다.

앞의 보도와 같이 여자학교 연합운동을 서궐(西闕) 내에서 설행(設行)하였는데 운동과목과 우등생은 다음과 같으니, 계주경주 제1회에는 김순

---

106 이때 조창식은 대원군 집안사람들과 함께 방문한 것으로 나타난다. 그렇다면 1909년 신궁경의회에 참가한 대한제국 종실들과 관련이 있는 조창식과 동일인물일 가능성이 높다.

희(金順喜)씨 등 5인, 제2회에는 최덕진(崔德進)씨 등 5인, 제3회에 이홍자(李弘子)씨 등 5인, 서취(書取) 제1회에는 성의자(成義子)씨 등 3인, 제2회에는 조복화(趙福和)씨 등 5인, 제3회에는 유정순(劉正淳)씨 등 5인, 천침(穿針) 제1회에는 윤바득(尹바得) 등 5인, 제2회에는 조은애(趙恩愛)씨 등 5인, 제3회에 송노마(宋老馬)씨 등 5인, 깃발뺏기(旗取) 제1회에는 우숙자(禹淑子)씨 등 5인, 제2회에는 김간난(金干蘭)씨 등 5인, 제3회에는 유복순(劉福順)씨 등 5인, 줄다리기(引繩)는 청홍 4대(靑紅四隊)로 나누어 홍대(紅隊)가 득승(得勝)하였고, 학도 중 안수복(安壽福)씨가 특별 우등상을 받았다더라.[107]

여학교 연합운동회가 개최되었는데, 지금은 보기 힘든 경기 종목들이 있다. 계주, 깃발 뺏기, 줄다리기 등은 모두 쉽게 이해되는 종목들이다. 서취(書取)는 글을 받아쓰며 뛰는 경기이며, 천침(穿針)은 바늘구멍을 꿰며 뛰는 경기였다. 『경신사』에 따르면 서취 경주는 150보, 천침 경주도 150보를 하는 것으로 되어 있다.[108] 그런데 조은애는 바늘구멍을 꿰며 뛰는 천침 경주 2회에 우승자로 나온다. 이것이 정신여학교를 다녔다는 조은애와 관련해 유일하게 확인되는 행적이다.

한편 새문안교회는 1909년 10월 16일 하오 2시 남문(남대문) 밖 이문동 원두우(언더우드) 목사 댁에서 김규식·이낙선(리락션)·이기용(리긔용)이 참석한 당회를 개최했다. 이날 교인들과 문답한 내용에 김규식의 부인이 기록되어 있으며, 12월 20일 하오 2시 남문 밖 이문동 원두우 목사 댁에서 개최된 당회에서 교인들과 문답한 내용에 김규식의 장모가 기록되어 있다. 새문안교회는 당회를 개최하고 교인들과 면담하며 성명, 나이, 믿은

---

107 「女校運動狀況」, 『황성신문』(1908. 6. 5).
108 경신사편찬위원회, 1991, 위의 책, 234쪽.

기간, 몇 번째 문답, 주소, 직업, 가족들의 신앙 유무, 문해(文解) 여부, 원입인(願入人)·세례인(洗禮人)·고대인(苦待人) 등의 항목으로 구분된 표에 기입했다.¹⁰⁹ 즉, 언더우드·김규식 입회하에 부인 조은애와 장모 조창식 부인이 신앙 문답을 행한 것이다.

> (성명) 김규식부인, (연세) 18, (몇달 믿음) 4년, (전 문답한 때) 초문답, (집 통수와 호수) 리문동, (영업), (식구의 믿음 어떠함), (글의 유무식) 성경보오, (별로히 기록할 것) 식구가 다 밋고 잘잇음, (원입인이나 세례인이나 고대인이나) 세례 은수.¹¹⁰

> (성명) 조창식부인, (연세) 47, (몇달 믿음) 4년, (전 문답한 때) 초문답, (집 통수와 호수) 리문동, (영업), (식구의 믿음 어떠함), (글의 유무식) 성경보오, (별로히 기록할 것) 잘 밋음으오, (원입인이나 세례인이나 고대인이나) 세례 마르다.¹¹¹

1909년 김규식, 부인 조은애, 장모 조창식 부인은 모두 남문 밖 이문동에 거주하고 있었다. 1892년생인 조은애가 18세로 기록되었으니, 47세인 조창식 부인은 1863년생이었을 것이다. 언더우드도 이문동에 거주하고 있었으므로, 같은 집에 살았거나 아니면 이웃에 살았음을 의미한다. 여기에 나오는 이문동은 동대문 밖 이문동이 아니라, 서서(西署) 남문(南門, 남

---

109 원입인은 예수를 믿기로 작정하고 교회 예배에 참석하는 사람, 세례인은 세례를 받은 사람, 고대인은 세례를 받은 사람 중 입교를 원하는 사람으로 추정된다. 감리교에서는 원입인, 세례인, 입교인 등으로 구분하고 있다. 기독교대한감리회, 2012, 「교리와 장정: 제2절 교인」.
110 「새문안교우문답책(1907~1914)」(표제는 主降生一千九百七年十一月日 一千九百三十二年五月日 又問答冊 第一으로 되어 있음), 새문안교회역사편찬위원회, 1987, 『새문안교회문헌사료집』, 새문안교회, 83쪽.
111 「새문안교우문답책(1907~1914)」, 『새문안교회문헌사료집』, 89쪽.

대문) 밖 이문동(里門洞)을 의미한다.[112] 소(小)이문동과 대(大)이문동이 있었던 것으로 나타난다.[113] 서울에 이문이라는 명칭이 여러 곳 존재했다. 언더우드와 김규식 가족이 살았던 이문동은 남대문 밖 동네인 것이다.

조은애는 이미 4년 전인 1905~1906년경부터 새문안교회를 다니고 있다고 했으며, 장모도 교회를 다닌 시기가 동일하다고 되어 있다. 김규식과 결혼한 이후 새문안교회를 다닌 것으로 추정되며, 모녀가 함께 새문안교회를 다녔고 "식구가 다 믿고 잘잇음", "잘 믿음으오"라는 대답에서 온 집안이 기독교 신자였음을 알 수 있다. 조은애와 장모 모두 성경을 볼 수 있는 문해력을 갖고 있었다. 이미 조은애는 세례를 받았으며 '은수'는 세례명인 것으로 보이는데, 아마도 은혜를 받았다는 은수(恩受)인 것으로 추정된다.[114] 장모의 세례명은 '마르다'였는데, 이는 마르타(Martha)인 것으로 추정된다.

---

112 김규식이 1911년 조선총독부로부터 발급받은 여권상 주소는 南部 盤石坊 里門洞 號外地로 되어 있다. 警務總監部, 「外國旅券下附表」(大正 元年 10월~12월) 일본외무성 외교사료관.
113 「隆熙二年四月三日警視廳令第二號除穢規則施行區域을左와如히定ᄒ고九月十六日로부터施行홈」(1908. 9. 3), 警視廳告示第2號, 『대한제국관보』 제4170호(1908. 9. 7).
114 이정식이 기록한 조은수라는 이름이 세례명에서 비롯되었을 가능성이 있지만, 가톨릭이 아닌 개신교에서 세례명을 본명으로 사용했다고 보기는 어렵다.

5   한국 기독교회의 젊은 지도자

김규식의 또 다른 활동은 기독교회의 지도자였다. 김규식은 새문안교회 예배당 신축을 주도했다. 새문(新門)은 서대문을 일컫는 말로, 새문안은 서대문 안쪽이니, 곧 도성 안을 의미했다. 새문안교회는 1904년 새 예배당 신축을 위해 건축위원회를 조직했다. 1907년 종로구 현 위치의 대지를 구입해 건축을 시작해, 1910년 5월 22일 준공했다. 『조선선교회지』(Korea Mission Field)는 건축위원 가운데 새문안교회 집사이던 김규식의 공로가 가장 컸다고 보도하고 있다.[115] 1910년 5월 29일 헌당식에 대해 『새문안 85년사』는 이렇게 묘사했다.

> 우선 그날, 모인 사람의 수, 예배당 안에 빽빽이 1,500이요, 예배당 밖이 300이었다. 그 예배의 순서에 다른 교회나 교파의 인물들이 줄잡아 참여하였다. 당시 정동 감리교의 목사 최병헌이 기원을 하였고, 기독청년회의 이상재가 성서 봉독을 했으며, 남감리교 선교사 게딘(Gerdine)

---

[115] 이정식, 1974, 위의 책, 37쪽. 『조선선교회지』는 언더우드 부인인 릴리어스 호튼 언더우드가 편집해 발행하는 선교용 월간 잡지였다.

이 축사를 했고, 그리고 나서 우리 교회의 김규식이 교회의 열쇠와 문서를 언더우드에게 드렸다. 이 봉헌사에서 김규식은 슬기와 기술, 그리고 인내로 이 교회 건축에 관여해 온 중국인 기술자 해리 장(Harry Chang)에게 치사하였다. 이어 언더우드 목사가 설교를 했고, 서경조 목사가 헌당 기도를 드렸던 것이다. 이 예배의 폐회는 김규식이 작사한 노래를 영국 성서공회의 버세이(Mr. F. G. Vesey)가 아름답게 노래 부름으로써 그 미(美)를 거두었는데, 끝날 무렵 다 함께 터질 듯이 소리 높여 외친 찬양은 기쁨과 감격의 파도치는 가락 그것이었다.[116]

김규식이 새로 지은 교회의 열쇠와 문서를 언더우드에게 드리고, 봉헌사를 했으며, 김규식이 작사한 찬송가로 폐회를 했다는 것이다. 새문안교회의 건축과 헌당식에서 김규식의 공로와 헌신이 어떠한 것이었는지를 알 수 있다.

김규식은 1910년 12월 18일 새문안교회의 두 번째 장로로 장립되었다.[117] 김규식은 언더우드 목사를 따르며 필요한 일에 도움을 주었다. 김규식이 스스로 언더우드 박사의 개인 비서로 활동했다고 쓴 것이 과장은 아니었다. 1910년대 새문안교회 당회록에 따르면 언더우드 목사 옆에서 김규식 집사, 김규식 장로가 모든 일을 돌보았기 때문이다. 그러나 김규식이 공식적으로 언더우드의 비서는 아니었던 것으로 보인다. 1902~1913년간 미국 장로교 한국선교본부 연례총회 보고 및 회의록에 따르면 언더우드의 공식 조력자는 이춘호(Yi Chun-ho, 1902~1904), 신화순(Shin Wha-sun, 1902~1905, 1907), 송선명(Song Sun Myong, 1904~1905, 1907),

---

116 새문안85년편찬위원회, 1973, 『새문안 85년사』, 새문안교회, 101~102쪽: *The Korea Mission Field*, Vol. VI, No. 7(1910. 7. 1), pp.168~169; 이정식, 1974, 위의 책, 37쪽.
117 새문안교회 70년사 편찬위원회, 1958, 『새문안교회 70년사』, 49쪽: 이정식, 1974, 위의 책, 37쪽.

최덕주(Choi Tok Ju, 1907) 등이며, 김규식의 이름은 나타나지 않는다.[118] 반면, 1909년 일제 헌병대의 기밀보고는 김규식이 언더우드 자택의 비서이자 핵심 측근이라고 보고하고 있다.

> 2. 그(언더우드)는 약 20년 전 도한(渡韓)하여 오로지 포교에 종사한 자인데 1906년경 경성청년회장(京城靑年會長, YMCA)에 취임한 일이 있었다고 한다.
> 당시 그는 한국인 농락의 한 수단으로 매우 배일적인 행동을 취했던 적이 있다고 한다. 그러므로 한국인은 오늘에도 동인에 대해 평할 때 오히려 종교가라 말하기보다는 정략가라고 말하는 자가 많다고 한다.
> 3. 그는 1907년 2월경 본국 교회 본부의 허가를 받아 1년 예정으로 귀국했는데, 그때 본인 부재 중 일체 모든 정황(특히 거류 일본인의 정황)을 통보할 것을 현 청년회 학감(學監) 김규식(金圭植)에게 기탁했다고 한다. 그리고 현재 언더우드는 청년회의 상담 역이라고 한다.
> 4. 청년회 학감 김규식은 어렸을 때(6~7세)부터 언더우드에게 양육되어 약 7년 전 미국에서 귀국한 자이며 은고(恩顧)가 적지 않다고 한다. 언더우드가 이곳에 도착한 다음 날, 즉 11일부터 김규식으로 하여금 거의 자택에서 비서와 같은 일을 시키고 있었다고 한다.[119]

즉, 일제는 김규식이 어릴 때부터 언더우드의 보살핌을 받은 후 미국에서 유학했으며, 언더우드 자택에서 비서와 같은 일을 하고 있다고 파악했다. 언더우드가 1907년 미국으로 귀국했을 당시 모든 상황 파악을

---

118 Minutes and Reports of the Eighteenth Annual Meeting of the Korea Mission of the Presbyterian Church in the U.S.A. Held at Seoul, September 24th - October 4th, 1902.
119 「미국 선교사(長老派) 언더우드에 관한 件」(1909. 9. 15), 憲機第一七七一號, 『통감부문서』 6.

YMCA 학감 김규식에게 부탁했다는 것이다. 즉, 언더우드와 김규식의 관계는 개인적 친밀감, 유대관계에서 비롯된 사적인 성격이 강했던 것임을 의미한다.

새문안교회 당회록 등 교회 기록에 따르면 김규식은 남문 밖 이문동 원두우(언더우드) 목사 댁에서 개최된 새문안교회 당회에서 집사 혹은 장로로 참가해 기도하고, 서기를 주로 맡았다. 새문안교회 당회록에 따르면 1910년에 김규식은 집사였으며, 1910년 12월 18일 오전 9시에 개최된 당회에서 김규식이 집사에서 금일로 장로 장립이 가결되었다.[120] 새 예배당 건축의 공로가 반영된 결과였을 것이다.

한편 「새문안교회 초기 교인명부」에는 "(성명) 김규식(金奎植), (년) 18, (세례) 1898년 5월 25일, 미국서 학신례, (사업) 교사, (거주) 남문 밖 이문동, (특별사건) 1913년 4월 청국갔다 함"으로 기록되어 있다.[121] 이 명부는 1914년경부터 작성된 것으로 추정되는데, 김규식의 나이를 18세로 잘못 기록하고 있는 것으로 보아, 나중에 별도로 적어 넣은 것으로 보인다. 김규식은 새문안교회에서 서병호 등과 함께 유아세례를 받은 것으로 유명한데, 여기에는 1898년 5월 25일, 즉 그가 로녹대학에 다닐 때 세례를 받은 것으로 기록되어 있다.[122]

김규식은 새문안교회에서 우리 나이로 30세, 만으로 29세에 장로 장립이 되었으니, 교회에서 보기 드문 인재로 평가할 수 있다. 때문에 『새문안교회 100년사』는 "김규식만은 '오직 하나님이 허락하셔야만' 민족의 근본적인 문제가 해결될 수 있다고 주장할 만큼 신실한 기독교 정치인이었

---

120 「새문안교회당회록(1910~1914)」, 『새문안교회문헌사료집』, 176~177쪽.
121 「새문안교회 초기 교인명부」, 『새문안교회문헌사료집』, 369쪽.
122 한편 초기 교인명부에는 김순애, 서병호, 서병호의 아들 서재현 등이 있는데, 세부 내용은 기록되지 않은 채 모두 1921년 9월 27일 상해 한인교회 목사 김병조(金秉祚)에게 이름을 보냈다(移名送)라고 적혀 있다. 「새문안교회 초기 교인명부」, 『새문안교회문헌사료집』 382, 391, 392쪽.

한국 최초의 유아세례자 4인. 1열 왼쪽부터 김일, 원한경, 2열 서병호, 김규식.
새문안교회70년사.

다. 이러한 당대 대표적인 민족 지도자이자 독립투사였던 우사 김규식을 새문안교회가 키우고, 그 또한 새문안을 위해 헌신했던 것이다"라고 쓰고 있다.[123]

또한 김규식은 단일 교회뿐 아니라 예수교장로회의 중요 지도자로 활동했다. 1911년 9월 18일 경북 대구에서 개최된 예수교장로회 총회 제5회 회의에서 김규식은 경기 장로로 참석했으며, 각 대리회 회록 검사위원(북전라 담당), 각 위원 임시보결·재정담당, 주일학당위원, 내지전도위원, 재정위원, 주일학당위원 등으로 선임되었다.[124] 김규식은 1911년 12월 경기, 충청노회(老會)가 조직될 때 노회 서기로 선임되었다.[125]

---

123 새문안교회 창립 100주년 기념사업회 역사편찬위원회, 1995, 『새문안교회 100년사(1887~1987)』, 새문안교회, 188쪽. 반면 『새문안 85년사』는 김규식이 장로였으나 "우리 교회로 본다면, 그가 장로로 취임 후 곧 망명했기 때문에 이렇다 할 흔적을 남기지 못하고 말았던 것이다"라고 평가했다. 새문안85년편찬위원회, 1973, 위의 책, 109쪽.
124 『예수교장로회죠션총회데오회회록』(1911), 1~66쪽. 대한예수장로회총회, 『총회회의록』 1912~1917(1회~7회).

1912년 2월 전국 주일학교 연합회에서 김규식은 집행위원회 부위원장으로 선출되었으며, 그해 여름 북한산성에서 개최된 학생 하기대회에서도 주도적 역할을 담당했다.[126]

1912년 9월 1일 평양에서 개최된 예수교장로회 조선총회 제1회 회의에서 김규식은 경기·충청노회를 대표하는 장로 11인 중 한 사람이었으며, 관청허가 사단(社團)을 조직하고 선정된 설립사원 9명 중 하나로 선임되었다.[127] 김규식은 총회에서 영문 보고를 담당했다.[128] 김규식의 보고「예수교장로회 조선총회 제1회 회의의 성립」은『조선선교회지』에 게재되었다.[129] 기독교 신앙과 관련해 김규식이 남긴 거의 유일한 공식적 글로서 주목할 만하다. 이정식은 다음과 같이 인용하고 있다.

여호와는 아브라함에게 이르시되, "너는 눈을 들어 너 있는 곳에서 동서남북을 보라. 보이는 땅을 너에게 주리니" 하신 것입니다. 우리는 하나님께서 같은 말씀을 28년 전에 이 외로운 반도에 상륙한 첫 번째 선교사의 마음속에 속삭여 주셨다는 것을 느끼게 됩니다. "너는 눈을 들어 너 있는 곳에서 동서남북을 보라. 보이는 땅을 내가 너에게 주리니" "모든 백성을 너의 사도가 되게 하리라".

초기의 선교사는 이 말씀의 진실로 참됨을 꿈이나 꾸었겠습니까? 그는 오히려 아브라함과 같이 훌륭한 약속의 완전한 뜻을 모르는 채 믿음으로 여호와의 명령에 순종한 것이 아니겠습니까? 그러나 하나님의 역사

125 『조선예수교장로회 사기』하, 1968, 55쪽; 이정식, 1974, 위의 책, 38쪽.
126 *The Korea Mission Field*, Vol. VIII, No. 5, (1912. 5). p.144; 이정식, 1974, 위의 책, 38쪽.
127 『예수교장로회조선총회예일회회록』(1912), 26~27쪽.
128 *The Korea Mission Field*, Vol. VIII, No. 9 (1912. 9). p.273.
129 J. K. S. Kim (John Kiusic Soho Kimm), "The Erection of the First General Assembly of the Presbyterian Church in Korea," *The Korea Mission Field*, Vol. III, No. 11(1912. 11), pp.323~325.

서울 도제직회에 참석한 김규식(2열 오른쪽에서 네 번째 검은 양복). 연동교회(1911).
대한예수교장로회총회 50주년기념화보편찬위원회.

하심을 보십시오. 28년 전에는 이 광활한 반도에 단 하나의 기독신자도 없었습니다. 그러나 오늘날 이 땅의 동서남북에 예수교회가 산재해 있고, 30만이 넘는 신자가 하나님을 섬기고 있습니다.[130]

1913년 9월 7일 서울 소안동 예배당에서 개최된 예수교장로회 조선총회 제2회 회의에서 김규식은 주일학교 위원으로 보고했으며, 토지문권위원으로 보고했다. 김규식은 토지문권위원회가 만든 장정·청원서를 한국어로 번역해 서기의 자격으로 총독부에 제출했다.[131] 이 회의에서 "김규식 장로는 오스튜릴늬아로 가심으로 그 대에 박승봉 장로, 한석진 목사"가 선임되었다. 즉, 김규식이 1913년 오스트레일리아(호주)로 고려인삼을 판매하러 간다는 사실이 예수교장로회 조선총회에까지 보고된 것이다. 이 소식은 또한 재한 선교사들에게도 『조선선교회지』를 통해 널리 알려졌다.[132]

이 시기에 김규식은 새문안교회는 물론 예수교장로회 조선총회의 중요한 역원으로 활동했다. 그러나 1909년 서북을 중심으로 강하게 전개된 백만구령운동 등 기독교 복음화·부흥운동 등과는 일정한 거리를 유지한 것으로 보인다. 김규식의 국내 활동은 언더우드와의 관계 속에서 그 범위가 정해진 것으로 생각되는데, 언더우드가 관여하던 새문안교회, 경신학교, YMCA 등에서 언더우드가 활동하던 시기에 함께 활동했으며, 그의 개인 비서를 자처하며 그 일을 도왔기 때문이다. 역설적으로 김규식은 1913년 중국으로 망명한 이후에야 정치적 행동의 자유를 얻게 되었다고도 볼 수 있겠다. 또한 중국 망명은 개인적으로는 근대세계시민이 되었지만 여전

---

130 J. K. S. Kim, "The Erection of the First General Assembly of the Presbyterian Church in Korea," *The Korea Mission Field*, Vol. III, No. 11(1912. 11), pp.323~325; 이정식, 1974, 위의 책, 38~39쪽.
131 『예수교장로회죠션총회데이회회록』(1913), 35~39쪽.
132 *The Korea Mission Field*, Vol. IX, No. 5(1913. 5), p.115.

히 그를 얽매던 전통적 가족관계, 사회질서로부터의 해방을 의미하는 것이기도 했을 것이다.

언더우드는 김규식에게 생명의 구원자이자 양아버지였으며, 기독교 목사이자 선생으로 그의 삶을 지배하는 절대적 존재였다. 은인이자 아버지였고, 선생이자 영육간(靈肉間)의 구원자였다. 김규식이 중국 망명을 선택한 것은 일제로부터의 탈출이라는 정치적 목적 외에도 숨 막히는 언더우드와의 관계로부터의 탈출이었을 가능성이 높다. 1916년 미국에 돌아간 언더우드가 병환으로 사망하자, 김규식은 한편으로 자신의 생명의 은인이자 양부가 돌아간 것에 비애감을 느꼈으며, 다른 한편으로 이제 언더우드의 그늘에서 벗어난 자신을 발견하게 되었을 것이다.

이 시기 김규식과 절친했던 인물은 아마도 세브란스의학교를 졸업한 김필순이었을 것이다. 위에서 살펴본 것처럼 김규식은 1907년 중국 상해 및 일본 동경에서 개최되는 YMCA 대회의 대표로 함께 참가한 바 있으며,[133] 김필순은 1907년 한국 군대 해산 이후 시내에서 벌어진 한국군과 일본군의 총격전에 큰 충격을 받고 적십자 구원대로 활동했다. 이 경험이 이후 김필순·이태준 등이 중국 신해혁명에 참가하게 된 중요한 계기가 되었다. 1911년 김필순이 세브란스를 졸업하자 김규식은 그의 이력을 소개하는 글을 『조선선교회지』에 쓴 바 있다.[134] 김필순은 1911년 신해혁명이 발발하자 세브란스 후배이며 동지였던 이태준과 함께 중국으로 망명한 바 있다. 김규식 역시 신해혁명의 영향을 받아 1913년 중국으로 향하게 되는데, 여기에는 중국 선행자로서 김필순의 역할이 적지 않았다고 볼 수 있다.

또한 이 세 사람은 개인적으로 가족관계를 맺게 되는데, 상처한 김규

---

133 「靑會派員」, 『대한매일신보』(1907. 3. 19); 「委員派送」, 『황성신문』(1907. 3. 19).
134 "Dr. Kil Pil Soon," by Mr. Kim Kiu Sik, *The Korea Mission Field*, Vol. VI, no. 1(1911. 1. 1). 김필순의 사진이 Korea Mission Field 표지에 실렸다.

식은 김필순의 여동생 김순애와 중국 상해에서 재혼하며, 김규식의 사촌 여동생 김은식은 몽고(몽골) 고륜에서 이태준과 결혼한다. 이로써 세 사람은 서로 처남매부지간이 되는 것이다.

6 계몽·문화단체 지도자, 한글학자

김규식이 국내에 있던 1904~1913년간은 정치적으로는 러일전쟁-을사조약-정미조약-군대 해산-합방조약으로 국운이 급전직하하던 시기였다. 이 시기를 대표하는 독립운동의 2가지 노선은 애국계몽운동으로 대표되는 경제·교육 실력양성노선과 의병투쟁으로 대표되는 무장투쟁노선이었다. 이 가운데 김규식은 교육, 문화운동에 동참했다.

김규식은 대표적인 계몽운동 조직이었던 대한자강회에 참가한 것이 확인된다. 1906년 5월 19일 대한자강회 회의에서 김규식은 「미국의 농업」이라는 주제로 연설했으며,[135] 5월 20일 통상회에서도 연설했다.[136] 7월에 발간될 『대한자강회월보』에 김규식은 여병현, 임병항과 함께 해외기사 전보를 담당하며 축사를 쓸 인물로 등재되었다.[137] 1907년 5월 18일 개최되는 통상회에서 김규식은 「일청유역(日淸遊歷)의 소감(所感)」이라는 제목

---

135 「大韓自强會에셔 今日下午二時에 開會ᄒ고」, 『대한매일신보』(1906. 5. 19). 다른 연설자는 尹孝定(女子教育의 必要), 大垣丈夫(教育의 效果), 金明濟(見聞의 宜廣), 鄭雲復(官尊民卑의 弊害) 등이었다.
136 「自强開會」, 『황성신문』(1906. 5. 21).
137 「大韓自强會月報를 本月二十五日로」, 『대한매일신보』(1906. 7. 10).

으로 연설했는데,[138] 1907년 3~4월 중국 상해와 일본 동경에서 개최된 국제 YMCA대회에 참가하고 온 소감을 말했을 것이다. 또한 1907년 6월 1일일 간행된 『서우』(西友) 제7호에 「개인자치」를 번역해 실었다.[139]

김규식은 1908년 5월 또 다른 계몽운동 단체인 대한학회 찬성회 취지서에 이름을 올렸다. "재외학생이 정신적 단합의 필요를 자각함에 제(際)하여 재내인사(在內人士)는 그 단합을 영구히 공고케 하기를 자임(自任)"한다는 취지서였다.[140]

김규식은 1907년 6월 25일 헤이그밀사 사건으로 고종 강제 퇴위를 앞두고 귀국하게 된 박영효 환영회 발기인에 이름을 올렸다.[141] 박영효 환영회 발기인으로 이름을 올린 이들은 당대 저명한 개화파 지식인들이었다.[142] 1908년에는 베델재판에 증인으로 출석한 한국인 편집원 양기탁의 통역을 맡기도 했다.[143] 김규식은 베델과 친분이 있던 것으로 보이는데, 국채보상회평의원회(1908. 8. 28)에서 베델의 통역으로 회의에 참가한 바 있다.[144]

김규식은 스스로 몇몇 문화단체, 사회단체를 조직해서 운영을 시도했던 것으로 보인다. 1908년 8월 김규식은 소년동지회(少年同志會) 회장 이상익(李相益)이 사임하자 회장으로 피선되었다. 회의 사항이 학교 설립 방

---

138 「自强開會」, 『대한매일신보』(1907. 5. 17).
139 金奎植 譯, 회원 徐光浩 筆記, 「個人自治(屬)」, 『서우』 제7호(1907. 6). 이 글은 나폴레옹, 미국 남북전쟁의 그랜트 장군 일화 등을 다루고 있다. 글은 속편이자 미완으로 되어 있으나, 이전과 이후에 김규식 명의로 된 다른 글은 발견되지 않는다.
140 「大韓學會贊成會趣旨書」, 『대한매일신보』(1908. 5. 14).
141 「朴泳孝氏歡迎會趣旨」, 『황성신문』(1907. 6. 25).
142 발기인 명단은 다음과 같다. 권동진, 김상천, 김달하, 김동완, 김익남, 김규식, 여병현, 유동작, 류문환, 류병필, 이종일, 이우영, 이인직, 이면우, 이민경, 박은식, 박종환, 석진형, 신우균, 심의성, 안국선, 어용선, 유성준, 유승겸, 윤효정, 윤치오, 윤창렬, 장지연, 장도, 정운복, 최병헌, 최강, 한기준, 홍재기.
143 「裵說氏의 公判顚末」, 『대한매일신보』(1908. 7. 5).
144 「[國債報償會 評議員會 개최 件 報告]」(1908. 8. 29), 憲機第五二四號, 『통감부문서』 5.

법을 연구하는 것으로 되어 있으니 교육단체였을 것이다.[145] 김규식은 대한소년회라는 단체를 발기·조직했는데, 1909년 2월 통상총회를 개최하고 회장 자격으로 「소년의 전도(前途)」에 대해 연설했다.[146] 그러나 대한소년회는 재정 곤란으로 그해 10월 폐지되었다.[147]

김규식은 1909년 신후영(申厚永), 오성근(吳聖根) 등과 함께 남대문 밖 이문동에 동지문예관(同志文藝館)을 설립했다.[148] 일제 헌병보고에 다음과 같은 취지서가 남아 있다.

동지문예관 취지서(日譯文)

사람이 독서하는 것은 이치(理)를 밝힘이다. 명리(明理)는 쓰임(用)을 통달(達)함이다. 부달(不達)은 이치(理)의 불명(不明)에 기인한다. 이치(理)의 불명(不明)은 서적을 읽지 않는 데에서 기인한다. 지금 이치(理)를 밝히고 달용(達用)하기를 바란다면 서적을 버리고 다른 무엇을 구하랴. 높은 재주와 돈독한 학문(高材篤學)의 지사가 있다고 할지라도 그 학문을 넓히고 그 업을 마치지 못하는 자가 매우 많다. 이번에 동지 몇 명이 본국 서적 약간 권, 중국 경전 몇 질과 일본의 서양 신학문에 필요한 서적 몇 종류를 한데 모아서 한 곳에 배열하여 이것을 이름하여 '동지문예관'(同志文藝館)이라 말하고, 사무원을 두어 규정을 만들고 이것을 관장시켜 서로 함께 강습 토론하고 크게 이것을 연구하여 명리달용(明理達用)의 효과를 올리기 바란다. 또 관원에 한하지 않는다 할지라도 마음대로 열람하기를 바라는 호학(好學)의 인사에게는 이것을 허가하려고 한다.

---

145 「同志會事務慶理」, 『대한매일신보』(1908. 8. 27).
146 「大韓少年會」, 『황성신문』(1909. 2. 6).
147 「少年會廢止」, 『대한매일신보』(1909. 10. 31).
148 「文藝舘美擧」, 『대한매일신보』(1909. 9. 19).

지금은 공익을 위한 계획 설비는 각국이 왕성히 행하는 미거(美擧)이지만 우리나라에서는 이것을 효시로 해서 취지서를 약술하여 열람에 제공한다. 돌이켜 보건대 그 본뜻은 강학(講學)에 있고 그 진보 여하는 오로지 강고(講考)와 근면에 위임한다.[149]

한국, 중국, 일본, 서구의 책자들을 모아서 서로 학습함으로써 지식을 증진시키고 필요한 사람들에게는 종람(縱覽)을 허용한다는 것이다. 도서관, 문화살롱 같은 것을 목적했을 것이다.

1909년 10월 김규식은 한미흥업회사(韓美興業會社)의 주주로 소개되기도 했다. 10월 17일 한미흥업회사 주주회의가 개최되었는데, 김규식, 이범주, 임병항, 홍성근이 회동한 결과, 김규식을 총대(総代)로 선정해 미국에 파송할 일을 협의했다.[150] 그러나 이틀 뒤 김규식 미국 파송 협의는 사실무근이라는 정정기사가 보도되었다.[151] 김규식이 한미흥업회사 총대로 미국에 파견되어 자본을 모금할 것이라는 소식은 미주에까지 전해졌다.[152]

김규식의 국내 행적 중 가장 알려지지 않은 것은 바로 한글학자로서의 성취다. 김규식은 1908년 『대한문법』이라는 문법책을 저술했으며, 이를 보완해서 1912년경 『조선문법』을 저술했다. 『대한문법』은 서울대 국문과 방종현 교수 소장 도서에서 발견되었으며,[153] 『조선문법』은 최남선 소장 도서 등에서 발견되었다.

김규식은 1900년 『로녹대학 학보』에 「한국어」(The Korean Language)

---

149 「同志文藝館 설립의 件」(1909. 9. 22), 憲機第一八一四號, 『통감부문서』 6. 일제 헌병보고에는 오성근(吳聖根)이 아니라 여성근(呂聖根)으로 되어 있으며, 청년회원, 즉 YMCA 회원으로 되어 있다.
150 「興業社協議」, 『대한매일신보』(1909. 10. 20).
151 「係是無根」, 『대한매일신보』(1909. 10. 22).
152 「총대도미설」, 『신한민보』(1909. 11. 17).
153 김민수·고영근·하동호 편, 1977, 『역대한국문법대계』, 탑출판사.

라는 제목의 글을 투고할 정도로 한국어에 대한 관심을 가지고 있었으며, 특별한 어학적 재능을 가지고 있었다.[154] 이 글에서 김규식은 한국어를 소개했는데, 중국어·일본어와 다르다는 것을 영어·불어·독일어·라틴어·산스크리트어 등을 인용하며 설명했다. 또한 로녹대학 학보(1905. 7)에 따르면 김규식은 언더우드 목사를 돕는 한편 무엇인가 글을 쓰기 시작했으며, 이후 한국문법에 관한 책을 출간하였다(로녹대학 학보, 1909. 7).[155] 국어학계에서는 고려대 김민수 교수가 제일 먼저 『대한문법』의 존재와 그 가치를 연구한 바 있으며,[156] 북한 김일성종합대학 김영황 교수도 이를 다뤘을 정도다. 그만큼 남북한 국어학계에서는 한말 간행된 중요 한글 문법책으로 평가하고 있다.[157]

김민수는 로녹대학 학보(1909), 서병호의 증언(1955), 가람 이병기의 글(1955) 등을 기초로 『대한문법』이 김규식의 1908년도 저작임을 밝혔다.[158] 『대한문법』의 성격에 대해서 김민수는 이렇게 설명하고 있다.

> 김규식문법은 어떠한 것이었는가? 그는 당시로서는 진보적인 유전적(遺傳的) 언어관에 입각하여 현시 언어와 문장을 중요시하고 대상으로 삼았으며, 영어문법의 깊은 지식으로써 보편적인 3부법(三部法)에 따라 국어문법을 기술하여 전형적인 전통문법과 체계를 이룩하였다. 그러나

---

154 Kiusic Kimm, "The Korean Language," *Roanoke Collegian*, May 1900.
155 이정식, 1974, 위의 책, 34~35쪽.
156 김민수, 1977, 「김규식, 「대한문법」의 연구」, 『인문논집』 22, 고려대학교; 김민수, 1981, 「김규식의 "The Korean Language"에 대하여」, 『어문논집』 22.
157 김영황, 2015, 「근대적 국어문법 건설과 김규식의 문법리론」, 『중국조선어문』 2. 그 외의 연구는 다음과 같다. 한영목, 1991, 「김규식 문법에서의 통사론연구」, 『어문연구』 22; 박종갑, 1994, 「김규식의 『조선문법』연구: 문장론을 중심으로」, 『용연어문집』 6; 최낙복, 2003, 「김규식 문법의 통어론연구」, 『한글』 260; 최경봉, 2004, 「김규식 『대한문법』의 국어학사적 의의」, 『우리어문연구』 22.
158 김민수, 1957, 「『대한문전』고」, 『서울대학교 논문집』 인문·사회과학 5, 169쪽.

문법적 처리에서 첩경 쉬운 서양문법의 맹종에 빠지지 않고, 전래하는 국어의 관용을 되도록 존중하여 온건하고 잘 짜여진 구문(構文) 중심의 문법을 처음으로 세웠다. 그 두드러진 것이 형용사와 변화법의 설정이었다.[159]

김일성종합대학의 김영황도 한국의 연구성과에 기대어 이렇게 평가하고 있다.

그가 쓴 국어문법은 영어문법을 바탕으로 하면서도 맹목적인 모방에서 벗어나 국어문법구조의 특성을 밝히며 문법서술에 근대언어학의 연구성과를 반영하려는 창조적인 노력이 깃들어 있는 것으로 주목을 받고 있다. 그것은 국어문법의 근대화를 실현해보려는 노력의 일단을 보여주는 것으로서 같은 시기에 나온 유길준, 최광옥의 두 개의 『대한문전』과 함께 이 시기 국어학연구에서 특색있는 문법리론으로 인정받고 있다.[160]

귀국 후 김규식은 YMCA, 경신학교, 새문안교회, 계몽단체에서 일했고, 결혼해 가정을 이루었다. 국운은 쇠해 나라는 기울고, 정치는 문란함을 벗어나지 못했다. 을사조약과 정미조약을 거쳐 드디어 경술국치에 이르렀다. 의병이 봉기하고, 해산된 한국 군인이 일본군과 교전을 벌였으며 안중근이 이토 히로부미를 저격했으나 일본의 침략을 저지할 수는 없었다.

---

[159] 김민수, 1977, 위의 논문, 30쪽.
[160] 김영황, 2015, 위의 논문, 18쪽. 김영황은 동국대 문학부 재학 중 한국전쟁 시기 인민군에 자원 입대해서 월북하여 혁명활동을 하다가 김일성종합대학을 졸업하고 교수가 된 인물이다. 최송호, 2009, 「[평양 교환학생 생활기] 3점인들 어떠하리 5점인들 어떠하리 만수산 드렁칡이 얽어진들 어떠하리」, 『민족21』 4월호, 44쪽.

김규식 장로 전별회(1913). 새문안교회.

일제의 보호통치하에 정당정치가 지속되길 희망하며, 일제와 싸우기보다는 내정개혁을 통해 부강지실(富强之實)을 이루자던 정치세력들의 숙망(宿望)도 단숨에 거꾸러졌다. 대동합방, 정합방 등 요사한 합방론을 주장하며 일본과 하나 되자고 주창했던 친일세력들의 입도 단숨에 봉쇄되었다. 일제는 나라와 나라의 합방이 아니라는 의미에서 '병합'이라는 새로운 용어를 사용했다.

일제는 강제병합을 이루자마자 한국의 모든 정치·사회단체·언론을 해산했고, 일진회마저 해산시켰다. "대한"제국이 망했으나, 일제는 멸시적 의미를 담아 "조선"총독부를 설립했다. 일본제국의 헌법은 한반도에 적용되지 않았다. 총독 데라우치 마사다케(寺内正毅)는 조선은 일본의 통치를 받아들이거나 죽음을 선택하라고 공언했다. 무단통치의 본보기로 일제는 105인 사건을 조작해 한국의 엘리트와 기독교를 대대적으로 탄압하기 시작했다. 김규식도 이 마녀사냥에서 자유로울 수 없었다.

뜻이 있는 지사들은 중국, 러시아, 미국으로 망명하여 후일을 도모했다. 1911년 중국 신해혁명의 발발은 새로운 희망의 전조로 비춰졌다. 105인

사건이 독립지사들을 국외로 내모는 내력이었다면, 신해혁명은 이들을 끌어당기는 외력으로 작용한 것이다. 이 결과, 이승만은 미국으로 출국했고(1912), 신민회 간부들은 1909~1910년 중국·러시아·미국으로 흩어졌다. 신해혁명 발발 소식을 들은 김필순과 이태준이 중국으로 망명했고, 1913년 김규식도 중국으로 향했다. 다음 해 그의 평생 동지가 된 여운형도 중국으로 향했다.

망명의 세월(1)
: 중국 망명 직후의 김규식

5

(1913)

1   1913년 4월 2일 '오스트레일리아'로 출국

김규식은 1913년 4월 2일 서울을 출발했다. 공식적으로는 오스트레일리아에서 고급 학위과정에 진학하거나 인삼장사를 할 것이라는 이유를 내세웠지만, 사실은 중국으로의 망명이었다. 32세로 모국 땅을 떠난 김규식은 1945년 해방이 될 때까지 돌아올 수 없었다. 출국 당시 그의 나이만큼 해외를 부평초처럼 떠돈 후에야 모국에 귀환할 수 있었다. 식민지에서 해방된 한반도는 분단 상태로 그를 맞았다. 한 불행의 끝이 더 큰 불행의 시작으로 연결되어 있었다. 그러나 떠나던 시점에서 모든 앞날을 헤아릴 수야 없는 일이었다.

김규식은 20대에 이미 새문안교회 장로가 되었고, 언더우드의 개인 비서이자 명망 있는 교육자, 신앙가, 문화운동가로 이름을 얻었다. 이미 사회의 중견인물이 되었던 김규식은 돌연 오스트레일리아에 간다며 길을 떠났다.

『조선선교회지』 1913년 5월호는 김규식의 출국에 대해 다음과 같이 기록하고 있다.

서울의 김규식(J. K. S. Kimm)은 여러 해 동안 언더우드 박사의 조수였으며, 경신학교(J. D. Wells Training School)의 교사이자 학감이었으며, YMCA 이사회의 이사이자 동 학교의 교사였으며, 다수의 유용한 책을 한국에 들여온 번역가였는데, 4월 2일 오스트레일리아로 떠났다. 그는 현지의 큰 대학 중 하나에서 고급 학위과정을 수학할 것으로 예상하고 있다. 김규식 씨는 모트 강연회 이전에 오스트레일리아로 출발할 것을 기대했지만 모트 박사의 특별 요청으로 남았으며 회의 동안 모든 영어연설을 통역했는데, 그를 듣는 모든 사람들이 경탄할 만했다. 서울에 있는 여러 교단과 기구들은 그의 부재를 절감하게 될 것이다.[1]

김규식은 자신의 영문명을 John Kiusic Soho Kimm으로 표시했는데, John은 언더우드 선교사의 고아원에서 지낼 때 쓰던 영문 이름이며, Soho(小湖)는 그의 호였다.[2] 모트 박사(Dr. Mott)는 3월 25일부터 29일까지 서울을 방문했는데, 도착 당일부터 첫 회의를 인도했고, 오후에는 미국 영사가 주최하는 공식 리셉션이 정동교회에서 개최되었다. 모트는 한국 체류 중 야마가타, 와타나베 판사, 한국인 기독교인 등의 초청을 받았다. 모트 박사는 체류 중 4~5천 명의 대규모 한인 청년·학생들의 집회에서 연설했으며, 다수의 일본인 앞에서도 연설했다. 모트는 3월 29일 일본으로 떠났다.[3] 즉, 김규식은 모트 박사의 한국 방문 통역을 담당한 후인 4월 2일 오스트레일리아로 간다며 서울을 떠난 것이다.

1913년 9월 7일 개최된 예수교장로회 조선총회 제2회 회의는 "김규식 장로는 오스튜릴늬아로 가심으로 그대에 박승봉 장로, 한석진 목사"를 선임했다고 보고했다.[4] 즉, 김규식이 오스트레일리아로 떠난다는 것은 미국

---

1 "Notes and Personals," *The Korean Mission Field*, Vol. IX(1913. 5), No. 5, p.115.
2 김규식의 호는 다양했는데, 1919년 이전에는 소호(小湖)를, 1919~1920년대 초반에는 만호(晩湖)를, 1930년대는 우사(尤士)를 썼다.
3 "Notes and Personals," *The Korean Mission Field*, Vol. IX(1913. 5), No. 5, p.116.

선교사 및 한국 기독교계에 공인된 사실이었고, 그가 떠난 지 5개월 뒤인 1913년 9월까지도 한국 교회는 김규식이 오스트레일리아로 갔다고 확신하고 있었던 것이다.

김규식은 미국 대학을 졸업했고, 영어에 능통했고, 개인적 연결망도 가지고 있었다. 때문에 미국행이 좀 더 쉬운 선택이었을 텐데 왜 미국이 아니라 오스트레일리아에 갈 것이라고 공표했는지 궁금하다. 김규식이 미국행을 선택하지 못한 사정을 생각하면 두 가지 점을 고려해 볼 수 있다. 먼저 이 시기 재미한인들이 맹렬한 독립운동을 전개했기 때문에 미주 사정에 밝은 김규식이 이에 합류할까 봐 총독부가 허가를 내주지 않을 것을 우려했을 가능성이 있다. 김규식은 이미 을사조약 체결 이후 뉴욕대학 대학원 입학을 계획했는데, 총독부가 여권 발급을 거부해 미국행이 무산된 바 있다.[5] 대한인국민회는 1911년 이래 '가정부(임시정부)'를 자처했고 박용만은 소년병학교를 궤도에 올리는 등 맹렬히 독립운동을 전개하고 있었다.

다음으로 이 시기 미국으로의 유학에 선교사들이 크게 호의적이지 않았을 가능성이 있다. 김규식의 두 번째 부인 김순애는 1912년 5월 미국 유학 계획을 세웠다. 김순애의 어머니와 가장 친한 남장로회 부인이 귀국하는 때 함께 가기로 약속했는데, 남장로회 선교본부에서 "미국 유(학)하는 자를 위하여는 말 한마디도 돕지 말기로 작정"되어 유학 계획을 접어야 했다.[6] 즉, 미국을 선택하는 것은 총독부 측과 주한 선교사 측에 모두 부정적인 반응을 얻을 가능성이 있었다.

또한 김규식은 미국에 가서 학업을 계속하거나 영주할 마음이 전혀 없

---

4 『예수교장로회죠선총회데이회회록』(1913), 40쪽.
5 「김규식이 그린랜드(J. Allan Greenland)에게 보낸 편지」(몽고 고륜, 1918. 7. 12), 이정식, 1974, 위의 책, 32쪽.
6 「김순애가 안창호에게 보낸 편지」(국내. 1912. 2. 6), 도산안창호선생전집편찬위원회 편, 1991, 『도산안창호전집』 2, 727~737쪽.

1 1913년 4월 2일 '오스트레일리아'로 출국

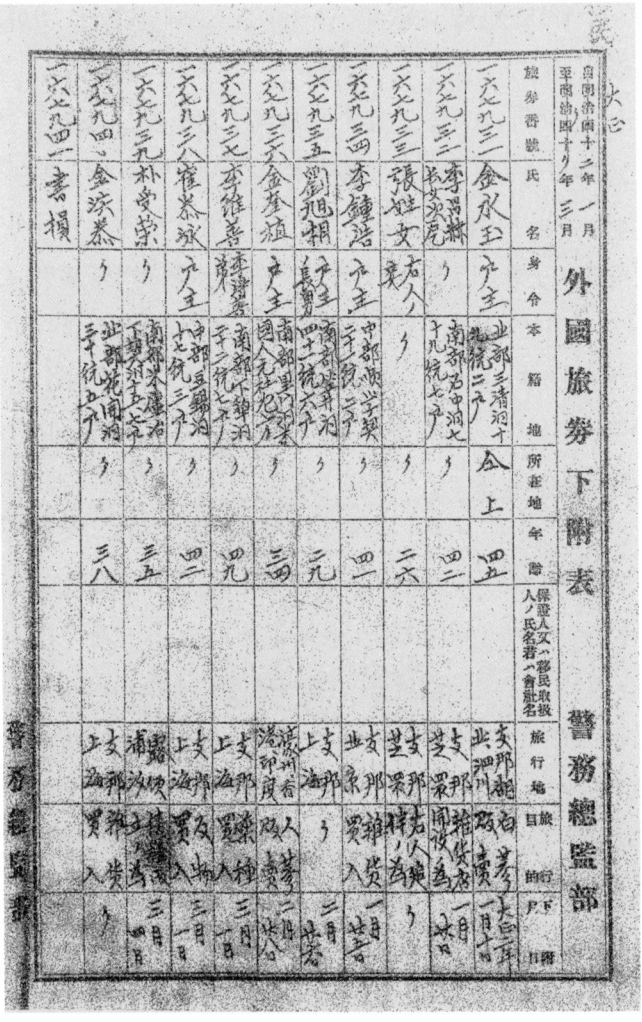

김규식 여권발급대장(1913). 일본외무성 외교사료관.

었다. 만약 미국으로 가기 위해 여러 수속과 준비를 했다가 실제로는 중국에 망명할 경우, 그를 도와주거나 중개한 재한 선교사들과 미국인들을 기망한 결과를 초래할 것이 분명했다. 이는 김규식 개인은 물론 한국 기독교계에도 적지 않은 신뢰 상실과 체면 손상을 가할 것이었다. 이런 연유로 김규식은 미국 대신 오스트레일리아행을 선언한 것으로 판단된다.

당시 중국으로 건너가는 다양한 비공식적 경로와 방법이 존재했지만, 김규식은 오스트레일리아행을 내세워 총독부와 주한 선교사 측의 동의를 얻어 합법적인 여권을 획득한 것이다. 이는 김규식의 일처리 방식을 보여주는 사례이기도 했다. 망명하는 처지에 일본 여권과 합법적인 허가는 아무 문제가 되지 않을 것이지만, 김규식은 가능한 한 총독부나 주한 선교사의 이목과 관심을 끌지 않으려 노력했던 것이다.

일본 외무성 외교사료관에는 1913년 김규식이 중국으로 망명하며 총독부로부터 획득한 여권발급대장이 남아 있다. 「외국여권하부표」(外國旅券下附表, 경무총감부)에 따르면 김규식의 여권번호는 167936번, 호주(戶主), 본적지 남부 이문동 미국인 원두우(元杜尤) 방, 주소지는 동상(同上), 연령 34세, 여행지 오스트레일리아, 홍콩, 인도, 여행 목적 인삼 판매, 여권 발급일자 2월 28일로 되어 있다.[7] 즉, 김규식은 조선총독부로부터 오스트레일리아·홍콩·인도 등을 여행하며 인삼을 판매한다는 목적하에 공식적으로 여권을 발급받았던 것이다.

『조선선교회지』의 기사처럼 기독교계에서는 김규식의 오스트레일리아행이 대학원 진학인 것처럼 얘기했고, 실제 여권 발급 사유에도 오스트레일리아 등지에서의 인삼 판매가 목적으로 제시되어 있으니, 그가 오스트레일리아에 간다는 것은 기정사실로 받아들여졌을 것이다.

---

7   外務省 外交史料館, 분류기호 3. 8. 5. 8.「外國旅券下付(附与)返納表進達一件」228冊 ; 外務省 記錄(戰前) 3. 8. 5. (no) 旅 077 (大正 2年 1月~3月).

김규식은 「자필 이력서」(영문)에서 자신이 오스트레일리아에 가서 인삼을 판매한다는 이유를 대고 여권을 획득했다고 밝히고 있다.

1913년 봄, 총독이 제안한 도쿄외국어학교의 영어교수직과 도쿄제국대학 동양사 연구원직을 거부한 후, 오스트레일리아에 가서 현지 중국인들에게 한국 인삼을 판매한다는 구실로 여권을 획득해 실질적으로는 한층 강화되는 일본의 강압으로부터 탈출해 중국으로 망명해 영구히 거주하며 여하한 방법으로든 한국 독립운동을 고양시키는 데 복무하려는 진짜 목적을 실현했다.[8]

서병호는 김규식이 경신학교에서 역사를 가르치고 있었는데, 관옥(寬玉)이라는 일본인이 김규식을 포섭하기 위해 일본 어느 대학에서 가르쳤으면 좋겠다고 권고했다고 증언한 바 있다.[9] 김규식이 이력서에 쓴 것처럼 도쿄외국어학교의 영어교수직과 도쿄제국대학의 동양사 연구원직을 제안했지만, 이를 거절했다는 진술과 일치하는 것이다. 즉, 김규식은 일제 측의 일본 유학 및 취업 제안을 거절하고 오스트레일리아에 가서 현지 화교들에게 인삼을 판매한다는 핑계로 여권을 얻은 것이다. 김규식의 여권 발급을 전후한 시점에 박기춘(朴基春), 신석구(申碩求)가 1912년 11월 영국령 오스트레일리아에 백삼 판매를 위해 여권을 발급받고 있으므로,[10] 인삼 판매를 위해 오스트레일리아를 간다는 것은 그럴듯한 구실이 되었을 것이다.

그렇다면 김규식은 왜 중국을 선택한 것일까? 여기에는 역시 1911년 신해혁명의 영향이 있었다고 할 수 있을 것이다. 1910년 국망(國亡)은 한

---

8   「김규식 자필 이력서」(영문, 1950).
9   「서병호의 증언」(1967. 5. 24). 이정식, 1974, 위의 책, 41쪽.
10 外務省 外交史料館, 분류기호 3. 8. 5. 8. 「外國旅券下付(附与)返納表進達一件」228冊; 外務省 記錄(戰前) 3. 8. 5. (no) 旅 076 (大正 元年 10月~12月).

국인들에게 깊은 절망감을 주었지만, 1년 뒤 중국에서 폭발한 무창기의(武昌起義), 즉 신해혁명은 낙심천만에 빠져 있던 국내 인사들에게 한 줄기 희망의 빛으로 다가왔다. 1911년 11월 말 세브란스의학교 1회 졸업생 김필순이 중국으로 망명했고, 그의 제자이자 절친으로 세브란스의학교 2회 졸업생이던 이태준 역시 하루 상관으로 중국으로 망명했다. 이 두 사람은 중국혁명에 위생대, 즉 적십자대로 참가하겠다는 소망 하나로 망명한 것이다. 김규식 역시 중국 망명 직후 일어난 제2차 혁명에 중국인 의사와 함께 적십자대를 조직해 참가한 바 있다.

1911년 신해혁명은 단지 중국인뿐 아니라 아시아의 다양한 국가와 사람들에게 공화혁명의 기회와 희망을 제시했다. 한국에서 김필순·이태준 외에도 신규식·홍명희·문일평·정인보 등 한국 독립운동의 주역이 되는 청년들이 중국에 망명했고, 이들을 중심으로 남경·상해에서 최초의 중국 관내 한국인 독립운동 조직인 동제사가 조직(1912. 7)되었다. 다른 한편, 일본에서는 극우파 흑룡회의 지도자 도야마 미쓰루(頭山滿)도 중국혁명을 원조한다며 중국으로 향했고, 또한 적십자대를 지원하는 일본인들도 적지 않았다. 한국과 일본 양측에서 신해혁명은 전혀 다른 의미에서 기회의 장을 연 셈이다.

김규식과 김필순은 독립운동의 동지이자 처남매부지간이었다. 또한 김필순·김규식을 중심으로 세브란스의학교을 졸업한 다수의 의사들이 연결되어 있었다. 김규식은 김필순의 셋째 여동생 김순애와 결혼했고, 김규식과 함께 언더우드 목사에게 유아세례를 받은 서병호는 김필순의 첫째 여동생 김구례와 결혼했다. 김규식과 서병호는 파리강화회의 이후 신한청년당에서 함께 활동하며 이사장을 역임했다. 김필순의 넷째 여동생 김필례는 세브란스의학교 7회 졸업생 최영욱과 결혼했다. 김규식의 조카 김진성은 장형 김규찬의 아들인데 역시 세브란스의학교 13회 졸업생이었다. 김진성은 훗날 숙모인 조은애와 조카 김진동을 이끌고 치치하얼의 김규식을 찾아

1   1913년 4월 2일 '오스트레일리아'로 출국

갔다. 중국으로 망명한 이태준은 장가구에서 십전의원을 운영하고 있던 세브란스의학교 출신 김현국과 연락하며 독립운동가들을 후원했다. 이태준은 김규식과 몽고로 향했고, 김규식의 사촌여동생 김은식과 결혼했다.

김규식이 중국으로 들어간 경로는 명확치 않지만, 상해에서 오스트레일리아로 출발하는 배편을 이용한다는 구실을 댔을 가능성이 높다. 그의 중국 망명 비용은 경남 진주의 부자 정상환이 몇 천 원을 마련해 주었다고 한다.[11]

11 「여운홍씨담」(1970. 3. 27); 이정식, 1974, 위의 책, 43쪽.

2   남경·상해 동제사 참가

1913년 4월 2일 서울을 떠난 김규식이 중국에 도착한 후 최초의 행적은 정원택이 쓴 『지산외유일지』에 등장한다. 이 일기에는 1913~1914년간 김규식의 상해·남경에서의 활동이 빈번하게 등장한다. 김규식이 최초로 등장하는 시점은 1913년 음력 5월 18일, 즉 양력 6월 22일 자로 "만호(晚湖), 벽초 홍명희, 위당 정인보, 문일평, 김정기(金正琪) 상해로부터 남경에 옴"이라고 기록되었다.[12] 즉, 1913년 6월 22일 김규식은 홍명희·문일평·정인보·김정기와 함께 상해에서 남경에 온 것이다. 그런데 여기에 등장하는 김규식은 외부 손님이나 방문객이 아니라 이들 그룹의 지도자 격으로 등장한다는 데 주목할 필요가 있다. 김규식은 4월 2일 서울을 떠났는데, 6월 하순이면 이미 남경과 상해에서 재중국 한인 독립운동 진영 혹은 신규식을 중심으로 한 동제사 그룹의 중심인물로 활동하고 있었던 것이다. 기존 연구에서 밝혀진 것처럼 홍명희·문일평·정인보·조소앙 등은 모두 동제사에서 활동했다.

---

12   정원택, 1974, 『지산외유일지』(志山外遊日誌), 독립운동사편찬위원회, 『독립운동사자료집』 8(임시정부사자료집), 원호처, 369쪽.

김규식은 5일간 남경에 체류한 후 6월 27일 남즙(南楫)과 함께 상해로 출발했다. 김규식은 동제사 회원들이 1913년 3월 3일 이후 거주하고 있던 남경 자유당 본부 내 빈집의 2층 합10간 숙소에 머물렀을 것이다. 동제사는 남경에서 1913년 3~8월까지 자유당사 안집에 '강습소'를 설치하고 박은식, 신상무, 신성모, 이찬영, 이병진, 김열, 정원택, 김덕진, 김필한, 김정기, 신건식, 홍명희, 정인보 등 수십 명이 함께 살며 자유당 총무 류정(劉靖)으로부터 중국어를 배우는 등 대학 입학 준비를 하고 있었다.[13]

김규식이 동제사에 참여한 것은 여러 기록에서 확인된다. 김규식은 동제사의 중심인물인 신규식의 거처에 머무르고 있었는데, 이곳은 동제사 상해 본부로 프랑스 조계 보창로(寶昌路) 주택이었다. 이에 대해 1913년 7월 3일 상해에 도착했던 김영일은 안창호에게 이렇게 보고(1913. 7. 24)하고 있다.

> 이곳엔 김규식 문일평 신성 모모씨가 잇어서 학생 몇 사람으로 동제사(同濟社)를 조직하야 재미(滋味)잇게 지내옵나이다. 그러나 불평객도 불무(不無)한 모양이옵나이다.[14]

즉, 상해에서 김규식은 문일평, 신정(신규식의 중국 이름) 등과 함께 학생 몇 명을 데리고 동제사(同濟社)를 조직하고 "재미 있게" 지내는데, '동제사'에 대한 불평객도 없지는 않다는 것이다. 정원택도 1913년 8월 11일 상해를 방문해 "프랑스 조계 보창로에 있는 김규식의 숙소"를 찾아가 한흥(韓興)·조소앙(趙素昻)·송전도(宋全道)·홍성희(洪性喜) 등을 만났다.[15] 김

---

13 정원택, 1974, 위의 책, 65~75쪽, 64~103쪽; 배경한, 1999, 「상해 남경지역의 초기(1911~1913) 한인 망명자들과 신해혁명」, 『동양사학연구』 67, 62쪽.
14 「김영일이 안창호에게 보낸 편지」(1913. 7. 24, 상해), 『도산안창호전집』 2.
15 정원택, 1974, 위의 책, 369~371쪽.

영일은 9월 초 직접 김규식을 만났는데, 김규식은 상해 보창로 동제회(同濟會)에서 20여 인과 한집에 살고 있었다.[16]

동제사는 1912년 7월 4일경 조직되었으며, 신해혁명 직후 중국에 건너온 신규식·박은식이 주도했다.[17] 박은식이 총재, 신규식이 이사장을 맡은 동제사는 간사와 사원 등으로 구성되었는데, 전성기에는 300여 명의 회원이 있었다고 한다. 동제사의 '동제'는 동주공제(同舟共濟)에서 따온 것으로, 같은 배를 타고 함께 강을 건넌다는 협동·단결의 의미를 내포하고 있다. 동제사는 공제사(共濟社)·동주사(同舟社)·혁명당이라고 불렸으며, 사원들은 당원으로도 불렸다. 표면상으로는 유학생들의 호조기관을 내세우며 실질적으로는 독립운동단체로 활동했다.

동제사는 중국·미국으로 유학하려고 하는 한인 학생들의 생활·학습공동체적 역할과 비밀 독립운동조직으로서의 역할을 병행하고 있었다. 초기에는 남경·상해 지역 한인 유학생들의 집단 숙식지로서 유학 알선·편의 제공·상호부조에 초점이 두어졌다면, 그 과정에서 점차 조직화가 이뤄지는 한편 상호부조 조직에서 반일 민족주의운동 단체로서의 성격이 강화되었다. 선행연구는 1차 대전기를 중심으로 조직의 성격이 독립운동단체로 변화하는 것으로 추정하고 있다.

또한 중국 각지와 구미·일본에 분사(分社)를 두었으며, 재미한인 신문 『신한민보』·『국민보』 등을 안동현을 통해 국내에 반입하기도 했다. 동제사의 주역 신규식은 중국혁명의 중심인물과 함께 신아동제사를 조직해 한중 연대의 새로운 장을 열기도 했다.

동제사 3주년을 기념해 쓴 휘호에서 신규식은 동제사에 대해 이렇게

---

16 「김영일이 안창호에게 보낸 편지」(1913. 9. 9) 『도산안창호전집』 2, 174~183쪽.
17 김희곤, 1995, 「동제사와 상해지역 독립운동의 태동」, 『중국관내 한국독립운동단체연구』, 지식산업사; 한상도, 2003, 「중국 관내지역」, 국사편찬위원회, 『한국사』 47(일제의 무단통치와 3·1운동), 탐구당.

술회하고 있다.

고금이 저처럼 유구하지만, 우리들은 삶을 같이하며
강산이 저처럼 아득하지만 우리들은 거처를 같이하며
황인종 백인종이 저처럼 복잡하지만 우리들은 피부색이 같으며
(나라마다) 풍습이 서로 다르지만 우리들은 풍기(風氣)가 같으며
세상길에 갈림길이 있다지만 우리들은 지향이 같으며
풍랑 일어 험악해진다 해도 우리들은 한배를 같이하니
함께하세 함께하세 오직 우리들은 함께하세
우리 오직 함께하면 천명도 함께하리라
함께하여 서로 구하면 어떤 환란인들 못 구제하며
구제하여 함께하면 어떤 근심인들 같이하지 못할까?
함께하는 것은 원인이요 구제하는 것은 결과이니
동참의 위력으로 악마를 소멸하고
동참의 덕으로 중생이 즐거워하며
세계는 사라지지 않고 동참으로 영생할 것이니
우리가 동참을 버린다면 그 누구와 함께할까?
우리 만천하의 동지들이 그들일세

이 글은 몇 년 전에 함께 설립했을 때 감개가 일어 쓴 것인데
오늘 다시 붓에 먹을 묻혀 써서, 축하하는 마음의 만에 하나라도 표현하려 한다
동제 3년 6월(갑인 중하) 기념일 일민(신규식)

古今如彼其渺茫 我生同
江山如彼其悠漠 我居同

黃白如彼其複雜 我色同

風習或殊 我氣同

世路有岐 我向同

風浪有惡 我舟同

同兮同兮 惟我之同

惟我之同 天命之同

同以相濟 何患不濟

濟以相同 何憂不同

同之因 濟之果

同滲之威 惡魔消滅

同滲之德 衆生咸樂

世界不死 同滲永生

我舍同滲 誰與爲歸

我滿天下同志

此曩年同立旹所鳴情者

而是日更泚筆書之 用申祝忱之萬一云爾

同第三年六月(甲寅仲夏)紀念日一民[18]

 현재 독립기념관에 소장된 이 기념휘호는 신규식이 1914년 중하(仲夏) 동제사 창립 3주년을 기념해 직접 쓴 것이다. 이 휘호는 동제사 조직의 특징과 지향을 잘 보여주고 있다.

---

18 독립기념관 소장 「신규식의 동제사 창립 취지문」. 자료번호: 1-006841-000. http://search.i815.or.kr/ImageViewer/ImageViewer.jsp?tid=co&id=1-006841-000. 원문 번역은 이화여대 국문과 김동준 교수의 도움을 받았다.

먼저 조직의 특징은 삶을 같이하는 운명공동체, 거처를 같이하는 생활공동체, 피부색이 같은 단일민족, 풍기가 같은 단일문화, 지향이 같은 단일지향, 한배를 탄 단일대오라는 것이다. 즉, 단일민족·단일문화의 생활공동체·운명공동체로 단일지향·단일대오가 동제사의 특징이었다. 이것은 재중국 한인 유학생들의 생활공동체·학습공동체라는 일상적·생활적 요구에 기초해서 독립·광복을 지향하는 정치적·사상적 통일을 이룬다는 의미가 있는 것이다.

이를 종합하면 동제사는 동주(同舟)·동참(同參)으로 독립운동을 함께 하자는 조직임을 천명하고 있는 것이다. 환란을 극복하고, 악마를 소멸하고 중생을 즐겁게 해 영생을 얻자는 것은 결국 함께 독립운동을 함으로써 일본제국주의를 타도하고 민족을 해방하고 민족적 영생을 회복하자고 주장한 것이다. 동제사의 지향을 완곡하고 중의적으로 표현한 것이다.

신규식의 비서이자 사위인 민필호는 동제사가 '중국 대륙 유일한 한국인 독립운동 중추'로 신규식이 창설하고 경비도 조달하였다고 회고하였다.[19] 신해혁명 이후 1910년대 중국 내 독립운동에서 점하는 동제사의 위상과 역할에 대해서는 당시 관련자나 연구자들이 모두 동의하고 있다.

민필호는 동제사의 중심인물을 다음과 같이 기억했다.

(1) 신규식, 박은식, 박찬익, 김규식, 조소앙, 문일평, 이광수, 홍명희, 신채호, 신건식, 정원택, 이광, 김갑, 신무, 신철, 조동호, 정덕근, 김용호, 이찬영, 민제호, 민충식, 김탁, 정항범, 민필호, 김용준 등 40여 명.[20]

---

19 민필호, 「대한민국임시정부와 나」, 김준엽 편, 1995, 『석린민필호전』, 나남출판, 70~71쪽.
20 민필호, 「대한민국임시정부와 나」, 1995, 위의 책, 70~71쪽.

(2) 신규식, 박은식, 김규식, 신채호, 문일평, 박찬익, 신건식, 정항범, 김용준, 민충식, 윤보선, 이찬영, 이광, 신석우, 변영만, 민충식 등. 회원은 300여 명, 구미 각지에도 분사를 설치.[21]

민필호의 기록을 종합하면 동제사의 중심인물은 신규식, 박은식, 김규식, 신채호, 문일평 등이었음을 알 수 있다. 민필호는 당시 상해에서는 영국전차회사(英商電車公司)의 직원으로 있던 한인 30여 명과 프랑스 조계 안에 있던 동제사 회원 40여 명 외에는 한인이 그다지 없었다고 기록하고 있다.[22]

배경한은 상해와 남경지역 한인 유학생들이 함께 집을 얻어 기숙하면서 생활비도 절약하고 같이 중국어도 익히며 여러 정보도 나누는 등 일종의 공동생활을 하고 있었으며, 이는 신규식의 주도와 박은식·김규식 등의 협력 아래 이루어지고 있었는데, 이 조직이 동제사라는 이름을 걸고 있었던 것으로 보았다.[23] 초기 동제사는 상해·남경에 모두 위치하고 있었는데, 상해에서 창설되어 남경에 분사를 두었던 것으로 보인다.

그런데 남경은 1913년 7월~9월간 원세개를 토벌하자는 중국 제2차 혁명, 즉 토원운동(討袁運動)의 중심지였고, 김규식 등 한인도 여기에 동참한 바 있다. 1913년 음력 5월 20일(양력 7월 4일) 남경에서 동제사 창립 1주년 기념식이 거행되었다. 제2차 혁명이 진행되는 과정에서 남경의 한인들은 민국대학에 재학하던 2명을 제외하고는 모두 상해로 피신하였다. 상해에 재집결하게 된 이들은 1913년 9월 이후 상해 프랑스 조계 보창로에 집을 얻어 20여 명이 함께 거주하는 한편, 박달학원을 개원(1914. 1.

---

21 민필호, 「예관 신규식선생전기」, 1995, 위의 책, 302쪽.
22 민필호, 「대한민국임시정부와 나」, 1995, 위의 책, 71쪽.
23 배경한, 1999, 위의 논문, 62쪽.

12)하고 중국어와 영어를 강습했다. 이러한 한인 유학생 생활공동체, 예비학교, 정치적 비밀결사가 동제사라는 이름으로 묶이게 되었다. 동제사는 그룹 내부 결속력이 뛰어났으나 외부에 대해서는 조직 보위·비밀 엄수의 차원에서 배타성을 보인 것으로 보인다.

1912년 초반 동제사의 실상이 어떤 것이었는지는 문일평의 회고에 잘 드러나 있다.[24] 문일평은 1911년 신해혁명(제1차 혁명)이 일어나고 손문이 임시정부를 원세개에게 넘겨준 1912년 2월 이후 상해에 도착했다. 문일평은 남경으로 올라가 한인을 찾았는데, 박은식과 6~7명의 면식 있던 청년들을 만났다. 당시 남경의 한국인은 겨우 십수 명에 불과했다. 그중에는 신규식과 같이 남중(南中) 인사와 교섭하던 사람도 있었으나, 대부분은 공부하러 온 학생들이었다. 이 가운데 2명이 남경 민국대학에 입학했는데, 이광(李光)이라는 40살 넘은 노학생과 김덕(金德)이라는 중국어에 능통한 청년이었다. 문일평은 "기숙생 외에는 거의 전부가 한곳에 모여 집을 하고 있어서 중국인의 취부(炊夫)를 두고 밥을 지어 먹을 쌔 퍽 절용(節用)이 되었다"라고 쓰고 있다.[25] 즉, 동제사가 남경 한인 유학생들의 경제적·생활적 필요에서 출발했음을 기록하고 있다. 이들은 남경에만 있지 않고 상해로 왔다갔다 했다. 또한 『지산외유일지』에 따르면 중국 각처로부터 중국 남경으로 한인들이 들어오곤 했다. 신채호는 청도에서 남경(1913. 8. 19)으로, 이극로는 서간도에서 남경(1913. 8. 20)으로, 변영태는 남경에서 상해(1913. 9. 8)로 오갔다.

1913년 8월 이래 김규식의 상해 활동, 동제사·박달학원의 실체, 그리고 한인 유학생들의 생활상 등은 문일평의 회고, 정원택의 『지산외유일지』, 이광수의 회고 등에 잘 묘사되어 있다. 1912년 중반 제2차 혁명(토원

---

24 이하의 설명은 문일평, 1978, 「나의 반생」, 『호암전집』 3, 삼문사 495~499쪽에 따름.
25 문일평, 1978, 위의 책, 496쪽.

운동) 이후 남경 유학생들은 상해로 옮겨 프랑스 조계에 집을 잡고 거기에 모여 있었다. 문일평은 신규식의 주선으로 『대공화보』(大共和報)라는 중국 신문사에서 일종의 견습생 비슷한 대우로 일본문을 통역해 주고, 사원들과 숙식을 해결했다. 이를 통해 문일평은 중국어 작문 실력이 향상되었고, 기명 기사를 싣기도 했다. 또한 대공화보관의 우대를 받아 사장 주필과 함께 중국요리를 먹는 호사를 누렸다. 이때 상해에는 "오랫동안 종교와 교육에 애를 쓰던 김규식", 신채호, 조소앙, 홍명희, 정인보 등이 모여 있었다. 정인보는 1913년 7월 제2차 혁명 당시 재상해 조선인 유지 일동 명의로 호군(滬軍, 상해군) 총사령 진영사(陳英士, 陳其美)를 격려하는 글을 썼다.[26]

제2차 혁명으로 남경의 한인들은 모두 상해 조계로 이동했다. 문일평은 상해 공동조계 애문의로(愛文義路, Avenue Road)에 위치한 홍명희 집으로 옮겼는데, 여기에는 홍명희·조소앙·정인보가 함께 살았다. "그 집은 붉은 벽돌의 2층 양제(洋制)"로 "침실에서 자고 매화분에 뒤보고 중국인의 다방(茶房)을 두고 밥을 지어 먹으며 우리 손으로 조선김치를 맨들어 먹었다"고 했다.

『지산외유일지』에 따르면 1913년 8월 29일, 9월 6일, 9월 13일 상해에서 동제사 총회를 했고, 1914년 6월 13일에는 동제사 2주년 기념식을 거행했다. 제2차 혁명 이후 남경에서의 동제사 활동은 위축되었고, 상해가 동제사의 중심이 되었다. 1914년 1월 12일 상해 명덕리에서 박달학원 개원식을 했는데, 이는 상해에 재류하는 '동지' 수십 인을 중심으로 중국·구미 유학을 위한 입학예비반으로 특설된 것이었다. 교과는 영어·중국어·지리·역사·수학을 배웠고, 졸업 기한은 1년 반이었다. 김규식은 영어교사였다.

---

26 문일평, 1978, 위의 책, 496쪽. 정인보는 문일평에 대해 다음과 같이 기억했다. 나보다 다섯 해 "우" 점잔키도 일즉부터, "상해"서 처음보긴 "대신여관" 우일려니, 진영사(陳英士) 마중하던날 가치 "거나" 햇겠다. 정인보, 1983, 「문호암애사(文湖岩哀詞)」, 『담원 정인보전집』 1, 연세대학교출판부, 54쪽.

박달학원의 교수진은 박은식, 신채호, 조소앙, 문일평, 홍명희, 이광수 등이었고 중국인으로 혁명원로 농죽(農竹)과 하와이 2세 모대위(毛大衛)가 있었다. 학생은 모두 30여 인으로 교내에서 기숙했고, 3기에 걸쳐 100명 이상의 졸업생이 배출되었다.[27] 동제사의 보습 과정을 거친 이들은 중국 학교와 구미로 유학을 떠났는데, 김용호(金容浩)는 상해 복단공학(復旦公學), 신건식(申健植)·김용준(金容俊)은 상해광학교(上海鑛學校), 정원택(鄭元澤)은 세무중학(稅務中學), 여운형(呂運亨)은 남경 금릉대학(金陵大學), 민필호(閔弼浩)는 전신학교(電信學校), 김동철(金東哲)은 진단학원 의과에 입학하였다.[28] 또한 신규식의 주선으로 한인 학생들이 보정군관학교(保定軍官學校), 천진군수학교(天津軍需學校), 남경해군학교(南京海軍學校), 오송상선학교(吳淞商船學校), 호북강무당(湖北講武堂), 광동강무당(廣東講武堂), 운남군관학교(雲南軍官學校), 항주체육학교(杭州體育學校) 등에 입학해, 약 10년간 100여 명이 졸업했다.[29] 『지산외유일지』에서는 당시 동제사를 중심으로 생활하던 학생들이 1913년 상해·남경의 중학교 등에 진학한 사례를 자세히 소개하고 있다.[30]

일제의 정보보고에 따르면 신규식은 1916년에도 민충식, 박은식, 장건상 등과 함께 남양중학회(南洋中學會)를 설립하고 미국·중국·서북간도·노령의 한국 독립운동가들과 "기맥을 통해" 비밀리에 상해 한국 청년들의 배일사상을 고취하려고 했다.[31]

---

27 민필호, 1995, 위의 책, 71, 304쪽.
28 손과지, 2001, 『상해한인사회사 1910~1945』, 한울, 180쪽; 이재령, 2015, 「일제강점기 재중 한인 유학생의 실태와 지적교류」, 『중국근현대사연구』 68, 81쪽.
29 민필호, 1995, 위의 책, 71, 304쪽.
30 김세무·김용호 복단공학(復旦工學) 입학(1913. 8. 10), 신건식·김용준 상해 광학교(鑛學校) 입학(1913. 8. 11), 김정기 무상중학(務商中學) 입학(1913. 8. 22), 정원택 무상중학 입학(1913. 8. 29), 김필한 무상중학 입학(1913. 9. 10), 이광·이학송·김정·박영 민국대학 입학(1913. 10. 3), 정원택 항주 체육학교 입학(1914. 7. 7).
31 「在上海 不逞鮮人 情況」 警高機發 제266호(1916. 5. 1) 『不逞團關係雜件 鮮人ノ部 在上海地

한편 이광수는 1913년 11월부터 1914년 1월까지 상해에서 홍명희·조소앙·문일평과 함께 살며 김규식·신규식·신채호를 만나고 자신이 경험한 상해 시대에 대해 여러 차례 회고했다. 이광수는 1913년 안동현에서 귀국하는 정인보를 만나 상해행을 권유받았는데, 동경 유학 시절 절친했던 홍명희, 문일평, 조소앙 등이 모두 상해에 있다는 이야기를 들었다.[32] 이광수의 동경 시절, 홍명희는 중학교 4년 선배로 문학 "지도자"였으며, 문일평은 메이지학원 3년 동기동창이었다.[33] 이광수는 홍명희가 영웅보다는 시인을, 역사보다는 소설을 좋아하고 한문이 뛰어났으며 바이런(George Gordon Byron)의 시와 나쓰메 소세키(夏目漱石)의 책을 좋아했다고 했고, 문일평은 자신에게 역사를 가르쳐 주고 자신은 문일평에게 어학·수학을 가르쳐 준 사이였다고 회고했다.[34] 문일평 역시 회고록에서 동경 유학 시절 하숙집 옥진관(玉津館)에서 홍명희와 이광수를 만났는데, 그 후 홍명희는 대성중학에, 이광수와 자신은 명치학원 중학부에 들어갔다고 쓰고 있다.[35]

1913년 11월 말 상해에 도착한 후 이광수는 당시 상황을 이렇게 묘사했다.

(1) 내가 다시 단재를 만나게 된 것은 계축년 상해에서였다. 오산서 서로 떠난 지 사 년, 나는 오산학교를 떠나서 방랑의 길을 나섰다가 안동현에서 위당 정인보 군을 만나서 이십 원을 얻어 가지고, 상해에 교거(僑寓)

方』1.
32 이광수, 1936, 「문단고행30년(其2) 서백리아(西伯利亞)서 다시 동경으로」, 『조광』 5월, 98쪽.
33 이광수, 1936, 「문단생활 30년을 도라보며: 다난한 반생의 도정」, 『조광』 4월, 137~138쪽; 이광수, 1936, 「문단고행30년(其2) 서백리아(西伯利亞)서 다시 동경으로」, 『조광』 5월, 96~97쪽.
34 이광수, 1948, 「나의 고백」, 『이광수전집』, 228쪽.
35 문일평, 1978, 위의 책, 490~491쪽.

하는 홍명희(지금은 벽초라고 호號하나 그때에는 가인假人, 고쳐서 가인 可人이라고 자호自號하였다) 군을 찾아가서 벽초와 한 침상에서 한 이불을 덮고 자는 동안에 단재를 다시 만났다.

그때에 단재는 김규식 씨한테서 영어를 배우고 있었다. 상당히 정도 높은 책인데 김규식 선생이라는 이가 원체 깐깐한 어른이라 발음을 대단히 까다롭게 말하기 때문에 단재가 책을 나한테도 가지고 와서 "나 고주(孤舟)[이광수]한테 배우겠소. 난 발음은 쓸데없다고 뜻만 가르쳐 달라도 그 사람이 꽤 까다롭게 그러는군"하고 불평을 하였다. 거기도 단재식이 있었다.

양력 설에 상해에 모여 있는 사람들끼리 한 삼십 명이나 신성(申檉)[신규식] 선생 집에 모여서 감개 깊은 신년회를 하였다. 아마 돈은 신성 선생이 내시는 모양이었다. 민괴주(玫瑰酒)도 나오고 과자도 나왔다. 여학생도 몇 사람 있어서 창가도 하였다. 그 자리에는 신성 선생·김규식 선생·단재 선생·홍벽초·조소인(趙蘇印)[조소앙]·문호암(文湖岩)[문일평] 이런 이들도 있었다. 그 석상에서 자연 시국담이 났던 모양인데 단재는 "애잉!" 하고 발길로 마룻바닥을 차고 퇴장하여 버렸다. 일동은 미소하였다.[36]

(2) 상해에 가서 법계(法界) 백이부로(白爾部路)에 홍가인(洪假人)[홍명희] 문호암 등이 유숙하는 집에 동숙하였다. 그들은 집 하나를 빌어 가지고 청인 하나를 밥 짓는 사람으로 두고 살았다. 아래 층에는 문호암이 강개에 반(半)광인생활을 하고 웃칭 방에는 오스카 와일드 '도이안 그레이'를 낭독하고 관조의 생활을 하는 홍가인과 마호멜의 크란[코란]을 탐독하던 육성자교(六聖子敎)를 준비하는 조소인(趙素印)(나종에는 鮮印)과 지금 개성에서 송고직(松高織) 중역으로 있는 송상순(宋象淳) 군, 또

---

36 이광수, 1936, 「탈출 도중의 단재 인상」, 『조광』 4월: 『이광수전집』 8, 우신사(1979), 516쪽.

한 청년, 그리고 나, 이렇게 모여 있었다.

나는 침대나 침구를 살 돈도 없어서 벽초의 침대에서 벽초의 이불을 덮고 잣다. (중략) 상해에서도 나는 신단재를 맛났다. 그러고 이미 작고하신 신예관〔신규식〕 선생과 지금도 상해에 계신 김규식 선생을 만난 것도 이때인데 나는 상해 성약한대학(聖約翰大學)에 입학하랴고 김규식 선생의 소개장까지 받었으나 신예관 선생의 권으로 상항(桑港)에서 발행하는 신한민보 주필로 가게 되여 정월에 노국 의용함대 배 풀타와호로 해삼위(海蔘威)로 향하엿다. 부두에 벽초의 전송이 있었다.[37]

(3) 나는 민군〔閔忠植〕 일행을 따러서 위혜림(韋惠林) 댁에 들렀다가 그 집의 인도로 백이부로(白爾部路)의 홍명희가 있는 집에 갔다. 아래 층에는 호암 문일평(湖岩 文一平)이 혼자 있고 이층에는 홍명희·조용은(趙鏞殷) 그리고 또 두 사람이 있었다. 조용은은 지금의 조소앙(趙素昻)이다. 그때에 '소인'(蘇印)이라고 하였다. 나는 홍명희와 한 침대에서 잣다. 홍명희 동경 시대의 호는 '가인'(假人)이었는데 여기 와서는 '가인'(可人)이라고 쓰고 있었다. 가인은 아담의 맏아들로서 (중략) 내가 상해에 갔을 때에는 오스크 와일드의 '도리안 그레이' '옥중기' 같은 것을 읽고 있었다. 그에게는 악마주의적인 것을 좋아하는 성미가 있었다. 조용은은 그때에는 날마다 '코오란'을 읽고 있었다. 그의 호 '소앙'(蘇昻)'은 "야소(耶蘇)가 내라"하는 뜻이었다. 후일에 그가 '육성교'(六聖敎)라는 것을 주장한 일이 있거니와, 그때에도 그는 종교적 명상을 하고 있는 모양이었다. 그는 침대 위에 가만히 앉어서 "코오란"을 읽거나 그렇지 아니하면 눈을 반쯤 감고 몸을 좌우로 흔들흔들하고 있었다.

아래층에 혼자 있는 문일평은 우리에 갇힌 호랑이 모양으로 마루창을

---

[37] 이광수, 1936, 「문단고행30년(其2) 서백리아(西伯利亞)서 다시 동경으로」, 『조광』(1936. 5), 98~99쪽.

삐걱거리며 밤낮 무엇을 중얼거리면서 오락가락하고 있었다. 이층 패들은 그를 미친 사람이라고 부르고 있었다. 내가 보기에는 이층 패들도 보통 이 세상 사람들과 같지 아니한 것 같았다. 모두 나라를 잃은 허전한 마음이 부접할 바를 몰라서 허둥지둥 허무향에 헤매고 있는 것 같았다. (중략) 외투가 없는 것은 말할 것도 없거니와 웬일인지 모자들도 없었다.

(중략) 나는 문일평하고도 같이 나와 다녔다. 그는 비단으로 만든 길다란 청복을 입고 있었다. 아마 처음 상해에 와서 아직 주머니가 무거울 때에 지었던 것인 모양이었다. 또 하나 그가 돈이 넉넉하던 적이 있던 증거를 보았다. 그는 나를 번채관(蕃菜館, 서양 요리집)에 데리고 가서 세 접시 정찬을 먹여 주고 '구국보 문방'(救國報文芳)이라고 그 능한 글씨로 외상 절지에 적어 놓고 나왔다. 그는 때때로『구국보』에 글을 쓰는 모양이었다.

나는 당시 상해에 있는 한인의 중심인물이던 예관 신성(睨觀 申檉)도 만났다. 그는 꽤 큰 중국집을 빌어 가지고 있었고, 거기는 서호 김규식(西湖 金奎植)도 같이 있었다. 예관은 내 의사도 물어볼 틈이 없이 내게 동지회원증(同志會員證)이라는 종이를 주었다. 나는 그때에 동지회가 무엇인지 몰랐으나 아마 무슨 독립운동단체일 것이라고 생각하였다. 또 예관의 집에는 매일 한어반과 영어반도 열렸다. 신채호(申采浩)도 여기서 만났다. 그는 호를 무애(無涯)라고도 하고 단재(丹齋)라고도 하였다. (중략) 그는 때 묻은 검은 청복을 입고 영어 배우는 책을 들고 다녔다. 그는 나를 보고 서호가 발음을 까다롭게 가르친다고 불평을 하였다. (중략) 변영태(卞榮泰)도 거기서 영어를 배우고 있었다. 그들은 여기서 한어나 영어를 배워 가지고 중국대학이나 서양에 유학을 가려는 사람들이었다.

정월 초하룻날이었다. 예관 집 이층 넓은 방에서 신년 축하연이 있었다. 아마 삼십 명 가까이 모였었다고 생각한다. 그중에는 장차 영국에 가서 해군 장교가 될 신성모(申性模)도 있었다. 그는 '철'(哲)이라는 외자 이름을 쓰고 있었는데, 문일평이가 문방, 신규식이가 신성이라고 하는 모양대로 대개는 변명을 하고 있었던 것이다. (중략) 나중에 알았거니와 우리나라 사람들은 어디를 가나 특별히 믿는 사람 아니고는 서로 주소를 숨기는 것이었다. 북경에서도 나는 이런 일을 경험하였다.[38]

(1)·(2)는 1936년의 회고, (3)은 해방 후인 1948년의 회고이다. 이광수의 회고를 『지산외유일지』와 맞춰 보면 사정을 보다 정확히 알 수 있다. 계축년은 1913년인데, 『지산외유일지』에 따르면 정인보는 김정기와 함께 귀국(1913. 10. 29)길에 올라 안동현에서 이광수를 만났고, 이광수는 정인보로부터 여비 20원을 얻어 상해에 도착(1913. 11. 29)했다.[39] 이광수는 한 달가량 상해에 체류하면서 홍명희와 한 침대에서 살았는데, 상해 프랑스 조계 백이부로에 있는 집 1층에는 문일평, 2층에는 홍명희, 조소앙, 송상순 외 1명이 함께 살고 있었다. 홍명희는 오스카 와일드(Oscar Wild)의 유일한 장편소설 『도리안 그레이』(The Picture of Dorian Gray)을 읽는 등 악마주의적 경향이 있었고, 조소앙은 코란을 읽으며 육성교 창설의 종교인의 모습을 보였고,[40] 문일평은 미친 사람처럼 중얼거리고 『구국보』(救國報)에서 일하며 문방(文芳)이라는 가명을 사용하고 있었다는 것이다. 가난한 이들은 외투나 모자가 없어 외출하지도 못하는 형국이었다.

이때 상해에서 이광수는 다양한 사람을 만났는데, 신채호, 김규식, 변

---

38 이광수, 1948, 위의 책, 239~241쪽.
39 정원택, 1974, 위의 책, 375쪽.
40 조소앙의 육성교 이야기는 문일평의 회고에도 등장한다. 육성자(六聖子)는 석가, 공자, 소크라테스, 예수, 모하메트(무함마드), 조로아스터를 의미한다. 문일평은 "겉으로는 머리를 끄덕이면서도 속으로는 웃음이 북바쳐서 겨우 참았다"라고 썼다. 문일평, 1978, 위의 책, 496쪽.

영태, 신성모, 이광, 신규식 등이 포함된다. 이광수의 회고 가운데 김규식과 관련된 내용을 정리하면 다음과 같다.

첫째, 당시 신채호는 김규식에게 영어를 배웠는데, 김규식은 어려운 책으로 정확한 발음을 강조했고, 발음을 배우기 싫었던 신채호는 이광수에게 영어를 배우겠다고 했다. 신채호는 이웃을 뜻하는 neighour의 발음을 '네이버'가 아닌 '네이 그후 바우어'라고 읽었다. 영국인의 발음법을 따를 필요가 없다는 태도였다.[41] 어학에 대한 철저한 태도와 발음을 중시한 김규식의 교육관·성벽은 신채호와 잘 어울리지 않는 것이었다.

둘째, 김규식은 이광수에게 성요한대학(聖約翰大學, St. John's University)의 입학 소개장을 써주었지만, 이광수는 신규식의 권유로 미주 국민회 기관지 신한민보 주필로 취임하기 위해 사양했다. 김규식은 상해 성요한대학의 관계자와 친분을 맺고 있었음을 알 수 있다.

셋째, 이광수는 상해에 도착하자마자 신규식으로부터 '동지회원증'을 받았다는 것이다. 독립운동단체로 생각했다는 '동지회'는 '동제회'를 잘못 기억한 것이 분명하다.[42] 신규식의 집에서는 중국어반과 영어반이 매일 열렸다고 기억했는데, 이것이 발전해서 1914년 1월 박달학원으로 발전한 것이다. 김규식은 이곳 영어반에서 구미로 유학 갈 학생들에게 영어를 가르친 것이다. 변영태·신성모·윤보선 등도 박달학원에서 영어를 배웠다.

넷째, 신규식 자택에서 1914년 신년축하회가 열렸는데 30여 명의 한인 동포들이 참가했다. 이 자리에 신규식·김규식·신채호·홍명희·조소앙·문일평이 참가했다. 신규식의 자택은 상해뿐 아니라 강남 일대 조선인 망명객의 본거였으며, 김규식과 신채호는 이 집에서 지냈다.[43] 즉, 김규식은

---

41   변영만, 1936, 「실루엣 2, 3」, 『중앙』 6월호; 신용하, 2003, 『증보 신채호의 사회사상연구』, 나남출판, 42쪽.
42   이광수는 1930년 쓴 글에서는 "동제사라는 결사에 예관이 지도자였던 것"이라고 기록했다. 이광수, 1930, 「상해 이일 저일」, 『삼천리』 10호(11. 1), 『이광수전집』 8, 우신사(1979), 249쪽.

상해 동제사의 중심인물로 신규식 자택에서 거주하였다.

다섯째, 한인들은 변성명을 했는데, 신규식은 신성·신정, 문일평은 문방, 신성모는 신철로 변명했다는 것이다. 김규식은 김성(金成)이라는 이름을 중국 망명 초기에 사용했다. 이는 동제사 핵심인물들의 연계를 보여 주는 것이다.

한편 정인보는 1913년 이광수가 도착하기 전 상해에 체류 중이었는데, 이 시기에 대해 이렇게 회고했다.

> 내가 그(박은식)를 처음 대면하기는 이로부터 십삼 년 전(계축) 상해에서입니다. 그때에 우리는 ○○회를 조직하여 서로 연락하던 터인데 그 회에서 마침 중국 명사 진기미(陳其美) 씨를 환영하기로 되었습니다. 환영하는데는 환영사가 있어야 된다 하여 그 책임은 내가 지기로 되었습니다. 벽초(홍명희) 군과 같이 환영사를 짓느라고 반쯤이나 꾸물거리는 판인데 어떤 보기에 그다지 시원치 않은 노인이 쓱 달려들더니 "무엇을 그리 오래 끄적거리느냐"고 하더니만 자기가 가로채 가지고 일필휘지에 한다 하는 명문명사(名文名辭)를 써놓습디다. 우리는 놀래었습니다. 알고 보니 박은식 선생이었습니다. 이로부터 홍명희·신규식 등 제군과 같이 그이를 가까이하게 되었습니다. 삼사 개월이나 동정식(同鼎食)을 하였습니다.[44]

1913년 상해에서 정인보는 동제회를 조직하여 연락하던 차에 중국 명사 진기미를 환영하기 위해 환영사를 짓는 과정에서 홍명희와 꾸물거리던 차에 노인 박은식이 일필휘지로 명문을 써놓았다는 것이다. 그 후 정인보

---

43 이광수, 1930, 위의 글, 249쪽.
44 정인보, 1925, 「개결무구(介潔無垢)의 박은식선생」, 『개벽』 8월호.

는 박은식·홍명희·신규식과 3~4개월 함께 살았다는 것이다.

그런데 김규식은 어떻게 6월에 벌써 동제사의 핵심인물로 활동할 수 있었던 것인가? 아마도 김규식은 서울을 떠나기 전부터 신규식·홍명희·정인보·문일평·조소앙 등과 교류하거나 연계되었을 개연성이 높다. 왜 김규식이 1913년 상해·남경에서 이들과 교류하였는가 하는 점은 이들의 중국 체류 시기와 관계 등을 통해 추정해 볼 수 있다.

〔표 5-1〕 동제사 관련 주요 인물들의 학력·중국 도착·체류 시기

이름 (호)	생몰연대	학력	중국 상해·북경 도착 시기	중국 체류 기간
신규식 (예관)	1880~1922	관립한어학교(1898), 육군무관학교(1900~1902)	1911년 12월(북경)	~1922년
김규식 (소호·만호)	1881~1950	미국 로녹대학(1897~1903)	1912년 12월(북경) 1913년 4월(상해)	~1945년
조용은 (소앙)	1887~1958	성균관(1902), 일본 메이지대학 법학부(1905~1908)	1913년(상해)	~1945년
홍명희 (가인·벽초)	1888~1968	일본 다이세(大城)중학 (1905~1910)	1912년 가을(상해)	(1913~1917년 남양행) ~1918년
문일평 (호암)	1888~1939	일본 메이지학원(1905~1908), 와세다대학(1911~1912)	1912년(상해)	~1914년
이광수 (춘원)	1892~1958	일본 다이세중학(1905~1907), 메이지학원 중학부(1907~1910)	1913년 11월(상해)	~1914년 1월, 1918.10~1919.1 북경
정인보 (위당)	1893~1950	이건방(李建芳) 사사	1913년(상해)	1911년 중국 동북 입국 1913년 귀국

1913년을 기준 나이로 신규식(33세), 김규식(32세), 조소앙(26세), 홍명희(25세), 문일평(25세), 이광수(21세), 정인보(20세)의 순서였다. 신규식을 제외하면 김규식은 조소앙·홍명희·문일평·이광수·정인보보다 많게는 열 살, 적게는 여섯 살 연상이었으며, 미국 대학 졸업의 학력을 지녔고, 1905년 이래 7~8년간 기독교 문화계에서 활동한 사회 활동 경험이 있

다. 한편, 나머지 인물들은 정인보를 제외하고는 모두 1900년대 후반부터 1910년대 초반 일본 유학 경험을 가지고 있다. 즉, 모두 근대적 교육을 받은 후 망명한 최초의 한국인들이었다. 또한 이들은 모두 1910년 대한제국의 멸망, 1911년 신해혁명의 영향을 직접적으로 체험한 청년세대로 모국의 멸망 속에서 중국 공화혁명을 통해 새로운 길을 찾아보려는 열망이 강했다. 김규식은 중국에서 활로를 모색하다가 생업의 길로 자연스럽게 진입한 반면, 조소앙을 제외한 나머지 인사들은 모두 중국에서 격렬한 방황·방랑의 시대를 거친 후 귀국하여 1920년대 이후 한국 국내 문화, 언론계의 주요 인물로 자리했다. 이들은 모두 1912~1913년 중국에 들어오기 전 서울을 거쳤으며, 김규식과는 아마도 서울에서 연결되었을 개연성이 매우 높다.

또 다른 가능성은 1912년 김규식의 중국 북경 방문이다. 김규식은 1912년 12월 9일 자로 조선총독부의 여권을 발급받았다. 이에 따르면 김규식의 여행 목적은 기독교회 출석, 여행지는 중국 북경, 여권번호 167930번이었다.[45] 김규식은 YMCA 총무이던 질레트 및 신흥우와 함께 1912년 12월 북경에서 개최된 YMCA대회에 한국대표로 참가했다.[46] 당시 한국 YMCA는 일본의 방해와 탄압 속에 위기 상황에 처해 다음 해인 1913년 일본 YMCA와 통합될 운명이었다. 김규식의 북경 방문은 한편으로는 한국 YMCA의 독립·생존을 위한 노력의 일환이었을 것이고, 다른 한편으로는 중국 망명의 기회를 찾는 일환이었을 것이다.

신규식과 김규식의 관계는 미상이다. 두 사람은 한 살 터울이지만, 가문과 교육 배경은 전혀 상이했다. 신규식은 관립한어학교를 나와 중국어를 구사하는 육군 참위 출신이었으며, 김규식은 관립영어학교를 나와 미국 유

45　김규식의 주소는 南部 盤石坊 里門洞 號外地, 연령 33세, 오스트레일리아로 기재되어 있다. 外務省 外交史料館, 분류기호 3. 8. 5. 8.「外國旅券下付(附与)返納表進達一件」228冊; 外務省 記錄(戰前) 3. 8. 5. (no) 旅 076 (大正 元年 10月~12月).

46　송건호, 1990,「항일독립운동기의 인물 연구-김규식의 일생-」,『국사관논총』18, 110쪽.

학을 다녀온 기독교계 교육·문화·종교 지도자였다. 신규식은 고령 신씨로 청주 출신이고, 김규식은 청풍 김씨로 강원도 홍천 출신이다. 김규식이 독실한 기독교도였던 반면, 신규식은 유명한 대종교 집안이었다. 두 사람은 공통점보다는 차이점이 잘 드러난다. 두 사람의 공통점은 중국 공화혁명에 큰 기대를 걸고 있었다는 점, 한국 독립운동에 투신하겠다는 결의를 가지고 있었다는 점, 그리고 마지막으로 교육의 중요성에 기초한 독립운동 방략을 추구했다는 점일 것이다.

특히 김규식과 신규식이 모두 교육의 중요성을 인식한 교육자였다는 점이 이들의 중국 시절 공동행동의 근거가 되었을 가능성이 매우 높다. 교육자로서의 경험과 교육의 중요성에 대한 인식이 서로를 연결하는 중요 매개체가 되었을 것으로 보인다. 상해·남경에서 조직된 동제사가 재중국 한인 유학생들의 생활·학습공동체였으며, 한인 청년들이 중국어·영어 등을 학습하여 장차 중국·구미학교에 진학하는 한편 이들을 기반으로 독립운동을 추진한다는 다방면의 목표를 추구한 것은 기본적으로 김규식·신규식이 학생·청년 교육을 통한 독립운동을 구상했기 때문이었다. 즉, 김규식과 신규식의 교집합은 청년·학생의 교육에 근거한 독립운동 방략이었을 것이다. 두 사람은 상해·남경에서 재중국 한인 유학생들을 중심으로 동제사를 조직해 생활·학습공동체를 운영하는 한편 이를 기반으로 독립운동을 추진했는데, 이는 두 사람의 공통된 교육·교육자로서의 경험에서 비롯된 것으로 판단된다.

앞에서 살펴본 것처럼 김규식은 1905~1912년간 경신학교의 학감이자 YMCA의 학감·총무로 서울의 주요 교육자로 손꼽히는 사람이었으며, 『대한문법』을 펴내는 등 교육 저술가로서도 이름을 얻고 있었다. 1913년 상해에 건너온 민충식은 1908년 경신학교의 신임 교장 그린필드 배척 운동에 참가해서 퇴학당했는데, 경신학교 교사이자 스트라이크 후 임시교감을 맡은 김규식의 공명정대한 인품을 회고한 바 있다.[47]

한편, 신규식은 청주 동쪽 산당산성(山黨山城) 아래에 유명한 고령 신씨 산동문중(山東門中) 출신인데, 한국 독립운동에서 이름이 높은 신규식·신채호·신홍우·신백우·신석우가 모두 이 집안 출신이다.[48] 특히 동제사에 참가해 중심 역할을 한 신채호, 신건식, 신석우, 신성모 등이 같은 문중 사람들이다. 신규식의 형 신정식(탁지부 재무관·회계국장, 덕천군수), 동생 신건식(임정 참여)도 독립운동에 관여했다. 이 집안은 광무개혁기에 사상 전환을 통해 개화론자가 되었다. 1900년대를 전후한 시점에서 산동 신씨들은 청주의 세거지를 중심으로 교육운동을 활발하게 펼쳤고, 이 집안의 중요인물들은 모두 1910년대 중국 내 한국 독립운동의 중요인물로 등장하였다.[49]

중국 시절 신규식과 김규식의 긴밀한 관계를 보여 주는 또 다른 사례는 이들의 영문 이름에서 찾아볼 수 있다. 김규식은 자신의 영문 이름을 Kimm Kiusic으로 표기했는데, 김을 Kimm으로, 규식을 Kiusic으로 독특하게 표기했다. 독립기념관에 소장된 신규식의 명함은 앞면에 한자로 申圭植 睨觀으로, 뒷면에는 영문으로 KIUSIC SHIN으로 표기했다.[50] 신을 Shin

---

47 민충식, 『단원 민충식 자서전』 1, 88, 104~106쪽. 민충식의 주장에 따르면 그의 형 민의식(閔宜植)이 양주의 전답 수백 두락 문권을 일본인에게 매도하고 친구인 김규식 및 이완용의 맏사위 홍윤표(洪運杓)와 함께 도미했다는 것이다. 이후 김규식은 학업에 몰두했지만, 민의식과 홍운표는 난봉으로 돈이 떨어졌으며, 민의식은 귀국하지 않고 도박과 당구로 평생을 일관했고, 홍운표는 한국영사관을 찾아가 귀국길에 올랐다고 했다(같은 책, 52~53쪽). 앞에서 살펴본 것처럼 김규식과 함께 샌프란시스코에 도착한 것은 이윤구, 홍운병(洪運柄, 혹은 洪浚植)이었는데, 홍운병이 홍운표일 가능성이 있다. 1897년 이래 미국 유학생 명단에 홍운표가 등장하고 있다. 홍운표는 중추원 참의를 지내는 등 현달했다.
48 임춘수, 1990, 「신규식·신채호 등의 산동(山東)문중 개화사례」, 『윤병석교수화갑기념 한국근대사논총』, 지식산업사.
49 그간 신규식, 신채호, 신백우 등 청주 산동 신씨 '산동삼재'(山東三才)가 문동학원(文東學院)·덕남사숙(德南私塾)·산동학당(山東學堂) 등을 통해 교육 활동을 한 것으로 설명했다. 그런데 최근 연구에 따르면 이는 신규식, 신채호 등과는 무관한 것으로 밝혀졌다. 박걸순, 2022, 「예관 신규식의 국권회복운동 방략과 실천」, 『한국근현대연구』 103.
50 「신규식의 인장」 http://search.i815.or.kr/ImageViewer/ImageViewer.jsp?tid=co&id=

으로, 규식을 Kiusic으로 표기하고 있는데, 특히 규식을 Kiusic으로 표기한 것은 김규식의 표기례와 일치한다. 동제사 및 박달학원에서 함께 일하며 영어에 능통했던 김규식이 신규식의 영어 이름을 표기해 준 것으로 추정된다. 미국 유학생 출신으로 영어 및 서양 언어, 풍습에 정통했던 김규식의 조언으로, 신규식이 김규식과 동일한 영문명 Kiusic을 사용했을 것이다.

1-003974-000(2017. 6. 21. 검색).

3 제2차 중국혁명 참가(1913. 7)

중국에 도착한 첫해 김규식의 행적 가운데 가장 흥미로운 것은 1913년 7월 발생한 제2차 혁명, 즉 토원운동(討袁運動)으로 알려진 반(反)원세개운동에 직접 참가한 일이다. 『지산외유일지』는 당시 재중한인사회의 반응을 보여 주고 있다. 이에 따르면 7월 19일(음력 6. 16) 중국동맹회의 황흥(黃興)이 남경에 잠입해 독립을 선포함으로써 제2차 혁명이 시작되었다. 김규식은 7월 24일(음력 6. 21) 중국인 의사 모대위(毛大衛)와 함께 적십자를 조직하여 임회관(臨淮關)에 출동했고, 김정기(金正琪)·계선(桂宣)이 수행했다. 김규식과 김정기는 4일 뒤인 7월 28일(음력 6. 25) 남경으로 돌아왔다. 즉, 김규식은 남경에서 제2차 혁명에 참가해서 직접 임회관까지 출동했다 온 것이다.[51] 모대위라는 중국인은 박달학원에서 중국어를 가르친 중국인 2세 출신이다.

김규식 본인도 중국 제2차 혁명 참여를 영어·한문 이력서에 적어 넣을 정도로 자랑스럽게 생각했다. 1950년 작성된 그의 「자필 이력서」는 이렇게 쓰고 있다.

---

51 정원택, 1974, 위의 책, 369~371쪽.

북경, 상해, 남경에서 이전에 망명한 다양한 한국 애국자들과 접촉하며 민족운동을 통일적이고 연합적 투쟁으로 이끌려는 노력을 경주했다. 동시에 쑨원 박사(孫文), 첸지메이 장군(陳其美), 황싱 장군(黃興), 탕샤오위(唐紹儀), 왕쳉팅 박사(王正廷), 웰링턴 쿠 박사(顧維鈞) 등 중국 혁명지도자 일부와 사귀었다. 1913년의 무산된 제2차 혁명 동안, 렝추 장군(冷橘)의 군대에 동참해, 방부(邦阜)까지 진출했다. 이 군대는 서주부(徐州府)에서 올라온 장쉰 장군(張勳) 군대의 쇄도 앞에 무질서하게 퇴각했으며, 이 사건으로 소위 제2차 혁명은 종결되었다.[52]

김규식은 한문 이력서에도 1913년 봄 중국으로 건너가 한국 독립운동에 노력했으며 아울러 북경 상해 등지에서 손중산(손문) 선생 및 황충강(황흥), 진영사(진기미) 등과 연합해 대업을 함께 모의했으며 동시에 제2차 혁명에 참가했다고 기록했다.[53]

김규식이 참가했다는 제2차 혁명은 1913년 7~8월간 원세개에 반대해서 전개된 반원세개운동을 의미한다. 1911~1912년의 신해혁명, 즉 제1차 혁명의 결과, 원세개가 권력을 장악했고 원세개는 1913년부터 송교인(宋敎仁) 암살(1913. 3. 22)을 시작으로 이열균(李烈鈞)(강서 도독, 6. 9)·호한민(胡漢民)(광동 도독, 6. 14)·백문울(栢文蔚)(안휘 도독, 6. 30) 등 남방 도독을 파면하는 선제공격을 시작했다.[54] 무장봉기에 부정적 시각을 유지하며 주저하는 태도를 취하던 손문, 황흥도 결국 제2차 혁명에 참여할 수밖에 없었다.

강서를 떠났던 이열균은 7월 12일 강서성 호구(湖口)에서 토원군(討

---

52 「김규식 자필 이력서」(영문, 1950).
53 一九十三年 春 渡華 努力於獨立運動 並 在平滬等地 與孫中山先生 及 黃充强 陳英士 等 聯合 共謀大業 同時 參加第二次革命.
54 민두기, 1994, 『신해혁명사』, 민음사, 278~284쪽.

袁軍) 총사령부를 설치하고 강서성의 독립을 선포했다. 이어 7월 15일 황흥이 남경에서 강소토원군(江蘇討袁軍)을 조직하고, 7월 17일 백문울이 안휘토원군 총사령관이 되어 안휘성 독립을, 7월 18일 진기미(陳其美)가 상해토원군 명의로 상해 독립을, 7월 19일 허숭지(許崇知)가 복건(福建)토원군을, 진형명(陳炯明)은 광동성 독립을 선포했다.[55] 그러나 혁명군은 각 성을 통제하지 못했고, 혁명 지휘자의 협조도 통일되지 않았으며, 상인들과 남방 각 군부대 내부도 분열되었다. 제2차 혁명에 대한 국내적 호응이 약한 상태에서 원세개군은 7월 25일 호구를 탈환해 이열균은 도주했고, 7월 28일 황흥은 일본 군함을 타고 일본으로 도주했고, 8월 2일 손문도 상해를 떠나 일본으로 망명했다. 황흥의 도주 후 남경은 원세개군에 맞서 항전했으나 9월 2일 평정되었다. 결국 제2차 혁명이 추구한 반원세개운동은 실패했다.

김규식이 어떤 경로로 냉휼(冷遹) 장군의 부대에 합류하게 되었는지는 미상이다. 냉휼(1882~1959)은 안경무비학당(安庆武备学堂)을 졸업한 후 1906년 중국동맹회에 가담했으며, 이후 안휘성(安徽省)·홍콩 등에서 신군(新軍)의 중심인물이 되었다. 1910년 중국동맹회 광서지부(廣西支部) 지부장이 되었으며, 1911년 무창기 이후 혁명에 참가해 1912년 손문으로부터 중장계급을 하사받고, 제1군 제3사단장에 임명되었다. 1912년 5월 제1군 제9사단장으로 전임되어 서주에 주둔하던 중 1913년 제2차 혁명 발발 이후 북양군 풍국장(馮國璋) 부대와 장훈(張勳) 부대가 서주를 공격하자 중과부적으로 패배했고, 일본으로 망명했다. 1915년 겨울 원세개가 황제로 복벽한 이후 냉휼은 일본에서 귀국해 토원운동에 몰두했다. 항일전쟁 시기 1938년 국민참정회의 참정원이 되었고, 1947년 강소성 임시참의회 의장이 되었고, 중화인민공화국 성립 이후 1949년 9월 중국인민정치협상

---

55 민두기, 1994, 위의 책, 278~284쪽.

회의 제1계 전체회의 대표가 되었다.⁵⁶

이때의 일에 대해서 장훈은 다음과 같이 회고했다.

6월 황흥이 강녕(江寧)(안휘성 내 양자강 우안右岸에 있는 마을로, 강소성 경계와 남경의 서남쪽 가까이에 있다)에서 반란을 일으켰고, 냉휼(冷遹)이 서주(徐州)를 점령해 북부를 침공하기 시작했다. 제5여단 사령관 방옥보(方玉普)가 황흥의 의도에 대해 경고했기 때문에, 나는 한장(韓莊)에서 반란군을 맞아 싸우게끔 예하 부대를 급파했다. 그곳에서 우리 부대는 이랑산(二郎山)을 점령한 뒤 유천(柳泉)을 빼앗을 기회를 노렸다. 냉휼의 군대를 패주시키고 서주의 질서를 회복하자, 원세개 대총통은 나를 육군 대장(上將)으로 임명하고 강북진무사(江北鎭撫使)로서 양자강 북안의 군대를 독려하게 했다.⁵⁷

김규식은 장훈군과 냉휼군이 서주에서 충돌하는 와중에 서주와 남경의 중간 위치에 해당하는 방부(蚌埠)까지 진출했다는 것이다. 냉휼이 혁명군의 주요 참가 인물이었고 장훈군과 서주에서 교전한 사실이 있으므로, 김규식의 위생대 참전은 사실로 보인다.

김규식은 「자필 이력서」에서 중국에 도착한 이후 쑨원 박사(孫文), 첸지메이 장군(陳其美), 황싱 장군(黃興), 탕샤오위(唐紹儀), 왕쳉팅 박사(王正廷), 웰링턴 쿠 박사(顧維鈞) 등 중국 혁명지도자 일부와 사귀었다고 진술했다. 김규식이 이들의 이름을 거명한 것은 이들과 관계가 있었기 때문일 것이다. 서병호에 따르면 김규식은 1913년 망명 당시 압록강을 건너며

---

56 宋紫云, 2003, 『冷遹先生軼事』, 中国民主建国会; https://zh.wikipedia.org/wiki/%E5%86%B7%E9%81%B9(2017. 7. 6. 검색).
57 레지널드 존스턴 지음, 김성배 옮김, 2008, 「송수노인(松壽老人) 자서전」, 『자금성의 황혼』, 돌베개, 215쪽. 송수노인은 장훈의 호다.

신해혁명의 주역 손중산을 만나 일을 했으면 좋겠다고 말했다.[58]

김규식의 제2차 중국혁명 참가의 과정을 명확하게 보여 주는 자료는 없다. 다만 중국 혁명가들과 밀접했던 신규식을 통해서 이들과 연계되었을 가능성이 있다. 신규식은 중국혁명동맹회의 회원이었고, 중국혁명의 주역들과 긴밀한 사이였다. 신규식 전기는 그가 손문·진기미·황흥·당소의·왕정정 등 중국혁명의 주요 지도자들과 매우 밀접한 관계였다고 쓰고 있다.[59] 신규식과 함께 동제사의 주요 지도자였던 김규식도 자연스럽게 중국 혁명가들과 연계되었을 것으로 추정된다.

다른 한편 김규식은 북경정부의 고관들과도 친밀한 관계였다. 기록이 남아 있는 것은 1913년 고유균(顧維鈞)과의 상해 회동이다. 고유균은 컬럼비아대학 졸업 후 북경외교부 참사를 지내며 총리대신 당소의(唐紹儀)의 셋째 딸과 결혼했는데, 김규식의 초청으로 상해의 향화춘(香花春)이라는 요정에서 오찬을 함께했다. 김규식의 손에 끌려 이 오찬에 참석한 문일평은 당시를 이렇게 회고했다.

> 영어를 아지 못하는 나이므로 고씨(顧氏)와 말할 때는 미감(未敢)하나 김규식 박사의 통역에 의뢰할 수밖에 없었다. 고씨와 몇 마디 수작하여 보니까 심상(尋常)한 언사 사이에도 그 명민하고 기발한 재기가 번쩍이었다. 그는 어대까지 외교적 인물로 되었다. 서늘하고 맑은 그의 눈알과 알맞게 높은 그의 코와 표정적으로 된 그의 입맵시는 어대로 보던지 그가 미남자로도 제일인이 될 것이다. 그때 그의 나히 이십오륙 세에 지내지 못했던 것이다.[60]

---

58 이정식, 1974, 위의 책, 41쪽.
59 민필호, 「예관 신규식선생전」, 1995, 위의 책, 302쪽.
60 문일평, 1978, 위의 책, 500~501쪽.

김규식이 어떤 인연과 기회로 고유균을 만났는지는 기록되지 않았다. 고유균은 미국 유학 시절인 1906년 여름 매사추세츠주 노스필드에게 개최된 만국기독학도공회에서 이승만과 함께 사진을 찍은 바 있으며,[61] 미국 유학생 출신이던 김규식도 그와 직간접적인 인연이 있었을 가능성이 있다. 고유균은 북경정부의 외교관이었으며, 1919년 파리강화회의 및 1921~1922년 워싱턴회의에 중국대표단의 일원으로 참가한 바 있다. 김규식의 「자필 이력서」에는 고유균, 즉 웰링턴 쿠 박사를 중국 혁명지도자로 묘사하고 있다.

김규식은 제2차 혁명 당시 안휘성 임회관(臨淮關)까지 진출했다고 회고했는데, 임회관은 남경에서 방부(邦阜)로 가는 길목이었다. 김규식은 냉휼 장군의 부대를 따라 '적십자대'로 참전한 것으로 보인다. 김규식의 참전·종군은 불과 5일에 불과했지만, 그의 중국 망명 직후에 벌어진 일이었으므로 그 의미가 남달랐을 것이다. 한국 청년들에게 중국혁명은 한국 독립과 혁명의 희망이자 불꽃으로 비춰졌을 것이다. 1911년 김필순·이태준이 중국 신해혁명에 '적십자대'로 참가하기 위해 망명했고, 그 이후 홍명희·문일평·정인보·신채호 등도 중국혁명에 이끌려 남경·상해로 건너왔다. 김규식이 1913년 제2차 혁명에 하와이에서 건너온 중국인 2세 모대위 의사와 함께 위생대를 조직해 참가한 것은 중국혁명에 대한 김규식의 기대와 시각을 보여 주는 것이다. 신해혁명 당시 위생대로 참가하는 것은 간접적으로 혁명에 참가하는 방법 중 하나였다. 신해혁명 시기 일본에 유학하고 있던 중국 학생들도 대거 혁명에 참가했는데, 장제스처럼 일본 육군(제13사단 야포병 제19연대)를 이탈해 직접 혁명에 참가한 경우 외에도 치바의전(千葉醫專) 유학생처럼 적십자 등 중립적인 의료집단을 조직해 귀국한 경우도 있었다.[62]

---

61 유영익, 1996, 『이승만의 삶과 꿈』, 중앙일보사, 52~53쪽.

김규식과 함께 제2차 혁명에 참가한 김정기와 계선의 행적도 흥미롭다. 김정기는 1913년 정인보와 함께 귀국했다. 이후 『동아일보』·『중외일보』 등 언론, 신간회, 물산장려회 등에서 활동했다. 1922년 『동아일보』 간도지국장,[63] 『중외일보』 인쇄인, 1925년 전조선기자대회에 참가한 경력이 있다. 1923년 2월 27일 간도 교민대표 150명이 주민대회를 개최해 한국인의 자치권 획득을 요구할 때 김약연과 함께 실행위원으로 선출되었으며,[64] 1923년 7월 4일 간도 용정촌에서 방한민, 서울의 김사국과 함께 '적화적 대혁명의 음모' 혐의로 검거되었다.[65] 1926년 조선민흥회 상무위원회, 1927년 신간회 경성지회 간사회·신간회 본부 대회준비위원회에 참가한 기록이 있고, 1929년 4월에는 조선물산장려회 본부 정기대회에 참가했다.

　　한편 계선은 1920년 1월 군사운동의 군사비를 후원하자는 임시정부 군사협회(軍事協會)의 성명에 유동열·김희선·여운형 등과 이름을 올렸다.[66] 1921년 11월 17일 봉천에서 독립단 위임장·연판장을 소지한 혐의로 일본 경찰에 검거되었는데, 하얼빈의 신태현(申泰鉉), 경성의 이희간(李喜侃)과 연계되어 있다고 진술한 결과 방면되었다.[67] 이희간은 일본 우익조직 흑룡회가 조선의 완전 동화를 위해 조직한 동경 동광회(同光會)의 조선총지부(1921. 5) 간사장이었는데,[68] 계선은 1921년 워싱턴군축회의를 상대로 일선융화론을 선전하는 동광회의 성명에 이름을 올렸다.[69] 신태현은

62　천성림, 2013, 『중국근현대사 2: 근대국가의 모색 1894~1925』, 삼천리, 171쪽.
63　『동아일보』(1922. 6. 16).
64　국사편찬위원회, 1972, 『일제침략하 한국36년사』 7.
65　「간도음모 별보, 폭발탄 삼십여 개를 압수」, 『동아일보』(1923. 7. 7).
66　「國外情報(敬告急輪軍費書ニ關スル件)」, 秘受05718號/高警第13986號(1920. 5. 11), 『不逞團關係雜件 朝鮮人ノ部 在內地』 10.
67　「朝鮮人桂宣ノ動靜」, 暗16878호 제425호(1921. 12. 1), 『不逞團關係雜件 朝鮮人ノ部 在滿洲ノ部』 30.
68　강창일, 1989, 「일본의 우익과 조선지배」, 『한민족독립운동사』 5, 국사편찬위원회.
69　방선주, 1989, 「1921~22년의 워싱톤회의와 재미한인의 독립청원운동」, 『한민족독립운동사』 6, 국사편찬위원회; 「容疑鮮人ニ關スル件 (桂宣)」, 봉천총영사·외무대신(1921. 12. 3),

105인 사건 관련자로, 1921년 워싱턴군축회의에 조선독립청원서를 제출하기 위해 만주·시베리아 등지의 한국인을 상대로 서명운동을 추진한 당사자였으나, 일본 동광회에 매수되어 서명장부를 탈취당하고 임시정부의 계획을 좌절시킨 인물로 알려졌다.[70] 즉, 계선과 신태현은 동광회에 매수되어 워싱턴군축회의를 위해 준비한 독립단 위임장·연판장을 일제에게 사실상 넘긴 셈이었다.

한편 신해혁명은 중국과 한국의 혁명가들뿐만 아니라 일본 우익들의 열광적 지지를 이끌어냈다. 일본의 우익들은 중국혁명에 개입해서 '만몽(滿蒙) 문제' 해결, 즉 만주와 몽고의 식민지화를 달성할 수 있다고 생각했다. 일본의 우익 현양사와 흑룡회는 1900년 이후 청조 타도를 내건 손문·송교인 등 혁명파를 보호·후원했다. 이들은 혁명파를 지원해 이들을 친일화하는 한편, 중국 대륙에서 경제적 이권 확대와 만몽문제 해결을 희망했다. 1911년 신해혁명 이후, 을미사변의 주역 미우라 고로(三浦梧樓) 전 주한공사, 흑룡회의 주역 도야마 미쓰루(頭山滿), 일진회의 조종자 우치다 료헤이(內田良平) 등은 낭인회(浪人會)를 개최하여 일본정부가 중국혁명에 엄정 중립을 지키라고 요구하는 한편, 흑룡회는 유린회(有隣會)를 결성(1911. 11)하고 낭인들을 중국 각처에 파견했다.[71] 이들 대아시아주의자들의 목표는 모두 만주와 몽고를 중국으로부터 분리·독립시켜 일본 세력권으로 만든다는 '만주 문제'의 해결에 있었다.

실제로 일본 군인으로 신해혁명에 참가해 전사한 가네꼬 신타로(金子新太郎) 대위의 사례나,[72] 상해로 건너가 혁명에 참가하려고 했던 이누카

『不逞團關係雜件 朝鮮人ノ部 鮮人ト太平洋會議』3. 계선에 대한 청취서에 따르면 1921년 현재 36세, 평양 대성학교 졸업생으로, 1911년 9월 남경으로 건너왔다.

70　黑龍會, 1935,『東亞先覺志士記傳』중권, 136쪽; 黑龍會俱樂部 편, 1970,『國土內田良平傳』, 原書房, 604쪽; 강창일, 1989, 위의 책.

71　흑룡회, 1935, 위의 책, 463~470쪽; 강창일, 1989, 위의 책; 한상일, 2002,『아시아연대와 일본제국주의: 대륙낭인과 대륙팽창』, 오름, 247~302쪽.

이 쓰요시(犬養毅)·도아먀 미쓰루 및 정반대로 장성 이북에서 청의 존속을 시도한 가와시마 나니와(川島浪速) 등의 움직임이 있었다.[73]

신해혁명 이후 한국 측에서는 신규식과 조성환이 1912년 초 남경에서 손문 일행과 면담했으며, 여기에는 일찍 중국에 망명해 중국혁명에 참가한 김규흥(金奎興)의 역할이 있었다.[74] 김규흥은 1906~1907년경 황실 비자금 처리와 한인 군관 양성이라는 고종의 밀명을 받고 중국으로 망명한 후 중국 혁명파와 교류했다. 1911년 신해혁명을 전후한 시기 광동에서 혁명활동에 참여했으며, 신해혁명의 좌절 이후에는 1913년 홍콩에서 제2차 혁명으로 불리는 토원운동(討袁運動), 즉 반(反)원세개운동에 동참했다. 이 과정에서 김규흥은 박은식을 홍콩으로 초빙해 1913년 12월 『향강잡지』(香江雜誌)를 간행했는데, 이 잡지는 중국 혁명운동에 대한 지지를 표방했다.[75]

1913년 제2차 혁명 시점에도 한국 측의 참가 및 후원 움직임이 있었다. 김규식 외에도 김진용(金晉鏞)의 활동이 여러 자료에서 확인된다. 상해에 체류하던 김영일은 미주의 안창호에게 중국 소식을 전하며, 제2차 혁명으로 남군과 북군이 대결하는데, 남군을 지원할 군자금을 보내 달라고 여러 차례 독촉 편지를 보냈다.[76] 김영일은 김진용(金聖道·金星道)이 강서도독 이열균의 총사령부 고등고문장관이라며, 그에 대한 재정 지원을 요청했다.[77] 실제로 김진용은 이열균의 고문으로 일하며 각국 정부와 전국에

72 사또오 카즈오, 2008, 「쑨원의 혁명은 토오꾜오에서부터 시작되었다」, 아사히신문취재반, 『동아시아를 만든 열 가지 사건』, 창비, 117~121쪽.
73 천성림, 2013, 위의 책, 170쪽.
74 배경한, 2011, 「신해혁명과 한국: 김규흥의 광동에서의 활동을 중심으로」, 『역사학보』 212; 김희곤, 2013, 『조성환』, 역사공간.
75 배경한, 2003, 「중국망명시기(1910~1925) 박은식의 언론활동과 중국인식」, 『동방학지』 121.
76 「김영일이 안창호에게 보낸 편지」(1913. 7. 24. 상해). 김영일은 신민회 회원이자 국민회 회원으로 추정되는데, 안태국 체포 후 1911년 일본에 건너갔다가, 1913년 7월 3일 상해에 도착했다.
77 배경한, 1999, 위의 논문, 49쪽.

반포하는 글을 직접 기초한 사실이 확인된다.[78]

김진용은 인천감리를 지낸 하상기·하란사의 사위였으며, 그와 연관한 관직과 유학 경력이 있다. 1902년 인천감리서 주사 판임관6등에 임명되었다가 의원면관했으며,[79] 1904년 16세에 하상기 사위 자격으로 일본 유학생에 추천되어, 1908년 관비유학생으로 선발되었다.[80] 메이지대학 법률전문과에 조용은(조소앙)과 함께 파견되었다.[81] 1910년 메이지대학 한국 유학생 동창회에 이름이 올랐고, 한국 개국기원축하회에 참석해 현행 국가를 폐지하고 윤치호가 지은 국가로 대체하자는 뜻을 표명하기도 했다.[82] 1908년 대한학회에 발기회 평의원으로 참가했으며, 『대한학회월보』에 미국 독립에 관한 기사를 쓰기도 했다.[83] 1909년 3월 일본에서 대한흥학회가 결성될 때 조용은과 함께 평의원으로 참가했다.[84] 민충식 회고록에 따르면 김진용은 일본 유학 중 중국혁명당 당원들과 알게 되어 중국에서 이열균의 고문이 되었다. 이열균도 일본 유학생 출신으로 일본어가 유창했다고 한다. 민충식 자신도 이열균으로부터 임명장을 받고 중국혁명을 조력했다고 회고했다.[85]

김진용의 아내, 즉 하상기의 딸은 두 아이를 남기고 1914년 9월 10일 상해 북사천로 서양여관에서 사망했고, 장례는 안정사 오른편 공동묘지에

---

78 「김성도가 김영일·민충식에게 보낸 편지」, 『도산안창호전집』 2권, 135쪽.
79 「外部에서 관원 임용·면직의 관보 게재를 통첩」(1902. 8. 30), 『각사등록 근대편 外部來文』.
80 「외부 칙임관 천거인 명부에 대한 조복」(照會 第十七號, 1904. 8. 25), 『각사등록 근대편 學部來去文』
81 『황성신문』(1908. 8. 6).
82 「韓國開國紀元祝賀會ノ件」, 乙秘第一三七九號 (1910. 8. 14), 『한국근대사자료집성』 3(要視察 韓國人擧動 3).
83 金晉庸, 「合衆國獨立所感」, 『대한흥학회월보』(1908. 3. 25).
84 「會錄」, 『대한흥학보』 1(1909. 3. 20).
85 민충식, 『단원 민충식 자서전』 1. 이광수는 1913년 11월 안동현에서 상해로 건너갈 때 민충식·차관호·정태신과 동행했다. 민충식은 이전에 상해를 왕래한 바 있다. 이광수, 1948, 「나의 고백」, 『이광수전집』, 239쪽.

서 치러졌다.[86] 이후 김진용은 1914년 11월 20일 홍명희·정원택·김덕진과 함께 상해를 떠나 1917년 11월까지 만 3년간 남양군도를 여행했다. 이들 4인방은 중국 신해혁명 당시 남양의 화교들이 운동자금을 낸 것에 착안해서 한국 독립운동 자금을 획득하려 시도했다.[87] 김진용은 한성정부가 선포될 때 평정관으로 임명되었으며, 이후 임시정부에서 일했다. 1921년 신규식이 임시정부의 특사로 광동 호법정부를 방문해 손문에게 국서를 전달할 당시 이미 김진용은 광동일보사 사장 사영백(謝英伯)과 함께 중한호조사(中韓互助社)를 발기한 바 있다. 신규식도 중한호조사에 동참했다.[88] 여러모로 중국 내에서 활발한 활동을 벌인 인물임을 알 수 있다. 김진용은 1990년 독립유공자로 지정되어 애족장을 수여받았다.

김영일은 안창호에게 보낸 서한에서 김진용의 위상을 과대평가하면서 안창호에게 남군에 대한 재정적 후원을 여러 차례 강조했다. 반면, 김규식·신규식·문일평 등 동제사의 중심인물들을 강하게 비판했다.[89] 김영일은 문일평이 원세개의 신문인 공화보사에서 먹고 자면서 "원세개의 불법함을 대찬성하는 사람"이라고 비난했다.[90] 또한 문일평이 다른 한인 동포의 주소를 가르쳐 주지 않더니, 며칠 뒤에 찾아와서 김규식(김성)이 상해에 오늘 밤 찾아오는데, 본국에 동지를 파송하려는데 여비가 부족하니 5백원을 대여해 달라고 부탁했다는 것이다. 돈이 없던 김영일은 이를 거부했

---

[86] 정원택, 1974, 위의 책, 387쪽. 두 사람의 자식은 김영(金英)과 김웅(金雄)이다. 하란사는 1919년 북경에 왔다가 스페인독감으로 사망했는데, 중국에서 활동하며 중국혁명가들과 연계를 맺고 있던 사위 김진용을 만나기 위해서였을 가능성이 높다.
[87] 정원택, 1974, 위의 책, 388쪽; 강영주, 1999, 『홍명희연구』, 창작과비평사, 104~117쪽.
[88] 민필호, 『한중외교사화』, 독립운동사편찬위원회, 1974, 『독립운동사자료집』 8(임시정부사자료집), 315~316쪽.
[89] 이하는 「김영일이 안창호에게 보낸 편지」(1913. 9. 9), 『도산안창호전집』 2, 174~183쪽에 의거한 것이다.
[90] 문일평과 공화보사에 대해서는 배경한, 1999, 위의 논문을 참조. 신규식과 동제사 그룹은 이 시점에 공화주의냐 전제주의냐의 일방택일적 관점에 동의하지 않고 있었을 가능성이 높다.

고, 그 길로 김규식을 만나러 갔다는 것이다. 김영일이 김규식을 만난 곳은 상해 보창로 동제회로 20여 명이 한집에 살고 있었는데, 김규식은 인사만 한 후 문일평과 비밀 이야기를 하더니 아래층에서 밥을 먹은 후 위층으로 올라가 말없이 20여 분간 편지만 썼다는 것이다. "심사가 고약"하고 "불쾌한 마음 한량없던" 김영일이 항의하자, 문일평은 "김씨의 성품이 본시 그러함이니 용서하라"고 했다는 것이다.

김영일은 신규식도 비난했다. "본국서 한어학교(漢語學校) 출신으로 지나(支那)영사관 통역으로 외양 좋은 참위(參尉)"를 지낸 신규식이 상해에 있다는 소식은 들었지만 만날 수 없었다는 것이다. 신규식은 민권보사(民權報社)에서 30원씩 받고 회계로 있었으며, 중국어를 잘해 남경 민국대학장(民國大學長) 방찬(方灒)을 만나 한인 학생 2~3인을 입학시켜 북경어·영어를 배우게 했다는 것이다. 그런데 신규식이 방찬을 찾아가 조선인으로는 자신 외에 다른 사람을 보지 말고 한국의 빈궁한 학생은 무료로 입학해 달라고 했다는 것이다.

김영일은 자신이 상해에서 국민회관을 창설하겠다며, "제(弟)가 차처(此處)셔 분당(分黨)코져홈이 아니라 져 사름 디로 두워두면 상해(上海)는 아모 것도 되지 안코 늘 두셩두셩ㅎ기만 할 모양이옴ㄴ이다"라고 김규식·문일평·신규식을 비난했다. 그렇지만 블라디보스토크에 올라가 최정익으로부터 미주 소식을 들은 김영일은 "상해셔 류(留)ㅎ든 시(時)에 실수(失守)혼 바 만노이다"라고 자백했다.[91]

김영일의 설명은 당시 상해의 사정이 어떠했는지를 짐작케 한다. 상해에는 약 70여 명의 한국인이 거주하고 있었는데, 누가 동지인지 누가 일본의 밀정인지 알 수가 없었다. 때문에 서로 신분을 감추고 거처를 숨기고 지냈다. 곽림대는 1913년 제2차 혁명이 진행되는 와중에 상해를 거쳐 미국

---

91 「김영일이 안창호에게 보낸 편지」(1913. 10. 19), 『도산안창호전집』 2.

으로 향했는데, 상해 YMCA 총무이던 이위림(李魏林)을 만나려 했으나 실패했고, 단 한 명의 한국인도 만나지 못했다. 당시 상해는 밤마다 중국인 구역에서 전투가 계속되었고 쌍방의 정탐들이 각국 조계에 들어와 활동을 전개해 밤이 되면 마음대로 나들이를 못하는 형편이었다. 곽림대는 공원에서 산책하다가 정탐으로 의심되는 청년들이 따라오자 피했는데, 막상 환영회 석상에서 이들을 만나 실소를 금치 못했다.[92] 신현모(申鉉模)는 1916년 여름 상해를 거쳐 미국으로 유학했는데, 상해 한국 동포들이 모두 변성명하고 서로 터놓고 사귀지 않았는데, 누가 독립운동가인지, 건달인지, 왜놈 스파이인지 알 수 없었을뿐더러, 함부로 사귀다가는 돈을 많이 소비하거나 털리는 일도 있었다고 회고했다. 그는 직접 스파이를 목격하기도 했다.[93] 사정이 이러했으므로 일본에서 건너온 정체불명의 한국인 김영일이 상해의 한인 비밀조직인 동제사의 핵심인물과 접촉하고 그 속사정을 파악하기는 불가능했다.

　　김진용은 조소앙과 메이지대학 동창생이었으며, 조소앙은 동제사의 중심인물이었으므로, 김진용도 동제사 소속이었거나 아주 밀접한 관계였을 것이다. 왜냐하면 김진용은 1913년 말에 동제사의 홍명희·정원택·김덕진과 함께 남양으로 여행을 떠나 독립운동 자금을 모집하려 했기 때문이다. 1913년 상해에 있던 민충식(閔忠植)도 김진용에 대한 회고를 남겼다. 민충식은 경신학교 재학 시절 진명여학교 여학생을 희롱하던 일본군을 타살하고, 그 여학생을 구출했는데, 그가 바로 김진용의 여동생 김숙당(金淑堂)이었다.[94] 민충식은 1913년 3월 상해에 도착해 이열균 무호도독부(蕪湖

92　곽림대, 1973, 『못잊어 화려강산』, 대성출판사, 100~101쪽.
93　신현모, 1994, 『필부불가탈지』, 대성출판사, 36쪽.
94　민충식, 『단원 민충식 자서전』 1, 106쪽. 민충식은 동경에서 공부하다가 처가에서 돈을 부치지 않자 상해로 도망쳤다. 그의 매제 박찬영은 박천표 장로의 아들로 경신학교를 다녔는데, 1916년 8월초 상해를 통해 미국으로 가려던 송철과 함께 매부 민충식을 찾으러 상해로 왔다. 이상수, 1985, 『송철회고록』, 키스프린팅, 45~47쪽.

都督府)에서 고문 격으로 활동하는 김진용을 만났으며, 상해의 비밀조직 이야기를 들었다. 조소앙, 홍명희, 신정이 주재하며 박은식이 집필한 『안중근전』을 순한문 책자로 만드는 곳으로 상해 프랑스 조계에 있지만, 정확한 위치가 어디인지는 알 수 없다는 얘기였는데,[95] 바로 동제사였다.

민충식은 김진용의 주선으로 1913년 5월 초 상해 팔레스호텔에서 이수명(李樹鳴) 등 중국혁명당 인사들을 만나 5백 원의 군자금을 제공했고, 이열균 무호도독부에 가서 협찬(協贊: 副官) 임명장과 훙장을 받았다.[96] 민충식은 신규식·민제호 등이 조직한 비밀 배달학원, 즉 박달학원에서 상해로 오는 동포들의 신분을 조사하는 한편 도미하는 사람들의 안내를 맡게 되었다. 1913년에 70여 명이 박달학원에 입학한 상태였다.[97]

김진용이 김영일·민충식에게 보낸 편지(1913. 8. 5)에 따르면 그는 3개월 전부터 손문, 황홍, 진기미, 이열균 등과 함께 했으며 강소도독 이열균이 7월 12일 토원군을 봉기할 때 총사령부 고등고문관장(高等顧問官長)이 되었다.[98] 김진용은 이들에게 자신이 준비한 약재 2천 원어치를 가지고 위생대(적십자대)를 조직해 총사령부에 헌납하면 좋겠다며, 미주·블라디보스토크의 한인 단체 명의로 의연금을 모집해 남군(南軍)에 보내 달라고 요청했다. 김영일은 이를 안창호에게 전달하며, 여러 차례 군자금을 보내달라고 강청했다.[99] 그러나 안창호는 회답하지 않았다.

---

95 민충식, 『단원 민충식 자서전』 1, 131쪽.
96 민충식, 『단원 민충식 자서전』 1, 133쪽.
97 민충식, 『단원 민충식 자서전』 1, 146쪽. 민충식은 이후 1913년 연해주로 건너가 이상설·이동녕 휘하에서 활동했고, 다시 상해로 돌아와 조성환의 명령으로 폭탄 제조에 종사했다. 임시의정원 의원을 지냈으며 1990년 애국장에 추서되었다.
98 「김성도가 김영일·민충식에게 보낸 편지」(1913. 8. 5), 『도산안창호전집』 2.
99 「김영일이 최정익·안창호에게 보낸 편지」(1913. 8. 11, 상해); 「김영일이 안창호에게 보낸 편지」(1913. 9. 9), 『도산안창호전집』 2권, 174~183쪽. 김영일의 상해 주소는 上海 北四川路 三元里 三十五號 李魏林 方으로 되어 있다. 이위림은 이휘림(李彙林)의 오자이며, 추정 이갑의 형이다.

안창호는 신원 확인이 불가한 김영일의 과장된 정보를 신뢰할 수 없었다. 안창호는 1911년 신해혁명 당시 혁명 현장을 생중계하던 조성환의 요청으로 "그때 돈으로 1만 6천 불인가를 보내 준" 일이 있었지만, 아무런 성과가 없었다.[100] 조성환은 1912년 안창호로부터 '통신원' 위임장을 받았고, 1909~1912년까지 4년 동안 2,000여 원의 활동자금을 받았다.[101] 조성환은 신해혁명 당시 안창호에게 여러 차례 혁명군 원조를 요청했다.[102] 조성환은 1912년 6월 북경에서 일본 경찰에게 체포되어 국내로 압송되었다.

한편 안창호는 제2차 혁명 실패 후 일본에 망명했던 황흥 일행이 1914년 7월 15일 미국 샌프란시스코에 도착하자 7월 18일 직접 면담했다.[103] 안창호는 중국혁명의 전개 과정에 깊은 관심을 가지고 있었지만 한편으로는 국민회의 제한된 자금 범위 내에서 움직여야 했고, 다른 한편으로 미주화교의 동정을 고려해야 했다.

김진용이 언급한 약재 2천 원 건과 관련해 민충식은 동화약방(同和藥房) 주인 민강(閔薑)이 약종 수천 원어치를 보내 주어, 이를 판매해 적십자 구호대 명목으로 남경혁명군에 분배했다고 회고했다.[104] 김진용은 1912년 11월 14일 총독부의 여권을 받은 기록이 있는데, 중국 북경·천진에 가서 약점(藥店)을 개설한다는 여행 목적을 내세웠다. 그는 동화약방 사무원인 오규석(吳圭奭)과 동행했다.[105] 1912년 4월 16일 동화약방 주인인 민강도

---

100 1911년 북미국민회의 1년 예산이 5천 불 내외였으므로 1만 6천 불을 보냈다는 것은 과장일 것이다. 그러나 국민회가 일정 금액을 중국에 보냈으며, 어렵던 국민회 재정을 고려할 때 이는 상당한 액수였을 것이다. 이강·주요한·백영엽·최희송·이복현·김용현,「도산언행습유: 해운대좌담기록」, 윤병석·윤경로 엮음, 1995,『안창호 일대기』, 역민사, 207쪽.
101 김희곤, 2013, 위의 책, 28~33쪽.
102 「조성환이 안창호에게 보낸 편지」(1912. 6. 16. 북경),『도산안창호전집』2.
103 「한인 쥬권쟈 황씨를 방문」,『신한민보』(1914. 7. 23). 황흥은 안창호·이대위에게 중국 제2차 혁명의 실패를 귀감으로 삼아 모든 것을 확실히 예비한 후 시작하라고 조언했다.
104 민충식,『단원 민충식 자서전』1, 147쪽.
105 外務省 外交史料館, 분류기호 3. 8. 5. 8.「外國旅券下付(附与)返納表進達一件」228冊; 外務省 記錄(戰前) 3. 8. 5. (no) 旅 076 (大正 元年 10月~12月).

약품 매입을 위해 중국 북경·상해행 여권을 발급받았다.[106] 이런 사정을 고려할 때 김진용은 동화약방 관련 업무 종사자로 동화약방의 중국 지점 개설 명목으로 여권을 발급받았고, 실제로는 동제사 관련자였던 것으로 판단된다.

김규식이 7월 24일~28일 적십자대를 조직해 임회관으로 출정한 것도 김진용이 주장한 한국인 위생대·적십자대 조직 요청과 일치하는 것이었다. 김규식은 중국인 2세 모대위 의사와 함께 적십자대를 조직하고, 의료구호 활동으로 포장된 중국혁명에 참가했다. 전후 사정을 고려해 본다면 김규식이 적십자대를 조직해 냉휼 장군의 부대를 따라 임회관까지 진출한 것은 독자적 행동이라기보다는 제2차 혁명군, 특히 남경 이열균 무호도독부(蕪湖都督府)와의 사전 조율에 따른 결과였을 가능성이 높다. 나아가 김규식의 제2차 혁명 참가는 신규식과 김진용을 포함하는 동제사의 조직적 결정이었을 것이다.

---

106 外務省 外交史料館, 분류기호 3. 8. 5. 8.「外國旅券下付(附与)返納表進達一件」228冊 ; 外務省 記錄(戰前) 3. 8. 5. (no) 旅 073 (明治 45年 4月~6月).

4 세 차례 도미 유학생을 파견하다(1913)

김영일이 안창호에게 다급하게 제2차 중국혁명(토원운동)을 위해 남군에 자금 지원을 요청하던 시점에 김규식도 안창호에게 편지를 썼다. 현재 남아 있는 안창호에게 쓴 2통의 편지 가운데 하나이다. 1913년 8월 12일 자 편지는 상해 YMCA 전국위원회 사무실 김성(김규식의 중국 이름)이 신한민보사 최정익·안창호 앞으로 보낸 것이다.[107]

신한민보사 최정익 귀하

C/O Mr. W. Y. Hsu
Y.M.C.A. 전국위원회
중국 상해 Quinson Gardens 제3호
1913년 8월 12일

친애하는 최[정익]씨

[107] 「김규식이 안창호에게 보낸 편지」(상해. 1913. 8. 12), 『도산안창호전집』 2, 32~34쪽.

지난 6월 몽골리아 선편으로 이곳을 떠난 김열 씨 편으로 보낸 내 편지들을 받았을 것으로 생각합니다.

또한 시베리아 선편으로 타고 간 여성 3명과 학생 4명도 지금쯤이면 무사히 도착했을 것으로 생각하고 있습니다. 우리는 결과가 어찌 되었는지 간절히 듣길 원합니다.

오는 8월 27일 이곳을 출발하는 몽골리아 선편으로 또 다른 학생 그룹이 가게 될 것입니다. 나는 그들이 거기 도착했을 때 귀하가 상륙을 잘 주선해 줄 수 있으리라 확신합니다. 귀하가 이 문제를 미리 검토할 수 있게 하려고, 나는 이 (명단)를 미리 발송합니다. 이들의 성명은 다음과 같습니다.

1. 길우(Chi Yu, 吉宇) 구명 길진형(吉鎭亨), 길선주(吉善宙) 목사의 아들로 최근 사건인 123인 사건(105인 사건)의 일원
2. 임성일(Liu Ching Yeh 林成一), 대성학교 학생 출신
3. 왕세진(Wang Si Chen, 王世振), 대성학교 학생 출신
4. 윤필건(Yuin Pi Chien, 尹必建), 대성학교 학생 출신
5. 임우(Liu Yu, 林尤) 구명 곽태종(郭泰鍾), 최근 석방된 99명의 일원
6. 이축(Lie Chu, 李逐) 구명 이용혁(李龍爀), 최근 석방된 99명의 일원
7. 임호(Lin Hu, 임호 林虎) 구명 임경엽(林冏燁), 최근 석방된 99명의 일원
8. 전익영(Chen Yih Yung, 全益榮), 이 배에 탑승 여부 미정인 학생

나는 수일 내에 귀하에게 전문을 보내 지난번 두 그룹의 결과가 어떻게 되었는지, 귀하가 후속 작업을 언제쯤 처리할 수 있을지 문의할 예정입니다.

삼가 아룁니다.

김성(Ch'ing C Chin)

추신: 1년 동안 신한민보 1부를 내게 보내 주시고, 엽서를 동봉해 보내 주시기 바랍니다. CCC (김성)

　이 편지는 김규식이 중국 제2차 혁명 참여 직후에 쓴 것이다. 그러나 자신이 위생대로 임회관까지 출동했던 사실은 적시하지 않았다. 남경과 상해의 사정이 급박하게 돌아가고 있었고, 당시에는 검열 등의 사정으로 내부 비밀이 새어 나갈 것을 우려했기 때문일 것이다.
　이 편지는 중국 망명 직후 김규식의 또 다른 주요 행적을 우리에게 보여 주고 있다. 바로 재중 한인 학생을 미국에 유학시키는 일이었다. 이 편지를 통해 다음의 사실을 파악할 수 있다. 첫째, 김규식은 1913년 4월에 한국을 떠났는데, 이미 6월, 7월, 8월 등 세 달 연속으로 한인 학생의 도미 유학을 주선하고 있는 것이다. 이는 김규식이 재중 한인 학생들의 도미 유학을 연속적·집중적으로 주선할 수 있는 한국·중국·미국 3국 간 인적 연락·연계망을 보유하고 있었다는 사실, 또한 이런 역할을 수행하는 것이 중국 내에서 김규식의 임무가 되었다는 사실을 보여 준다.
　둘째, 이러한 연계망과 역할은 단기간에 준비·제공될 수 없는 것이다. 따라서 이는 김규식이 한국에서부터 계획적이고 조직적으로 준비한 결과였음을 의미한다. 최소한 1912년 북경 YMCA 대회 참석 이후 중국과의 연락·연대가 있었다고 생각할 수 있다. 이런 측면에서 김규식의 1913년 중국 망명은 충동적이고 즉흥적인 선택이었다기보다는 장기간 준비한 작업의 결과였음을 의미한다.
　이 편지에 따르면 1913년 8월 현재 김규식은 세 차례 한국 학생을 미국에 보냈다.
　첫 번째는 1913년 6월 몽골리아 선편으로 상해를 출발한 김열(金烈)의 사례였다. 김열은 『지산외유일지』에 등장하는 인물로 동제사 회원으로 추정된다. 1913년 3월 5일 상해에서 남경 자유당 본부 내에 설치된 동제사를 찾아온 김열을 맞이하고자 정원택과 신성모가 정거장에 나갔다. 3월 9일에 정원택은 문일평·김열과 진회수로 함께 나들이를 갔다.[108] 김열은 1913년 6월 몽골리아호 선편으로 미주로 향했다고 하는데, 『신한민보』에 따르면 7월 9일 샌프란시스코에 도착했다. 김열은 휘문의숙 학생으로 정인과(평양 숭실학교 대학과 졸업, 교사), 조동현(일본 명치대학 1년), 윤지한(평양 대성학교), 이창수(평양 숭실학교), 이범녕(경성 배재학당) 등과 함께 도착했다.[109] 김열 일행 가운데에는 훗날 안창호의 상해 시절 측근이 되는 정인과와 이승만 측근이 된 이범녕이 포함되어 있었다. 상해를 떠난 이들 일행은 모두 김규식이 주선하여 미국으로 향했을 가능성이 높지만, 『지산외유일지』에는 이름이 나타나지 않는다. 김열은 1913년 12월에는 시카고에서 한인 동포를 협잡한 김병준이라는 자를 성토하는 글에 이름을 올렸으며,[110] 이후 네브래스카주 헤이팅스로 이동했는데 아마도 박용만의 한인소년병학교에 입교할 생각이었는지도 모르겠다. 그러나 김열은 기침병으로 4~5개월 고생하다가 1914년 8월 13일 사망했다.[111]

두 번째로 시베리아 선편으로 타고 간 여성 3명과 학생 4명의 소식을 문의하고 있다. 『신한민보』에 따르면 이들은 손병현(일본 명치대학 예비과), 이전(상해 프랑스학교), 조종문(인천 소학과 졸업), 이제현(경성 진명여학교 중학과 졸업, 왕신학교 교사), 김석은·장경애(진명여학교) 등 6명으로 8월 15일 샌프란시스코에 입항했다.[112] 나머지 1명은 이름이 없으니 상륙이 거부된 것으로 추정된다. 이들의 이름은 『지산외유일지』에는 나타나지 않는다. 이 세 여성은 모두 사진신부(picture bride)로 이제현은 양주

108 정원택, 1974, 위의 책, 365~366쪽.
109 「상항한인류학싱됴사보고」, 『신한민보』(1913. 10. 24).
110 「貴人面獸心殘害同胞者」, 『신한민보』(1913. 12. 26). 함께 이름을 올린 시카고 한인 공동회원에는 정태은, 이희경, 명동, 이병두 등이 포함되어 있다.
111 『신한민보』(1914. 7. 23, 1914. 8. 20).
112 「상항한인류학싱됴사보고」, 『신한민보』(1913. 10. 24).

은, 김석은은 김홍균, 장경애는 김병규와 결혼하기로 했으며, 1913년 8월 18일 샌프란시스코에 상륙해 곧 결혼식을 올렸다.[113] 이제현(1892~1959)은 양주은(梁柱殷)과 결혼 후 양제현이 되어 새크라멘토 대한부인회 회장, 3·1운동 이후 대한여자애국단 총부단장 등을 지냈다.[114]

세 번째는 김규식이 안창호에게 통보한 8명이다. 이들의 상해 시절 행적은 『지산외유일지』에 간략하게 등장한다. 8월 17일 길원(吉元)·이일(李一)이 내방하여 정원택과 처음 인사를 나누었고, 8월 26일 이일(李逸)·곽림대(郭林大)·길원(吉元)·임초(林超) 및 신채호 등을 초청하여 환영회를 개최했고, 8월 27일 임성일(林成一)·왕세진(王世振)·곽림대(郭林大)·윤필건(尹必建)·길원(吉元) 등 5인이 미국으로 출발했다.[115] 김규식 편지에 따르면 이들은 8월 27일 출항하는 몽골리아호를 이용했다.[116]

일행이었던 곽림대는 자신의 회고록에서 1913년 미국 망명일을 회고하고 있다. 곽림대는 105인 사건 관련자 이일(李逸, 李龍爀)과 약속에 따라 망명을 준비했고, 재력이 넉넉한 이일이 도움을 주었다. 곽림대는 안동현에서 길진형과 합류했고, 상해 YMCA에서 대성학교 학생 3명을 만났다. 곽림대는 이들로부터 김규식 박사의 소식을 들었으며, 한인들이 신채호와 자신들을 환영하는 자리에서 수십 명을 만났다고 기억했다. 이후 한국에서 임초(林超)와 이일이 도착했는데, 이일은 동생 이원과 함께 왔다. 일행은 김규식 박사를 통해 미국에 가는 선표 구입을 시도했으나, 여행권이 없는

---

113 「三녀스상륙」, 『신한민보』(1913. 8. 22); 「三씨성혼일」, 『신한민보』(1913. 8. 29).
114 『신한민보』(1913. 8. 22, 1913. 8. 29); 민병용, 1986, 「초기 이민의 산 증인 양주은옹」, 『미주이민 100년』, 한국일보사출판국; 민병용, 2015, 『애국지사의 꿈』, 밝은미래재단·한인역사박물관·대한인국민회기념재단, 230쪽.
115 정원택, 1974, 위의 책, 372쪽.
116 이명화는 몽골리아호를 오독해 김규식이 "어떤 임무를 수행하기 위해 8월 27일경 몽골로 갈 계획임을 알리고 있다"라고 썼다. 이명화, 1992, 『김규식의 생애와 민족운동』, 독립기념관 한국독립운동사연구소, 42쪽.

이들에게 미국 기선회사는 선표 발매를 거절했다.[117] 이들은 샌프란시스코 대한인국민회 북미지방총회장 이대위를 통해 미국정부와 교섭을 벌여 입국 허가를 받았다.

    곽림대는 미 국무부가 이들을 위해 특별법령을 발표했는데, "한인 청년으로 합병 이전에 국외에 거주하던 사람에 한하여 하등의 여행권이 없이 미국에 들어와서 수학함을 허가한다"는 내용이었다고 했다. 선표를 구입한 이들은 몽골리아호로 도미길에 올랐는데, 이들은 임초, 길진형, 오림하(吳林河), 윤필건(尹必建), 김관홍(金觀興), 곽림대 등 6인이었다.[118] 곽림대는 이 특별법령이 윌슨 대통령과 브라이언 국무장관의 주장으로 발표된 것이라 알고 있다고 썼는데, 이 일은 1913년 6월 27일 캘리포니아 리버사이드 헤멧(Hemet, Riverside) 지방에서 한인 11명이 살구농장에 일하러 갔다가 일본인으로 오인받아 배척된 사건의 연장선에 놓여 있었다. 당시 캘리포니아에서는 일본인 배척열이 강했는데, 일본영사는 한인들을 위해 미국정부와 교섭해 주겠다고 나섰다. 한인들은 이를 거절하고 국민회 북미지방총회가 미 국무부와 교섭해 "재미한인들이 대부분 한일합방 전에 한국을 떠난 사람들로 한일합방을 반대하고 일본정부의 간섭을 받지 않을 것이며, 전시나 평시를 막론하고 한인 문제는 한인사회와 교섭해 달라"고 요청했다. 북미지방총회장 이대위의 요청(1913. 6. 30)에 대해 미 국무장관 브라이언은 이 취지에 동감한다는 답장(1913. 7. 2)을 보냈다.[119]

    결국 1913년 헤멧 사건을 통해서 대한인국민회 북미지방총회가 미국정부를 상대로 한 교섭권을 직접 행사할 수 있게 된 것이다. 이후 중국을 통한 한인 유학생들의 도미 유학이 가능하게 되었다. 종합적으로 곽림대는

---

117 곽림대, 1973, 위의 책, 90~101쪽.
118 곽림대, 1973, 위의 책, 101~102쪽.
119 김원용, 1959, 『재미한인 50년사』, 캘리포니아 리들리, 114~117쪽.

자신의 미국행이 김규식과 이대위의 도움으로 가능했다고 연보에 기록했다.[120]

곽림대와 함께 미국으로 향한 이들은 중국인으로 입적해 중국 여권을 받은 것으로 보인다. 모두 한국 이름을 사용하지 않고 중국 이름을 새로 사용한 특징이 있다. 이는 이들이 한국을 떠나올 때 총독부로부터 여권을 받지 않고 비밀리에 상해로 잠입했음을 뜻한다. 또한 이들은 모두 105인 사건 관련자이거나, 학생 출신들이었다. 『신한민보』에 따르면 길원(평양 숭실학교 대학과 졸업, 선천 신성중학교 교사), 곽림대(숭실학교 중학과 졸업, 선천 신선중학교 교사), 임초(일본 명치대학교 학생, 선천 신성학교 어학교사), 윤필건·오종현(평양 대성학교 졸업), 왕세진(대성학교 학생) 등 6명은 9월 20일 샌프란시스코에 도착한 대양환 선편으로 도착했다.[121]

김규식 편지에 처음 나오는 길우. 즉 길진형(吉鎭亨, 1891~1917)은 치유(Chi Yu, 길우吉宇)로 개명했는데, 길선주(吉善宙) 목사의 아들이자 105인 사건 관련자였다. 송철에 따르면 그는 "머리털을 가죽이 같이 벗기어 사람인지 짐승인지 몰라볼 정도로 악형을 당했"다.[122] 미주에서는 길천우(吉天友)로 행세했다. 길진형은 미국에 건너간 직후인 10월 흥사단에 가입했고, 클레아몬트 한인학생양성소에서 교사로 근무했다.[123] 그는 1917년 10월 신병으로 귀국한 후 11월 15일 사망했다.[124]

다음의 임성일, 왕세진, 윤필건 3명은 모두 대성학교 출신이다. 임성일(林成一)은 대성학교 출신으로 류칭예(Liu Ching Yeh)로 개명했다. 『지산외유일지』에 상해를 떠난 5명 중 한 사람으로 기재되어 있으나 미국에

120 곽림대, 1973, 위의 책, 338쪽.
121 「상항한인류학싱도사보고」,『신한민보』(1913. 10. 24).
122 이상수, 1985, 위의 책, 51쪽.
123 길진형은 임초, 곽림대와 함께 클레어몬트 한인학생양성소 교사로 일하며 안창호와 사진을 찍었다. 민병용, 2015, 위의 책, 266쪽.
124 윤경로, 2012, 위의 책, 375~376쪽.

도착한 명단에는 올라 있지 않다. 대성학교 출신 왕세진(王世振)은 왕시첸(Wang Si Chen)으로 개명했다. 미국에 도착한 후『신한민보』에서는 행적이 발견되지 않는다. 대성학교 출신 윤필건(尹必建)은 유인피치엔(Yuin Pi Chien)으로 개명했다. 미국에 도착했으나, 역시 이후 행적이 확인되지 않는다.

그다음 거론된 임우, 이축, 임호 3명은 105인 사건 관련자로, 이후 재미한인사회에서 중견이 되었다. 먼저 곽태종(郭泰鍾, 1885~1971)은 류유(Liu Yu, 임우 林尤)로 개명했는데, 미주에 건너가서는 곽림대(郭林大)라는 이름으로 행세했다. 105인 사건으로 검거되었다가 1913년 3월 경성복심법원에서 무죄로 석방된 후, 이용혁과 함께 안동현과 상해를 거쳐 1913년 9월 미국으로 망명했다. 1913년 대한인국민회 북미지방총회 및 흥사단에 가입했으며, 국민회·흥사단의 열성 회원으로 종신했다. 곽림대는 김종림이 후원하고 노백린이 추진한 윌로스 한인비행사양성소에서 감독 역할을 맡기도 했다.[125]

이용혁(李龍爀, 1888~?)은 리에추(Lie Chu, 이축 李逐)로 개명했는데, 미주에서는 이일(李逸)이라는 이름을 사용했다. 105인 사건 관련자로, 1913년 3월 경성복심법원에서 무죄로 석방된 후 곽태종과 함께 미국으로 망명해 11월 흥사단에 입단했다. 1917년 7월 대동단결선언에 미주대표 이일(李逸)로 서명한 바 있다.

임경엽(林冏燁)이 이 명단에 들어 있는 것은 미스터리이다. 그는 린후(Lin Hu, 임호林虎)로 변명했는데, 105인 사건 당시 가명학교 학감으로 일제가 지역 내 배일인사로 가장 주목한 인물 중 하나이다. 납청정인으로 5

---

125 윤경로, 2012, 위의 책, 373~374쪽; 곽림대, 1973, 위의 책; 윤종문, 2013,「항일투쟁기 곽림대의 재미독립운동」,『역사연구』24; 이명화, 2012,「재미실업가 김종림의 생애와 독립운동」,『한국독립운동사연구』43.

천 석의 토지를 소유한 대지주 출신이다. 1908년 10월 도일하여 청년학원을 거쳐 일본대학 법과에서 1910년까지 수학하였으며, 같은 해 7월 귀국해 가명학교에서 교편을 잡고 있었다. 1907년 이승훈의 권유로 신민회에 입회했다.[126] 임경엽의 석방 후 행적은 알려지지 않았는데, 아마도 김규식의 편지에 등장한 것이 마지막이었을 것으로 생각된다. 그는 도미 대상자 명단에는 올랐으나, 실제로 출발했다거나 미주에 도착한 흔적은 없다. 이 편지를 마지막으로 임경엽에 관한 기록은 발견되지 않는다.

마지막 남은 사람은 전익영(全益榮)이라는 학생으로 승선 여부가 미정인 상태였다.

한편 김규식의 편지에 명단이 오르지는 않았지만, 이 시점에 이들과 함께 도미 유학길에 오른 사람으로는 임초, 오림하(吳林河), 김관흥(金觀興) 등이 있다.[127] 임초는 1923년 흥사단 제35단우가 된 이래 열성적인 흥사단원이자 국민회원으로 활동한 인물이다.[128]

오림하(吳林河·吳臨夏)는 오종현(吳宗鉉)의 다른 이름이다.[129] 그는 평양 대성학교 출신으로 105인 사건에 관련되었으나 불기소 처분되었고, 1913년 미국으로 건너간 후 1920년 레드우드 비행학교와 윌로스 한인비행사양성소를 다녔다. 윌로스 한인비행사양성소 제1회 졸업생 4명 중 1명이다.[130] 1932년 『삼천리』는 그가 1912년 대성학교 제1회 졸업생 19명 중 한 사람이며 '재미국 비행사'라고 소개하고 있다.[131] 김규식이 1914년 북경에서 안창호에게 보낸 편지에 따르면, 오종현이 미국으로 향할 때 안창

---

126 윤경로, 2012, 위의 책, 242~243쪽.
127 곽림대, 1973, 위의 책, 101~102쪽.
128 「제35단우 임초」, 독립기념관 한국독립운동사 정보시스템.
129 朝鮮總督府警務局, 「大正十年三月 米國及布哇地方に於ケル不逞鮮人ノ狀況」 密, 第33號 其105/高警 第9189號 (1921. 3. 25), 『大正8年乃至同10年 朝鮮騷擾事件關係書類』 共7冊 其3.
130 윤경로, 2012, 위의 책, 22쪽; 『신한민보』(1920. 7. 15).
131 김형식, 1932, 「평양 대성학교와 안창호」, 『삼천리』 1월.

호에게 보내는 편지를 맡겼지만, 오종현이 부득이하게 이를 바다에 빠뜨렸다.[132] 1913년 몽골리아호에 승선한 일행은 일본을 지나가게 되어 고베(神戶)·나가사키(長崎)·요코하마(橫濱)에서 일본 경찰의 조사를 받게 되었는데, 일본 경찰은 한국인 학생들을 끌어 내리려고 안간힘을 썼다. 다행히 미국인 함장은 선상에 계속 있으면 일본 경찰이 체포할 권리가 없다며 육지로의 하선을 거부하라고 조언했다. 일본 경찰은 한국 청년들이 여행권 없이 미국에 가는 것이 위법이기에 체포하려 한다고 항의했지만, 미국인 선장은 이를 거부했다는 것이다.[133] 아마도 이 과정에서 오종현은 두려움을 느껴 소지하고 있던 편지·문건들을 바다에 버렸을 가능성이 높다.

김관흥은 미국에 건너온 이후 1924년 흥사단에 입단해 제45단우가 되었고, 국민회원으로 활동했다. 특별히 사회 활동에 활발하게 참여한 것으로 보이지는 않는다.[134]

이 시점에 대한인국민회 북미지방총회장은 이대위로, 그가 직접 샌프란시스코 이민 당국과 교섭하는 당국자였는데, 김규식은 최정익에게 편지를 보냈다. 최정익은 북미지방총회와 하와이지방총회가 통합해 대한인국민회를 조직할 때 공로가 있던 사람으로 안창호와 긴밀한 관계가 있었다. 1909~1910년간 국민회 회장·부회장을 역임했다. 김규식은 이 편지의 수신자로 안창호를 병기하고 있으며, 이 편지는 안창호 문서철에 수납되었다. 아마도 김규식은 중국 망명 이전 최정익과 연락 관계를 유지했을 것이다. 아니면 미국 유학 시절에 접촉이 있었을 것이다.

---

132 「김규식(김성)이 안창호에게 보낸 편지」(1914. 3. 14), 『도산안창호전집』 2.
133 곽림대, 1973, 위의 책, 102~103쪽.
134 「제45단우 김관흥」, 독립기념관 한국독립운동사 정보시스템.

5 상해·서울·샌프란시스코의 연계망

그렇다면 과연 김규식은 어떤 경로와 방법으로 중국에서 한인 유학생을 미주로 보낼 수 있었으며, 그 배경은 무엇인가 하는 점을 살펴보자.

1916년 일본은 한국 학생들이 상해를 통해 미국으로 건너간다는 사실에 주의를 기울였다. 1916년 5월 평안남도 경찰부의 보고에 따르면 상해에서 미국으로 건너가는 방법은 크게 2가지였다. 이 정보는 상해에서 비밀리 도미하려다 평양으로 귀환한 한국인으로부터 나온 것이다. 첫 번째는 국민회를 이용하는 방법, 두 번째는 선교사에 의지하는 방법이었다.[135]

이에 따르면 국민회는 한국인의 대표자로 "밀도미(密渡米) 조선인을 상륙시키는 데 관한 일종의 특권"을 지녔다는 것이다. 이는 앞서 살펴본 1913년 헤멧 사건 이후 국민회 북미지방총회가 한인사회와 관련된 일에 대해 미국정부 당국과의 교섭권을 인정받았고, 그 연장선에서 중국 내 한인들의 도미를 알선할 수 있는 합법적인 권한을 갖게 되었음을 의미한다.

미국에서는 강영소(姜永韶, 평안남도 강서인), 상해에서는 상해 차이

---

[135] 「在上海 不逞鮮人 情況」, 警高機發 제266호(1916. 5. 1), 『不逞團關係雜件 鮮人ノ部 在上海地方』 1.

나기선회사 사원 정학현(鄭學賢, 평안남도 평원인)이 임무를 맡고 있는데, 안동현에도 정학현과 연락해서 도미할 청년의 주선을 담당하는 양헌(梁憲, 평안북도 선천인)이 있었다. 양헌의 본명은 양준명으로 105인 사건 관련자인데 2심에서 무죄 석방된 후 간도로 이주해 독립운동에 종사하며, 추정 이갑의 형 이휘림과 공동으로 유학을 주선했다. 이휘림은 상해로 이주해 양헌과 함께 한국 청년의 도미를 조력했다.

두 번째는 선교사에 의지하는 방법인데, 재한 미국인 선교사로부터 미리 샌프란시스코의 신학박사 라후린 목사 앞 소개장을 얻어 상해에서 승차하는 것으로, 승선에는 역시 정학현이 도움을 준다고 파악했다.[136] 도미는 어린이를 제외하고 1회의 동행자 15인 이하로 한정하고, 샌프란시스코에 도착하면 국민회에서는 강영소, 선교사 측에서는 라후린 목사가 부두에 나와 상륙을 돕는데, 이민국 관리가 질문하면 한국 병합 전부터 중국에 거주하는 한국인이라고 진술할 것, 의복은 중국 광동의복을 착용할 것 등을 사전에 정했다.

이미 1914년 조선총독부는 상해를 거쳐 한인 청년들이 도미하고 있다고 파악했는데, 상해로 가서 이름을 중국풍으로 바꾼 후 중국인을 자처하고, 재상해 미국인 선교사 핏치가 도미의 편의를 제공하기 위해 소개장을 써주는 방식이라고 파악했다. 구체적인 사례로 핏치는 길진형(평양 청년) 일행 4명에게 미국 로스앤젤레스 선교사 앞으로 소개장을 써주었는데, "도미자는 한국인이지만 표면상 중국인으로 칭하며 한국에서 한국인은 압박을 받으며 결코 여행 허가를 받지 못하므로 이들 한국인들이 도착하면 충분한 보호를 의뢰"한다고 썼다. 핏치의 주소는 불명이지만 상해 재류 한인 청년들이 상해 북사천로 기독교회에 체류하기에 그 부근을 조사하면 알아낼 수 있을 것이라고 보고했다.[137]

---

136 라후린이 누구인지는 미상이다. 발음으로 볼 때 라플린(Laughlin)일 가능성이 있다.

이에 대해 1916년 7월 내무성 경보국장이 외무성에 조사 결과를 통보했다.[138] 이 보고에 따르면 미국에는 샌프란시스코에 국민회 중앙총회, 하와이에는 지방총회가 있어 각각 『신한민보』와 『국민보』를 간행하는 등 배일운동의 중심지가 되고 있는데, 상해의 배일 조선인들이 이들과 연계해서 미국 도항을 알선하는 점을 우려하고 있었다. 한국에서 샌프란시스코 및 하와이로 밀항하기 위해서 먼저 상해로 가서 미국행 배에 승선하는 것이 일반적인데, 안동현 간성덕(艮盛德)여관의 박광(朴洸)은 상해의 김규식과 연락하고, 김규식은 한국 경성 예수교도인 미국인 언더우드와 순차적인 연락 관계를 맺었으며, 미국 상원의원인 언더우드의 형이 수시로 한국인을 위해 당국자로부터 도항증서를 받아서 이를 서울의 동생에게 보낸다는 묵계가 있다는 것이다. 도미 지원자는 박광에게 의뢰하고 상해에 체재 중 이런 방식으로 미국에서 발급된 증서를 수령하는데, 상해에서는 중국청년회관 내 영국인 고용원인 이위림(李魏林), 학숙(學塾) 경영자인 박은식 및 신규식, 정학현 등이 도미자에 관해 알선을 하고, 샌프란시스코에서는 국민회 지방총회 회장 이대위가 알선한다는 것이다.[139]

137 「通報 朝鮮人 排日運動 企劃 狀況に關する件」官秘 제218호(1914. 7. 15), 山縣伊三郎(朝鮮總督府 政務總監)→松井慶四郎(外務次官), 『不逞團關係雜件-鮮人ノ部-在上海地方』1. 문서에는 횟프로 표기되었는데, 상해 협화서국의 조지 핏치(George Fitch)로 생각된다.
138 「外國在留排日朝鮮人ニ關スル件依命通牒」, 內務省秘 제1644호 秘受 8109호(1916. 7. 25), 湯淺倉平(內務省 警保局長)·小池張造(外務省 政務局長), 『不逞團關係雜件 鮮人ノ部 在歐米』2.
139 이 정보는 1915년 2월 27일 평안북도 경찰부장이 조선총독 등에게 보고한 것이다. 평안남도 강서군에 거주하던 서형묵(徐亨黙)은 1914년 9월 1일 가출해 11월 29일 귀가했다가 경찰에 자수했다. 그는 다른 동료들과 함께 서간도 신흥무관학교에 입학하거나 미국 네브래스카 무관학교에 입학하거나 아니면 북경·노령·상해·미국 등에 유학해 장래의 국권회복운동에 참가할 목적으로 간도로 건너갔다. 그는 자신이 인지한 한국인의 미국 도항 수속에 대해 이렇게 진술했다. "도항자는 우선 안동현에 도착해 흥륙가(興陸街) 간성덕방(艮盛德方) 박광(朴洸, 25~26세)의 소개로 상해에 있는 김규식으로부터 경성 예수교도 원두우(元杜尤, 언더우드라 불리며 김규식은 同人의 신용을 얻고 있음)라는 자에 의뢰해 원두우는 미 본국 자기의 형(미국 상원이라 함)으로부터 미국영사 혹은 당국자로부터 도항증서를 받아 회송함으로써 그사이 도미자는 상해에 체류하는 것이다." 「不逞鮮人青年取調ノ件」, 秘受1833號 警高機發

이에 대해 1916년 8월 상해총영사는 외무성에 조사보고서를 송부했다.[140] 상해총영사는 내무성 보고에 등장하는 안동현의 박광, 서울의 언더우드, 미국의 언더우드 상원의원에 대해서는 언급하지 않았다. 이로 보아 정확한 정보 파악이나 실체 판정에 실패한 것으로 보인다. 그런데 상해총영사는 상해에서 미국으로 한국 청년을 보내는 데 관여하는 중요 관련자로 김규식을 지목했다. 상해총영사는 김규식이 "목하 당지에 거주하지 않는다. 혹 몽고 방면에 갔다고 하는 설이 있는데 확인되지 않는다"라고 적었다. 주요 관련자로는 신규식, 정학진, 박은식, 이위림을 지목했다. 신규식은 신성으로 손문의 비서인 대천구(戴天仇)의 친구이지만 상해 거주지를 알 수 없으며, 정학진은 애스터하우스(Aster House)호텔의 보이로 일하며 도미 학생 주선일을 맡고 있다고 파악했다. 이외에 박은식은 노인으로 일본에 호감을 가진 것 같은데 프랑스 조계 보흥리에 박달학원을 설립해 학생 15명이 있고, 이위림(李魏林)은 서숙(書塾)을 개설하고 있으며 일찍이 도미하려고 한 바 있고, 현재 미국인 약방(藥鋪)에서 점원으로 일하며 천진·북경 등을 왕래하며 도미 학생의 유학을 주선하고 있다고 파악했다.

이어서 1916년 9월 18일 상해총영사는 도미 한인에 대한 추가 정보를 외무성에 보고했다.[141] 도미 수단은 크게 두 가지인데, 첫째는 미국인 선교사의 알선에 의지하는 것으로 그 과정은 다음과 같다. 한국에서 출발할 때 경성의 언더우드, 평양의 사무엘 마펫에게 소개장 같은 것을 받아서, 상해에 도착한 후 구(舊) 영국 조계 북경로 18호에 거주하는 미국인 선교사 조지 피치에게 제시하면, 피치는 선박회사 앞으로 소개장을 써주고, 이것을

第422號(1915. 2. 27), 平安南道警務部長→總督·政務總監·總務局長, 『不逞團關係雜件 朝鮮人 ノ部 在內地』1.

140 「外國在留 排日朝鮮人ニ關スル件」, 機密 제66호, 有吉明(上海總領事)·石井菊次郎(外務大臣) (1916. 8. 17), 『不逞團關係雜件 鮮人ノ部 在上海地方』1.

141 「上海在留 排日韓人의 動靜에 관해 一九一六年 九月 十八日字로 在上海 總領事가 外務大臣에 報告한 要旨」, 국회도서관, 1976, 『한국민족운동사료』중국편, 3~4쪽.

선박회사에 제시하면 샌프란시스코행 승선권을 사서 도미할 수 있다. 도착 후에는 용이하게 여권 없는 한인들의 입국이 허가되는데, 특히 한일 병합 이전 한국을 떠난 한인들은 매우 쉽게 상륙이 허용된다. 둘째는 샌프란시스코 한인이 차이나메일(China Mail) 기선회사에 상해-샌프란시스코 여비를 지불하고, 동 회사의 승선권을 받아 이를 상해에서 도미하려는 한인에게 송부하는 방법이다.

1916년 상해의 한국 학생들이 여행권 없이 미국으로 도미하는 과정과 방법은 이와 같았다. 1913년 중국으로 망명한 이래 김규식은 상해를 거점으로 한국 학생들의 도미 유학을 알선하는 네트워크의 중심인물이 되었다. 그 네트워크에는 안동의 연락책(박광·양헌), 상해의 조력자(정학현·이위림), 국내의 미국 선교사(언더우드·마펫), 샌프란시스코의 국민회 지도자(이대위·강영소), 미국 선교사(라플린), 상원의원(언더우드) 등이 거론되었다. 이 가운데 라플린(라후린)과 언더우드 상원의원의 실체와 역할에 대해서는 알려진 바 없다. 김규식의 양아버지 격인 호레이스 언더우드 선교사의 형 존 언더우드(John Thomas Underwood, 1857~1937)는 뉴욕에서 언더우드타자기회사를 설립해 언더우드의 선교 활동을 후원했지만, 미국 상원의원을 지낸 적은 없다. 김규식이 언더우드 집안과 충분히 친밀한 사이였던 것은 사실이지만, 일본 정보당국의 주장처럼 언더우드가 김규식의 한국 학생 도미 유학을 알선하고 미국의 형으로부터 여행 허가까지 받아주었을지는 의문이다.

한국인의 도미 유학과 관련해 상황을 짐작케 하는 여운형·여운홍 형제 관련 에피소드가 있다. 김규식이 중국으로 망명한 1년 뒤인 1914년 여운형은 중국으로, 여운홍은 미국으로 유학길에 올랐다. 그런데 당시 미국 유학을 위한 여행 허가를 얻는 것은 거의 불가능했다. 한일합방의 공로자로 작위를 받은 이재곤의 아들 이관용, 당대의 부호인 민영휘의 아들 민규식 등도 조선총독부로부터 여권을 받을 수 없어서 미국 유학을 포기한 실정이었다. 여운형은 친일파로 유명한 감리교의 해리스 감독이 1912년 이승만의 출국 여권을 총독부로부터 받아주었고, 1913년에는 동경 아오야마(青山)학원을 다니던 옥종경(玉宗京)의 신원 보증을 서 여권을 받게 해주었다는 사실을 알고 그에게 접근했다.[142] 여운형은 해리스 감독과 친한 현순 목사의 소개로 그에게 접근했고, 그의 소개를 받아 총독부 외사국장과 헌병사령부를 통해 동생 여운홍의 미국행 여권을 신청한 지 28일 만에 얻었다.[143] 여운홍의 여권 발급일은 1913년 6월 18일이며, 나이 23세, 여행지는 미합중국 뉴욕, 여행 목적은 "신학연구를 위해"로 적혀 있다.[144]

여운형 자신도 1915년 1월 9일 총독부로부터 여권을 발급받았는데, "나이 29세, 여행지 지나(중국) 남경, 여행 목적 신학연구"로 되어 있다.[145] 여운형은 중국 대학 신학과에 입학하기 위해 언더우드에게 추천장을 부탁했다. 이때 언더우드는 "당신 같은 사람이 끝까지 신학을 연구할 것 같지는 않소. 조선의 우수한 청년들은 모두 정치적 지향성이 강하오. 나는 이와 같은 말을 김규식에게도 했는데, 당신도 분명 정치운동을 할 것"이라며 추천장을 써주었다는 것은 유명한 일화이다.[146] 여운형은 남경 금릉대학에

---

142 이광수는 1914년 자신이 『신한민보』의 주필로 초대받아 도미할 계획이었는데, 일본 유학 시절 중학교 친구였던 옥종경이 미국에서 대한인동맹이라는 단체를 조직해 국민회 반대운동을 벌이는 바람에 미국에 갈 수 없게 되었다고 주장했다. 이광수, 1948, 「나의 고백」, 『이광수전집』, 247쪽. 그렇지만 『신한민보』 등에는 이런 사실이 전혀 등장하지 않는다. 오히려 옥종경은 이승만의 호놀룰루 한인기독학원 모국방문단(1923)을 강하게 비판하는 자세를 취했다. 옥종경, 「나의 정치관」, 『신한민보』(1925. 1. 1, 1925. 1. 8, 1925. 1. 15, 1925. 1. 22).

143 정병준, 1995, 『몽양 여운형 평전』, 한울, 93쪽; 강덕상 지음, 김광열 옮김, 2007, 『여운형평전1: 중국·일본에서 펼친 독립운동』, 역사비평사, 106~107쪽.

144 外務省 外交史料館, 분류기호 3. 8. 5. 8. 「外國旅券下付(附与)返納表進達一件」, 228冊; 外務省記錄(戰前) 3. 8. 5. (no) 旅 077 (大正 2年 4月~6月).

145 外務省 外交史料館, 분류기호 3. 8. 5. 8. 「外國旅券下付(附与)返納表進達一件」 228冊; 外務省記錄(戰前) 3. 8. 5. (no) 旅 081 (大正 4年 1月~3月).

146 강덕상, 2007, 위의 책, 108쪽; 이만규, 1947, 『여운형투쟁사』, 민주문화사, 19쪽. 여운홍의 기억은 이렇다. "그대는 신학을 공부하러 가는 것이 아니고 정치운동을 하러 가는 것이 아닌가? 재작년에 김규식도 중국으로 갔다." 여운홍, 1967, 위의 책, 22쪽.

입학했는데, 신학과가 없어서 영문과에 들어갔다고 주장했다. 금릉대학에는 신학과가 없었지만, "금릉신학"이라는 이름의 신학대학은 남경에 존재했다고 한다. 어쨌든 여운형은 중국에서 신학을 공부할 생각이 없었던 것이다.

즉, 여운형 형제의 에피소드를 놓고 생각해 보자면, 언더우드는 신학을 공부하겠다는 한국 학생들의 요청에 신학 공부를 위한 추천서를 써주기는 했지만, 자신이 가장 신뢰하던 김규식조차 정치운동을 하기 위해 한국을 떠나 중국 망명길에 오르는 상황에서 중국 유학 자체를 적극적으로 평가하지는 않았음을 알 수 있다. 때문에 언더우드가 미국의 형제를 통해 상해 한인 학생의 미국 입국허가증을 받는 일을 시도했을 것으로는 볼 수 없다. 언더우드 개인뿐만 아니라 그가 관계하고 있는 교회, 학교 등을 모두 위험에 빠뜨릴 수 있는 사안이었기 때문이다.

그러나 언더우드는 미국 유학 자체를 반대했던 클라크 목사와는 달리 유학 절차가 정해지자 동정적인 입장이었고, 여운홍의 미국 여비 마련을 위해 향리의 논 열 마지기를 전당 잡히고 무이자로 6백 원을 빌려 주기도 했다.[147] 이러한 전후 사정을 고려할 때 김규식과 언더우드의 인간관계 및 인맥이 상해 한인사회 및 유학 희망자들에게는 미국 유학을 가능케 하는 통로로 과장되고 희망 섞인 방향으로 과잉 선전되었을 가능성이 높다.

사실 여부와 관계없이 김규식은 이미 19세기 말~20세기 초 미국 유학을 다녀온 개척자적 인물이었고, 한국의 유력 선교사와 가족적 관계를 유지했으며, 재미한인사회와도 연락 관계를 맺고 있었다. 이러한 김규식의 개인적 경험과 배경, 인적 네트워크는 상해에서 한인 학생들을 미국으로

---

[147] 언더우드는 여운홍의 미국 여비 마련을 위해 향리의 논 열 마지기를 전당 잡히고 무이자로 6백 원을 빌려 주었다. 반면 클라크는 여운홍의 도미 자체를 반대했을 뿐만 아니라 여비 문제에도 냉담했다. 여운홍, 1967, 위의 책, 21쪽.

도항시키는 데 적지 않은 강점으로 작용했음이 분명했다. 김규식은 미국 입국에 필요한 서류와 절차가 무엇인지, 이민 당국이 요구하는 구체적인 입국 자격은 어떤 것인지, 미국 당국과 대학이 학생의 어떤 자격을 요구하는지에 대해 정확하게 대답할 수 있는 거의 유일한 상해의 한국인이었다. 이런 역할이 1913년 망명 이후 상당 기간 지속되었던 것으로 보인다. 김규식이 북경으로 이동한 1914년 이래 그의 직접적 개입과 역할은 감소되었겠지만, 1913년의 세 차례 도미 유학 주선 활동에서 드러나듯 김규식의 도미 유학 알선 방법은 이후 상해 한인사회가 도미 유학생을 알선하는 데 기초를 놓았다.

1916년 이래 한인 유학생의 도미 유학을 위한 알선 거점은 협화서국과 조지 피치(George Fitch) 목사로 이동했다. 1917년 남경 금릉대학을 수료하고 상해로 건너온 여운형은 1913년 김규식이 수행했던 임무의 승계자가 되었다. 여운형은 1917년 7월부터 1918년 3월까지 30명을 도미시켜 주었다. 이후 미국의 세계대전 참가로 여권이 필요하게 되어 도항이 금지되었지만, 여운형은 파리평화회의까지 40명의 도항을 도와주었다고 밝힌 바 있다.[148] 여운형은 주로 미국에 있는 사람을 위한 결혼 도항, 즉 사진신부를 도와주었다고 진술했다. 1918년 이전에는 여권 없이 미국 이민국의 양해를 얻어 미국에 사는 남자를 여자의 오빠로 해서 도항시키는데, 진단서와 동일인 해명 절차를 거쳐 승선시켰고, 미국 도착 후 진단서만 제출하면 상륙할 수 있도록 했다는 것이다. 이때 도항하려는 사람들은 누구나 중국에 귀화하는 형식을 취해 중국인으로 도항했다고 술회했다.

1916년 8월 상해에 와서 거의 10개월 만에 도미에 성공한 송철의 경우, 여운형과 피치 목사의 주선으로 미국에 도항할 수 있었다. 송철은 여행

---

[148] 「피의자신문조서(제5회)」(1929. 8. 5. 경성지방법원 검사국), 몽양여운형선생전집발간위원회 편, 1991, 『몽양 여운형 전집』 1, 한울, 506~507쪽.

권, 즉 여권은 없었지만 배표는 미리 사두었고, 선장이 승선을 시켜주기만 하면 떠날 수 있었다. 그러나 번번이 실패했고, 그럴 때마다 협화서국의 지배인인 피치 목사를 찾아갔다. 피치 목사는 선박회사에 전화를 걸어 항의와 특별 배려를 요청했다. 다수의 한국인이 피치 목사의 주선으로 선편으로 미국에 왔다. 송철은 중국인 소유의 배 차이나호를 탔는데, 중국인 선장이 한국인을 불쌍히 여겨 한인 남녀 33인을 승선시켜 줬다.[149]

앞에서 살펴본 것처럼 1913년의 헤멧 사건 이후 대한인국민회 북미총회는 한인사회 문제에서 자율적 결정권을 지녔고, 이는 이민 당국에 대해서도 마찬가지였다. 미국이 제1차 세계대전에 참전하는 1918년 이전에는 여행권 없이도 미국 여행이 가능했으며, 대한인국민회 북미지방총회는 이를 알선할 수 있었다. 중국에서 건너오는 한인 유학생들은 첫째로 자신들이 1910년 한일합방 이전에 중국에 거주한 망명한인들로 일본의 통치를 인정하지 않는다고 주장하고, 둘째로 중국에 입적해서 중국여권을 획득하고, 셋째로 샌프란시스코 대한인국민회와 협의해 이민 당국으로부터 상륙허가를 받을 수 있었던 것이다.

여기에는 동제사의 조직적 개입이 존재했다. 장건상은 미국 유학 후 1916년 가을 상해로 건너와 동제사의 안내역을 맡았다. 장건상은 "동제사에서는 조국광복에 전력을 기울이게 되었다. 만주 안동현에 자리 잡고 본국으로부터 망명하는 인사들에 대하여, 나는 길을 안내하는 역할을 하였다"라고 증언하였다.[150] 즉, 1916년 일제 정보당국이 파악한 국내·안동현·상해·샌프란시스코의 연락망이 1917년 이후까지도 가동되고 있었음을 알 수 있다.

---

149 이상수, 1985, 위의 책, 54~55쪽.
150 장건상 외, 1966, 『사실의 전부를 기술한다』, 희망출판사, 413쪽. 장건상은 1916년 가을 동제사에서 김규식과 한진산(한흥교)를 만났고, 김원봉의 상해행 길 안내도 담당했다. 이정식 면담, 김학준 편집해설, 김용호 수정증보, 2006, 『혁명가들의 항일회상』, 민음사, 200~201쪽.

망명의 세월(2)
: 중국에서의 김규식

6

(1914~1918)

1   제1차 세계대전 발발과 북경·의주·고륜으로의 여정(1914)

(1) 북경에서 안창호에게 보낸 편지

1913년 김규식은 중국에 망명한 직후 정력적으로 움직였다. 동제사에 가담해 독립열에 들끓는 한국 청년들을 만났고, 자신을 중국으로 이끈 신해혁명의 열기에 고취되어 제2차 혁명에 참여하기도 했다. 또한 한인 청년들을 미국·중국에 유학시키기 위해 적극 노력했다. 그가 떠나온 서울에는 부인과 아들이 남아 있었지만, 그가 희망하는 방식의 재회는 기약이 없었다. 희망과 의지가 그의 중국행을 이끈 동력이었지만, 가족의 생계와 그의 미래는 미지와 불안의 세계에 놓여 있었다.

1914년 3월 김규식은 북경에 체류 중이었다. 김규식은 김성이라는 이름으로 안창호에게 편지를 보냈다. 그의 우편 발송처는 북경 등시구(燈市口) 광학서회(廣學書會) 내 곽기운(郭紀雲) 선생 댁으로 되어 있다.[1] 광학서회는 중국 내 유명 기독교 출판사로, 상해에는 협화서국(協和書局), 북경에는 곽기운서국(郭紀雲書局)이 유명했다. 김규식은 이렇게 쓰고 있다.

---

1   「김규식(김성)이 안창호에게 보낸 편지」(1914. 3. 14), 『도산안창호전집』 2.

제1호

도산 인형 보십시오.

지난해에 오종현(吳宗鉉) 군이 바다를 건너갈 적에 단지 몇 자 적어서 정성스레 편지를 올렸습니다만, 조물주의 시기 탓인지 오군이 부득이하게 편지를 바다 속에 던져 넣었다 합니다.

항상 우러르고 그리워하는 중에, 지난 1월 10일에 보내신 편지를 받으니 위안되는 마음을 표현할 길이 없습니다. 그러나 병환으로 입원하여 치료 중이라고 하시니 걱정스럽고 울적합니다. 바라건대 얼른 인형의 병환이 쾌유되고 길한 일들이 다가오기를, 멀리서 머리를 조아리며 구구히 축원합니다.

이 동생은 중국에 도착한 이래, 예전처럼 별 볼일 없이 지낼 뿐이며 실로 인형의 귀와 눈을 뜨이게 할 소식이 없어서 절로 탄식하고 부끄러울 따름입니다. 간절히 바라건대 인형께서 가르침을 내려 주셔서 저의 이 꽉 막히고 어리석은 처지를 면하게 해주십시오.

이곳의 근래의 형편은 실로 글로 적어 전해 드릴 만한 거리가 없습니다. 다만 불량분자가 무척 많은 까닭에, 미꾸라지 한 마리가 물을 흐려 발을 넣기가 어려운 지경이라고 할 만하니, 진실로 한심하다 할 것입니다. 심지어 우리와 같은 사람들은 본디 실력이 없는 데다 또한 어찌할 수단이 없으니 그저 탄식하고 있을 뿐입니다.

다시 4~5개월을 기다려 보는데도 만약 한번 바로잡아 일을 꾸려나갈 길을 마련하지 못한다면 인형이 계신 곳으로 가서 학업을 더해 보려고 합니다. 그렇지만 이 역시 경제 문제로 인하여 확실하게 말씀드리지는 못합니다. 이에 최후에 경영하여 다행히 제 뜻을 이루게 된다면 한 차례 찾아뵙고 인사드리기를 바랍니다.

머리에 온갖 생각이 어수선하여 풀어낼 길이 없으므로 다 적지 못합니다. 다만 인형께서 몸을 보중하시기를 축원할 뿐입니다.

4247년 3월 14일에 동생 김성(金成)이 답하여 올림

통신처 중화민국 북경 등시구(中華民國 北京 灯市口)

광학서회 내 곽기운 선생의 친구 김성(廣學書會內 郭紀雲先生 交 金成).[2]

    김규식은 1913년 3차례 한인 유학생을 미국에 보내며 안창호와 접촉을 시도했지만, 연락이 닿지 않았다. 앞서 살펴본 것처럼 오종현은 일본을 경유하는 도중에 김규식의 편지를 바다에 버렸다. 그러던 중 김규식은 1914년 1월 10일 안창호의 답장을 받았고, 이에 북경에서 편지를 쓰게 된 것이다. 제1호라고 밝힌 것은 안창호의 편지에 대한 제1호 답장이라는 뜻이며, 앞으로 이런 편지 수납이 지속되기를 바라는 마음을 담은 것으로 보인다. 이 편지에는 김규식의 답답한 심정이 고스란히 드러나 있다.

    김규식은 1913년 중국에 도착한 이래 여러 일을 도모했지만, 뚜렷한 출구나 기회를 잡지 못했다. "근래의 형편은 실로 글로 적어 전해 드릴 만한 거리가 없"다는 표현이나 "불량분자가 무척 많은 까닭", "실력이 없는 데다 어찌할 수단"이 없어서 "그저 탄식"하고 있다는 표현에서 깊은 절망을 엿볼 수 있다. 4~5개월 기다려 본 후 "한번 바로잡아 일을 꾸려나갈 길"을 마련하지 못한다면 미국에 가서 학업을 계속하겠지만, 이 역시 경제 문제로 확답하기 곤란하다고 밝히고 있다. 그러나 이후 김규식이 안창호와 접촉한 기록은 남아 있지 않다.

---

2 원문은 다음과 같다. 第一號/島山仁兄賜鑒/客年吳宗鉉君渡去時 只以數字修誠上言矣/因有造物之猜忌 吳君不得已 投入緖信于海中/而常爲仰慕之餘 奉接一月十日出朶翰 慰荷莫名/然因貴恙入院調養中云 則爲悶且菀/幸望邁來 愼節得瘳 時祺進吉 遙祝頂頌區區/志弟到中以後 印昔碌碌而已 實乏可塵 自歎自愧耳/仰切吾哥時賜敎言 使免茅塞之地/這邊近形 實無滋毫之資/只因不良分子之夥多 可謂一魚濁水 故不能着足 誠是寒心者也/且至於 如此漢之輩 素乏實力 且無手段 呼歎不已/更竢四五朔 若亦無做一正經事之路 則欲到貴邊 加硏學業/然此亦因爲經濟問題 故未克定言耳/此最後經營 幸得遂意 則一次拜晉 爲盼盼耳/念頭徘徊萬想 不敢始緖 故不罄 只祝保重/四二四七年三月十四日 志弟 金成拜謝/通信處 中華民國 北京 灯市口/廣學書會內 郭紀雲先生 交 金成.

그러던 중 제1차 세계대전의 발발로 새로운 기회가 다가왔고, 전념할 일이 생겼다. 1914년 7월 28일 오스트리아-헝가리제국이 세르비아에 선전포고를 함으로써 제1차 세계대전이 시작되었다. 유럽 각국이 맺은 복잡한 조약과 동맹에 따라 전쟁은 곧 35개국이 참전하는 세계대전으로 발발했고, 1914년 8월이 되자 유럽은 본격적인 전장으로 변모했다. 중국 산동성에서도 독일과 일본 간 전투가 시작되어 중국도 전화에 휩싸였다. 누구도 이 전쟁이 유럽 사회를 4년간 파괴하며 1천 만 명의 희생자를 내리라고 예상하지 못했다.

전쟁은 제국들의 전쟁으로 진행되었고, 전쟁이 시작되었을 당시 전쟁에 참가한 국가들은 대부분 전제군주정이었다. 오스트리아-헝가리, 오스만튀르크, 독일 등 패전국과 영국, 이탈리아, 일본, 중국 등 승전국이 모두 제국 체제를 유지하고 있었다. 전쟁이 종결되었을 때 제국의 시대는 저물었다. 오스트리아-헝가리, 오스만튀르크, 독일, 중국, 러시아 제국은 종말을 고했다. 제국의 시대에서 공화국의 시대로 급격한 진전이 이루어졌다. 개전 시점에 동아시아에서는 한반도를 둘러싼 러시아, 일본, 중국이 모두 군주정이었다. 러시아와 일본은 말할 것도 없고, 신해혁명 이후 중국도 원세개 반동으로 불구적 황제정으로 복귀한 상태였다.

제1차 세계대전이 진행되는 와중에 국내외 한국 독립운동가들은 기회를 포착해 독립을 추구하는 한편 망명정부를 수립한다는 구상과 계획을 추진했다. 해외 망명정부 수립 구상은 고종을 중심으로 한 근왕주의적 망명정부 수립 계획에서 출발해 해외 한인 중심의 공화주의적 임시정부 수립 계획으로 변화되었다. 세계정세의 변화에 따라 기회 포착적 대응을 해야 했던 한국 독립운동가들은 세계대전이 종식되기 전까지 상황에 따라 군주정과 공화정 사이를 오갔다.

이 시기의 행적에 대해 김규식은 이렇게 쓰고 있다.

1914년 제1차 세계대전이 발발했을 당시 위장하고 안동현(安東縣)까지 진출해서 압록강을 건너 옛 의주(義州)에 들어가 일부 자금을 모금하려 시도했으나 실패했다. 같은 해 가을, 미래의 독립군 장교 혹은 유격전 사를 길러낼 초보 군사훈련학교를 운영한다는 전망하에 유동열 장군(당시는 柳東說 소령)과 이태준 박사(李泰俊), 그리고 2명의 젊은 학생들과 함께 외몽고의 우르가(庫倫)에 갔다.

우르가에 체류하는 동안 및 여유 시간에 러시아상업학교에서 가르쳤으며 러시아 개인들에게 영어 개인 강습을 했다. 동시에 천진의 일부 미국인과 스칸디나비아인들이 조직한 무역회사인 몽골리언프로듀스컴퍼니(Mongolian Produce Company)에서 회계 및 비서로 일했다.[3]

김규식이 압록강을 건너 의주에 들어가 독립자금 모금을 시도했으나 실패했다는 이력서의 서술에서 두 가지 사실을 간파할 수 있다. 첫째, 안동현을 거쳐 의주로 잠입하는 데 도움을 준 독립운동 조직과 연계가 있었을 개연성이다. 이는 동제사 혹은 혁명당의 연락망이 상해·남경·북경은 물론 안동현까지 연결되어 있었음을 의미하는 것인데, 당시 일제는 안동현이 중요한 독립운동의 거점이라고 판단하고 있었다. 둘째, 재정적 궁핍함이다. 김규식은 의주에 잠입해 "일부 자금을 모금"하려고 했지만 실패한 것이다. 모든 운동의 기초는 자금 조달과 튼튼한 조직에 기초한 활동인데, 해외 독립운동 진영에게 결정적으로 부족한 것은 자금이었다. 독립운동을 희망하고 중국으로 집결했던 홍명희 등도 자금 부족이라는 궁지에서 벗어나기 위해 1914년 말 김진용 등과 함께 독립운동 자금을 모금하고 화교들로부터 원조를 획득할 요량으로 남양군도로 떠났다.

---

3 「김규식 자필 이력서」(영문, 1950).

(2) 외몽고 고륜행과 유동열·이태준·서왈보와의 사관학교 설립 계획

김규식은 1914년 가을 독립군 장교 혹은 유격전사를 길러낼 초보 군사훈련학교를 운영하려고 유동열 소령, 이태준 박사, 2명의 젊은 학생들과 함께 외몽고의 고륜으로 향했다.

여기에 대해 김규식의 장남 김진동은 이렇게 회고하고 있다.

> (중국 망명 이후) 화북지방을 전전하다가 북경에 이르러 그곳에서 고 유동열(현 외무장관 최덕신 씨 부인의 선친), 서왈보, 이태준(의사) 제씨와 동지적 결합을 갖게 되었다. 항일무장투쟁의 뜻을 같이한 이들은 독립군 양성을 목적으로 북경을 떠나 몽고 고륜(庫倫, 현 수도 우란브도)으로 옮아갔다. 그러나 그들에게 그 웅대한 목적을 뒷받침할 경제력이 있었을 리가 없다. 우선 생활이 급선무였던 것이다. 동지들의 생활과 또 그들의 뜻을 실현시킬 자금 조달책으로 선친은 '앤더슨 메이야' 회사의 몽고 주재 경리직을 맡아 보게 되었다. 독립군 양성에 있어서는 그 군사면을 담당했던 유동열 씨의 활약이 컸다는 것을 특기해야 할 것이다.[4]

김진동의 회고는 김규식의 이력서 기록과 정확히 일치하는데, 김규식은 북경에서 유동열·서왈보·이태준과 동지적 결속을 가졌고, 독립군 양성을 위해 몽고 우르가(고륜)로 이동했으며, 경제적 곤궁을 해결하기 위해 앤더슨마이어사의 몽고 주재 경리 일을 담당했고, 군사적인 측면은 유동열이 담당했다는 내용이다.

유동열은 대한제국 군인으로 당대 명성이 가장 높던 3인 중 한 명이었다. 이동휘, 이갑, 유동열은 모두 신민회 회원이었으며, 경술국치 직전 청

---

[4] 김진동, 「항일투쟁회고록 17: 김규식박사와 독립투쟁」, 『경향신문』(1962. 8. 28).

도회의에서 독립군 기지 건설을 논의한 주역들이었다. 유동열은 1909년 10월 초순 북경으로 망명했고, 1910년 4월 안창호, 이갑, 이강 등과 함께 한국 독립운동의 방략을 논의하기 위한 청도회의(靑島會議)에 참가했다. 청도회의에서는 만주에서 광복군을 조직해 일본과 개전하자는 급진론과 해외동포를 조직해 실력을 기르며 장래의 기회를 기다리자는 점진론이 엇갈렸는데, 유동열은 급진론의 입장이었다. 청도회의는 고종의 총신이자 권세가였던 이용익의 손자 이종호의 자금에 기초해 만주 길림성 밀산현의 태동실업회사 땅을 사서 개간할 계획을 세웠으나, 이종호의 자금 제공 거부로 실패했다.[5]

청도회의 이후 유동열은 1910년 9월 초 밀산·북경을 거쳐 군자금 확보를 위해 국내에 잠입했으나, 1910년 10월경 체포되었다가 12월 26일 석방되었다. 1911년 105인 사건으로 재차 체포되었고, 1911년 8월 경성지방법원에서 징역 10년형을 선고받았다. 유동열은 1913년 3월 20일 경성복심법원에서 무죄 방면된 후 중국으로 망명했다.[6]

유동열의 행적을 되짚어 보면 김규식과의 교집합이 크게 드러나지는 않는다. 유동열이 무죄 방면된 직후인 1913년 4월 2일 김규식이 중국으로 망명한 점에서 알 수 있듯이, 양자가 국내에서 접촉했을 시공간적 기회가 많지 않았다.

유동열은 1913년 말 신민회 재정비를 위해 이동휘, 이갑, 이강 등 군인 출신 신민회 회원들과 목릉(穆陵)회의에 참가했다. 목릉회의에서는 노령과 중국에 사는 청년들에게 개병주의를 실시하되 6개월씩 사관 교육을 시키고 졸업 후에는 1년간 사관 복무를 시켜 점차로 전체 동포 간에 군사

---

5   유동열에 대한 이하 서술은 다음을 참조. 박종연, 2007, 「춘교 유동열의 독립운동과 군사활동」, 『한국민족운동사연구』 52.
6   박종연, 2007, 위의 논문, 107~109쪽.

력을 배양하자고 논의했다. 그런데 교관을 담당하게 될 유동열이 "몽고를 경영하러 떠나겠다고 고집하여 이 계획은 실현되지 못했다"는 것이다.[7] 즉, 유동열은 1913년 '몽고 경영', 즉 몽고에 사관학교 설립이라는 구상을 강력하게 주장했다는 것이다. 1910년 청도회의에서 만주사관학교 설립을 주장했으므로 유동열이 1913년에 몽고사관학교 설립을 주장한 것은 일관성이 있는데, 1913년 5~6월경 연해주 니콜스크-우수리스크(소왕령)에서 유동열을 만났던 이인섭이 이에 관한 증언을 남겼다.

당시 유동열은 사관학교를 설립하여 "대대장 자격될 만한 인재 1,000명을 양성하여야 된다"고 주장하였다. 이인섭은 유동열과 며칠간 논의한 결과 사관학교를 외몽고 지대에 설립하고, 서북간도 조선인 농촌마다 조선인학교를 설립하여 반일애국교육을 실시하고, 국내 의학전문학교에 학생들을 파견하여 졸업케 한 후 남북만주와 내외몽고 각 도시에 병원을 개업하여 통신연락기관을 설치하기로 의견을 모았다는 것이다.[8] 이러한 구상은 기시감이 있는 것인데 김규식이 이태준과 몽고에 비밀군관학교를 설립할 계획을 세우는 한편, 이태준이 몽고 고륜에 동의의국을 설립한 방식과 정확히 일치하는 것이었다.[9]

기독교 문화 교육 방면에서 활동하던 김규식이 군인 유동열과 결합하게 된 배경에는 군인 출신이던 신규식의 역할이 있었을 가능성이 높다. 신규식은 조카 신형호와 함께 1911년 11월 하순 서울을 출발해 12월 10일경 북경에 도착했는데,[10] 조성환이 안창호에게 쓴 편지(1911. 12. 11)에 따르

---

[7] 주요한, 1964, 『추정 이갑』, 대성문화사, 77~78쪽; 반병률, 1998, 『성재 이동휘 일대기』, 범우사, 118쪽; 장석흥, 2002, 「1910~20년대 몽골지역에서 전개된 한국독립운동」, 『한국근현대사연구』 23, 57쪽.
[8] 이인섭 원작, 반병률 엮음, 2013, 『망명자의 수기』, 한울아카데미, 143쪽.
[9] 반병률, 2018, 「이태준의 서한을 통해서 본 한국독립운동」, 『대암 이태준 애국지사의 삶과 독립운동』, 함안문화원, 2018년 학술회의, 82쪽.
[10] 배경한, 1999, 위의 논문, 41~42쪽.

면 유동열은 신규식 일행과 동행하다 국경을 건너기 전 일본 경찰에 체포되었다.[11] 기존 연구는 유동열이 이미 1911년 8월에 징역 10년형을 선고받고 투옥되었다고 쓰고 있으나,[12] 유동열이 1911년 11월에 체포되었다는 것이다. 김규식과 절친한 중국 망명 동지였던 김필순이 안창호에게 보낸 편지(1912. 3. 8)에도 "류참령은 지나간 십일월에 잡혀 갓쳤는데 지금까지 나오지 못하옵고"라고 쓰고 있다.[13] 즉, 유동열이 1911년 11월에 체포되어 투옥 중이라고 알리고 있는 것이다. 조성환과 김필순 모두 유동열이 1911년 11월에 체포된 것으로 알고 있었던 것이다.

이상에서 알 수 있듯이 신규식·조성환·김필순·안창호의 연락망 속에서 유동열이 군사 방면의 중요 인물로 거론된 것만은 분명했다. 또한 이들은 모두 김규식과 긴밀한 관계를 맺고 있었다. 김규식은 중국 망명 이후 신규식의 동제사 그룹에 합류했고, 1913년 석방된 유동열이 중국에 도착하자 두 사람의 본격적인 연계가 시작된 것으로 판단된다.

몽고 혹은 만몽(滿蒙)지역에 사관학교 설립 혹은 황무지 개간에 기초한 둔전병 양성이라는 방안은 한인 독립운동가들에게 낯선 제안은 아니었다. 신해혁명에 가담한 것으로 알려진 김규흥(김복)은 1911년 미주 대한인국민회에 보낸 편지(1911. 3. 7)에서 한국 독립을 위한 언론사 창설과 만몽 지역 개간회사(開墾公司) 설립을 주장한 바 있다. 김규흥은 만주 거류 한인들을 통해 만몽의 황무지를 개간하여 정착시키고, 이를 통해 둔전병을 양성하려 한다는 계획을 밝혔다. 이를 위해 중국인 동지 오한지(吳漢持)가 동북에 가서 그곳 한인들의 상황을 조사했다고 주장한 바 있다.[14] 김규흥

11 「조성환이 안창호에게 보낸 편지」(1911. 12. 11), 『도산안창호전집』 2, 55쪽; 배경한, 1999, 위의 논문, 41쪽.
12 박종연, 2007, 위의 논문, 107~109쪽.
13 「김필순이 안창호에게 보낸 편지」(만주 通化縣. 1912. 3. 8), 『도산안창호전집』 2, 83~85쪽.
14 「김복이 미주한인회에 보낸 편지」(1911. 3. 7), 『도산안창호전집』 2, 573~574쪽; 배경한, 2011, 위의 논문, 294~296쪽.

은 중국 동지들과 상의한 일이라며 발기인 명단을 밝혔는데, 여기에는 유명한 광동지역 혁명운동가인 구봉갑(邱逢甲), 진형명(陳炯明), 추로(鄒魯)가 포함되어 있었다. 이때 만몽의 몽고는 외몽고라기보다는 만주와 접경한 내몽고였을 가능성이 높다. 김규흥의 만몽지역 황무지 개간과 둔전병 양성 계획은 1920년대에도 지속되었는데, 이번에는 여운형과 관련이 있었다. 1920년 4~5월 여운형은 김규흥, 김규흥의 조카, 러시아 특사 포타포프 등과 함께 복건성 장주(漳州)를 방문해 진형명(陳炯明)과 회담했는데, 이때 레닌 정부의 지원으로 시베리아 지역에 토지를 빌려 한인 군영을 만들고 6개 사단의 한인 부대를 양성해 중국군(남방군)과 합동으로 베이징 정부를 타도한 후 이어 한국 독립을 추진한다는 계획을 수립했고, 이를 안창호에게 전달했다.[15]

지금까지 알려진 바로는 만몽지역, 그중에서도 몽고의 황무지를 개척해 둔전병을 만들자는 구상은 김규흥의 제안이 가장 빠른 것이었는데, 김규식의 몽고행이 김규흥과 어떤 연관이 있는지는 미상이다. 그렇지만 김규식의 몽고행과 사관학교 설립 계획도 큰 틀에서는 황무지 개간과 사관학교 설립 구상이었다고 볼 수 있으며, 그 성패는 자금 조달의 성공과 뜻있는 한인들의 이주·정착에 달려 있었다.

이태준은 세브란스의학교 제2회 졸업생으로, 제1회 졸업생인 김필순의 친구이자 제자였다.[16] 김규식은 김필순과 친밀한 사이였는데, 김필순

---

15 배경한, 2013, 「장저우(漳州)회의(1920년 4~5월)와 여운형」, 『역사학보』 220, 177쪽.
16 김필순·이태준에 대해서는 다음 연구들을 참조할 수 있다. 김희곤·박윤형·홍태숙, 2008, 『의사 출신 독립운동가의 활동과 역사적 위상』, 한국의사100년기념재단; 박형우, 1998 「세브란스의학교 1회 졸업생의 활동」, 『연세의사학』 Vol.2, No.2; 박형우, 1998, 「대의 김필순」, 『의사학』 12월(제7권 제2호); 박형우, 2008, 『한국 근대 서양의학 교육사』, 청년의사; 반병률, 1998, 「세브란스와 독립운동」, 『연세의사학』 Vol.2, No.2; 반병률, 2000, 「의사 이태준(1883~1921)의 독립운동과 몽골」, 『한국근현대사연구』 13; 반병률, 2003, 「러시아에서의 민족운동의 자취를 찾아서」, 『한국사시민강좌』 33; 반병률, 2013, 「이태준: 항일민족운동과 몽골」, 『여명기 민족운동의 순교자들』, 신서원: 한동관, 2012, 『한국 현대의료의 발자취: 근

이 의학박사 학위를 받자 『조선선교회지』에 그에 대한 자세한 약력을 소개하는 기사를 쓴 바 있다.[17] 김필순·이태준은 1911년 무창기 소식에 흥분했고, 적십자 자격으로라도 중국혁명에 동참할 의도로 중국 망명길에 올랐다. 1907년 대한제국 군대가 해산할 당시 부상당한 군인들을 치료했던 경험이 있었기 때문에 적십자 참전이 낯선 선택은 아니었다. 1911년 12월 31일 중국으로 떠나는 김필순을 남대문역에서 배웅하고 돌아온 이태준은 자신들의 중국 망명 소식이 이미 병원 내에 파다한 것을 알고 그날 밤 기차를 타고 국경선을 넘었다. 선후 계획을 세웠던 이들은 갑작스레 망명길에 오름으로써 한동안 서로의 생사나 주소를 알지 못한 채 지내야 했다.

김필순은 1912년 3월 8일과 3월 11일 안창호에게 편지를 보내 자신의 주소를 중국 서간도 통화현 동관(東關) 기독교회 안이라고 했다.[18] 그는 적십자대로 중국혁명에 참전하기 위해 1월 초 중국으로 건너왔지만 이미 때가 늦은 것을 알고, 8백 호·6천 명이 거주하는 동관 지역에 거주하며 병원 개설을 계획하고 있었다. 김필순은 통화현에 2년 이상 거주할 계획을 세우고 1912년 6월 가족들을 데려올 계획이라며 안창호에게 미국 제약회사의 연락처와 카탈로그를 부탁했다.[19] 김필순에 따르면 서간도 통화현에서 중심인물은 이동녕·이회영인데 "인심이 잘 돌아가지 아니하는 모양이오니 민망하옵나이다"라고 했다. 당시 서간도 지역에서는 유하현 삼원보(三源堡), 통화현(通化縣) 합니하(哈泥河), 흥경현 왕청문이 한인 독립운동의 중심지로 자리하고 있었다. 이회영·이시영·이상룡·이동녕 등은 삼원보를 중

대 의료건축물을 중심으로」, KMA의료정책연구소, 96~99쪽; N. Khisigt, 2009, 「운게르 남작 지배하의 몽골」, 애국지사 대암이태준선생 기념사업회, 『애국지사 대암 이태준선생 서거 88주년기념 국제학술회의』, 경남 함안.
17 "Dr. Kil Pil Soon," by Mr. Kim Kiu Sik, *The Korea Mission Field*, Vol. VI, no. 1(1911. 1. 1), pp.14~16.
18 「김필순이 안창호에게 보낸 편지」(만주 通化縣. 1912. 3. 8), 『도산안창호전집』 2, 83~85쪽.
19 「김필순(Philip)이 安昌浩에게 보낸 서신」(만주 通化縣, 1912. 3. 11), 『도산안창호전집』 2.

1 제1차 세계대전 발발과 북경·의주·고륜으로의 여정

심으로 경학사·신흥강습소를 설치했으나, 1911년 가을 자금 부족과 흉년 등으로 해체해야 했다. 이후 이동녕은 노령으로, 이시영은 봉천으로 떠났다. 경학사 해체 이후 1912년 가을 부민단이 조직되었는데, 그 본부는 통화현 합니하에 위치했다. 때문에 통화현에 거주하던 김필순은 부민단과 연계되어 활동했을 가능성이 높다.

이태준은 1911년 12월 31일 중국으로 탈출해 남경으로 왔다. 이태준이 1912년 7월 16일 안창호에게 보낸 편지에 따르면 김필순과 연락이 끊긴 채 중국인 기독교도의 도움으로 기독회병원(基督會病院) 의사로 취직한 상태였다. 이태준에 따르면 남경의 한인 유학생은 모두 6명이고, 그중 유학 온 지 3~4년이 지난 김규극(金奎極), 권탁(權鐸), 홍윤명(洪允明)이 신해혁명 직후 학생군에 들어가 북벌에 참여했고, 1912년 초에는 육군학당에 들어갔다.[20] 이들은 모두 미주 대한인국민회 회원으로 가입했다. 『신한민보』에 따르면 중국혁명군에 관여하고 있던 김규극(현주 중국 남경 제1군 강무학당), 권탁(현주 상동), 홍윤명(현주 상동), 이태준(현주 중국 남경 기독마림의원), 김천희(현주 중국 남경 동맹회지부소), 홍학구(현주 중국 남경 도독부) 등이 미주 대한인국민회 회원으로 가입했다.[21] 이태준은 망명 목적에 맞추어 중국 혁명운동에 가담할 의지와 수단을 강구하고 있었으며, 동시에 중국혁명에 동참하는 한국인 청년·학생·군인들과 함께 독립운동을 도모하고 있었다.

중국 망명 이래 남경에 머물던 이태준은 중국으로 망명한 김규식을 만났다. 『지산외유일지』에 따르면 김규식은 1913년 6월 22일 상해에서 남경에 도착했다.[22] 이로 미루어 1913년 6월 이전에 이태준과 김규식이 상봉했

20 「이태준이 안창호에게 보낸 편지」(1912. 8. 28), 『도산안창호전집』 2, 127~128쪽.
21 『상항지방회보』, 『신한민보』(1912. 11. 4). 특기할 만한 점은 이들과 함께 김헌식이 국민회 회원으로 가입하고 있다는 사실이다.
22 정원택, 1974, 위의 책, 369쪽.

을 가능성이 매우 높다. 이후 1913년 하반기부터 이태준은 김규식과 행동을 같이했다.

『지산외유일지』에 따르면 김규식과 이태준은 1913년 10월 1일(음력 9월 2일) 정원택이 다니고 있던 상해 상무중학교(務商中學校)에 찾아와 다음 날 아침 청도로 떠난다며 작별인사를 했다. 1914년 3월 23일 자 일기에 따르면 "이태준이 북경으로 출발하였다가 서간도로 방향을 바꾸었다"고 되어 있다.[23] 당시 서간도 통화현에 김필순이 거주하고 있었으므로 이태준의 서간도 방문은 김필순을 만나기 위한 것이었을 가능성이 높다.

1914년 말에 이르면 일제 정보당국도 김필순·이태준이 함께 중국으로 망명했으며, 서간도에서 이동녕·이시영의 영향하에 독립운동을 하는 것으로 파악하고 있다. 이에 따르면 김필순(경성, 40세)은 김윤열(金允悅)로 개명했으며 제중원 졸업생으로 세력이 있고, 이태준(평북 선천, 35~36세)은 제중원 졸업생으로 김필순과 동반 이주했는데 현재 다른 곳으로 이전했거나 혹은 북경에 있다는 설이 있다고 되어 있다.[24] 김필순·이태준이 나란히 서간도 독립운동가로 일제 당국에 파악된 것은 두 사람이 1914년 시점이면 다시 상봉해 앞일을 상의했음을 의미한다. 그리고 이태준과 연락이 닿던 김규식이 김필순과 연결되었음이 분명하다. 김규식은 이태준과 함께 청도를 오가며 새로운 활로와 독립운동의 방략을 모색했고, 이태준은 북경·서간도를 왕래하면서 그에 부응하려 했던 것이다.

이상과 같이 이태준은 1912년 이래 중국 혁명운동에 동참한 한인 청년·사관학생들과 보조를 같이하며 한국 독립운동을 도모했으며, 유동열은

---

23 정원택, 1974, 위의 책, 372~388쪽.
24 「不逞者の處分」, 警高機發 제3049호(1914. 12. 28), 寺内正毅(조선총독)『不逞團關係雜件 朝鮮人ノ部 在滿洲ノ部』 4. 김윤열은 김필순의 배다른 형제의 이름이다. 김필순의 아버지 김성섬은 첫 부인과의 사이에서 김윤방, 김윤오, 김윤열을 낳고, 둘째 부인과의 사이에서 김필순, 김구례, 김순애, 김필례 등을 낳았다. 박규원, 2003, 위의 책, 8쪽.

1913년 목릉회의에서 몽고 경영을 주장했다. 이태준, 유동열에 더해 중국 군사학교에 다닌 서왈보가 합류해 김규식과 함께 1914년 가을 외몽고 고륜으로 향했던 것이다. 이들은 독립군 장교 혹은 유격전사를 길러낼 초보 군사훈련학교 건설을 희망했으나, 고륜에서 추진한 군사학교 설립 계획은 약속되었던 국내 지하조직의 자금이 오지 않아 실행에 옮길 수 없었다.[25]

윤병석에 따르면 한국 독립운동가들은 러일전쟁 10주년이 되는 1914년에 러시아가 일본에 대한 복수전을 펼칠 것이라는 기대와 희망을 품고 있었다. 이를 뒷받침하기 위해서 1913년부터 노령 연해주에서는 이상설·이동휘를 중심으로 대한광복군정부가 추진되었고, 한국인 거주 중요 지역에 무장투쟁세력의 조직화가 본격화되었다. 이런 독립전쟁론의 확산으로 해외 한인의 중심 지역에 무장조직이 꾸려졌다. 1913년 말 북간도 왕청현 나자구에는 이동휘를 중심으로 장교 양성을 위한 사관학교(대전무관학교 大甸武官學校)가 설립되었고, 하와이에는 박용만을 중심으로 한 대조선국민군단이 활동했으며, 미주 본토 네브래스카주에는 박용만이 설립한 한인소년병학교가 존재했고, 멕시코에는 숭무학교가 설립되었다.[26] 때문에 김규식의 몽고행과 사관학교 설립 계획 역시 청도회의·목릉회의를 거쳐 대한광복군정부로 이어지는 해외 독립군기지 건설 계획과 맥을 같이하는 것이었다.[27]

김규식의 몽고행에 대해서는 자세한 내용을 파악하기 곤란하다. 다만 당시 동행한 2명의 청년 중 한 사람인 서왈보(徐曰甫)를 통해 저간의 사정을 간접적으로 파악할 수 있다. 서왈보는 본명 유용풍(劉用豊)으로, 북경에서 북경고려유학생회를 이끈 인물이다.[28] 서왈보는 중국 항공학교를 졸

25 이정식, 1974, 위의 책, 41~46쪽.
26 윤병석, 1984, 『이상설전』, 일조각, 160~162쪽; 장석흥, 2002, 위의 논문, 59쪽.
27 장석흥, 2002, 위의 논문, 59쪽.
28 조규태, 2008, 「1920년대 북경지역 한인 유학생의 민족운동」, 『한국독립운동사연구』 30.

업한 비행사로 활동하다가 1926년 비행기 추락으로 사망했는데, 당대 한국인들이 선망하던 비행사이자 독립운동가의 죽음에 대해 다수의 추도사가 언론에 소개되었다. 그 가운데 김규식 일행과의 몽고행이 언급되어 있다.

① 『기려수필』: "26세에 유동열과 함께 몽고 등지에 이르러 독립운동을 도모했으나 또 성과를 거두지 못했다."[29]

② 『신한민보』: "계축년(23세)에 류동열씨와 함끠 됴선인 병사를 양성할 사관학교를 만주 방면에 설립하려고 자본금 운동으로 몽고디방에 들어가 마젹과 련락하야 3년간 비풍참무로 천신만고를 당하다가 마참내 실피."[30]

③ 『동아일보』: "씨는 류동열(柳東說)을 만나 김규식(金圭植) 리태준(李泰俊) 제씨와 함께 몽고 디방(蒙古地方)으로 들어간 후 여러 가지 위험과 고생을 하며 무엇이나 민족을 우하야 일을 하려고 하였섯스나 그 역시 마음대로 되지 안음."[31]

④ 『동아일보』: "그가 중국의 군적을 버리고 다시 3개 성상이나 금광에서 고근(苦勤)하던 아령(俄領)과 우리의 병사를 배양하려고 침식을 구망(具忘)하고 풍찬노숙하던 만주와 몽고 일대로 전전고투하며 뜻한 바 운동을 성취하랴다가 마츰 구연(具然)히 자단(自斷)한 바 유(有)하야 북경으로 도라와 남원항공학교(南苑航空學校)에 학적."[32]

이런 기사를 종합해 보면 서왈보가 김규식·이태준·유동열과 몽고 지

214~215쪽.
29 騎驢子 宋相燾, 「徐日甫(未) 抗日運動飛行士」, 『기려수필』(한국사료총서 2, 1955), 국사편찬위원회.
30 「한인비행가 서왈보씨 참사」, 『신한민보』(1926. 7. 1).
31 「중국풍운에 희생된 조선의 정공(征空)용사 고서왈보씨의 과거」, 『동아일보』(1926. 6. 15).
32 한병도, 「오호 서왈보공 혈루로 그의 고혼을 곡하노라」, 『동아일보』(1926. 7. 6).

방에 갔었다는 사실이 확인되며, 그 목적이 독립운동을 위한 것 혹은 병사를 배양할 사관학교 건설이었음을 알 수 있다. 즉, 김규식이 「자필 이력서」에 쓴 유동열·이태준 및 학생 2명과 사관학교 건설을 위해 몽고 고륜으로 향했다는 진술이 사실임을 알 수 있다.[33]

가장 흥미로운 것은 서왈보가 만주에 사관학교를 설립할 계획을 가지고, 몽고 지방에 자본금을 조달하기 위해 들어가 마적과 연락하며 3년간을 보냈다고 쓰고 있는 미주 『신한민보』의 기사이다. 김규식·이태준 일행이 만주 사관학교 설립을 위해, 몽고에서 자본금 운동을 하며 마적과 연락했는지는 미상이다. 그러나 중국 내 자금 조달이 무망한 상황 속에서 가능한 모든 구상과 방법을 경주했을 것만은 분명했다.

서왈보는 함남 원산 출신으로 원흥학교를 다녔으며, 안창호에게 감복해 대성학교를 졸업했다.[34] 그는 일본이 싫어 일(日)을 왈(日)로 읽었다고 한다. 졸업 후 안창호, 이갑 등을 따라 함께 노령에 이르렀고, 안창호·이갑은 사관학교를 설립해 청년 양성을 시도했고 서왈보 역시 준비에 노력했으나 성과를 거두지 못했다. 어부·광부로 일하기도 했으며, 북경에 와서 한진교의 도움으로 육영학교(育英學校)에 입학했고, 유동열과 함께 몽고 등지로 건너가 독립운동을 도모했으나 성과를 거두지 못했다. 북경에 돌아와 영어를 공부했고, 관립 보정(保定)육군사관학교를 졸업하고 중국 육군 대위가 되었다. 이때가 1919년으로, 독립운동이 발발하자 서왈보는 북경과 천진의 대학생을 중심으로 대한독립청년단을 조직한 다음 신채호를 단장으로 추대하고 자신은 군무장(軍務長)이 되었다.[35]

---

33 다만 ④의 필자인 한병도는 자신이 1919년 처음 서왈보를 만났고, 몽고행은 그 다음 일이었다고 쓰고 있다.
34 이하 설명은 주로 『기려수필』에 따른 것이다. 단, 『기려수필』은 연도·장소에서 착오가 있다는 점을 덧붙인다. 예를 들어 『기려수필』은 서왈보의 출생지를 평안도로 기록하고 있으나, 그는 함남 원산 출신이다. 홍윤정, 2005, 「독립운동과 비행사 양성」, 『국사관논총』 107.
35 홍윤정, 2005, 위의 논문.

3·1운동기 서왈보는 간도 지역의 3·1운동을 돕기 위해 상해에서 파견되었다. 1919년 4월 22일 소동진(蘇東進), 서왈보(徐曰輔, 남경 중국군 육군 연장), 채극(蔡極) 등이 길림을 경유하여 명동 학생들의 안내로 훈춘에 도착한 후, 4월 23일 훈춘 황구 북일학교에서 만세시위운동이 일어났다.[36] 이후 북경으로 돌아와 육군항공학교(北京南苑航空學校)에 입학해 1년 만에 졸업하고, 1924년 말 북경항공학교 교원이 되었다. 오패부(吳佩孚)의 신임을 얻고 은혜를 많이 입었다. 조종사 자격으로 의열단에 가입하였다가, 1923년 국민대표회의 당시 최용덕(崔用德)·송호(宋虎·송호성)·이한용(李漢龍)·김사집(金思潗) 등 함경도 출신 인사들과 함께 신의단(申義團)을 조직해 의열단에 대항하는 별개의 독립운동 방안을 강구했다.[37] 1924년 중국 공군에 편입되어 소절전투(蘇浙戰鬪)에 참가하였으며, 1925년 상해사변 이후 북경에서 조남승(趙南升)·한흥(韓興) 등과 함께 선두자사(先頭者社)를 조직하고, 중국 국민을 후원하고, 한중 연대하의 항일운동을 주장하는 전단을 살포하기도 했다.[38] 풍옥상(馮玉祥)군에서 공군 장교로 활약하던 중 1926년 5월 6일 장가구(張家口) 공가장(孔家庄) 비행장에서 비행기 추락사고로 사망했다.[39] 원산과 간도 용정에서 추도회가 개최되었고, 『동아일보』에 그를 추도하는 기사가 연재되었다.[40]

---

36 姜德相, 1965, 『現代史資料』27(東京: みすず書房), 148쪽; 서굉일, 1988, 「중국·만주의 3·1운동」, 『한민족독립운동사』3(3·1 운동), 국사편찬위원회.
37 「北京在住朝鮮人ノ最近狀況報告ノ件」公 제92호(1924. 3. 6), 芳澤謙吉(支那特命全權公使)→松井慶四郎(外務大臣), 『朝鮮人ニ對スル施政關係雜件一般ノ部』2.
38 홍윤정, 2005, 위의 논문.
39 국가보훈처, 1988, 『대한민국 독립유공자 공훈록』5, 611~612쪽. 서왈보는 1926년 5월 6일 장가구에서 사망했다. 『동아일보』(1926. 6. 3); 홍윤정, 2005, 위의 논문. 『기려수필』에는 1928년 이탈리아 비행사가 북경을 방문했을 때 그 비행기에 함께 탑승했다가 추락해 사망했다고 되어 있다.
40 「중국풍운에 희생된 조선의 정공용사 고서왈보씨의 과거〔전2회〕」, 『동아일보』(1926. 6. 15~16); 「오호 서왈보공 혈루로 그의 고혼을 곡하노라(한병도, 전2회)」, 『동아일보』(1926. 7. 6, 1926. 7. 10). 1932년에도 그에 대한 후일담이 잡지에 게재되었다. 양상호, 1932, 「해동 고려

1 제1차 세계대전 발발과 북경·의주·고륜으로의 여정

김규식의 평생 중 사관학교 건설을 통한 무장투쟁 노선에 적극적으로 몸을 실었던 것은 이때가 유일하다고 생각된다. 그만큼 국망의 절망과 신해혁명의 열정이 교차하면서 격정의 세월을 마주한 것이었다.

(3) 배일 비밀기관부의 '김만호'

김규식이 유동열·이태준·서왈보 등을 대동하고 외몽고 고륜으로 떠난 후에도 그의 흔적은 여전히 북경 등지에 남아 있었다. 중국인 농환(農皖)이라는 자가 농죽(農竹)이라는 이름을 대며 1914년 봄 상해 일본총영사관을 찾아와 한인 독립운동가들에 대한 정보를 제공했다. 일본총영사관 니시다(西田) 서기생은 3차례 농환의 자택(상해 북사천로 승덕리)을 방문했다. 농환은 상해 광학회(上海 廣學會, 예수교회)가 발행하는 『대국보』(大國報, 주필 W. Arthur Cornpany)에 관계하는 한편, 런던 역서회(譯書會)의 도로치 박사(Dr. Dorroch)가 편찬하는 역서를 보조하고 있었다. 농환은 『대국보』에 출입하는 조선인을 만났고, 그를 통해 상해 재류 일부 한국인에게 중국어를 가르치다가, 상해 재류 한국인의 배일운동 계획을 알게 되었다고 말했다.[41] 상해 일본총영사관 측은 농환의 중국어가 유창하지만 용모, 글자체, 문장, 성명이 중국인이라기보다는 한국인인 것 같다고 판단했다.

농환이 거론한 『대국보』의 한국인이 누구인지는 미상이지만, 가장 먼저 생각할 수 있는 인물은 신규식이다. 그는 서혈아(徐血兒), 대계도(戴季陶) 등 상해 언론계 인물들은 물론 송교인·진기미 등 상해의 지도적 인사

국 의학박사 엉터리 치부전, 중국서 뱃심으로 돈 모으든 이야기」, 『별건곤』 제59호, 12월.
41 「朝鮮人 排日運動 企劃 狀況に關する內報の件」機密 제32호(1914. 3. 27), 有吉明(上海總領事)→牧野伸顯(外務大臣), 『不逞團關係雜件-鮮人ノ部-在上海地方』 1. 문패에는 농환(영문으로 Pt. J. S. Non)이라고 표기되어 있었다.

들과 매우 가까운 관계를 유지했고, 자유당·공화헌정회에도 가담했다. 또한 『민권보』(民權報), 『대공화보』(大共和報) 등 언론기관과 밀접한 사이였다.⁴² 다음으로 가능성이 있는 인물은 김규식이다. 김규식은 망명 직후 상해 YMCA를 연락 거점으로 삼았을 뿐 아니라 중국 기독교계 인사들과 교류하고 있었는데,⁴³ 농환 역시 상해 기독교계 신문 및 출판사에 관계하고 있었다. 농환은 신규식이 주도한 동제사의 교육기관인 박달학원의 중국인 교사로 알려졌으며, 민필호는 그를 '중국 혁명원로'로 기술했다.⁴⁴ 농환이 동제사 측과 연결되는 것도 신규식·김규식의 활동 범위와 교차되는 부분에서 비롯된 것으로 생각된다. 농환은 일본총영사관과 여러 차례 접촉했지만, 자신이 박달학원에 관련하거나 동제사 관련자라는 사실은 언급하지 않았다. 그가 왜 일본총영사관과 접촉했는지는 미스터리이다.

농환이 한국인 배일 비밀기관부로 소개한 것은 동제사가 분명하다. 동제사는 일제 정보자료에 동제회, 동주회, 공제회, 혁명당, 체화동락회 등의 이명(異名)으로 등장한다. 1914년 일제 정보당국은 동제사를 혁명당으로 파악하고 있다. 체화동락회(棣華同樂會)라는 이름은 1916년 상해총영사가 보고한 문건 중에 등장하는데, "샌프란시스코·하와이 등지의 재류 한인 단체에 대응하여 상해에서도 신규식을 두령으로 하고 조성환·민충식·박은식 등을 유력한 알선자"로 체화동락회를 조직해 상해 재류 한인의 단결, 재외 한인 단체와의 연락 등을 힘쓰고 있다고 소개하고 있다.⁴⁵ 농환은 신규식

---

42 배경한, 1999, 위의 논문, 57~59쪽.
43 김규식이 안창호에게 보낸 편지 한 통은 상해 YMCA 전국위원회 사무실, 다른 한 통은 북경 등시구(燈市口) 광학서회(廣學書會) 내 곽기운(郭紀雲) 선생 주소가 발송처이다. 모두 기독교 계통 청년단체, 서점을 연락처로 삼고 있는 것이다. 「김규식이 안창호에게 보낸 편지」(상해, 1913. 8. 12), 『도산안창호전집』 2, 32~34쪽. 「김규식(김성)이 안창호에게 보낸 편지」 (1914. 3. 14), 『도산안창호전집』 2.
44 박달학원에는 박은식·신채호·조소앙·문일평·홍명희·이광수 등 한국인 교수뿐 아니라 중국인 교수도 있었는데, 여기에 '혁명원로 농죽(農竹)'과 하와이 2세 모대위(毛大衛)가 포함되었다. 민필호, 1995, 「대한민국임시정부와 나」, 위의 책, 71쪽.

에 대해 '이토 히로부미를 암살한 안중근과 같은 당으로서 안중근 처형 이후 봉천, 북경, 남경에 이르러 중국 임시정부에 출입했으며, 그 후 상해에 비밀기관부를 설치하고 봉천, 북경 기타 한국인의 비밀기관 지부를 설치했으며, 학생 중 우수한 분자는 미국 또는 구주에 유학시키고, 혁명당원 간 통신은 한국어 암호를 사용해 배일격문 낙서를 각국어로 번역하며, 일본 천황 및 중요 대관의 암살을 기획하고 있다'고 했다.

농환은 1914년 2월 말부터 3월까지 여러 차례 상해 일본총영사관과 접촉하며 정보를 제공했다. 그에 따르면 조선인 배일 비밀기관부는 조직문부(問部) 상해, 제1기관부 안동, 제2기관부 북경, 제3기관부 열하로 구성되어 있다. 이는 동제사 조직으로 본부는 상해, 제1지부 안동, 제2지부 북경, 제3지부 열하라는 것이다.

조직문부, 즉 중심기관은 상해에 설치되었으며, 당원이 약 30여 명이고, 주요 인물은 5~6명인데, 핵심인물로는 신규식, 홍명희, 조소앙, 문일평, 권경군, 이복원 등을 적시했다. 신규식은 신정(申檉)으로 충청북도 출신, 전(前) 중학교 교장, 전 매일신보 창설자, 일찍이 '통대화존군대'(統帶花尊軍隊)의 수령급으로 소개하고 있다. 신규식이 중학교 교장이라는 것은 아마도 향리 청주 인근 산동 신씨 문중촌에 설립한 영천학계(靈川學契)의 경험을 의미하는 것으로 생각된다.[46] 신규식의 『매일신보』 관련은 알려지지 않은 일이며, 통대화존군대는 무엇인지 미상이다.

홍명희는 홍가인(洪可人)으로 소개되었는데, 홍범식의 아들로 일본에 다년 유학했으며 소설가이고 조선에서 천재로 소문이 났으며, 홍콩에

---

[45] 「上海在留 排日韓人의 動靜에 관해 一九一六年 九月 十八日字로 在上海 總領事가 外務大臣에 報告한 要旨」, 국회도서관, 1976, 『한국민족운동사료』 중국편, 3~4쪽. 1916년에는 자금 부족으로 활발한 활동을 벌이지 못한 상태로, "設立者의 目的을 排日鼓吹에 있다고 하나 現今으로서는 單純한 社交俱樂部와 같은 것에 그치"고 있었다.
[46] 박걸순, 2022, 위의 논문.

서 발행되는 『항강잡지』(香江雜誌) 제1회 제2기 출간 편집을 담당하고 있다고 했다. 홍콩에서 간행된 『항강잡지』를 주도한 것은 박은식이었는데, 『항강잡지』는 1913년 12월 20일 창간호가 간행되어 12월 28일 상해 한인들에게 전달되었다. 이 잡지의 간행은 김규흥의 주선과 경영에 의한 것이었으며, 창간호 기사는 박은식, 조소앙, 신채호가 담당했다.[47] 『항강잡지』는 1914년 초반까지 3~4호를 간행하다가 원세개를 비판한 이유로 정간되었는데, 홍명희가 1914년 초반 제2호 편집을 담당했다. 현재 『항강잡지』는 창간호만 확인되었으므로, 홍명희가 제2호 편집에 참여했다는 정보의 사실 여부는 확인이 불가능하다.[48] 홍명희는 1914년 11월 김진용·정원택·김덕진과 함께 상해를 떠나 1917년 11월까지 만 3년간 남양군도를 여행했다.[49]

조소앙의 한자 이름은 '趙嘯仰'으로 기록되었는데, 일본 유학생 출신으로 대학 졸업 후 각지를 전전하다가 현재 상해에 체류 중인 것으로 되어 있다. 문일평은 중국 이름인 문방(文芳)으로 소개되었는데, 역시 일본에 유학해 보통학을 수학하고 다시 3년간 대학을 수학한 인물로 소개되었다. 권경군(權警羣)은 육군 학교 졸업생으로 중국에 온 후 백문울(栢文蔚)의 안휘도독부에 출입하며 일시 회계과의 관리가 되었으며 현재 상해에 체류 중으로 되어 있다. 권경군이 누구인지는 미상이다.

이복원(李復源)은 한성무관학교 졸업 후 일본에 유학했으며, 1914년 3월 27일경 '상해 총기관부'와 협의하기 위해 동경에서 상해에 도착한 것으로 되어 있다. 일본 유학을 거쳐 상해에서 미국으로 건너간 이복원은 20

---

47 배경한, 2003, 위의 논문, 235~238쪽.
48 『지산외유일지』, 79, 82쪽; 배경한, 1999, 위의 논문, 235쪽. 다만 박은식이 홍콩으로 가면서 상해 한인 유학생들에게 동행을 제안했는데, 『지산외유일지』에 따르면 박은식은 홍건(洪健)과 함께 홍콩으로 갔고, 홍건은 12월 말 다시 상해로 귀환했다. 홍건이 홍명희였을지는 미상이다.
49 정원택, 1974, 위의 책, 388쪽; 강영주, 1999, 위의 책, 104~117쪽.

여 년간을 미주에서 생활한 후 1930년대 중반 중국에 다시 나타난 흥미로운 이력의 소유자이다. 이복원은 1914년 6월 13일 시베리아 선편으로 샌프란시스코에 도착했고,[50] 미국에서 소학교·중학교를 다시 다녔다. 1920년 『신한민보』 보도에 따르면 45세의 나이로 중학교를 졸업했다고 되어 있다.[51] 이복원은 버지니아병학교(Virginia Military College)에 입학했다.[52] 이후 시카고에 거주하면서 장인환 추도식(1930), 이봉창 추도식(1932)에서 간단한 연설을 하는 등의 행적이 확인된다. 1933년 1월 27일 프레지던트쿨리지호 편으로 귀국한 것으로 나타난다.[53] 이후 중국으로 건너간 것으로 보이는데, 1935년 남경에서 결성된 조선민족혁명당에 지청천과 함께 참여하였고, 1936년 4월 이를 탈퇴하고 조선혁명당에 합류했다. 1937년 7월 16일 임시정부 국무회의에서 유동열·이청천·현익철·안경근·김학규와 함께 군사위원회 위원 및 상무위원으로 선임되었다.[54] 1939년 제31회 임시의정원 회의에서 함경도 의원으로 선출되었다.[55] 1940년 한국독립당 중앙집행위원, 한국광복군 총사령부 참모, 1942년 군무부 군사위원회 위원, 광복군 2지대·3지대 부지대장, 광복군 고급참모(정령)에 선임되었다. 1946년 귀국 후 한국전쟁 중 사망했다.[56]

제1기관부, 즉 제1지부는 안동에 설치되었으며, 중요 인물은 유동열,

---

50 「두 선편에 입항한 동포들」, 『신한민보』(1914. 6. 18).
51 「이복원씨 중학 졸업」, 『신한민보』(1920. 6. 4). 『독립유공자공훈록』에는 1882년생(38세)으로 되어 있다.
52 「병학을 연구하려난 학생들」, 『신한민보』(1920. 9. 9); 「리씨의 버지니아병학교에 입학」, 『신한민보』(1920. 10. 28).
53 「3인이 동행하야 27일 귀국」, 『신한민보』(1933. 2. 2).
54 「대한민국임시정부공보 제62호」(1937. 6. 16), 국사편찬위원회, 2005, 『대한민국임시정부자료집』 1(헌법 공보).
55 「임시의정원회의 제31회(1939. 10~12)」, 국사편찬위원회, 2005, 『대한민국임시정부자료집』 2(임시의정원1).
56 「이복원」, 『한국민족문화대백과사전』(1933. 2. 2); 「이복원(독립유공자공적조서)」, 공훈전자사료관.

신채호(신무애)로 제시되었다. 안동은 만주 및 한국과의 교통 연락 중심지였다. 유동열은 일본 육군사관학교 기병과 졸업생으로 일찍이 '통대조선금위군'(統帶朝鮮禁衛軍) 장교로서 병합 이후 배일당의 수요인물(首要人物)이 되어 다수의 옛 부하를 동반하고 만주에 가서 제1기관부를 설치했다. 유동열은 만주 마적과 연락을 계획하고 안동 및 연길 일대에 그 세력을 부식하고 있는데, 배일당원 중 무력을 보유한 유일한 인물로서 옛 부하는 목하 5천 명 내지 1만 명이라고 했다. 유동열이 마적과 연결해 세력을 부식하려 했다는 설명은 서왈보가 3년간 "마적과 연락"했다는 설명과 일치하는 것이다. '통대조선금위군'이 무엇인지는 미상이며, 유동열의 부하가 5천~1만 명이라는 설명은 과장된 것이다. 안동 비밀조직과 관련해 외무성은 안동영사관에 조사를 지시했고, 안동영사 길전(吉田)은 안동에는 이러한 비밀조직이 설치된 바 없으며, 유동열도 안동에 출입한 행적이 없다는 조사 결과를 보고했다.[57]

신채호는 신무애(申無涯)로 소개되었는데, 『매일신보』 기자로서 문명(文名)을 얻었고, 1913년 블라디보스토크의 일간신문을 발행했으며, 지금은 봉천에서 한글 『대진』(大震) 잡지를 발행하고 있다고 소개하고 있다.

제2기관부, 즉 제2지부는 북경에 설치되었는데, 북경·천진 방면의 배일당원의 중심 지역이며, 그 주요 인물은 김만호(金晚湖)로 일찍이 미국에 유학해 대학을 졸업했다고 보고했다. 만호는 김규식의 호이다. 김규식은 동제사 북경 지부의 중심인물로 파악된 것인데, 김규식은 1914년 3월 현재 북경에 체류 중이었으므로, 농환의 정보와 상해총영사의 보고는 정확한 것이었다.

제3기관부, 즉 제3지부는 열하에 설치되었다. 열하 배일당의 중요 인

---

57 「朝鮮人 排日運動 企劃に關する件」 政機密送 제57호(1914. 8. 8), 加藤高明(외무대신)→有吉明(상해총영사), 『不逞團關係雜件 朝鮮人ノ部 在滿洲ノ部』 3.

물은 한만양(韓挽洋)으로 일본의학교를 졸업한 것으로 파악되었다. 한만양은 부산 출신으로 일본 강산(岡山)의학교를 졸업한 의사 한흥교(韓興敎, 일명 한진산韓震山)인데, 1911년 중국 상해로 건너와 중국혁명군 구호의장(救護醫長)으로 활동하며 1912년 상해에서 신규식·조성환 등과 동제사에 참여했다.[58]

한편, 한국 내 배일당 수령으로는 신규식의 형인 신정식(申廷植)을 꼽았다. 신정식은 저명한 문학가로 한국 유신의 선각자인데, 합병 전 조선의 내각원으로 현재 고향인 충청북도에 거주한다고 파악되었다. 동제사와 관련된 선행 연구들이 지적하듯이 동제사에는 산동 신씨 출신 인물들(신규식, 신건식, 신채호, 신석우, 신백우 등)이 다수 포함되었다. 주요 운동 방법은 우수한 남녀 청년들을 구미로 유학시켜, 남자는 육해군 및 이화학을 전공케 하고, 여자는 의학 및 간호학을 전공케 한다는 것이다. 또한 암살 교사도 서슴지 않는다고 파악했다.

24쪽에 달하는 이 보고서의 핵심은 상해에 동제사 본부, 안동에는 제1지부, 북경에는 제2지부, 열하에는 제3지부가 설치되었으며, 중심인물은 상해의 경우 신규식·홍명희·조소앙·문일평 등이며, 안동의 경우 유동열·신채호, 북경의 경우 김규식, 열하의 경우 한만양이라는 것이다.

조선총독부 정무총감은 조사 결과를 외무성에 보고(1914. 7. 15)했다.[59] 총독부 측이 핵심적으로 확인한 정보는 이 보고서에 등장하는 인물의 정확한 인적사항이었다. 먼저 농환이 한국인일지 모른다는 가능성에 대해 총독부 측은 망명 조선인들이 이름을 바꾸는 경우는 흔하지만 성을 바

---

58 조규태, 2008, 「1920년대 북경지역 한인 유학생의 민족운동」, 『한국독립운동사연구』 30, 215쪽. 조규태는 한흥교를 한진교(한에녹)와 동일인으로 기술했는데, 두 사람은 전혀 다른 인물이다. 한진교는 평남 출신으로 상해에서 해송양행(인삼상회)을 운영하며 신한청년당, 인성학교에 관계한 인물이다.

59 「通報 朝鮮人 排日運動 企劃 狀況に關する件」官秘 제218호(1914. 7. 15), 山縣伊三郞(朝鮮總督府 政務總監)→松井慶四郞(外務次官)『不逞團關係雜件 鮮人ノ部 在上海地方』 1.

꾸는 경우는 들어본 적이 없다며 진짜 중국인일 가능성을 배제할 수 없다고 판단했다.

　신규식(신정)에 대해 총독부는 중학교 교장·『매일신보』 창설자·안중근과 같은 당으로 함께 취조를 받았다는 정보는 사실이 아니며, 본명은 신규식이고 무관학교 졸업생으로 대한협회 간부로 있다가 신해혁명 당시 이에 투신할 목적으로 "가옥을 매각하고 약 2천 원의 자금을 휴대한 채 조카 신형호를 동반"하고 북경에 가서 "불령선인 수령인 조성환을 방문"하고 이후 함께 상해에 가서 손문, 송교인 등과 만나 중국혁명을 지지하고 군자금 2백 원을 기부했다고 파악했다.

　신정식에 대해서는 신용우의 아들이자, 신규식의 친형이며, 신규식의 중국행에 동행한 신형호의 아버지인데, 본래 민영휘의 부하로 군수·참서관을 지냈고, 합방 후 군참사(郡參事)를 지냈다고 파악했다. 홍명희, 조소앙, 문일평 등에 대해서도 정확한 정보를 보고했다.

　이복원에 대해서는 함경북도 북청 출신으로 무관학교를 졸업하고 육군 참위에 임명되어 소대장·무관학교 교관 등을 역임했으며, 군대 해산 후 동경으로 건너가 경의의숙에 재학하다가 1914년 3월 귀국한다고 칭하고 상해로 건너왔다고 파악했다.

　유동열에 대해서는 105인 사건 관련자로 2심에서 무죄가 된 후 1913년 6월 행방불명되었다가, 1914년 7월 현재 노령 블라디보스토크에서 활동 중으로 파악하고 있다. 유동열은 동지인 신채호를 동반하고 북경에서 조성환과 회견하고, 안창호·이갑 등과 청도회의를 개최했으나 실패하고 블라디보스토크·청도·지푸에 왔다가 체포되어 국내로 압송되었다고 파악했다. 안동현에 거주하며 부하 5천~1만 명이 있다는 것은 허위로 파악했다.

　신채호에 대해서는 청도에서 독일의 보호하에 배일신문을 발행하려 했으며, 블라디보스토크 배일신문의 주필을 지내다 1913년 상해에 왔으나, 봉천에 간 적이 없으며 『대진』은 간도에서 다른 사람이 간행하는 것으로 파악했다.

한만양은 한흥교로 강산의학전문학교를 졸업하고 신해혁명이 일어나자 그에 투신할 목적으로 중국 남부에 도착했고, 이어 열하로 건너갔다고 파악하고 있다. 한흥교는 만양생(挽洋生)이라는 필명으로 『대한학회월보』에 투고한 바 있으며,⁶⁰ 계몽운동기 『대한학회월보』・『대한유학생회보』・『대한흥학보』 등에 활발한 기고 활동을 벌였다. 신해혁명 이후 중국혁명에 가장 열성적으로 참여한 한국인 중 한 명이었으며,⁶¹ 1924년 일제가 지목하는 재외 요주의 인물이었다.⁶² 1920년대 중반 이후 귀국했으며, 이후 경남 삼천포에서 대동의원(大東醫院)을 경영했다.⁶³

가장 흥미로운 것은 김만호, 즉 김규식에 대한 총독부의 정보 판단이었다.

> 본명은 김필순(金弼淳)으로 동인은 경성 세브란스병원(기독) 부속 의학교를 졸업해 동병원의 의사로 7, 8년간 근무하며 늘상 불온사상을 고취하고 해외로부터 오는 불평선인을 동병원에 은닉한 저명한 불평자로 명치 45년 봄 돌연 행방이 불명해 서간도 유하현에 거주하며 불평선인과 일대 병원 건설을 기도했지만 동년 가을 조성환이 북경에서 퇴거를 명령받아 불평자의 수령이 존재하지 않게 되자 동지에 이거한 자.⁶⁴

즉, 조선총독부는 김만호를 김필순으로 이해하고 있었던 것이다. 농환

---

60 挽洋生 韓興敎, 1908, 「愛國歌」, 『대한학회월보』 2.
61 이현희, 1989, 「1920년대 한중연합 항일운동」, 『국사관논총』 1.
62 「在外要注意鮮人別名變名雅號調査ニ關スル件」, 機密受 제169호(1924. 6. 17), 鈴木要太郎(間島 總領事)→幣原喜重郎(外務大臣), 『不逞團關係雜件 鮮人ノ部 在滿洲ノ部』 39.
63 「大東醫院主 韓興敎氏 特志」, 『中外日報』(1929. 5. 19).
64 「通報 朝鮮人 排日運動 企劃 狀況ニ關スル件」, 官秘 제218호(1914. 7. 15), 山縣伊三郎(朝鮮總督府 政務總監)→松井慶四郎(外務次官), 『不逞團關係雜件 朝鮮人ノ部 在上海地方』 1.

의 보고에서 김만호를 미국 유학생이자 미국 대학 졸업자라고 했으나, 총독부는 김만호를 김필순으로 판단한 것이다. 왜 이런 판단이 내려졌는지는 미상이지만, 김규식과 김필순의 긴밀한 관계가 이런 정보 판단의 오류를 초래한 원인이 된 것만은 분명하다. 세브란스병원 의사 김필순은 배일사상을 품고 있다가 1912년 봄 서간도 유하현으로 건너가 독립운동가들과 함께 병원 건설을 시도했지만, 1912년 가을 조성환이 북경에서 체포되자 유하현을 떠났다고 기록했는데, 총독부 측은 김필순이 중국에 건너간 후 조성환과 밀접한 관계를 맺은 것으로 파악하고 있었다.

김필순은 1912년 통화현에서 병원을 개업할 계획을 안창호에게 알린 바 있다. 적어도 1914년 중반까지 일제 정보당국은 김규식의 정확한 신원 및 중국 내 행적을 파악하지 못했던 것이다. 그만큼 김규식이 비밀리에 움직였음을 의미한다.

그런데 1914년 가을 김규식 일행이 사관학교 설립을 타진하기 위해 외몽고 고륜에 도착했을 때 이곳은 정치적 격변의 중심이 된 상황이었다. 러시아와 일본은 1907년부터 1916년까지 4차에 걸쳐 영국과 미국의 동아시아 진출을 저지할 목적으로 협약을 체결했다. 제1차 러일협약(1907. 7. 30)은 중국에서 상호 권리 존중을 약속하며, 만주를 남북으로 나눠 각자의 세력범위로 삼으며 러시아는 외몽고, 일본은 조선에서 특수이익을 보유하기로 했다. 러일전쟁에도 불구하고 식민지 확장에 대한 양국의 관계가 긴밀했음을 보여주는 사례였다. 특수이익이란 보호령·사실상 식민지 등 배타적 이해관계를 의미하는 것이었다. 러시아는 외몽고를 자신의 세력권하에 두기 위해 제1차 러일협약에서 자신의 이익 범위로 인정받았고, 1911년 몽고 라마교 수장도 청으로부터 분리 독립하기 위해 1911년 8월 러시아의 지원을 약속받았다.

한편 일본은 러시아의 이익 범위가 외몽고 지역에 한정된다고 주장했고, 이에 따라 러시아와 일본은 내몽고에 대한 세력범위를 분할하는 제2차 러일협약(1910. 7. 4)을 체결하고 만주의 현상 유지, 각국의 특수이익을 방위하기 위해 공동 행동·상호 원조한다고 합의했다. 이어 1911년 10월 신해혁명이 발발하자 12월 1일 외몽고는 혁명을 일으켜 청국 관리를 축출하고 12월 28일 독립을 선언했다. 몽고는 만주족인 청황제에게 복속을 맹세한 것이며, 한족인 중화민국에게는 복속할 이유가 없다는 이유를 내세웠다. 러시아와 일본은 북중국의 계선 확정이 필요했다.

제3차 러일협약(1912. 7. 8)은 북경을 경도선으로 동서 분할해 양국의 특수이익 범위를 정했고, 내몽고를 동서로 분할해 내몽고의 세력범위를 확정하게 되었다. 북경을 통과하는 동경 116도 27분에 따라 일본과 러시아가 동서로 특수이익 지역을 분할하기로 결정했다. 양국은 만주와 몽고에서 분쟁 요인을 완전히 불식시키면서 양국의 협조는 절정에 이르렀다.[65] 러시아는 몽고를 독립시켜 보호국화를 시도하며 사실상 러시아의 영향하에 포섭하였다.

러시아는 1912년 12월 3일 고륜정부와 러몽협정을 체결하고, 중국인의 몽고 이주 저지에 합의했다. 고륜, 후레, 우르가, 울란바토르라는 다양한 이름을 지니게 된 외몽고 중심에 보그드 칸(Bogdo Khan)의 국가가 수립되었다. 중국의 항의로 1913년 11월 5일 중러조약이 체결되었는데, 러시아는 외몽고를 중국의 일부로 인정하고, 중국은 외몽고의 자치권을 인정했다. 중국은 중국인의 이주를 금지했고, 향후의 분쟁은 중러몽 3국의 합동 교섭으로 해결하기로 했다.[66]

제1차 대전이 발발하고 중국에 대한 열강들의 세력 진출이 퇴조를 보이게 되자, 일본 내에서는 만몽 분리독립을 주장하는 등 영토팽창론이 부

---

65 성황용, 2001, 『근대동양외교사』, 명지사, 351~369쪽; 최덕규, 2013, 「러일의 내몽골 분할협약 연구(1912): 제3차 러일협약 체결과정을 중심으로」, 『영토해양연구』 5.
66 성황용, 2001, 위의 책, 359~360쪽.

상했고, 1915년 1월 일본은 중국에 대한 21개 조를 제시하며 그중 '제2호안'의 하나로 내몽고에 대한 일본의 우월적 지위 승인을 요구했다. 중국정부는 1915년 5월 25일 일본의 요구에 굴복해 21개 조 조약을 승인했는데, 그 가운데는 동부 내몽고에 대한 조약, 내몽고에 대한 일본차관의 우선권 등이 포함되었다.[67]

몽고와 중국, 러시아, 일본이 뒤엉켜서 격변에 격변을 거듭하던 외몽고 고륜에서 김규식 등 한국 독립운동가들이 사관학교를 건설한다는 계획은 무망한 것이었다. 외몽고를 둘러싼 국제 정세, 국내 정치가 복잡하게 얽혀서 외부인들의 정치 활동이나 군사 활동이 불가능했고, 군사 활동을 허가할 주체도 불명확했다. 러시아와 일본, 중국의 외부 영향이 지속되는 가운데 몽고의 독립 방향을 둘러싼 외몽고·내몽고의 부족 간 갈등 및 정파적 갈등도 심각했다.

1914년 가을 김규식은 서양인 상사들에게 피혁을 판매하는 사업을 시작하였고, 이태준도 고륜에 동의의국(同義醫局)이라는 병원을 개업했다.[68] 몽고의 정치적 불안정, 강국들의 각축전이 교차하면서 몽고는 독립운동의 장기적 계획을 세우기에는 부적합 곳으로 변모하고 있었다. 외몽고 고륜에 잔류했던 이태준은 몽고, 러시아, 일본의 각축 속에서 1921년 희생되기에 이른다.

---

67 성황용, 2001, 위의 책, 368~371쪽.
68 이정식, 1974, 위의 책, 41~46쪽; 반병률, 2000, 위의 논문, 169쪽.

2. 신한혁명당과 망명정부 수립 계획(1915)

1914~1916년간 김규식과 이태준의 행방을 보여 주는 자료는 발견하지 못했다. 다만 몽고에 함께 갔던 유동열의 행적을 통해 간접적으로 이들의 활동을 가늠할 수 있다. 김규식 일행이 1914년 가을 몽고 고륜에서 추구했던 사관학교 건립 계획은 오래지 않아 무산되었고, 유동열은 1915년 3월 상해에 나타났다.

유동열은 1915년 3월 상해 영국 조계지에서 성낙형(成樂馨)·박은식·신규식·이상설·이춘일·유홍열 등과 신한혁명당(新韓革命黨)을 결성하였다.[69] 신한혁명당은 제1차 세계대전 발발이라는 세계정세의 대변동 속에서 기회를 포착해 한국 독립을 꾀하겠다는 목표를 지녔다. 국제적으로는 일본의 적국인 독일과 중국의 원조·후원을 기대하는 한편, 중국과 외교적 교섭을 벌여 중한의방조약(中韓誼邦條約)을 체결하고, 외교 교섭·조약의 주체이자 국권 회복의 주체로 고종을 상정하고, 그를 중국으로 탈출시켜 망명정부를 수립하겠다는 방략을 가지고 있었다.[70] 일종의 근왕주의적 망명정

---

69 「朝鮮保安法違反事件」, 金正柱 편, 1970, 『朝鮮統治史料』 5, 韓國史料研究所, 647쪽.
70 윤병석, 1998, 『이상설전』(개정판), 일조각, 163~169쪽; 강영심, 1988, 「신한혁명당의 결성

부 수립 및 외교 교섭 방안이었다.

성낙형은 일제의 심문 과정에서 유동열과 함께 1914년 청도에서 신문이나 잡지를 발행해 불평자, 즉 독립운동가들을 규합하려 했으나, 독일·일본 간 전쟁 발발(1914. 8. 23. 일본의 선전포고, 1914. 8. 30. 청도에서 교전 개시)로 인해 10월 3일 북경으로 퇴거했고, 유동열은 북경에서 상해로 건너갔다고 진술했다. 그 후 성낙형이 유동열과 재회한 것은 1915년 3월경 상해에서 동지 회합이 있으니 오라는 유동열의 통지를 받은 다음이었다.[71]

이에 따르면 유동열은 김규식·이태준·서왈보 등과 함께 제1차 세계대전 발발 후 1914년 가을 몽고 고륜으로 향했다가 1915년 3월 이전 상해로 돌아왔다. 즉, 김규식 일행의 몽고 방략은 1914년 10월 이후부터 1915년 3월 이전까지의 짧은 기간에 종결되었던 것이다.

유동열과 성낙형의 관계는 신한혁명당의 실체가 무엇인지를 보여 준다. 이하는 성낙형의 진술에 기초한 것이다. 길지만 인용한다.

〔성낙형이 1915년 3월경〕 상해에 가니 영국 조계 보창로 박은식(대한매일신보 기자로서 배일기사를 게재한 자), 신규식(육군 副尉였으며 대한협회 유력자로서 중국 제1차 혁명전쟁이 일어나자 약 2천 원을 휴대하고 조성환과 남경에 이르러 손문을 면회하고 송교인 등에 조선 멸망을 호소한 자) 및 두 사람이 경영하는 상해 영국 조계 서북천로 학숙(學塾)(현재 학생 108명이 있으며 주로 군대적 교육을 하거나 또는 미국 본토 및 하와이 불평선인과 기맥을 통해 청년의 도미를 주선함)에서 동인 등은 물론 이상설(의정부 참찬이었으며 1907년 이태왕의 밀사로서 헤이그평화회의에 갔던 자) 유동열(육군 기병 참령이었으며 불만을 품고 중국에 건너가 귀화,

---

과 활동」, 『한국독립운동사연구』 2.
[71] 「朝鮮保安法違反事件」, 647~648쪽.

총독 암살 사건에서 피고가 되어 제2심에서 무죄가 되었으나 그 후 소재가 불명인 자), 이춘일(李春日), 유홍렬(劉鴻烈) 기타 수명과 회합해 구주전쟁은 독일의 승전으로 끝날 것이 명백하므로 종전 후에는 예봉을 동양으로 향하여 일본을 공격하는 것이 필연적인데 중국은 일본에 적원(積怨)이 있으므로 독일과 연횡해서 일본을 고립에 빠뜨리면 이때인즉 한국 독립 회복의 시기가 되니 독일 및 중국에 대하여 지금부터 연락 준비를 하는 것이 필요하다, 그런데 이들 양국은 제정이므로 공화정치를 표방하는 것은 목적 달성을 어렵게 하니 오히려 이왕가(李王家)를 이용하는 것이 득책(得策)이라는 이유로써 신한혁명단(新韓革命團)이라는 것을 조직할 것을 협의했다. 그 본부를 북경에 두고, 지부는 당분간 중국에 있어서는 상해, 한구, 봉천, 장춘, 안동현, 연길부에, 조선에 있어서는 경성, 원산, 평양, 회령, 나남에 두며 재정, 통신 연락, 단원 모집을 개시할 것을 협의했다. 본부장에 이상설을 추대하고 그 밑에 재정, 교통, 외교부를 두어 외교부장은 성낙형, 교통부장은 유동열, 재정부장은 이춘일이 담당할 것. 상해지부장은 신규식, 감독은 박은식으로 장춘지부장은 이동휘, 연길지부장은 이동춘(李同春), 회령지부장은 박정래(朴定來), 나남지부장에는 강재후(姜載厚)를 추천할 것으로 결정했다. 본 운동 개시와 동시에 필요한 비용은 중국혁명당의 경우를 모방해 기부 기타의 징모 방법으로 거금(據金)하는 것은 물론 해상에서는 해적, 육상에서는 강탈을 하는 것도 무방하다. 가장 필요한 것은 당수를 정하는 것으로 동지 중 조선에 잠입해 이태왕에 연락하는 것이 급무라 하며 정하기를 성낙형을 담임해 변석붕으로 계획하도록 했지만, 성낙형과 변석붕 간에는 서신 왕복만 있었을 뿐 면식이 없음으로써 유홍열이 소개장을 우송해 둘 것, 또 혁명단 규칙 및 취지서는 박은식이 초할 것에 협의가 성립되었다.[72]

이 설명은 매우 흥미롭다. 신한혁명단(신한혁명당)은 제1차 대전에서 독일이 승리한다는 정세관 속에서, 동제사·박달학원이라는 조직적·인적 기반 위에, 독일·중국과 일본의 전쟁을 예상하고 그 속에서 한국 독립의 방략을 추구한 것이었다. 구체적으로 독일·중국이라는 제정국가와 연대하기 위해 '이왕가를 이용'하고 고종과 연락해 그를 당수로 추대하려 한 것이었음을 알 수 있다.

종래 신한혁명당에 대한 평가는 이 조직이 근왕주의적이며 보황주의적 조직이라는 것이며,[73] 성낙형 역시 유동열과 같은 공화정치 주창자 중에도 점점 많은 사람이 형세 불리를 깨닫고 제정파에 가맹하고 있다고 주장했다.[74] 그렇지만 위의 문맥을 따라가 보면 이들은 기본적으로 공화주의자이지만 독일·중국이라는 제정국가를 상대하기 위해 방편적 수단으로 '이왕가를 이용'하겠다고 했음을 알 수 있다. 물론 이들이 서울에서 고종의 총신·측근들과 접촉할 때는 근왕주의적 접근 자세를 보였음은 두말할 나위가 없을 것이다.

신한혁명당이 결성되는 과정에서 크게 3~4가지 흐름이 결합한 것으로 보인다. 첫째는 신규식·박은식을 중심으로 한 상해 동제사·박달학원의 조직적 움직임이었다. 유동열은 신규식과 함께 중국으로 망명했으며, 동제사 그룹과 긴밀한 연계를 가지고 있었다. 이에 대해서는 이미 앞서 설명한 바 있다.

---

72 「朝鮮保安法違反事件」, 648~649쪽.
73 강영심은 신한혁명당의 의의로 다음을 지적했다. 첫째, 보황주의적 방략의 채택, 둘째, 각지의 독립운동세력을 통합한 최초의 연합된 단체 결성, 셋째, 독립전쟁론을 실현하기 위한 구체적인 방안 수립, 넷째, 독립운동의 중추기관으로 정부 조직을 주장. 강영심, 1988, 위의 논문, 132~135쪽.
74 윤병석·조동걸의 선행 연구는 이상설이 참가했으며, 본부장에 추대된 점에 주목해 신한혁명당을 보황주의적 성격으로 판단했다. 「朝鮮保安法違反事件」, 652쪽; 박종연, 2007, 위의 논문, 110쪽.

둘째는 성낙형이 원세개 정부와 맺고 있던 개인적인 인연 및 정세 판단이었다. 강영심의 연구에 따르면 성낙형은 조부가 예조판서를 지낸 명문가 출신으로 1908년경 간도로 망명했으며, 1911년 국내에 들어와 4,500원의 자금을 마련해 북간도에 학교를 설립하기도 했다.[75] 성낙형은 1912년 봄 북경에 가서 원세개의 측근에 접촉했는데, 그의 조부는 원세개가 한국에 있던 시절 관계가 있었다고 한다. 그는 원세개 정부의 내무총장 조병균(趙炳均)의 집에 기거하며 장작림(張作霖), 장훈(張勳), 단지귀(段之貴) 등과 친교를 맺고 원세개 정부의 한국 독립운동 지원에 노력했다. 그는 1913년 7월 제2차 혁명, 즉 토원운동(討袁運動)이 벌어졌을 때 하남·강서 지역에 가서 장훈과 면담하기도 했다. 즉, 성낙형은 당시 상해·남경의 동제사 그룹이 보편적으로 1911년 신해혁명·1913년 제2차 혁명 당시 혁명파인 남군을 응원·지지한 것과는 정반대 행보를 보였던 것이다. 이런 입장에도 불구하고 한국의 국권 회복, 독립 달성이라는 동일한 목표 속에서 동제사 그룹과 성낙형은 제1차 세계대전 발발, 독일과 일본의 개전이라는 기회를 활용하기로 결정한 것이다.

셋째는 이상설의 대한광복군정부 세력이다. 이상설은 이동휘·이종호 등과 함께 노령 연해주를 중심으로 권업회를 주도했는데, 1914년 블라디보스토크에서 자신을 정통령, 이동휘를 부통령으로 한 대한광복군정부를 설립했다. 대한광복군정부가 최초의 망명정부인지 아니면 군 사령부인지에 대해서는 의견이 엇갈리지만,[76] 1910년대 해외 독립운동에서 "카리스마적 존재"였던 이상설과 그의 보황주의는 연해주나 북간도, 그리고 중국

---

75 이하 설명은 강영심, 1988, 위의 논문, 10~12쪽.
76 윤병석은 이를 최초의 망명정부로 평가한 반면, 조동걸은 근왕주의자였던 이상설이 광무황제를 제쳐 놓고 자신을 최고 수반으로 하는 망명정부를 수립한다는 것은 이해하기 어렵고, 또 다음 해 신한혁명당 당수로 광무황제를 옹위하고 있는 것으로 미루어, 대한광복군정부는 군 사령부의 성격이라고 보았다. 윤병석, 1998, 위의 책, 155쪽; 조동걸, 2010, 『우사 조동걸 저술전집 3: 한국독립운동사총설』, 역사공간, 100쪽.

본토의 독립운동가들에게 큰 영향을 끼쳤다. 이상설의 대한광복군정부와 그 영향하의 독립군 기지들은 1914년 제1차 세계대전 발발과 함께 러시아 정부가 모든 독립군 단체를 해체하면서 해산되었다. 광복군정부, 연해주의 권업회, 북간도의 간민회, 서간도의 부민단·경학사도 해산되거나 기능을 상실했다.[77] 이상설은 북경으로 피신해 있다가 신한혁명당을 주도하게 된 것이다.[78] 이상설은 유동열과 함께 북경 서단패루(西單牌樓) 93번지 김자순(金子順)의 집에 신한혁명당 본부를 두고 본격적으로 활동했다.

넷째는 북간도 간민회를 중심으로 활동하던 이동춘 세력이다.[79] 이동춘은 북간도의 간민교육회, 간민회를 이끈 중심적 지도자로, 원세개의 재한 시절 그의 통역을 맡은 연고가 있다. 또한 1915년 3월경 간민회 회원들은 권업회 중심인물들과 함께 국권 회복을 위한 거병을 시도한 바 있었다. 간민회 해체 이후 독립운동단체가 없던 북간도 지역 연길부에 지부가 설치된 것은 이러한 배경에서 비롯되었다.

결국 이들은 국권 상실 전후 해외로 망명하여 북간도, 시베리아, 상해 등지의 한인사회를 기반으로 문무쌍전교육(文武雙全敎育)을 실시하는 한편, 간민회, 권업회, 동제사 등 단체를 조직, 한인사회의 결속과 자치 및 내면으로 독립운동을 추진하였던 중심인물들인데, 1차 대전으로 단체가 해산되자 독일의 우세를 점치고 이를 활용해 흩어진 운동단체들의 역량을 재집결할 비밀 무형의 결사단체를 결성하게 된 것이다.[80]

신한혁명당이 조직되는 결정적인 정세관은 성낙형이 제기한 것으로 보이는데, 그는 주관적이고 낙관적으로 판단했다. 청도 일대에서 전개된 독일·일본의 교전은 독일군이 수적으로 절대 열세였기 때문에 패전할 것

---

77 조동걸, 2010, 위의 책, 100쪽.
78 이상설이 신한혁명당을 주도했다는 것은 윤병석·조동걸의 공통된 평가이다.
79 강영심, 1988, 위의 논문, 133쪽.
80 강영심, 1988, 위의 논문, 121쪽.

이 분명했다. 성낙형은 동삼성에서 독일을 후원하는 의용군을 조직했으나 실패했다. 독일제독의 권유로 미국영사와 함께 청도를 탈출해 1914년 10월 3일 교주(膠州)를 거쳐 연대(煙臺)로 후퇴했다.[81] 이후 북경으로 간 성낙형은 상해로 오라는 유동열의 편지를 받게 된 것이다.

전반적으로 성낙형의 전황 판단과 정세관은 비현실적이고 주관적인 것이었다. 다만 이런 정세관이 도출된 이유는 독일·일본 개전이라는 계기를 맞아 한국 독립의 기회를 포착하려는 강한 의지가 반영되었기 때문일 것이다. 또한 상해 동제사 그룹도 이러한 기회와 정세 판단에 의지하려는 경향이 강했으므로, 성낙형에 부응해 신한혁명당을 결성하게 된 것이다. 실낱같은 기회라도 잡으려는 망명 독립운동가들의 절박한 처지와 염원이 깔려 있었던 것이다.

상해회의에서 성낙형은 유럽전쟁의 향배와 전후 정세관을 피력했다. 이미 산동성에서 대일 교전에 참전했으며 독일 및 원세개 정부와 개인적 친분을 맺고 있던 성낙형의 생생한 목소리가 힘을 발휘했을 것이다. 성낙형은 (1) 유럽전쟁에서 독일이 승리할 것이다, (2) 전후 독일은 아시아에서 일본을 공격할 것이다, (3) 일본에 원한을 품은 중국도 독일과 연합해 일본을 고립시킬 것이다, (4) 한국은 독립을 회복할 최적의 기회를 맞게 된다고 설명했다.

제1차 대전의 주요 전장은 유럽이었고, 독일, 오스트리아·헝가리제국, 오스만튀르크가 승리할지 영국, 프랑스, 이탈리아, 일본이 승리할지 이 시점에서 누구도 예견할 수 없는 상황이었다. 한국 독립운동가들은 주관적이고 낙관적인 전망을 가졌다. 객관적 상황이 아닌 바라고 희망하던 바를 믿었다.

이런 정세관에 기초한 행동 방략은 다음과 같았다. (1) 독일·중국은

---

81 「朝鮮保安法違反事件」, 667쪽.

제정국가이니 공화정 대신 조선왕실, 즉 이왕가를 이용하는 것이 '득책'이다. (2) 이를 위해 신한혁명당을 조직한다. 본부는 북경에 두며 지부는 중국과 조선에 둔다. 이상설을 본부장으로 하는 재정, 교통, 외교부 등 각 부와 각지 지부장을 둔다. (3) 자금 조달은 기부·징모·해적·육상 강탈 등 모든 수단을 동원한다. (4) 고종을 당수로 추대하기 위해 성낙형을 국내로 파견한다. (5) 혁명당 규칙·취지서는 박은식이 기초한다.

신규식과 박은식은 중국 망명 이후 신해혁명을 주도한 남방 혁명파와 긴밀한 유대관계를 맺었는데, 중국혁명이 성공하면, 이제 한국 독립의 기회나 문이 열린다는 인식을 갖고 있었다. 이에 따라 중국혁명파를 후원·지지했으며, 당연히 근왕주의·보황주의와는 거리가 먼 공화주의적 입장에 서 있었다. 그런데 제1차 세계대전과 독일·일본의 교전, 중국의 참전 가능성 등을 염두에 두고 고종을 앞세우는 근왕주의적 조직을 결성하고 원세개 정부와 연대를 추진하기로 결정한 것이다. 때문에 신한혁명당은 성낙형 계열의 근왕주의·친원세개 세력, 신규식·박은식 계열의 공화주의·친손문 세력, 그리고 이상설 계열의 근왕주의·보황주의 세력이 제1차 세계대전이라는 새로운 전기를 맞아 방편적으로 결합한 것으로 볼 수 있다.

상해 동제사 그룹은 기존의 공화주의 및 친혁명파 노선을 포기한 것이 아니라, 독립운동의 방략상 '근왕주의'라는 우회로를 선택한 셈이다. 또한 신한혁명당이라는 당명이 의미하듯이, 한국 독립 혹은 국권 회복을 의미하는 '신한'과 '신해혁명' 등 중국혁명을 연상케 하는 혁명이 결합됨으로써 이 당의 지향이 복합적이며 이중적인 양상을 지니고 있음을 표현했다.

반면 국내에서 신한혁명당의 고종 접근과 '외교'는 공화주의적 혁명파들의 입장과는 전혀 다른 면모를 보였다. 즉, '당수' 후보였던 고종 및 고종 측근들은 신한혁명당의 활동을 당연히 근왕주의적 조직의 활동으로 해석하고 적극적인 태도를 취했다.

신한혁명당은 국내에 파견할 성낙형이 들고 갈 「경각서」(警覺書)에 자세한 국제 정세관을 피력했다.[82] 1912년 7월 제3차 러일협약 이후 러시아는 한인 독립운동가들의 활동을 저지하고, 1913년 8월 이상설·이위종을 러시아 수도에 3개월간 가두었기에 무형적 활동조직이 필요하다고 보았다. 1915년 3월 21개 조를 둘러싼 중일 교섭 이후 국제 정세에 대해 (1) 러일협약은 몽고 고륜에 대한 일본의 야심 탓에 무형 중에 효력이 취소되고, (2) 영일동맹은 21개 조에 영국의 이해가 다수 포함되어 위험에 빠질 예정이며, (3) 중국과 독일은 연합해서 일본을 공격할 예정이고, (4) 중국·독일·일본의 관계가 결렬된 후 우리 동포들은 외원내응(外援內應)의 힘이 필요하다고 분석했다.[83]

그렇다면 "마소와 같은 노예의 오명"을 벗기 위해 기회에 편승해 국내 독립운동 세력이 먼저 움직이면 국외 독립운동 세력이 그에 호응하거나, 그 반대의 경우도 마찬가지라고 했다. 재외자는 외세에 의지해 움직이고 재내자는 실력에 의지해 그에 응하는데, 결국 문제는 시기를 이용하는 것이었다. 재내자의 실력은 동지(同志)의 단체를 말하는 것이며, 단체라는 것은 "비밀 무형 중 공고한 정부"로 그 정부의 조직 방법은 재외운동자의 책임이며, 대세를 관찰해서 인망을 규합해야 한다는 것이었다.[84]

즉, 신한혁명당은 국제 정세 분석 결과 비밀·무형의 공고한 정부를 해외 독립운동 세력이 조직해야 한다고 주장한 것이다. 신한혁명당의 독립운동 방략은 해외에 비밀·무형의 정부를 수립하고 고종을 당수에 옹립한다는 것이었다. 그런데 신한혁명당의 최종 목적이 고종의 망명이었는지, 아니면 고종으로부터 밀지를 받아 중한의방조약 체결 위임을 받는 것이었는지는 명확하지 않다. 현실적으로 생각한다면, 친일파들에게 둘러싸여 엄중

---

82 「朝鮮保安法違反事件」, 653~657쪽. 고종에게는 「중국·독일·영국·러시아가 일본을 연합 공격하는 대세」라는 제목으로 전달했다.
83 각국 관계에 대한 자세한 내용은 강영심, 1988, 위의 논문, 12~13쪽 참조.
84 「朝鮮保安法違反事件」, 657쪽.

한 감시를 받는 고종을 해외로 망명시킨다는 것은 실행을 계획하는 것 자체가 매우 어려울 뿐만 아니라 고종 스스로가 이런 위험한 계획에 동의했는지도 불명하다. 주체 측은 고종 망명이라는 기획과 그 실현에 대한 희망을 품었을지 모르나 현실적으로는 거의 불가능한 것이었다. 실제로 신한혁명당 대표로 국내에 파견되어 고종을 알현하기 직전까지 접근했던 성낙형은 고종 망명 계획에 대해 진술을 하지 않았으며, 고종과 접촉해 중한의방조약에 대한 승낙을 얻어 조약 위임에 관한 밀지를 받는 것을 최대 목표로 삼았다.

한편 고종을 당수로 하는 신한혁명당이 북경에 본부를 설립하고, 이상설이 본부장으로 활동한다는 것 역시 이해하기 어려운 면이 있다. 현실적으로 고종 본인이 북경에 위치해야만 '중한의방조약'과 같은 외교가 가능하고, 해외 독립운동가와 무장력을 동원하는 것이 가능하기 때문이다. 따라서 신한혁명당은 단순히 고종을 명목상 당수로 내세워 해외에 비밀·무형의 정부를 수립하는 것이 아니라 실제 고종의 망명을 전제로 한 망명정부 수립 구상이었을 가능성도 있다.[85] 고종이 국내에 존재하면서 신한혁명당의 당수 역할을 하거나 해외에 무형정부가 가동될 수는 없기 때문이다.

고종 중심의 해외망명정부 수립 시도에는 전사가 있다. 신한혁명당을 주도한 이상설은 이미 1910년 연해주에서 유인석·이범윤 등과 13도의군을 편성했을 때, 고종에게 군자금 하사와 아령파천(俄領播遷), 즉 러시아 망명을 권하는 상소문을 올려 망명정부 수립을 시도한 바 있다.[86] 이런 맥락에서 보자면 1910년 고종의 러시아 망명 및 망명정부 수립 시도가 1915년 단계에는 고종의 중국 망명 및 망명정부 수립 기획으로 이어지고 있는 것이다.

---

85 조동걸, 1987, 「임시정부 수립을 위한 1917년의 대동단결선언」, 『한국학논총』 9, 141쪽.
86 윤병석, 1998, 위의 책, 129~131쪽.

실제로 1918~1919년간 이회영은 고종의 망명을 추진하며, 서울에 잠입해 북경에 망명 궁전을 마련할 자금 5만 원을 민영달(閔泳達)로부터 받아 북경의 동생 이시영(李始榮)에게 보내고, 고종 접근에 거의 성공했으나, 고종의 급서로 실패했다.[87] 또한 1919년 이래 의친왕 이강을 망명시키려던 대동단 사건도 같은 맥락에서 이해할 수 있다.[88] 고종 혹은 왕실 중요 인사를 해외로 망명시켜 망명정부의 구심을 삼아 국권회복운동·독립운동을 벌이겠다는 기획과 구상은 신한혁명당 단계에서도 그 단서를 찾을 수 있다.

신한혁명당의 조직체계는 당수(고종) – 본부장(이상설) – 외교부장(성낙형)·교통부장(유동열)·재정부장(이춘일)의 지휘체계하에, 북경(본부) 휘하에 중국 지부 6곳, 국내 지부 5곳을 설치하기로 계획했다. 중국 지부에는 상해 지부장(신규식)·고문(박은식), 장춘 지부장(이동휘), 연길 지부장(이동춘), 한구 지부장(김위원), 봉천 지부·안동현 지부(미정)가, 국내 지부에는 경성 지부(蘭會 조직을 활용), 평양 지부장(정광준), 회령 지부장(박정래), 나남 지부장(강재후), 원산 지부 등이 포함되었다. 기본적으로 중국 원세개 정부와 외교적 협상을 벌여야 하므로 북경에 본부를 두기로 했지만, 신규식이 상해 지부장, 박은식이 상해 지부 고문으로 지명된 데에서 알 수 있듯이 실질적으로 중국 내 세력 기반은 상해 동제사에 있었던 것으로 보인다.

비용 조달 방법에서 모금 및 해적·강탈도 무방하다고 하고 있는데, 이는 앞서 1914년 가을 김규식·유동열·이태준·서왈보가 몽고 고륜에서 '마적과 연락'을 취했다는 얘기와 일맥상통하는 것이다. 독립운동가들의 자금

---

[87] 이정규, 1974, 『우관문존』(又觀文存), 삼화출판사, 37~38쪽; 조동걸, 1988, 「1910년대 독립운동의 변천과 특성」, 『한민족독립운동사』 3(3·1운동), 국사편찬위원회.
[88] 신복룡, 2014, 『대동단실기』(개정증보판), 선인.

사정을 고려할 때 합법·비합법·불법을 가릴 처지가 아니었을 것이다.

이러한 망명정부 수립 구상하에서 가장 중요하게 추진된 사업은 독일의 보증하에 중국과 군사원조동맹인 "중한의방조약"(中韓誼邦條約)을 체결하는 계획이었다.[89] 전문 21개 조로 구성된 이 조약안은 한국에서 혁명전쟁, 즉 독립전쟁이 발발하면 중국이 군사비와 무기를 공급하고 독일은 이를 연대 보증한다는 취지이다. 구체적으로 신한혁명당은 광복군의 병력을 추산하기도 했다.[90]

- 무송현: 5,300명 (강계포수 4,607명, 해산병 693명)
- 왕청현: 19,509명(산포수 19,000명, 해산병 320명, 학생)
- 통화현·회인현·집안현: 390,073명(25~30세 밤에 교련)
- 블라디보스토크 주무기관: 이상설, 29,365명(러시아 사범학교 군사교련)
- 미주 지방 주무기관: 박용만, 850명(재정 2,900여 만 원, 군함 5척 보유)

그런데 우리가 규모와 실체를 파악할 수 있는 미주의 경우, '병력이 850명이며 재정 2,900여 만 원, 군함 5척을 보유'하고 있다고 한 대목에서 알 수 있듯이, 이러한 수치는 사실이 아닌 희망과 과장의 표현이었다. 또한 국내 진공 계획을 수립했는데, 통화·회인·집안현의 부대는 합동해서 초산군을 건너 신의주에 주둔하고, 왕청현 부대는 일본군을 유인하며, 무송현의 부대는 연길·시베리아 부대와 합해 회령·나남으로 돌격한다는 내용을 담고 있다. 실제로 무장이 갖추어진 군사력과 병력이 존재했다면 생각해

---

89 중한의방조약 전문은「朝鮮保安法違反事件」, 657~659쪽; 윤병석, 1998, 위의 책, 165~166쪽; 강영심, 1988, 위의 논문, 126~127쪽.
90 「유홍렬이 변석붕에게 보낸 편지」(1914. 음력 5월 이후). 강영심, 1988, 위의 논문, 123~124쪽;「朝鮮保安法違反事件」, 664~665쪽.

볼 수 있는 계획이었지만, 당시의 현실에 비춰 보자면 역시 희망과 과장을 뒤섞어 놓은 것이었다. 중국과 독일이 연합해 일본을 공격하면 그 기회를 포착해 광복군이 일본군 요새지를 공격한다는 구상이었다고 할 수 있다.[91]

국내 파견 임무를 맡은 성낙형은 1915년 3월 북경으로 돌아와 이상설·유동열과 상의하고 본부를 북경에 설치했다. 성낙형과 유동열은 4월경 봉천으로 이동해 임시 통신기관을 설치하고, 서북간도에서 동지 규합을 시도했다. 그러나 1915년 5월 9일 중국정부가 21개 조 요구안을 수락함으로써 중일전쟁 발발 기회는 사라졌다. 이후 성낙형은 7월 초 한구 지부장 김위원(金胃元)과 국내로 잠입해, 평양을 거쳐 경성에 도착했다. 이들은 국내의 변석붕(邊錫鵬), 심인택(沈仁澤), 정일영(鄭馹永), 박봉래(朴鳳來) 등과 상의해 고종에 접근을 시도했고, 7월 26일 고종에게 조약안이 전달되었다. 고종은 기뻐하며 정종의 어새를 당지(唐紙)에 찍어 징표로 하사했다. 한편 왕자 이강에 대한 접근, 양반 간 동지 규합 등도 시도되었다. 그러나 고종을 알현하기 전 1915년 7월 신한혁명당 관련자들은 일제에 체포되었다. 이것이 일제를 경악케 한 1915년 '보안법위반 사건'이었다.

몽고 고륜에 체재 중이던 김규식·이태준 일행이 신한혁명당의 움직임과 직접적인 연관을 맺은 흔적은 발견되지 않는다. 다만 상해의 신규식 그룹이 신한혁명당의 주요 동력을 구성했고, 유동열이 1915년 4월 이래 서북간도에서 선전 활동과 동지 규합에 나섰으므로, 김규식이 이 소식을 접했을 가능성은 충분하다.

신한혁명당의 고종 망명정부 수립 계획이 실패한 후 유동열은 만주와 북경을 오가며 활동했다. 유동열은 1915년 이래 만주 방면으로부터 북경을 자주 왕래했으며, 1916년 11월에도 북경에 온 사실이 일제 당국에 포착되었다. 북경 주재 일본공사의 보고서에는 유동열과 함께 김규흥(金奎興,

---

91 강영심, 1988, 위의 논문, 126쪽.

일명 김복金復)이 등장한다. 김규흥은 독일인과 관련 있는 인물인데 7월 중 아편밀매상인 어떤 그리스인을 동반해 상해에서 북경에 왔으며, 신해혁명에 생사를 함께한 중국정부 인사들과 만나는 한편, 아편 밀매를 통해 독립자금을 마련하려고 한다는 의심을 받았다. 또한 조성환도 9월 하순경 상해에서 북경에 왔는데 일제 측은 아편 밀수입 혐의가 있는지 감시 중이었다.[92]

1916년 6월 일제의 정보보고는 유동열과 조성환을 이렇게 평하고 있다.

유동열(柳東說, Liu Tong-sol): 구한국 군인으로 목하 북경 방면에 있는 불령선인. 평안북도 박천군 기봉리. 박천의 부유한 집안에서 태어나 일청전쟁 후 무관학교에 입학하고 다시 동경사관학교에 입학해 졸업한 후 육군보병 참령이 되었으며 명치 38년(1905) 이후 제국의 세력이 조선 내에서 증진되는 데 분개해 소재가 사라졌다가 명치 43년(1910) 청도에서 배일적 신문을 간행하려고 기도했다가 다시 블라디보스토크로 건너가 동년 11월 지푸(之罘)에서 인치되어 명치 44년(1911) 조선 총독 모살 미수 사건 피고인으로 제1심에서 징역 10년을 선고받고 제2심에서 무죄가 되어 대정 2년(1913) 6월 재차 소재를 감추고 그 후 중국혁명당에 가입했다고 전하는데, 1915년 일지협약(日支協約) 체결의 때에 북경에서 양도(楊度) 등과 교통해 중일 간에 전쟁이 발생하면 선봉에 설 것을 맹약하고 성낙형(成樂馨)을 경성에 파견해 국권회복운동을 벌이고 있는 인물. 풍채가 좋고 일견 귀족 같아 보임.[93]

조성환(Cho Song-huan): 양반 중의 명문에서 출생해 무관학교 졸업 후

92 「北京在留朝鮮人狀況報告ノ件」 機密 제377호(1916. 12. 18), 林權助(支那特命全權公使)→本野一郎(外務大臣)『不逞團關係雜件 朝鮮人ノ部 在支那各地』 1.
93 「在支那朝鮮人陰謀事件ニ關スル件1」, 官秘 제230호(1916. 9. 11), 山縣伊三郎(朝鮮總督府 政務總監)→幣原喜重郎(外務次官), 『不逞團關係雜件 朝鮮人ノ部 在支那各地』 1.

육군 보병소위에 임용되어 1년가량 뒤 사임하고 천주교에 투신해 명치 38년(1905) 평양천주교학교 교사가 되어 이갑, 유동열, 안창호 등과 교류하며 나랏일에 분개해 장래 각지에 동지를 배치해 국권회복운동을 할 것을 맹약하고 자기는 북경대표자로서 동지 6명을 이끌고 명치 41년(1908) 중 북경에 이르러 중국에 귀화해 조욱(曹煜)으로 개명하고 그간 중국 각지, 만주, 시베리아 방면을 시찰하며 중국 제1차 혁명의 때 목하 상해에 있는 한국 군인 신규식과 동반해 한국대표자라 칭하고 남경에 이르러 손일선과 회견해 장래 한국의 회복에 조력할 것을 구하고 송교인으로부터 조력해 주겠다는 취지의 회답을 얻었다. 명치 45년(1912) 천진 주재 제국영사로부터 퇴거 처분을 받고 귀국해 1년간 거주 제한을 받았다가 1915년 2월 소재 불명이 되었고 현재는 북경에 거주하는 인물.[94]

1917년 5월 현재 유동열은 북경, 서왈보는 훈춘에 거주하는 것으로 조사되었다.[95] 김규식에 대한 정보는 일제의 정보망에 걸리지 않았다.

---

94 「在支那朝鮮人陰謀事件に關する件1」, 官秘 제230호(1916. 9. 11), 山縣伊三郎(朝鮮總督府 政務總監)→幣原喜重郎(外務次官), 『不逞團關係雜件 朝鮮人ノ部 在支那各地』1.
95 「要注意鮮人表 進達ノ件」, 政機密 제23호(1917. 5. 17), 佐藤尙武(哈爾濱總領事代理)→本野一郎(外務大臣), 『不逞團關係雜件 朝鮮人ノ部 在滿洲ノ部』6.

3 대동단결선언과 공화주의·임시정부 수립 노선(1917)

(1) 대동단결선언과 임시정부 수립 노선

김규식이 장가구의 앤더슨마이어사에서 일하는 동안 제1차 세계대전의 전환과 이에 조응한 한국 독립운동의 대전환이 있었다. 1915년 신한혁명당은 독일 승리라는 주관적 정세관 위에 고종의 망명정부 수립이라는 근왕주의적 노선과 중한의방조약 체결·무장광복군의 대일전이라는 비현실적 방략을 추구했다. 반면 1917년 대동단결선언은 원세개 사망, 러시아혁명 발발, 유인석·이상설 사망 등 급변하는 국내외 정세 위에서 공화주의적 임시정부 수립을 선언한 것이었다. 이는 한국독립운동사상 중요한 대전환이었고, 1919년 3·1운동과 임시정부 수립으로 이어지는 가교였다.

『선언』이라는 제목을 달고 있는 대동단결선언의 원본은 1986년 독립기념관에 기증된 안창호 유품에서 발견되었다.[96] 이 선언은 미주와 연해주의 한인들 사이에서도 일정하게 회람된 것으로 보이는데, 조동걸의 조사에

---

96 조동걸, 1987, 위의 논문, 123쪽. "대동단결선언"이라는 명칭은 조동걸 등의 학자가 붙인 것이다.

따르면 『신한민보』는 1917년 9월 20일 자와 10월 4일 자에 대동단결선언을 소개하고 있으며 블라디보스토크의 한인들도 이 선언서를 받아 보았다. 또한 일본 정보당국도 이 선언에 주목하고 있었다. 때문에 이 선언은 해외 한인들에게 대동단결을 통한 임시정부 수립을 호소한 중요한 역사적 의미를 지닌다.

이 선언은 1917년 7월 상해의 신정(신규식)을 비롯한 14명의 선언으로 공표되었다. 선언서의 문안은 조소앙이 기초한 것으로 알려져 있다. 선언의 핵심내용은 대동단결을 통해 독립을 획득하며, 이를 위해 국내외 대표회의를 소집해 '무상법인(無上法人)의 기구', 즉 정부를 조직하자는 것이다.[97] 즉, 대동단결, 독립 획득, 국민대표회의, 임시정부 수립이라는 주요 키워드를 내세우고 있다.

먼저 이 구상은 동제사 지도자인 신규식과 조소앙 등이 '동주공제' 혹은 '대동단결'을 내세운 동제사의 핵심주장인 대동단결을 주창한 점 등에서 동제사 계열의 노선과 일맥상통한다는 점을 알 수 있다. 대동단결선언은 중국 상해·남경 지역이 중심이 된 동제사가 이제 변화된 세계정세에 부응해 세계 각지의 한국 독립운동가들을 대상으로 조직과 활동을 확대·발전시키자고 호소한 것이었다. 또한 동제사의 단순한 확대 재편을 추구한 것이 아니라 제1차 세계대전기의 정세 변화와 한국 독립운동 진영의 대응을 반영해 새로운 노선을 창출한 것이었다.[98]

동제사 계열은 1912~1914년 단계에서는 공화주의적 독립운동노선 혹은 한중연대에 의한 중국혁명·한국 독립의 순차적·동시적 노선을 추구

---

[97] 삼균학회, 1979, 「3·1운동과 나」, 『소앙선생문집』(하), 횃불사, 67쪽.
[98] 조동걸 교수는 대동단결선언의 '대동론'이 강유위·양계초 혹은 박은식의 대동사상에서 영향을 받았으며, 박은식·신규식이 1915년에 조직한 대동보국단을 조직한 것과 연계된 것으로 해석했다. 신규식·박은식·조소앙은 모두 동제사의 핵심인물이었으므로, 큰 틀에서는 동제사 계열의 정세 인식·운동 방략론을 의미한다고 볼 수 있다. 1915년의 대동보국단은 별개의 조직이라기보다는 동제사의 이명동체(異名同體)로 판단된다.

했고, 1915년 단계에서는 신한혁명당의 근왕주의적·보황주의적 고종 망명·망명정부 수립 노선에 합류했다가, 1917년 대동단결선언 단계에서는 해외 한인 대표자에 의한 임시정부 수립 노선을 추구한 것으로 판단된다. 이는 신한혁명당 노선에 대한 반성과 세계정세에 조응한 변화의 결과였다고 할 수 있다. 즉, 해외 한인에 의한 임시정부 수립, 공화주의 추구라는 한국독립운동사상의 중요한 성취를 반영하고 있는 것이다.

1915년에는 근왕주의·보황주의 노선의 대표자인 이상설이 상해·북경에서 신한혁명당의 정신적 지도자로 존재했으며, 연해주에는 의병장 유인석이 존재했다. 그러나 국내에서 고종 망명 계획이 실패하고, 국제적으로는 독일의 패전과 일본의 승리가 현실화되었다. 또한 러시아혁명, 원세개 황제정의 폐지 등이 상징하듯 제1차 세계대전 이후 제정의 몰락과 공화정의 대두는 필연적인 대세였다. 나아가 근왕주의의 상징적 인물인 유인석(1915. 1), 이상설(1917. 3)의 사망이 이어지면서, 한국 독립운동 진영 내부에서도 근왕주의의 시대는 종막을 고했다.

제1차 세계대전은 1910년대 한국 독립운동에 여러 계기와 전환점을 제공했는데, 그 가운데 결정적인 세 장면은 1915년 신한혁명당의 결성과 활동, 1917년 대동단결선언의 공표, 1919년 파리강화회의 대표 파견이었다. 이 세 장면은 한국 독립운동이 어떤 전환점을 통해 변화·발전했는지를 시계열적으로 보여 주고 있다. 1915년 신한혁명당은 보황주의적·근왕주의적 노선을 표방하고 독일의 승리를 전제로 한 고종의 중국 망명 및 망명정부의 수립과 중한의방조약 체결 등 외교 독립·무장 독립노선을 추구했다. 1917년 대동단결선언은 보황주의적 노선을 폐기하고 공화주의를 전면에 내세웠는데, 대한제국이나 조선왕조가 아닌 해외 한인이 독립운동의 주체가 되는 임시정부 수립 노선을 전면적으로 제기했다. 1919년 파리강화회의의 대표 파견은 국내외에서 3·1만세운동을 전면화했고, 이러한 민족적 에너지에 기초해 공화주의에 기초한 해외 한인들의 임시정부가 수립되었다. 즉, 세계대전이라는 정세 변화 속에 해외 독립운동가들은 공화주의와 임시정부 수립이라는 역사적 노선으로 결집하게 되는 것이다.

이런 맥락에서 대동단결선언은 제1차 세계대전의 전개와 국내 정세의 변화를 반영해 신한혁명당의 근왕주의·고종 망명정부 수립 노선을 폐기하고 국민주권론, 주권불멸론, 임시정부 설립론을 주창한 것이다. 조소앙은 대동단결선언서를 인쇄해 배포하고 장차 만국평화회의에 출석할 준비로 한국 독립의 '주권불멸론', '주권민유론(民有論)', '최고기관 창조의 필요론'을 골자로 한 취지서를 작성해 이를 스웨덴 스톡홀름에서 개최하는 만국사회당대회에 제출하려 했는데,[99] 이는 대동단결선언의 핵심골자이다.

대동단결선언은 첫째로 주권불멸론을 주장하고 있다.[100] 한국은 유사 이래 한국인들의 국가이며, 외국·외국인의 국가가 아니며, 한인들 간 주권을 주고받는 것은 불문법이지만, 외국·외국인에게 주권 양여는 절대 불가하다는 주장이다. 한국인들의 주권은 한국인에게만 있으므로, 1910년 경술국치 이후 순종이 주권을 일본에 양여·포기한 것은 무효이며, 결국 한국의 주권은 순종으로부터 한국민에게 넘어갔다고 주장하는 것이다. 한국의 주권은 한국인의 손에 의해 불멸한다는 주권불멸론을 주장한 것이다.

둘째, 주권불멸론은 주권재민론으로 이어졌다. 순종이 주권을 포기한 1910년 8월 29일에 황제권이 소멸되고 이제 민권(인민주권)이 발생하게 되어, 군주·국왕이 주권의 보유·행사·주체가 아니라 민이 주권의 주인이라고 주장한 것이다.[101] 순종이 경술국치로 삼보(三寶), 즉 이천 만의 생령

99　삼균학회, 1979, 「연보」, 『소앙선생문집』(하), 횃불사.
100　「대동단결선언」 4쪽. "아한(我韓)은 무시(無始)이래로 한인의 한(韓)이오 비(非)한인의 한(韓)이 아니라 한인(韓人)간의 주권(主權)수수(授受)난 역사상 불문법의 국헌(國憲)이오 비한(非韓)에게 주권양여(主權讓與)난 근본적 무효(無效)오 한국민성(韓國民性)의 절대불허(絶對不許)하난 바이라 고로 경술년 융희황제의 주권포기난 즉 아국민동지(我國民同志)에 대한 묵시적 선위(禪位)"라고 쓰고 있다.
101　'오인동지'(吾人同志)가 완전히 주권을 상속했으며, "피(彼)제권소멸(帝權消滅)의 시(時)"가

(生靈), 삼천리의 구강(舊疆), 사천 년의 주권(主權)이라는 인민·국토·주권이라는 국가의 3요소를 포기했으므로, '아동지'(我同志), 즉 해외 한국독립운동가들이 그를 계승해 '통치할 특권'과 '대통을 상속할 의무'가 있다는 주장이다.[102]

그런데 순종의 주권 포기로 이제 한민족 혹은 한국민에게 그 주권이 당연히 승계된다는 인식은 이미 재미한인사회에서 제기되어 오던 것이다. 1907년 정미7조약과 고종의 강제 퇴위 이후 재미한인들에게 이러한 인식이 보편화되어 있었다. 공립협회는 을사조약으로 대한제국이 망국의 길에 들어섰다고 판단했으며, 1905년 12월 이후 망국의 원인과 국권 회복 방략을 논의하기 시작했다. 나아가 공립협회는 1907년 정미조약의 체결과 광무황제의 강제 퇴위로 대한제국이 사실상 소멸했다고 판단했으며, 그 연장선상에서 '국민' 중심의 국민주의를 내세웠다. 또한 국가의 독립을 위하여 모든 국민이 일본과 싸워 독립과 자유를 회복하자는 독립전쟁론이 등장하게 된다. 공립협회는 계급을 타파하고 공화제에 입각한 국민주권의 실시만이 국권 회복의 지름길이라고 주장했다.[103] 공립협회는 이를 국민주의라고 불렀으며, 국가는 국민·영토·주권 3요소로 구성되는데, 주권은 군주나 정부가 아닌 국민에게 있다고 보았다. "국가의 독립과 국가의 자유를 회복하고 백성이 국가의 주인이 되어 헌법을 정하고 대의정체를 실행한 연후에야 가히 참 국민이 될 터이니 오늘 우리의 목적할 바는 국민주의오, 우리의 강구할 바는 국민주의"라고 했다.[104] 이는 곧 공화주의·공화제 국가를 의미하는 것이었다. 1909년 대동보국회와 공립협회가 통합해서 대한인국민회

즉 "민권발생(民權發生)의 시(時)"라고 쓰고 있다.
102 「대동단결선언」, 4~5쪽.
103 『공립신보』(1907. 11. 1); 김도훈, 2008, 「제2부 1910년대 미주지역항일운동」, 『(한국 독립운동의 역사 17) 1910년대 국외항일운동 II: 중국·미주·일본』, 한국독립운동사연구소, 152쪽.
104 「국민론」, 『공립신보』(1908. 12. 9); 김도훈, 1996, 「1910년대 초반 미주한인의 임시정부 건설론」, 『한국근현대사연구』 10, 256쪽.

가 창립되는 것은 공화주의에 입각한 독립전쟁론·임시정부 수립론이 재미 한인사회에서 공식화되는 과정이기도 했다.

때문에 1917년 대동단결선언은 1907년 정미7조약 이후 재미한인사회에서 제기되었던 공화주의, 국민주권론, 임시정부 수립론이 제1차 세계대전의 전개 과정 속에서 해외 한인 독립운동가들의 보편적 인식으로 전면화된 것이었는데, 국망 전후 고종 중심의 세계관에 입각해 제기되었던 근왕주의, 전제군주정, 고종 망명정부 수립론 등이 현실적 효용성과 위력을 잃어가면서 그를 대체한 결과였다.

셋째로 대동단결선언은 최고기관 창조의 필요성, 즉 임시정부 수립을 주장하고 있다. 대동단결은 "삼보(三寶)를 상속한 자(者)난 완전한 통일조직을 대(待)하야 시(是)로 기(其) 권리 의무의 행사가 가능"하며 이를 위해 "재정, 인물, 신용을 확보해 총기관이 성립하면 완연(宛然) 제일급(第一級)의 국가적 권위가 현현(現顯)할 것"이라고 쓰고 있다.[105] 즉, 국토, 인민, 주권을 행사할 수 있는 완전한 통일조직을 만들어야 하며, 이를 위해서 재정을 확보하고, 인물을 망라하고, 국내외 신용을 획득하면 국가적 권위를 발휘할 수 있다고 본 것이다. 이것이 바로 임시정부이며, 그 주권은 한국 인민과 그를 대표하는 해외 독립운동가들이 행사한다고 본 것이다. 제정·군주정이 아닌 공화정·민주정이며, 망명정부가 아닌 해외 한인의 총기관으로서 임시정부를 주장한 것이다.

이를 위해 각계 저명한 운동가들의 찬성을 얻고, 일반 국민들의 깨달음을 촉구하며, 한편으로 세계 여론을 환기시키려 하는데, "일치단결은 신한(新韓)의 광명이오 진리오 생명"이라고 주장하고 있다. 즉, 임시정부를 수립하기 위해 대동단결하자는 것이다. 구체적인 방략은 다음과 같이 제시되고 있다.

---

105 「대동단결선언」, 5, 10쪽.

1. 해외 각 단체를 통일해 유일의 최고기관을 조직할 것.
2. 중앙총본부를 설치하여, 모든 한족을 통치하며, 각지에 지부를 설치할 것.
3. '대헌(大憲)', 즉 헌법을 제정하여 법치를 실시할 것.
4. 독립·평등의 성권(聖權)을 주장하며 동화론·자치론을 방지할 것.[106]

즉, 해외 단체를 통일한 유일의 최고기관을 조직하고 중앙총본부를 설치하며, 헌법을 제정한다는 것이다. 논리적으로 따지면, 해외 각 단체를 통일한 유일의 최고기관은 독립운동자대표회의 혹은 임시의정원과 같은 최고의회를 의미하며, 중앙총본부는 임시정부를 의미하는 것으로 해석된다.[107] 즉, 최고의회가 구성되어 헌법을 제정하며, 임시정부를 구성한다는 것으로 볼 수 있다. 1919년의 임시정부 수립 과정은 이러한 절차에 따른 것이다.

(2) 김규식의 참여와 그 의미

이 선언은 1917년 7월 상해에서 발송되었으며, 연해주와 만주·중국, 미주 등의 독립운동 세력에게 보내졌다. 통신처는 상해로 되어 있으며, 찬동하는 개인과 조직의 회신을 요청하고 있다. 해외 한인 언론 가운데 대동단결선언문을 보도한 것은 『신한민보』뿐이지만, 안창호의 유품에서 발견된 데에서 알 수 있듯이 선언문이 주요 한인 지도자들과 한인 조직에 발송된 것

---

106 「대동단결선언」, 11쪽.
107 선언이 발견되었을 때, 과연 선언의 목표가 임시정부 수립이었느냐를 둘러싸고 학계의 이론이 있었다. 조동걸은 적극적으로 이 선언이 임시정부를 수립하자는 의지가 분명하다고 평가했다. 조동걸, 2010, 위의 책, 99~102쪽.

이 분명했다. 현재 선언서 수령이 확인되는 것은 미주의 안창호와 블라디보스토크의『한인신보』총무 김병흡(金秉洽)뿐이다.[108] 또한 이 선언문에 대한 한인사회의 반향 역시 크지 않았던 것으로 생각된다.

이 선언의 발기자는 모두 14명이다. 신정(申檉, 신규식)·조용은(趙鏞殷, 조소앙)·신헌민(申獻民, 신석우)·박용만(朴容萬)·한진(韓震, 한진교)·홍위(洪煒, 홍명희)·박은식(朴殷植)·신채호(申采浩)·윤세복(尹世復)·조욱(曹煜, 조성환)·박기준(朴基駿)·신빈(申斌)·김성(金成, 김규식)·이일(李逸, 이용혁) 등이다. 발기자의 이름은 가나다순이나 독립운동상의 지위를 반영하는 순서가 아닌 것으로 보아, 선언의 주동자·중심인물의 역할을 반영한 것으로 보인다. 신규식과 조소앙이 맨 앞에 나온 것은 이들이 선언의 중심축일 개연성을 보여 준다. 두 사람은 1917년 8월 만국사회당대회에 조선사회당의 명의로 조선 독립 촉구 전문을 보낸 바 있다.

조동걸에 따르면 대동단결선언 발기인들은 주로 동제사, 대종교, 신한혁명당과 관련이 깊은 인물들이며, 신규식, 조소앙, 박은식이 중심 역할을 한 것으로 추정된다. 신규식, 조소앙, 신석우, 홍명희, 박은식, 신채호, 조성환, 김규식, 이일은 동제사의 핵심인물이다. 조성환은 1912년에 체포되었으나 신규식 및 동제사와 긴밀한 인연을 맺은 인물이며, 미주의 이용혁은 김규식의 도움으로 미국 유학에 오른 인물이다. 신규식, 윤세복, 신채호, 조성환은 대종교도이며, 신규식, 박은식, 박용만은 신한혁명당 관련 인물이다.

대동단결선언의 서명자 14명 중 김규식, 조소앙, 박용만, 박은식, 신규식, 신채호, 윤세복, 조성환은 1919년 길림의 대한독립선언에도 이름을 올리게 된다. 이들은 1917년 대동단결선언이나 1919년 대한독립선언에서 모두 해외 한국 독립운동을 대표할 만한 충분한 대표성과 명망을 지닌 인

---

108 조동걸, 1987, 위의 논문, 146쪽.

사였다는 점에서 이론의 여지가 없다.

다만 대동단결선언에서 박용만과 이용혁을 미주대표로 지목했는데,[109] 박용만은 하와이 대표로, 이용혁은 미국 본토 대표로 선임된 것으로 보인다. 그런데 미주의 가장 중요한 안창호와 이승만이 빠진 채 이용혁이라는 1913년에 도미한 평범한 인물이 포함된 점, 그리고 이미 1917년 이전 하와이에서 이승만에 의해 축출된 박용만이 하와이 대표로 지목된 점은 의문이다. 대표성에 한계가 있기 때문이다. 1917년 10월 일제 정보당국은 하와이에서 이승만과 갈등을 벌이고 있던 박용만이 상해 재류 양기탁, 박은식, 신규식, 신주철(申朱喆) 등과 대동보국단이라는 비밀결사를 조직해 '불령선인'을 규합 중이라고 보고했다.[110] 박은식과 신규식의 이름이 거론되는 것으로 보아 이 대동보국단은 대동단결선언의 서명자 혹은 동제사의 다른 이름으로 판단된다. 여하튼 미주에서 박용만과 이용혁만 이름을 올린 것에 대해서는 상해의 핵심세력이 미주의 정세를 정확히 파악하지 못하고 있었을 가능성, 박용만과 맺고 있던 우호적 관계 및 인식이 지속되었을 가능성, 그리고 동제사와 긴밀한 개인적 인연이 있던 이용혁에 대해 신뢰했을 가능성 등을 생각해볼 수 있다.[111]

대동단결선언 발기자의 한 가지 특징은 조용은, 박용만, 박은식, 신채호, 윤세복, 박기준을 제외하고는 모두 중국식 이름 혹은 가명·별명·별호를 사용했다는 점이다. 신정, 신헌민, 한진, 홍위, 조욱, 신빈, 김성, 이일이 모두 그러하다. 이런 중국식 이름을 사용한 것은 이들의 주요 활동처가 주로 중국이었으며, 이들이 비밀활동을 벌이고 있음을 의미한다.

---

109 『신한민보』(1917. 9. 20, 1917. 10. 4).
110 「京城民情彙報: 在外排日鮮人 李承晩及朴容萬等ノ行爲」(高秘 第19442號 秘11469號, 1917. 10. 18), 『不逞團關係雜件 朝鮮人ノ部 在歐米』 3.
111 현재 남아 있는 이승만 문서철에 대동단결선언의 원문 혹은 이와 관련된 서한 등은 발견되지 않는다. 이승만의 꼼꼼한 문서 정리 습관에 비춰 볼 때, 관련 문서의 부재는 대동단결선언 주체 측이 이승만과 접촉하지 않았을 가능성을 의미한다.

이들 가운데 박기준, 신빈 등의 본명과 정체가 분명하게 드러나 있지 않다. 박기준의 경우, 관립일어학교·일본 릿교대학(立敎大塾) 유학생(1895) 출신으로 외부 번역관보(1897), 일본공사관 서기생(1899), 예식원 번역관(1901), 일본공사관 수원(隨員)(1903), 중추원 부찬의(副贊議)(1907), 법부 비서관·비서과장(1909), 경성지방법원 판사(1910), 부산지방재판소 판사(1912), 판사 사직(1912)한 인물과 동일인물로 생각된다.[112]

신빈(申斌)의 경우 신규식, 신석우, 신채호 등 동제사 핵심인물과 마찬가지로 청주 인근에 세거하던 산동 신씨 집안 출신일 가능성이 높다. 대동단결선언 참여자뿐 아니라 동제사 관련자들은 상당수 외자 중국 이름을 사용했는데, 신규식은 신정, 신채호는 신서(申瑞),[113] 문일평은 문방, 김규식은 김성, 조성환은 조욱 등의 중국 이름을 사용했다. 이런 측면에서 보자면 신빈은 신규식 집안의 일원으로 중국식 이름을 쓴 것으로 추정된다. 빈(斌)은 문무겸전(文武兼全)을 의미하는데, 현재 생각해 볼 수 있는 인물은 신한혁명당의 참여자로 조선일보 사장을 지낸 신백우, 신규식의 동생 신건식 정도이다. 물론 의외의 다른 인물일 가능성도 있다.

김규식은 중국 망명 이래 김성이라는 이름을 사용했다. 1913년 김영일이 상해에서 안창호에게 보낸 편지에서 김규식을 김성으로 지목하고 있고, 1914년 김규식이 북경에서 안창호에게 보낸 편지에서 김성이라는 이름을 사용하고 있으니, 이는 틀림이 없다. 그런데 중국의 오지인 장가구에서 앤더슨마이어사의 부지점장을 하고 있던 김규식이 상해의 동향에 얼마나 정통하고 밀접했는지는 현재로서 판단 불가하다. 상해의 신규식·조소앙·박은식 등 동제사 핵심인물들은 김규식을 신뢰할 수 있는 동지의 일원

---

112 국사편찬위원회 한국역사정보통합시스템 검색 결과. 이후 행적은 미상이다.
113 「在外要注意鮮人別名變名雅號調査ニ關スル件」, 機密受 제169호·機密 제161호(1924. 6. 17), 鈴木要太郎(間島 總領事)→幣原喜重郎(外務大臣), 『不逞團關係雜件 朝鮮人ノ部 在滿洲ノ部』 39.

으로 꼽았음이 분명하지만, 김규식이 직접 이들과 접촉·연락하며 대동단결선언에 이름을 올린 것인지의 여부는 알 수 없다. 김규식의 「자필 이력서」에는 대동단결선언과 관련된 언급이 없다. 다만 신규식은 1919년 3·1운동기에도 대동단결선언 방식의 해외 독립운동자 대회 소집 요구를 제출한 바 있으며, 이때에도 김규식과 밀접한 관련을 맺고 있었다는 점을 생각해 본다면 1917년에도 동일한 방식의 교류 협력이 있었을 개연성이 높다.

대동단결선언과 관련해 한 가지 덧붙일 점은 이 선언의 원문과 번역문, 블라디보스토크에서의 반응 등이 이미 1917년 11월 일본 정보당국에 보고된 바 있다는 사실이다.[114] 대동단결선언의 원문도 두 차례 일본외무성에 입수되었다.[115] 한 부는 『不逞團關係雜件 朝鮮人ノ部 在歐米』 권3에 수록되어 있으며, 다른 한 부는 놀랍게도 오스트레일리아에서 입수되었다. 1919년 4월 오스트레일리아 시드니 주재 일본총영사관은 대동단결선언 원문을 입수했는데, 제출자는 대한인국민회 총회장을 지낸 최정익(崔正益, 일명 崔有燮)이었다. 3·1운동의 맹렬한 불길이 치솟는 시점에서 최정익은 이 비밀문서를 제출하며 한국으로 귀국하고 싶다는 의사를 시드니 주재 일본총영사(淸水權三郞)에게 전달했다. 일본총영사는 최정익이 1913년 오스트레일리아로 건너와 중국인들에게 인삼 중매업을 하는데 글과 언행이 훌륭하고 신사의 풍모가 있다며 극찬하고 있다. 최정익은 고향 산천이 그립고 두고 온 자식이 보고 싶다며 자신의 이력서와 함께 대동단결선언 원문을 제출했다. 이는 샌프란시스코 대한인국민회 북미지방총회가 최정익에게 보내온 것이었다.[116]

---

114 조동걸, 1987, 위의 논문, 125쪽.
115 대동단결선언은 1919년 중요 문건과 함께 실려 있다. 김헌식이 일본 외무대신에게 보낸 영문편지(1919. 2. 7), 대동단결선언 원문(1917. 7), 김규식이 파리강화회의에 제출한 제의(1919. 6) 및 한국민의 주장, 대한독립선언서(1919. 2) 등과 함께 수록된 상태이다.
116 「在濠洲鮮人崔正益ノ歸國ニ關スル件(大正八年五月)」, 『明治四十三 韓國移民關係雜件』.

최정익은 1909년 대한인국민회 성립과 1911년 중앙총회 성립 당시의 주역이었으며, 국민회 총회장을 지낸 인물이다. 안창호의 최측근으로, 김규식은 1914년 안창호에게 보내는 편지를 최정익 편에 보내기도 했다. 일본총영사관에 제출한 자필 이력서에 따르면 최정익은 박영효의 천거로 관리가 되어 내부 회계국장, 여수군수·장연군수 등 총 9년간 관직에 있었다. 이근택·이용익의 박해를 받아 투옥·처형의 위기에 처했다가 일본으로 망명했다. 이후 와세다대학 행정과에서 2년간 수학했고, 1906년 미국으로 건너가 5년간 대한인국민회 기관지(『공립신보』·『신한민보』) 주필을 했다. 1912년 캘리포니아에서 농지를 빌려 감자 농사를 짓다가 실패해 2천 달러의 빚을 졌고, 1913년 오스트레일리아로 건너와 중국인 인삼 중매업을 해 빚을 청산했다. 1915년 다시 미국에 돌아갔다가 1916년 오스트레일리아로 돌아와 오스트레일리아에 체재 중이었다. 최정익의 이력서는 1917년 3월 5일 자로 되어 있으며, 시드니 주재 일본총영사는 1919년 4월 14일 자로 최정익의 이력서와 대동단결선언을 외무성에 보고했다.[117] 이에 대해 1919년 9월 23일 척식국장(古賀廉造)은 오스트레일리아 최정익의 귀국 요청 건에 대해 조선총독부가 아무 이의가 없다는 취지를 보내 왔다고 외무차관에게 알리며, 최정익의 이력서 및 선언서를 함께 돌려보냈다.[118]

최정익이 언제 '귀국'했는지는 정확하게 알 수 없다. 그러나 그는 더 이상 재미한인사회에 나타나지 않았다. 『신한민보』에는 최정익의 부인과 아들 기사만 등장하며, 부인의 부고기사에도 그의 생사 여부는 나타나지 않는다.[119] 그의 둘째 아들 최프랭크는 1940년 캘리포니아대학에서 의학박

---

117 「朝鮮人崔正益ノ歸國ノ認可申立ニ關スル件」 受16667(1919. 4. 14), 在シトニー總領事(淸水權三郞)-外務大臣, 『明治四十三 韓國移民關係雜件』.
118 「在濠洲朝鮮人崔正益ノ歸國ニ關スル件」 拓第2642號(1919. 9. 23), 척식국장(古賀廉造)-외무차관(埴原正直).
119 「최부인 우실씨의 장례」, 『신한민보』(1937. 4. 22).

사 학위를 받았고, 제2차 세계대전기 군인으로 참전해 대위로 복무했다.[120] 그는 미국의 부인과 아들을 버리고, 한국의 부인과 아들에게 돌아갔다.

최정익은 1921년 7월 9일 조선인산업대회 발기인으로 등장하고 있다.[121] 아마도 그의 귀국은 박영효와 무관하지 않은 것으로 보인다. 최정익의 관직 생활이 박영효의 추천에 의한 것고, 그의 일본 망명 거주지도 박영효가 있던 고베(神戶) 지역이었다. 1922년 최정익은 1922년 박영효, 임규, 설태희 등 70여 명과 함께 민우회(民友會)를 조직하고 "조선인의 단결과 자영으로써 생존권의 보장"을 추구한다고 했다.[122] 최정익은 1926년 여운홍, 임규와 함께 조선염업주식회사를 조직해 중국 염산지를 시찰한다고 『신한민보』에 소개되었다.[123] 해방 후 최정익은 백상규를 통해 미군정에 엽관운동을 벌인 기록이 있다.

최정익은 오스트레일리아에서 여러 차례 안창호에게 엽서와 편지를 보냈으며, 가장 충실한 안창호의 측근이었다. 그런 최정익이 1917년 대동단결선언을 받자마자 그것을 시드니 주재 일본총영사관에 제출했다는 점은 여러 가지 의문과 생각을 갖게 한다. 먼저 생각할 수 있는 것은 오스트레일리아에 체류하면서 사업상 필요에 따라 일본영사관 측과 접촉했을 가능성이다. 오스트레일리아에는 거의 한국인이 거주하지 않았고, 중국인에게 인삼을 판매하기 위해 일본영사관 측의 사업상 도움과 편의를 요청했을 개연성이 높다. 또한 그의 여권과 법적 신분도 이런 필요와 접촉을 이끌어 냈을 가능성도 있다. 그러나 사업상 편의를 도모하고, 도움을 얻기 위한 필요성을 인정한다 하더라도 독립운동 진영의 내밀한 비밀회람이던 대동단

---

120 「최프랭크군의 영예적 박사위」, 『신한민보』(1940. 5. 30); 「종군한 한인청년」, 『신한민보』 (1942. 1. 29); 「한인청년 영웅록, 최프랭크대위의 전적」, 『신한민보』(1945. 7. 19).
121 『동아일보』(1921. 7. 8).
122 『동아일보』(1922. 6. 19).
123 『신한민보』(1926. 3. 25).

결선언 원본을 제출한 그의 행동은 의심과 의혹을 떨쳐버리기 어려운 지점에 위치해 있다. 인간의 복잡성과 시대의 한계가 만나 풀 수 없는 수수께끼를 우리에게 던지고 있는 것이다.

4   장가구와 고륜에서의 생활(1916~1918)

(1) 장가구·고륜에서의 외국상사 생활

1914년 가을 이후 김규식의 정확한 행적은 알려진 바 없다. 함께 몽고에 갔던 유동열이 1915년 3월 상해에 나타났으므로, 김규식이 유동열·이태준·서왈보와 함께 추진한 사관학교 설립 계획은 아마 수개월 만에 수포로 돌아갔을 것이다. 유동열은 1915년 3월 상해에 나타났고, 서왈보는 1914년 가을부터 1916년까지 몽고에 있었던 것으로 생각된다. 그의 사후 추도 기사는 그가 몽고에서 3년간 지냈다고 쓰고 있다.[124] 『기려수필』은 서왈보가 26세에 유동열과 함께 몽고 등지에 가서 독립운동을 도모했으나, 또 성과를 거두지 못하고 28세가 된 후 북경에 도착해 영어를 공부했으며 다음 해에 관립 보정보(保定堡) 육군사관학교에 입학했다고 쓰고 있다.[125]

이태준은 고륜에 체류하며 의사로 활동했다. 잘 알려진 것처럼 그는 몽고왕 보그드 칸의 어의가 되었으며, 레닌이 제공한 60만 루블의 반입에

---

124 「한인비행가 서왈보씨 참사」, 『신한민보』(1926. 7. 1).
125 송상도, 『기려수필』, 266쪽.

조력하는 등 독립운동에 관계하다가 1921년 당시 외몽고를 점령한 러시아 백군파의 미치광이 운게른 남작 부대에 의해 피살되었다. 그는 여전히 김규식과 깊은 유대관계를 맺고 있었다.

김규식은 생업으로 돌아갔다. 1950년 그의 자필 이력서는 이렇게 기술하고 있다.

> [외몽고] 고륜에 있는 동안, 또한 여유 시간에 러시아상업학교(the Russian Commercial School)에서 가르쳤으며, 러시아 개인들에게 영어 개인교수를 했다. 동시에 천진의 일부 미국인과 스칸디나비아인들이 설립한 무역회사 몽골리언프로듀스컴퍼니(the Mogolian [sic] Produce Company)에서 회계 및 비서로 일했다.
> 1916년 미국·스칸디나비아계 거대 합작회사인 앤더슨마이어컴퍼니 유한회사(Andersen, Myer & Co., Ltd.)에 합류해 상해, 천진, 홍콩, 그리고 장가구의 부지점장으로 일했으며, 1918년초 [외몽고] 고륜에 재파견되어 새로운 지점을 개설하고 지점장이 되었다. 곧 천진으로 돌아와 피어론다니엘사(the Fearon Daniel Co., Inc.)(미국 회사)의 수입부에 합류했으며, 중국 전역을 다니며 델코조명(Delko Lights) 상당수를 판매하고 설치했다.[126]

김규식은 1914년 가을 외몽고 고륜에 도착한 이래 러시아상업학교에서 가르쳤으며 러시아 개인들에게 영어 개인강습을 했다. 천진의 미국인과 스칸디나비아인들이 설립한 무역회사인 몽골리언프로듀스사(Mongolian Produce Company)에서 회계 및 비서로 일했다. 1916년에는 앤더슨마이어사(Andersen Meyer & Company, Ltd.)에 취직해 상해, 천진, 홍콩 및

---

126 「김규식 자필 이력서」(영문, 1950).

장가구 지점의 부지배인으로 일했고, 1918년에는 천진 피어론다니엘사(Fearon Daniel Corporation)에 다녔다는 것이다.

그런데 이러한 김규식의 1914년 이래의 행적은 연도와 장소가 명확하지 않다. 김규식은 해방 후 『시카고선』(Chicago Sun)지의 기자 마크 게인(Mark Gayn)에게 "몽고 지방에 비밀 장교양성소를 세우려 했으나 한국의 지하조직에서 약속한 자금이 도착하지 못함으로써 이 계획을 포기해야만 했다. 그 후 장사에 손을 대어 몽고에서는 모피를, 만주에서는 성경을, 상해에서는 동력 엔진류를 팔았다"라고 말했다.[127]

주목할 점은 김규식이 몽골리언프로듀스사, 앤더슨마이어사에서 일했다고 진술한 지역이 외몽고 고륜과 장가구였다는 사실이다. 고륜과 장가구는 당시 몽고와 중국·해외 무역망이 연계되는 통로이자 교역 중심지였으며, 1915~1921년간 정치적 격변의 중심지이기도 했다. 또한 몽골리언프로듀스사와 앤더슨마이어사는 해당 지역에서 몽고 무역을 전담하는 미국회사였다. 나아가 김규식이 1918년 일했다고 한 피어론다니엘사는 한때 앤더슨마이어사와 동업하던 회사였으며, 천진 역시 장가구·고륜의 무역 거래 품목들이 외국으로 수출입되는 주요 항구였다. 즉, 천진·장가구·고륜은 몽고 교역망의 중심 도시로 서로 긴밀하게 연결된 지역이었으며, 또한 김규식이 일했다는 회사들 역시 장가구·고륜에 지점을 둔 미국회사들이었다.

김규식이 말한 몽골리언프로듀스사(Mongolian Produce Company)는 아마도 몽골리언트레이딩사(Mongolian Trading Company)였을 것이다. 이 회사는 중국 스탠더드오일(Standard Oil)에서 일하던 찰스 콜트먼(Charles L. Coltman, 1891~1922)이라는 사업가가 1917년 설립한 회사이다. 찰스 콜트먼은 의사이자 베이징대학 외과학 교수로 청황실의 개인 주

---

[127] Mark Gayn, *Japan Diary*, New York, 1948, p.357; 마크 게인, 1986, 『해방과 미군정 1946.10-11』, 까치, 30쪽; 반병률, 2000, 위의 논문, 169쪽.

4 장가구와 고륜에서의 생활

치의였던 로버트 콜트먼(Robert Coltman, Jr. 1862~1931)의 아들이다. 로버트 콜트먼은 의화단의 난(1900) 당시 외부 세계로 소식을 전한 인물이며, 천진 스탠더드오일사의 변호사를 지냈다. 1925년 은퇴해서 워싱턴디씨에서 사망했다.[128] 아들 콜트먼은 1917년 장가구와 외몽고 고륜을 연결하는 자동차사업 허가를 획득해 시작했다.[129] 몽골리언트레이딩사의 자동차사업부는 1920년 고륜이 운게른 슈테른베르크(Ungern-Sternberg) 남작이 지휘하는 백계 러시아군대에 포위되었을 때 미국인들을 구출하기 위한 미국인 무장구조대의 차량으로 활용되기도 했는데, 1920년 11월 8일 북경을 출발해 장가구를 거쳐 고륜의 미국인들을 구조하고 11월 22일 북경으로 귀환하는 기록을 세웠다.[130]

이 몽골리언트레이딩사 및 자동차 회사는 여운형의 회고에도 등장하는데, 바로 1921년 모스크바에서 개최된 극동민족대회에 참석하기 위해 김규식과 함께 장가구·몽고 사막·고륜을 통과했을 때이다. 여운형은 장가구에서 "몽고상사회사를 경영하고 있는 '코-ㄹ맨'이라는 미국인의 자동차를 세"내어 고륜으로 갔다고 회고했는데,[131] 바로 찰스 콜트먼의 회사와 자동차사업부를 이용했던 것이다. 1921년 극동민족대회 참가를 위해 선택한 몽고 경유 모스크바행 노선 역시 김규식의 노하우와 경험에 기초한 것임을 알 수 있다. 그런데 몽골리언프로듀스사는 1917년 설립된 것이므로, 김규

---

128 Robert Coltman Jr., *The Chinese, their present and future: Medical, Political, and Social*, Philadelphia, 1891; *Yellow Crime, or Beleaguered in Peking: the Boxer's War Against the Foreigner*, 1901; *New York Times*, obituary, Nov. 5, 1931; https://en.wikipedia.org/wiki/Robert_Coltman(2017. 7. 17. 검색).
129 Nicola Di Cosmo, "Mongolian Topics in the U.S. Intelligence Reports", *Mongolian Studies*, no. 10, Journal of the Mongolian Society, 1986, p.99; 비트트루 지음, 현대몽골연구원 옮김, 2011, 『20세기 한국몽골관계사』, KM미디어, 123, 317쪽.
130 Nicola Di Cosmo, 1986, 위의 논문, p.99.
131 여운형, 1936, 「나의 회상: 몽골의 고비사막을 횡단하며, 제1편 떠나게 되기까지」, 『중앙』 (1936. 3); 몽양여운형선생전집발간위원회 편, 1991, 『몽양여운형전집』 1, 한울, 44쪽.

식이 1914~1915년 언저리에 이 회사의 회계 및 비서로 일했다는 회고는 시기적으로 정확히 일치하지는 않는다. 콜트먼은 1922년 장가구에서 중국군에 의해 살해당했고, 긴 외교 협상 끝에 중국정부는 콜트먼 가족에게 2만 5천 달러를 배상했다. 몽골리언트레이딩사의 지배인이던 콜트먼은 장가구 주재 미국영사 소코빈(Samuel Sokobin)과 동행 중 이유 없이 총격을 당해 사망했다.[132]

캄피(Alicia Jean Campi)의 연구에 따르면 이 당시 외몽고 고륜, 장가구는 서로 긴밀하게 연결된 주요 무역통로이자, 군사적·정치적 중심지였다.[133] 장가구(張家口, 당시는 Kalgan으로 불림)는 북경 북방의 최대 교역 중심지로, 1915년 말에 중국인, 몽고인, 만주인 등 8만 명이 거주하고 있었다. 북경에서 철도로 116마일 지점에 위치한 이곳은 내몽고 혹은 중국 북부에서 외몽고의 고륜(庫倫, 당시는 Urga, 후레, 현재는 울란바토르 Ulaanbaatar로 불림)으로 이어지는 요충지로, 인근에 2개의 큰 도로망이 존재했다. 장가구에서는 전차(磚茶), 피륙, 장비, 등유, 성냥을 몽고로 가져갔고, 몽고에서는 양털, 쇠가죽, 염소, 양가죽, 개가죽, 모피, 콩, 아마씨, 소, 양을 가져와 천진으로 수송해 외국항구로 실어 보냈다. 장가구에서 중국인은 무역을, 몽고인은 캐러밴 통행을 담당했다. 내몽고는 매년 말 2만 5천 마리, 소 1만 마리, 양 24만 마리를 수출했고, 외몽고는 말 7만 마리, 낙타 3만 마리, 양 2백만 마리를 수출했다. 장가구의 수출 연간 금액은 1,500만 테일(taels, 平兩) 규모였다.

캄피에 따르면 1915년 말 현재 장가구에는 4개의 미국회사가 존재했

---

132 *Prescott Evening Courier*, Feb 11, 1932: "Charles Lilly Coltman," findagrave.com/memorial/142790881/charles-lilly-coltman (2025. 5. 20. 검색)
133 이하 설명은 Alicia Jean Campi, "Chapter I: The Establishment of the Kalgan Consulate," The political relationship between the United States and Outer Mongolia, 1915~1927: the Kalgan Consular records. Indiana University Ph.D. thesis, 1988, pp.20~69에 근거한 것이다.

다. 반면 외몽고 고륜에는 미국회사가 존재하지 않았다.[134] 장가구에 지점이나 사무실이 설치된 미국회사는 다음과 같았다.

(1) 스탠더드오일사(Standard Oil Company)는 장가구에 회사 건물들을 두고 3명의 미국인을 고용하고 있었다.
(2) 앤더슨마이어사(Andersen, Meyer and Company)는 장가구에 스웨덴인 1명, 프란스 라슨(Frans August Larson), 미국인 사업책임자를 주재시켰다.
(3) 천진의 차이나-아메리칸트레이딩사(China-American Trading Company)는 외국인 에이전트를 주재시켰다.
(4) 브리티시아메리칸토바코사(British American Tobacco Company)는 2명의 미국인 사무원을 주재시켰다.

이중 앤더슨마이어사의 프란스 라슨(Frnas August Larson)은 선교사 출신으로 20년간 몽고에 거주했으며, 자칭 '몽고의 공작'(Duke of Mongolia)으로 1912~1914년간 북경에서 원세개 총통의 몽고 문제 고문으로 일했다. 스웨덴 출신이었으나 미국인과 결혼해 미국 시민권을 얻었다. 1915년 12월 북경 주재 미국공사관 상무관 줄리언 아놀드(Julean R. Arnold)가 1915년 12월 장가구를 방문할 때 가이드로 동반했으며, 장가구에 앤더스마이어사의 지점 개설 임무를 맡고 있었다.[135]

김규식은 앤더슨마이어사와 몽골리언프로듀스사를 모두 미국인과 스

---

134 Alicia Jean Campi, 1988, 위의 논문, pp.36~37.
135 F. A. Larson, *Duke of Mongolia*, Boston, Little Brown and Co., 1930. 훗날 라슨은 공산 몽고로부터 미제국주의의 첩자라는 비난을 들었지만, 중국 문제 전문가 오웬 래티모어(Owen Lattimore)는 라슨이 모든 수단을 동원해서 돈을 벌고자 하는 사람이었을 뿐이라고 설명했다. Owen Lattimore, *Nomads and Commissars*, New York, Oxford University Press, 1963, pp.115~116; Alicia Jean Campi, 1988, 위의 논문, p.347.

칸디나비아인들의 합작회사로 기억했지만, 북경 주재 미국공사관의 기록에는 모두 미국회사·기업으로 기재되어 있다. 설립자는 덴마크인이었고, 회사는 뉴욕에 등록된 미국회사였다. 김규식은 1916년 앤더슨마이어스사에 들어가 상해, 천진, 홍콩에서 근무했고 장가구의 부지점장으로 일했다고 했는데, 그렇다면 프란스 라슨이 1915년 12월 줄리언 아놀드와 함께 장가구를 방문해 지점을 개설한 이후였을 것이다. 이정식에 따르면 김규식은 1916년 자기 사업을 그만두고 앤더슨마이어사에 입사해 장가구에 2년간 있었고, 서병호의 증언에 따르면 상사에 취직했기에 생활 형편은 국내보다 나았다고 한다.[136]

당시의 교통 형편과 지역 정세를 살펴보면 김규식이 왜 외몽고 고륜에 들어갔다가 장가구에 터를 잡게 되었는지를 이해할 수 있다. 장가구는 중국 내륙 혹은 내몽고 지역에서 외몽고의 고륜으로 접근하는 가장 가까운 입구이자 출구였다.[137] 즉, 장가구는 고륜으로 통하는 중국의 문이었던 것이다. 게다가 1915년 중국정부는 장가구를 외국 무역업자들에게 개방했다. 이는 곧 내몽고와 외몽고로 접근하는 공식적인 통로가 외국인들에게 열린 것을 의미했다. 이후 장가구를 거점으로 외몽고 고륜에 이르는 다양한 외국인 사업체가 등장했다. 이런 상황 속에서 김규식 역시 상업상 혹은 직업상의 기회를 장가구에서 찾으려 했을 가능성이 높다.

장가구에서 고륜까지는 거리가 600마일 내외였는데, 중간에 고비사막이 끼어 있었다. 때문에 고비사막을 횡단해 고륜에 이르는 여정은 매우 힘든 것이었다. 1917년 몽골리언트레이딩사의 콜트먼이 자동차운송사업 허가를 받아, 사람과 화물을 실어 나르기 시작했는데, 1921년 고륜에서 장

---

136 이정식, 1974, 위의 책, 46쪽.
137 다른 루트로 중국 동청철도를 이용해 만추리역까지 간 후 자동차 혹은 낙타 캐러밴을 이용해 고륜으로 가는 방법이 있었다.

가구까지 낙타행상 캐러밴을 이용하면 30~40일이 소요되었고, 차량으로는 4일이 소요되었다.[138] 1921년 장가구 주재 미국부영사 사무엘 소코빈(Samuel Sokobin)이 판단하기에는 장가구에서 고륜까지 600마일 여정에 차량으로 5~6일이 소요되었다.[139]

북경 미국공사관 스튜어트 풀러(Stuart Fuller) 총영사의 조사에 따르면 1917년 9월 현재 몽고에 5~6명, 장가구에 15명(그중 5명은 사업, 1명은 중국정부 고용, 2명 선교사, 7명은 부인과 자녀들)의 미국인들이 거주하고 있었다. 매우 작은 규모의 미국인 집단이었다.[140] 즉, 장가구에는 4~5개의 소규모 미국회사와 6명 정도의 성인 남성 미국인이 거주하고 있었던 것이다. 당시 미국 무역회사가 직원을 파견하기 어려운 오지에 해당하는 지역이었음을 알 수 있다. 미국에서 대학을 졸업하고, 영어와 상업에 능숙한 김규식이 현지에서 미국회사의 주목을 받고 직원으로 채용되는 것은 당연지사였다.

1918년 6월 22일 북경 주재 미국공사관 상무관 페린(A. W. Ferrin)의 조사에 따르면, 장가구에는 스탠더드오일사, 브리티시-아메리칸토바코사, 앤더슨마이어사, 몽골리언트레이딩사가 지점을 두고 미국인 직원을 상주시키고 있었다.[141] 1915년의 차이나-아메리칸트레이딩사가 1918년에는 몽골리언트레이딩사로 바뀐 것을 알 수 있다.

페린의 보고에 따르면 이 시점에 몽골리언트레이딩사와 앤더슨마이

---

138 비트루, 2011, 위의 책, 123, 317쪽.
139 Alicia Jean Campi, 1988, 위의 논문, pp.70~71.
140 State Decimal File China(1910~1929), 125.0093/4. No.457. September 19, 1918. Shanghai, Stuart J. Fuller, American Consul-General-at-Large to the Secretary of State, p.4; Alicia Jean Campi, 1988, 위의 논문, p.29.
141 State Decimal File China (1910~1929), 125.0093/105. No.101. June 22, 1918. A. W. Ferrin to Chief, Bureau of Foreign and Domestic Commerce, Department of Commerce, "Subject: Need of Consulate at Urga and Kalgan," pp.1~2; Alicia Jean Campi, 1988, 위의 논문, p.33.

어사는 외몽고 고륜에 대표를 두고 있었다.¹⁴² 김규식이 "1918년 초 〔외몽고〕 고륜에 재파견되어 새로운 지점을 개설하고 지점장이 되었다"라고 진술했으므로, 페린의 보고에 등장하는 앤더슨마이어사의 고륜 대표는 김규식이었을 가능성이 높다.

제1차 세계대전 직후인 1915년부터 주중 미국공사관의 장가구 영사관 설립 움직임이 본격화되었다. 미국 측은 1919년 11월 중순 북경에서 북경 주재 임시공사 찰스 텐니(Charles D. Tenney)가 비밀리에 몽고 외무장관 잘한즈 후툭투(Jalkhanz Khutukhtu, 미국 문서에는 Da Lama로 표기) 및 몽고 활불(活佛)이 임명한 몽고사절단과 협상을 벌였다. 1921년 4월 장가구에 미국영사관이 설립되었다.¹⁴³

한편 김규식이 일했던 2개의 회사에 대해서는 몽고에서 영화가 제작되었다고 한다. 〈앤더슨 앤 마이어〉(Anderson & Meyer), 〈몽골리언 트레이딩 컴퍼니〉(Mongolian Trading Company)라는 작품인데, 이는 미국의 몽고 연구자 니콜라 디 코스모(Nicola Di Comso)가 쓴 「미국 정보보고서에 나타난 몽고 관련 주제」란 논문에 기초해 1920년대 미국의 몽고 비즈니스 역사를 다룬 영화들이다. 〈몽골리언 트레이딩 컴퍼니〉에 따르면 고륜에서 장가구까지의 차량 운행 사업을 승인받는 장면이 등장한다. 1920년 백군의 운게른 남작이 고륜을 습격했을 당시, 이곳에 살던 미국인을 구하려고 몽골리언트레이딩사의 차량을 이용했다.¹⁴⁴

김규식이 일했던 앤더슨마이어사는 1931년 창립 25주년을 기념하는

---

142 State Decimal File China (1910~1929), 125.0093/105. No.101. June 22, 1918. A. W. Ferrin to Chief, Bureau of Foreign and Domestic Commerce, Department of Commerce, "Subject: Need of Consulate at Urga and Kalgan," pp.1~2; Alicia Jean Campi, 1988, 위의 논문, p.34.
143 Alicia Jean Campi, 1988, 위의 논문, pp.39~40, 63~65.
144 Nicola Di Cosmo, "Mongolian Topics in the U.S. Military Intelligence Reports," *Mongolian Studies*, no.10, 1986, pp.97~106; 비트트루, 2011, 위의 책, 123, 317쪽.

사사(社史)를 간행했다.¹⁴⁵ 회사 창립자는 빌헬름 마이어(Vilhelm Meyer)로 1902년 덴마크에서 상해에 도착했다. 그는 1905년 2명의 덴마크인 동료 앤더슨(I. Andersen), 피터슨(I. Peterson)과 동업을 개시해 1906년 3월 31일 상해에서 앤더슨마이어사를 설립했다. 회사의 중국명은 신창양행(愼昌洋行)이었는데, "진취적이지만 보수적"(Progressive but Conservative)이라는 의미였다. 회사는 소규모 수입 사업을 주로 했는데, 초기에는 피륙과 잡화를 판매하다가 공업기자재를 수입 판매하기 시작했다. 1907년 유명 회사인 피어론다니엘사와 계약을 체결해 공학 분야 자금 조달에 성공했다. 회사는 제너럴일렉트릭사(General Electric Company) 같은 미국·유럽의 공업제품 제조사와 중국 내 배타적 대리점 계약을 체결했고, 1908년 봉천의 전기조명사업 발전소 공사 계약을 따냈다. 이후 조명플랜트 외에 설비와 가동 분야로 계약을 확대했다. 1915년 7월 7일 미국 뉴욕에서 이 회사는 자본금 35만 달러의 "유한회사 앤더슨마이어사"(Anderson, Meyer & Company, Limited)라는 미국회사로 통합되었다. 회사 설립자는 덴마크인이었고, 주요 자본 조달처 및 주주들은 미국 거대 제조사들이었다. 김규식이 이 회사가 미국인과 스칸디나비아인들의 거대 합작회사라고 한 이유를 알 수 있다.

 1915~1917년간 회사는 미국·유럽의 저명한 제조사의 대리점 자격을 획득했고, 주요 항구에 지사를 설치했다. 천진, 북경, 광동, 제남, 한구 및 주요 지점에 사무실이 마련되었다. 이와 함께 수출 분야에도 진출해서, 양모세탁공장이 천진에, 등유정제공장·계란건조공장·무두질공장이 한구에, 머리망(hairnet)공장이 제남에, 카펫공장이 장가구에 설치되었다.¹⁴⁶

---

145 Charles J. Ferguson ed., "Historical Introduction," *Andersen, Meyer & Company Limited of China: Its History: Its Organization Today*, Shanghai, Kelly and Walsh, Limited, 1931, pp.1~17.
146 Charles J. Ferguson, 1931, 위의 책, p.4.

회사는 1916년 말부터 1922년 초까지 금융지주회사인 퍼시픽디벨롭먼트 코퍼레이션(the Pacific Development Corporation)에 합병되었다가, 금융지주회사의 운영 정지로 위기에 처했다. 이 회사는 중국정부에 500만 달러의 대부를 제공하고 대신 주세·담배세를 담보로 잡았지만, 정치 불안으로 원금 및 이자 상환을 받지 못했다. 위기에 처한 앤더슨마이어사는 거대 제조사 및 은행의 전폭적 후원으로 위기를 극복하고 회사 소유권을 회복했다. 제너럴일렉트릭사, 볼드윈로코모티브웍스(the Baldwin Locomotive Works), 사코로웰샵스(Saco Lowell Shops) 등의 거대 제조사들이 회사의 재건을 도왔다.

이후 회사는 수출 사업을 중단하고 공학 분야에 집중했는데, 철도설비(철로, 기관차, 화차 및 여객열차, 바퀴, 축, 교량, 전차대轉車臺, 기계공장 설비, 전기설비, 급수탑, 배수설비 등), 도로건설 장비, 전신, 전화, 무선통신 장비, 발전설비, 배수시설 및 관련 장비들을 중국 전역에 판매했다.

1931년에 앤더슨마이어사는 상해에 본부, 천진·북평, 하얼빈, 봉천, 한구, 청도·제남, 홍콩·광동 등에 지점을 설치하고 있었다. 본사에는 방직기부, 발전기부, 전기부(전기설치과·가정용냉장고과·엑스레이과), 일반기계부, 건물건설부, 건물자재부, 배관·난방부, 농업기계부, 의약·화학부, 서비스부, 기계상점, 윈도우새시상점 등이 설치되었다.

1931년 사사에는 김규식이 근무했던 장가구 및 외몽고 고륜 지점이 나타나지 않는다. 이 회사가 1922년 이래 수출 사업을 중단했고, 김규식이 근무했던 2개 지점이 주로 몽고의 유목산업에서 비롯된 울, 가죽, 소·말·양 등 가축·목축 관련 상품들을 취급했기 때문일 것이다. 1915~1917년 시기 장가구에 카펫공장이 설치된 바 있는데, 김규식이 장가구 부지점장이던 시점의 일이다. 김규식이 외몽고 고륜에 새 지점을 설치하고 지점장이 되었다고 했는데, 이 역시 외몽고의 유목산업과 관련된 가축·목축 관련 업무였을 것이다.

또한 김규식이 1918년 천진에서 일했던 피어론다니엘사 역시 1907~1911년간 앤더슨마이어사와 공동으로 회사를 운영했던 공학 분야 회사였으므로, 두 회사 간에는 긴밀한 인적·물적 네트워크가 존재했을 것이다. 김규식이 앤더슨마이어사에서 피어론다니엘사로 이적하게 된 데에는 이런 연관관계가 있었을 것이다. 김규식은 「자필 이력서」에 천진에서 피어론다니엘사의 수입부에 들어가 중국 전역을 다니며 델코조명(Delko Lights) 상당수를 판매하고 설치했다고 했는데, 위에서 살펴본 것처럼 이는 앤더슨마이어사 같은 공업제품 수입회사가 전형적으로 채택하는 사업 방식이었다.

이를 종합해 보자면 김규식의 고륜·장가구·천진 시절 미국 상사 근무 경험은 사실상 같은 회사 및 그 계열사에서 일한 것이었음을 알 수 있다. 아마도 김규식의 고륜·장가구에서의 주요 업무는 몽고 유목산업과 관련된 일이었을 것이고, 다른 한편으로는 앤더슨마이어사가 주력하고 있던 공업설비, 조명기기 판매 등의 사업 활동을 상해, 홍콩 등에서 진행했을 것이다. 이는 천진의 피어론다니엘사의 업무와도 일치하는 것이었다. 상해에는 앤더슨마이어사의 본사가 위치해 있었다.

김규식은 1916년 이래 앤더슨마이어사, 피어론다니엘사에서 근무하며 상해, 천진, 홍콩, 장가구, 고륜 등에서 거주했다. 1914년 이래 일본 정보당국의 보고서에 김규식이란 이름은 등장하지 않는다. 즉, 김규식은 일제의 감시망에서 사라졌고, 주목 대상에서 제외된 것이다. 이 시점에 김규식은 독립운동가가 아니라 생계를 이어가는 생활인이었고, 한국인 김규식이 아니라 중국인으로 귀화한 김성 혹은 김중문이었을 것이다. 아마도 고륜 시절 전후에 김규식은 중국인으로 귀화했을 것으로 추정된다.

김규식은 1913년의 중국 망명 직후부터 1914년 가을 외몽고 고륜에 이르기까지 자신의 능력이 허용하는 범위에서 한국 독립운동과 중국 혁명운동에 동참하고 일조하고자 노력했다. 그러나 더 이상 출구와 희망이 보이지 않자 그는 생업으로 돌아간 것이다. 뜻을 접은 것은 아니었겠으나, 시대와 부응하지 않는다면 생업으로 돌아가 기회를 기다린다는 자세였다고 할 수 있다. 그는 자신의 생계와 삶을 스스로 책임지는 독립적 생계인이었고 생활인이었다. 치열했던 독립운동으로부터 생계로의 자연스런 전환은 김규식의 생애에서 여러 차례 목격되는 현상이다. 현실적으로는 세계정세에 따라 독립운동이 고조기에서 퇴조기로 전환되었기 때문이지만, 개인적으로는 성장 과정에서 체득한 생존 경험과 미국 유학 경험이 영향을 끼쳤을 것이다.

유년기의 김규식은 양친을 여의었고, 유일한 이복 형은 병약했다. 친가 숙부들로부터는 사실상 버림을 받았다. 그는 언더우드 고아원학교와 관립영어학교를 졸업한 후 한국인 상점에서 일하며 생계를 해결했다. 미국 유학 역시 가족이나 친척들의 재정적 후원에 의지한 것이 아니었다. 그는 어릴 적부터 자신의 노력으로 호구지책을 해결하는 독립적 생계인이었고 생활인이었다.

또한 미국 유학 생활에서 체득한 실용적인 직업관과 생활관도 영향을 끼쳤을 것이다. 근대 유학생 가운데 미국 유학생들이 경제적 적응 능력 혹은 사업 수완, 직업 전환에 가장 능숙하다는 평가가 일반적이다. 미국 유학생들은 실용적이며 현실적인 전공을 선택할 뿐만 아니라 해당 전공으로 취업이 불가능할 때는 자동차 수리공이나 다른 사업에 뛰어드는 것도 서슴지 않았기 때문이다. 누구든 자신의 생계를 해결하기 위해 합당한 직업을 갖고 그 직업을 소중히 여기는 미국 사회의 직업관과 실용주의적 삶의 교훈이었을 것이다.

(2) 첫 부인과의 짧은 재회·영원한 이별

1917년경 김규식은 장가구에서 서울에 두고 온 가족과 상봉했다. 그의 가족은 서울 남부 이문동에 살았던 것으로 보인다. 1911년 여권발급대장에는 김규식의 주소가 남부 반석방(盤石坊) 이문동 호외지(號外地)였고, 1913년 여권발급대장에는 남부 이문동 미국인 원두우방(元杜尤方)이었다. 이 기록으로 보면 김규식이 중국으로 망명한 이후, 그의 가족은 언더우드 선교사 집에 거주했을 가능성이 높다. 김규식이 중국에 있는 동안 가족의 생계가 어떻게 유지되었는지는 알 수 없다.

서울에 남겨진 젊은 부인 조은애는 남편을 보고 싶어 했고, 김규식의 장조카인 김진성(金鎭成, 1891~1954)이 숙모와 어린 사촌동생 김진동을 데리고 중국으로 향했다. 이후 해방이 될 때까지 누구도 한국으로 돌아올 수 없었다. 김진성 역시 부인과 아들을 고향인 강원도 홍천에 남겨 뒀는데, 중국 장가구에서 병원을 차리고 해방이 될 때까지 한국으로 돌아오지 않았다.[147]

김진성은 김규식의 형 김규찬의 장남으로, 1958년 『청풍김씨세보』에 군의관·군의처장으로 기재되어 있다. 김진성의 손자인 김주만에 따르면 김진성은 삼촌인 김규식의 도움으로 세브란스의학교를 졸업했다. 김규식이 똑똑한 조카를 도와주겠다고 한 덕분에 서울 세브란스의학교 2회 졸업생이 되었다는 것이다.[148] 그런데 김진성은 세브란스의학교 2회가 아닌 6회 졸업생이다. 1932년 『삼천리』 기사에 따르면 세브란스의학교 6회 졸업생 가운데 김현국(金顯國)과 김진성(金鎭成)이 중국 직례성(直隸省) 홍가구(弘家口) 십전병원(十全病院)에 근무하고 있고, 이계영(李癸榮)은 북간도 용정촌에서, 김창세(金昌世)는 상해 공중위생교육협회에서 근무하고 있었다.[149] 여기서 직례성은 하북성(河北省)을 의미하며 홍가구(弘家口)는

---

147 「김주만 인터뷰」(2014. 10. 23).
148 김주만은 당시에는 전공과목이 있는 것이 아니라 모든 과목을 시험 봐서 통과해야 했기 때문에 서양 의사의 서명이 가득 찍힌 김진성의 졸업장을 형님(김주현) 댁에서 본 적이 있다고 증언했다. 김주만은 김진성의 인턴 수료 증명서를 본 것이었다.

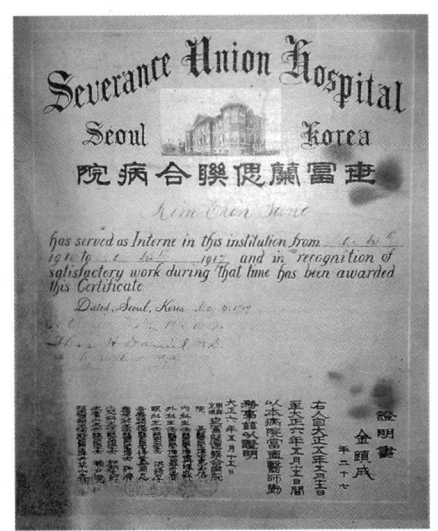

김진성 세브란스병원 인턴 수료 증명서
(1917.5). 김주만 소장.

장가구(張家口)의 오자(誤字)로 생각되는데, 세브란스의학교 6회 졸업생이자 동기생인 김현국과 김진성이 하북성 장가구 십전병원(十全病院)에서 함께 근무하고 있다는 것이다.

그렇다면 언제 조은애·김진동 모자와 김진성은 중국으로 향하였을까? 김규식의 회고에 이는 명확하게 나타나지 않는다. 김규식은 자필 이력서에서 "1919년 1월 중순 천진에서 남경으로 와서 1월 19일 결혼했다(2번째 결혼이었다. 첫 아내는 장가구에서 사망해 아홉 살 된 아들 하나 필립을 남겼는데 당시 이[태준] 박사와 함께 고륜에 남겨져 있었다)"라고 쓰고 있다. 조은애가 장가구에서 사망했고, 이후 김진동은 고륜의 이태준에게 맡겨졌다는 사실만을 알 수 있을 뿐이다.

『청풍김씨세보』에 따르면 김규식의 부인 백천 조씨(조은애)는 임진(1892)년 4월 18일에 태어나 정사(1917)년 5월 8일에 사망했으며, 묘는

---

149 「五大學府 出의 人材 언.파렛드」, 『삼천리』 제4권 제2호(1932. 2. 1).

4 장가구와 고륜에서의 생활

중국 장가구교회에 있다고 기록되어 있다.[150]

조은애·김진동 모자가 서울을 떠난 시점은 이들과 함께 장가구로 향한 김진성의 경력을 통해 추론해 보는 수밖에 없다. 김진성은 1916년 5월 10일 조선 의사 개업 시험에 합격했다. 시험은 1916년 4월 2일부터 경성의학전문학교에서 실시되었는데, 5월 2일 시험이 종료되었고, 5월 10일 성적이 발표되었다. 합격자는 한국인 5명, 일본인 2명으로, 합격자 김진성은 "金鎭成 강원도, 24년 12월생"으로 되어 있다.[151] 24년은 명치 24년으로 1891년을 의미한다. 『청풍김씨세보』에 따르면 김진성은 1891년 12월 11일생이며, 김규식 집안은 강원도 홍천 출신이므로, 동일인임을 알 수 있다. 김진성이 의사 개업 시험에 합격한 것으로 그가 최소한 의사로 개업하겠다는 의지가 있었음을 알 수 있고, 1916년 5월까지는 서울에 거주하고 있었다는 것도 알 수 있다. 나아가 김진성의 세브란스병원 인턴 증명서에 따르면, 그는 1916년 5월부터 1917년 5월까지 그곳에서 인턴(당직의사)으로 근무했다.[152]

그렇다면 김진성이 인턴을 끝낸 1917년 5월 이후 조은애·김진동·김진성이 서울을 떠나 중국 장가구로 향한 것임을 알 수 있다. 김규식은 1916년 이래 앤더슨마이어사에 입사해 상해, 천진, 홍콩, 장가구에서 근무하고 있었다.

김규식과 마찬가지로 조은애·김진동·김진성이 조선총독부로부터 여권을 발급받았을 가능성은 없는지 확인해 보았다. 일본 외무성 외교사료관에 소장된 해당 시기 조선총독부의 「외국여권하부표」(外國旅券下附表)를

---

150 淸風金氏譜所 編, 1958, 『淸風世譜』 卷4, 36쪽. "白川趙氏 壬辰 四月 十八日生 丁巳 五月 八日 卒 墓 中國 張家口敎會".
151 「醫師試驗發表」, 『매일신보』(1916. 5. 11). 합격자는 방합신, 박태형, 김진성, 간승우, 곡목좌일(谷本佐一), 김현국, 목준(牧駿) 등이다.
152 「김진성의 세브란스연합병원 인턴(당직의사) 근무 증명서」(1917. 5). 김주현 소장.

모두 확인해 보았지만 세 사람의 이름은 발견되지 않았다. 이들은 사업, 종교, 혹은 이민 등의 사유로 조선총독부로부터 공식 여권을 발급받을 수 없었던 것으로 생각된다. 중국 장가구에 살고 있는 남편·아버지·숙부를 찾아간다는 이유로 여권을 발급받을 수는 없었기 때문이다. 그렇다면 이들은 서울에서 의주를 거쳐 안동으로 몰래 건너갔을 것이 분명하다.[153]

조은애는 폐결핵으로 사망한 것으로 알려져 있는데,[154] 이는 김규식 집안의 오랜 병이기도 했다. 김규식의 부친 김용원은 유배 도중 얻은 폐결핵으로 사망했으며, 어린 김규식은 폐결핵을 앓는 부친과 홍천에서 지내야 했다. 그 이전 어린 김규식은 혹독한 열병 속에 친척의 방치와 굶주림으로 거의 죽을 고비를 넘겨야 했다. 때문에 어린 김규식이 아버지의 폐결핵에 전염되었을 가능성을 배제할 수 없다. 『청풍김씨세보』에 조은애가 1917년 5월 8일에 사망했으며, 묘는 중국 장가구교회에 있다고 기록되어 있는데,[155] 김진성의 세브란스병원 인턴 수료가 1917년 5월이므로 족보의 사망

---

[153] 김진성이 떠나고 그의 홀어머니(김규찬의 부인), 아내, 아들(김건영金健永, 1914년생)이 고향 홍천에 남겨졌다. 김진성의 아내는 시어머니를 모시고 외아들 김건영을 어렵게 키웠다. 남편은 세브란스의학교를 졸업했고, 그를 중국에 데려간 시어른은 미국 대학을 졸업했지만, 정작 그의 아들은 소학교를 졸업하는 데 그쳤다. 김건영은 잠시 면서기를 지냈고, 선교사의 권유로 해주에서 묘목을 사서 과수원을 40여 년간 경영했다. 세브란스의학교 졸업생의 아들이 농사꾼이 된 것이다. 김건영은 과수원을 운영하면서 형편이 나아졌고, 슬하의 아들 4명을 모두 교육시켰다. 1대 김규찬의 부인과 2대 김진성의 부인이 과부로 한집에 살았다. 3대 김건영의 부인 이윤성(4대 김주만의 모친)은 이들 과부가 된 시조모·시모의 이야기를 듣고 김규식 집안의 대소사를 잘 기억했다. 김진성은 해방이 되고서야 귀국했다. 이후 홍천에서 병원을 하다 한국전쟁 시기 인민군에게 병원의 모든 장비를 빼앗겼고, 낚시로 소일을 하다 1954년 사망했다. 홍천군 화촌면 선영에 묘가 있다. 그는 귀국 후 소실을 두어 아들과 손자를 보았다. 김건영의 네 아들 중 막내인 김주만이 어머니를 모시고 살았다. 이런 연고로 김진성의 자료 중 세브란스의학교 졸업장, 의사면허장 등은 큰아들 김주현이 가지고 있지만, 상당수의 문서는 막내아들 김주만이 소장하고 있다. 원래 집안에는 선대 김동선의 의학서적 등 다수의 서적이 있었는데, 김규식의 아들 김진동이 상당수를 서울로 가지고 갔고, 또한 초가집 지붕 밑에 궤짝 같은 데다 서적을 쌓아 두고 방치하다시피 했기 때문에 많이 망실되었다고 한다. 「김주만 인터뷰」(2014. 10. 23).
[154] 「김규식이 동창 J. Allan Greenland에게 보낸 편지」(몽고 고륜, 1918. 7. 12), 이정식, 1974, 위의 책, 47쪽.

일은 양력이 아니라 음력이며, 환산하면 1917년 6월 26일이었을 것이다. 조은애는 서울에서 안동을 거쳐 북경-장가구로 이어지는 장기간 여행에서 스트레스와 여독이 쌓여 사망했을 가능성이 높다. 즉, 조은애는 1917년 5월 남편 김규식을 찾아 조카 김진성, 아들 김진동과 함께 중국으로 향했고, 장가구에 도착한 직후 사망했을 것으로 추정된다.

한편 첫 부인의 사망 이후 1918년 3월 김규식은 아들 김진동과 사촌 여동생 김은식(金恩植)을 대동하고 외몽고 고륜으로 향했다. 고륜에 앤더슨마이어사의 지점을 개설하기 위한 목적이었다.[156] 김규식이 고륜에서 로녹대학 동창생 그린랜드(J. Allan Greenland)에게 보낸 편지(1918. 7. 12)에 따르면 길은 약 1천 킬로(약 2,500리)였으며, 50일이 소요되었다. 하루는 자동차로 갔고, 11일간 눈에 싸여서 중도에 머물렀고, 37일간은 낙타를 타고 사막을 건넜다.[157] 김규식, 김진동, 김은식은 장가구를 떠날 때 사진을 찍어 그린랜드에게 보내는 편지에 동봉했다.[158] 고륜에 도착한 후인 1918년 6월 찍은 사진이 남아 있는데, 김규식은 김진동, 사촌 김은식, 러시아인 가족들 및 중국인들과 피크닉 하는 장면이라고 했다. 그렇지만 김규식은 몽고에 오래 머무르지 않았고, "만주에 가서 땅을 개척하고 목장을 시작할 계획을 가지고 있는데, 농장사업이 잘될 것인지 모르겠다"라고 썼다.[159]

155　清風金氏譜所 編, 1958, 『清風世譜』 卷4, 36쪽. "白川趙氏 壬辰 四月 十八日生 丁巳 五月 八日 卒 墓 中國 張家口敎會".
156　이정식은 김은식이 조은애·김진동·김진성과 함께 장가구로 왔을 것으로 추정했다. 「김진동씨 서한」(1971. 8. 24), 이정식, 1974, 위의 책, 46쪽. 김은식이 누구의 딸인지는 확인되지 않는다. 김규식의 부계 쪽으로 사촌에 해당하는 인물들을 『청풍김씨세보』를 통해 확인했지만, 김은식 혹은 남편 이태준의 이름은 발견되지 않는다.
157　「김규식이 동창 J. Allan Greenland에게 보낸 편지」(몽고 고륜, 1918. 7. 12), 이정식, 1974, 위의 책, 47쪽.
158　이정식, 1974, 위의 책, 47쪽.
159　이정식, 1974, 위의 책, 48쪽.

김규식은 그린랜드에게 만주로 갈 것이라고 썼고, 그의 편지는 고륜에서 발송(1918. 7. 12)한 것으로 되어 있지만, 이미 김규식은 1918년 7월 1일 북경에 있었다. 『지산외유일지』에 따르면 1918년 5월 23일(양력 1918. 7. 1) 정원택은 "김규식 박사가 상해로부터 (북경에) 와서 여관에 투숙하고 있다는 말"을 듣고 홍명희와 함께 찾아가 정담을 나누고 늦게 돌아왔다고 쓰고 있다.[160] 즉, 1918년 7월 1일 북경에 나타나기 전에 김규식은 이미 상해에 와있었던 것이 분명하다. 그렇다면 1918년 6월 고륜에서 피크닉 사진을 찍은 후 김규식은 곧바로 천진으로 내려왔을 것이다. 그의 자필 이력서에 따르면 앤더슨마이어사 고륜 지점을 설립한 후 "곧 천진으로 돌아와 피어론다니엘사(the Fearon Daniel Co., Inc.)(미국회사)의 수입부에 합류했으며, 중국 전역을 다니며 델코조명(Delko Lights) 상당수를 판매하고 설치"했다는 기록과 합쳐 보면,[161] 그는 상업상 이유로 천진에서 상해·북경을 오갔을 것이다.

---

[160] 『지산외유일지』, 412~413쪽.
[161] 「김규식 자필 이력서」(영문, 1950).

에필로그

고아 소년 "존"은 다시 외로운 혼자의 몸으로 중국 땅에 섰다. 그의 유년기와 소년기, 청년기는 죽음, 버려짐, 굶주림, 질병, 외로움, 생존에 대한 공포로 점철되었다. 유년기 그는 부친의 유배와 친모의 사망 속에 사실상 버려졌고, 부친·조부·장형의 죽음 속에 사고무친의 처지가 되었다. 그는 질병과 굶주림 속에 생존을 위해 싸워야 했다. 그에게 구원의 손길을 내민 것은 미국인 선교사 언더우드였고, 그의 은혜를 입어 고아원학교에서 생존과 영어를 배웠다. 그는 "존" 혹은 본갑이로 불리며, 선교사 팸플릿의 표지 모델이나 일본 관광엽서 모델로 등장했다. 김규식이라는 소년의 정체성은 감추어졌다.

그는 언더우드의 도움을 얻어 의친왕의 도미 유학에 편승해 미국 유학길에 올랐다. 미국 남부의 로녹대학은 그에게 평생 잊지 못할 정서적 따뜻함과 편안함, 인격적 대우와 성숙함을 제공했다. 그는 남부의 호의를 맛보았고, 손님에게 베푸는 친절하고 따뜻한 우의, 평생의 지기가 된 사기(邪氣) 없는 순진무구한 미국 친구들의 우정에 빠졌다. 그는 새로운 지식, 미국 대학의 진정한 인문교육, 세계시민으로서의 교양을 갖추었지만, 무엇보다도 자유와 평안, 정서적 성숙을 갖게 되었다. 이런 측면에서 미국과 기독교는 그에게 단순히 생존을 보장하는 도구가 아니었다. 마음속으로 감복하고 동의하는 바가 있었기에, 김규식은 친미파이자 열성적인 기독교도가 될 수밖에 없었다. 한편 김규식은 부친 김용원이 그러했던 것처럼 조선 왕실과의 관계 속에서 근대로 나아갈 수 있었다. 그의 유학은 의친왕의 도미 유학을 위한 통역·비서의 역할로 가능했고, 유학 시절 주미한국공사관에서 일하며 외교관으로 임명되기도 했다. 이러한 공적 외교와의 연관은 1905년 포츠머스강화조약 당시 고종의 밀사로 파견되기 위해 상해에 머물렀던 경험과 결부되어 그의 외교독립노선에 영향을 미쳤다.

세계시민이자 당대의 지성인으로 변모한 "존"이 귀국했을 때, 그가 당면한 한국은 혼돈과 암담함 그 자체였다. 대한제국은 쇠락과 멸망의 벼랑에 서 있었고, 침략자 일본의 기세와 힘은 한반도를 뒤덮고 있었다. 미국 대학에서 제3자로 바라본 한국의 상황과 그가 직접 당면한 한국의 처지는 천양지차였다. 또한 귀국한 김규식의 활동은 언더우드 선교사가 결정한 범위 내에서 가능했다. 언더우드는 미국 선교본부의 입장에 따라 엄격한 정교 분리의 원칙을 강조했으며, 교회와 학교, 문화단체의 영역으로 선교 범위를 한정하고 있었다. 김규식이 아무리 미국에서 공부한 재원이었다고 할지라도, 언더우드의 거둠을 받아 생존했고, 그의 도움으로 미국 대학에서 공부했다는 꼬리표에서 자유로울 수 없었다. 김규식의 귀국 후 활동은 종교, 문화, 교육 분야를 벗어나지 않았다.

김규식의 중국 망명은 한국 내에서 당면하고 있던 여러 가지 어려움, 난관으로부터의 탈출이었다. 첫째는 일본 제국주의라는 감옥으로부터의 탈출이었다. 대학생 김규식은 로녹대학 학보에서 러일전쟁에서 일본의 승리를 예측하며, 일본이 동양을 문명화로 이끄는 선각자의 역할을 할 것으로 보았다. 일본이 선전한 동양평화·동양주의·동아시아연대론·황인종단결론과 같은 위장된 지역 통합 혹은 인종주의 선전에 당대 지식인들이 매료된 것과 마찬가지였다. 그러나 을사조약 이후 본격화된 일본의 보호 통치가 결국 강제병합으로 이어졌고, 이후 한반도는 완전한 식민지의 감옥으로 전락했다. 열성적 친일단체인 일진회마저 해체시킨 일본제국주의는 105인 사건을 조작해 한국 기독교와 민족주의자를 탄압했다. 낙관적 희망과 전망은 냉혹한 현실 속에 산산 조각났고, 전개되는 객관적 상황은 김규식에게 현실을 자각하도록 만들었다. 시대가 그를 각성시켰으며, 일본의 탄압이 그의 민족의식을 일깨웠다. 일본은 도쿄제대 유학이나 외국어대학 교수직을 제의했으나 그는 이를 거부하고 중국으로의 망명을 선택했다. 이는 그가 더 이상 문화적, 종교적, 교육적 활동에 머물지 않고 중국으로 탈출해 독립운동에 가담하겠다는 결의를 가졌음을 의미했다.

둘째는 중국혁명에의 동참이었다. 1911년 신해혁명은 한국 독립운동가들에게 희망의 복음으로 여겨졌으며, 새로운 희망의 등불이 되었다. 한국이 강제로 병합된 대추락을 겪은 다음 해 중국은 신해혁명으로 청왕조가 붕괴하고 중화민국으로 나아갔다. 제정·왕정에서 공화정으로의 혁명적 전환이었다. 동아시아의 지식인들이 환호작약했고, 이는 한국의 지식인·청년들도 마찬가지였다. 김규식의 절친인 김필순과 이태준이 신해혁명에 동참하기 위해 망명했고, 조소앙, 홍명희, 정인보, 이광수 등 한국근현대사에 이름을 남긴 인사들도 신해혁명을 목격하거나 동참할 의도로 중국으로 향했다. 해방 후 김규식의 정치적 동반자가 되는 여운형도 마찬가지 이유로 중국 유학을 선택했다.

셋째는 언더우드로부터의 탈출이었다. 언더우드는 김규식의 생명을 구원하고 그에게 교육과 유학의 기회를 제공한 양아버지였지만, 청년이 된 김규식의 삶을 속박하는 존재이기도 했다. 한국 내에서는 도저히 언더우드의 영향력에서 자유로울 수 없었으며, 그의 삶은 언더우드와의 관계 속에서 규정되었다. 독립된 인격체로서의 김규식은 존재하기 어려웠다. 언더우드의 비서, 언더우드의 양아들, 언더우드가 구원한 고아 소년에서 벗어날 수 없었다. 이미 결혼을 해 가정을 이루고, 새문안교회의 20대 장로가 되고, YMCA의 이사가 되고, 여러 학교의 교사·총교사·교감이 되었지만, 이런 모든 것이 언더우드의 그늘 아래에 있었다. 1886년부터 1913년까지 김규식의 삶을 지배하는 가장 강력한 힘은 바로 언더우드였다. 언더우드를 향한 김규식의 마음 역시 매우 복잡하고 다면·다층적이었을 것이다. 김규식은 이러한 언더우드로부터 벗어나기 위해 중국행을 선택했다. 또한 이는 한국 사회가 강요하는 신분제의 압박과 제약으로부터의 탈출이기도 했다.

그의 중국행은 일본 압제로부터의 탈출이라는 소극적 선택에서부터, 중국 혁명운동과 한국 독립운동에 동참하겠다는 적극적 의지의 표현이었으며, 언더우드의 영향과 신분제의 제약에서 벗어나겠다는 인간적 결심이기도 했다. 중국은 그에게 피난처이자 기회의 땅이 되었고, 새로운 삶의 방향을 시험하는 장소이기도 했다. 그는 자신을 속박하고 규율하던 모든 인간적, 신분적, 정치적, 민족적, 종교적 억압에서 탈출해 사고와 언어와 행동의 자유를 획득하려고 했던 것이다. 중국에서의 삶은 그의 의지와 결정에 따른 선택이었고, 오롯이 그의 책임이 되었다. 떠날 때 그의 중국 시절이 얼마나 될지 예상할 수 없었겠지만, 그는 32년을 중국에서 지내야 했다. 그런 면에서 중국은 그에게 제2의 고향이 되었고, 삶의 터전이자, 독립운동의 현장이 되었다.

중국으로 건너간 김규식은 즉시 동제사에 가담하며 상해와 남경 등지에서 적극적인 활동을 펼쳤다. 유학생들을 위한 학교를 개설하고 영어를 가르치며, 학업과 독립운동을 함께하는 공동체적 삶을 추구했다. 바라던 바대로 잠시나마 제2차 중국혁명에 참가했으며, 나아가 유동열, 이태준, 서왈보 등과 함께 몽고에 가서 사관학교를 설립하려고 했다. 그러나 모든 일이 바라고 원하는 대로 움직이지는 않았다. 여러 시도가 좌절되자 김규식은 몽고 고륜, 장가구, 천진 등지에서 미국인 회사의 회사원으로서의 일상을 꾸렸다. 기회가 생겼을 때 기회 포착적으로 독립운동이나 정치 활동에 최선을 다하고, 그것이 실현되지 않았을 때 생업으로 돌아가는 미국 유학생 출신의 실용적인 삶의 태도였던 것이다.

불행한 가정사를 물려받은 김규식의 가족사는 행복하고 평온한 것과는 거리가 있었다. 그는 전 군수 조창식의 딸 조은애와 결혼해서 장남 김진동을 얻었지만, 1913년 이들을 두고 혼자 중국으로 망명했다. 그의 부인과 아들은 조카 김진성의 손에 이끌려 1917년 중국 장가구에 이르렀지만, 여독에 지친 부인은 폐결핵으로 사망했다. 34살이 된 김규식에게는 5살 난 아들 김진동이 남겨졌다. 엄격하게 훈육받은 김규식은 아들에게도 엄격한 아버지였다. 1918년 사촌여동생 김은식과 함께 몽고 고륜으로 향할 때까지 김규식이 자유롭게 활동하기는 어려웠다.

김규식이 이 기간 동안 중국 상해 지역을 중심으로 활발하게 전개된 신한혁명당(1915), 대동단결선언(1918) 등에 소극적, 간접적으로 관여한 것은 이러한 가정사의 배경이 작용했을 것으로 보인다.

그러나 이러한 모든 시련과 역경은 그가 한국 독립운동의 주역으로 등장하기 위한 준비과정이었다. 그의 개인적 연대기는 극적이고, 시련 극복의 스토리였으며, 본질적으로 그에게 강한 회복력과 끈기, 결단력, 자기중심적 판단을 훈련시키는 과정이었다. 그는 외롭고 외로운 존재였지만, 그 속에서 자신을 단련하고 훈련함으로써 준비된 임무 태세형 인간형을 창출했다.

그는 시련을 겪고 미국 유학을 마친 엘리트 청년이었으나, 아직 독립운동계에서 이름을 얻지 못한 무명의 보통인이었고, 그가 어떤 역할을 맡고 어떤 일을 하게 될지는 그 자신은 물론 누구도 예측할 수 없는 상황이었다.

이때 제1차 세계대전의 종전이라는 역사적 대사변과 기회가 다가오고 있었다. 누군가에게는 역사의 대전환기가 선연하게 빛나고 있었지만, 누군가에게는 그냥 평범한 식민지의 일상이었다. 현실을 어떻게 인식하는가, 상황을 어떻게 파악하고 있는가에 따라서 개인의 행동과 삶이 규정되었다. 김규식은 정의 인도, 세계대개조, 영구평화, 민족자결주의 등의 복음이 울려 퍼지는 이때에 역사의 순간이 찾아오고 있다고 판단했다. 세계는 제정에서 공화정으로, 식민지 약소민족의 독립과 해방으로, 폭정에서 혁명으로 급변하고 있었다. 변화하는 속도를 따라잡기 어려울 정도의 시대가 펼쳐지고 있었다. 김규식은 무언가 행동함으로써 자신과 한국의 운명을 바꿀 수 있다는 판단과 결심을 가졌다.

김규식은 남경 금릉대학에 유학 중이던 친구 서병호와 연락 중이었다. 서병호는 1914년부터 중국 남경에 유학 중이었다. 1918년 독일의 패전으로 강화회의가 열리게 되자, 김규식은 서병호에게 이미 중국에 들어와 중국 국적을 가지고 있는 우리는 중국인 행세를 하고 여권 문제 없이 파리에 갈 수 있을 것이 아닌가, 라는 얘기를 했다. 1919년 여름 졸업 예정이던 서병호는 공부를 제쳐 놓고 연일 김규식과 편지로 연락을 했다. 즉, 김규식은 제1차 세계대전의 종전과 그에 따른 강화회의에 촉각을 세우면서 구체적인 대책을 본격적으로 구상하고 있었던 것이다.

제1차 세계대전의 향배에 촉각을 곤두세우고 있던 다른 한국 독립운동가들과 마찬가지로 김규식도 세계대전의 종전과 강화회의 개최 소식에 고무되었다. 아직 무슨 일을 해야 할 것인지는 분명하지 않았지만, 한국 독립을 호소할 수 있는 기회의 문이 열릴 수도 있다는 실낱 같은 가능성에 기대를 걸고 있었다.

세계정세의 대변동에 두근거리고 흥분된 마음을 가지고 있던 것은 김규식만이 아니었다. 기회 포착적 정세관과 신속 정확한 상황 대응력을 가지고 있던 여운형과 신한청년당 동지들이 존재했다. 김규식과 여운형, 신한청년당의 젊은 투사들이 결합해서 역사의 순간으로 뛰어 들어갔다. 이들은 누구도 상상하지 못했던 파리강화회의 한국특사 파견을 실현했고, 여운형과 신한청년당의 동지들은 한국, 일본, 만주, 연해주 등으로 파견되어 이를 지원했다. 상해에 있던 무명의, 보통의 청년들이 3·1운동의 대문을 활짝 여는 역사적 임무를 부여받게 된 것이다.

당대 많은 한국의 지도자들이 1차 대전 종전 이후 한국 독립의 가능성, 한국 독립 호소의 기회, 독립운동의 실현 가능성을 객관적 정세와 성패 여부를 기준으로 따지며 아무 일도 하지 않고, 어떤 노력도 기울이지 않았다. 이들은 자리와 명예를 추구했지만, 시대의 소명과 역할을 거부했다. 무슨 일이 가능하겠느냐는 회의적 태도로는 어떤 것도 가능하지 않았다. 다가오는 역사의 순간을 애써 외면한 이들에게, 역사는 합당한 평가를 내렸다.

반면 시대와의 조우, 시대정신과의 교감에 민감했던 김규식, 여운형, 신한청년당원들은 적극적 태도로 시대를 읽고, 보고, 느끼는 정치 감각과 독립 열망을 가졌다. 기회를 포착해 온몸을 던지겠다는 결연한 의지와 실행력, 준비된 자세와 추진력을 갖췄다. 보이지 않는 미래를 예견하고 운명을 스스로 개척하겠다는 태도였다.

이 순간, 김규식과 여운형은 시대의 불꽃이자 빛나는 물방울이었다. 바늘구멍만 한 틈으로 새어 나오는 빛에 희망과 기대를 걸고 자신과 민족의 미래를 개척할 수 있을지 모른다는 두근거리는 마음을 가졌다. 이상주의자들이자 적극 행동파였고, 시대의 등불이었다. 이들이 마음속에 품은 작은 불꽃은 다른 마음에 희망의 불씨를 전달했다. 마음과 마음이 연결되고 불꽃과 불꽃이 서로를 끌어안는 불꽃들의 대연쇄였다. 작은 불꽃과 불씨에서 비롯된 불길은 용광로처럼 타올라 한국인의 독립의지와 독립정신을 증명하는 초신성으로 빛났다. 그리고 이는 일본제국주의가 상상하지 못한 활화산의 폭발로 이어졌다.

다른 한편의 이들은 작고 빛나는 물방울이었다. 한 개인에 불과한 이슬 같은 물방울들이 가냘픈 표면장력으로 다른 물방울들을 끌어당겼다. 하나의 물방울에도 온 우주가 비치는 법이다. 수많은 작은 물방울들의 상호작용을 통해 3·1운동의 마중물이 마련되었다. 여기에 2백만 한국인의 눈물과 독립열이 결합해 성난 물길의 대분류(大奔流)가 되었고, 이는 3·1운동이라는 한국인들의 역사적 공간을 창출했다.

한국인들의 독립정신, 독립염원, 독립열을 담은 3·1운동이 시작되었다. 이는 누구도 예상하지 못한 일이었고, 누구도 막을 수 없는 민족주의 에너지의 폭발이었다. 김규식과 여운형, 신한청년당의 동지들은 역사의 주인공이 되었고, 3·1운동은 한국근현대사의 분기점이 되었다. 역사는 자기 소명에 최선을 다한 이들에게 그에 걸맞은 역사적 이름과 의미를 부여했다.

부록

김규식 자필 이력서(1950. 3. 5)

김규식은 한국전쟁 발발 직전 미국의 김원용에게 자신의 평생 이력을 자필·타이핑으로 직접 기록한 이력서와 사진을 보냈다. 한문과 영문으로 된 2종의 이력서였다. 영문 이력서는 1950년 3월 5일 자로 되어 있다. 김규식은 전쟁 중 납북되어 병사했다.

김원용은 해방 후 재미한족연합회 대표로 귀국해 과도입법의원, 신진당에 참가했다. 중도파 노선을 취한 김원용은 김규식과 가까운 사이가 되었다. 1947년에 미국으로 돌아갔다.

김원용은 김규식의 자필 이력서 및 사진 3장을 간직하고 있다가 1971년 7월 14일 김순애에게 이를 반환했다. 김순애의 아들 김진세가 이 자필 이력서를 소장하고 있었다. 이 자필 이력서는 김규식 연구회에서 간행한 『우사 김규식 일대기』에 처음으로 소개된 바 있다. 필자는 이 자료를 2015년 1월에 전 우사연구회 총무 장은기 선생으로부터 받았다.

1. 김원용이 김순애에게 보낸 편지

김부인 순애씨 에게 드림

이번 한국에 갓다가 김부인을 뵈옵고 오려는 마음은 간절하였으나 일은 만코 시간은 부족하였던 까닭으로 차저 뵈옵지 못하였으니 용서하시기 바랍니다.

김박사께서 자필로 그 일평생에 경력하신 기록을 한 장은 한문으로 쓰고 하나는 영문으로 써서 一九五〇년에 나에게 보내신 것과 一九二〇년에 박으신 사진과 一九三三년에 박으신 사진과 一九四七년에 박으신 사진을 보내오니 간직하시옵소서 이것은 어듸서나 다시 얻을 수 없고 댁에는 필요한 기염품이 될줄 압니다.

김원용이 김순애에게 보낸 편지(1971. 7. 14).

一九七一년 七월 十四일 김원용

사진 받으신 후에 답장하시옵소서.

2. 김규식 자필 이력서(한문)

字 仲文 別號 尤史

西紀 一八八一年 一月 二十九日 生

一八九六年	漢城 官立英語學校 畢業
一八九七年	渡美留學
一九〇三年	美國 羅諾克文理學院 畢業
一九〇四年	美國 普林士頓大學 文學碩士學位 得
一九〇四年	俄日 戰時 歸國 供職於青年會
一九〇五年	俄日 於美國 泡斯摩持 準備開講和談判之前期奉宮廷密令渡美
一九〇五年	十一月 因倭寇强迫締結保護條約 不得已 遂供職於基督教會 及 教育界
一九十三年	春 渡華 努力於獨立運動 並 在平滬等地 與孫中山先生 及 黃充强 陳英士 等 聯合 共謀大業 同時 參加第二次革命
一九一四年	與數同志 赴外蒙 庫倫
一九一九年	被任爲朝鮮民族代表親赴巴黎和會
一九一九年	秋 渡美 被任爲朝鮮歐美委員會 主席
一九二一年	被任爲朝鮮民族之一 出席 莫斯科 遠東革命大會
一九二三年	由母校羅諾克學院 授與名譽法學博士
一九三二年	九一八事變由中韓民衆大同盟派往美國
一九三五年	四川大學教授 東方文化協會 名譽會長
一九四一年	被任 韓國臨時政府 副主席

김규식 자필 이력서(한문, 1950) 1쪽.

一九三五年 由 中華民族大同盟
一九三八年 從事 抗日戰爭
一九三九年 流往 美國
一九四〇年 任 美國大學敎授
　　　　　 東方文化協會名譽會長
一九四一年 被任 韓國臨時政府 副主席

김규식 자필 이력서(한문, 1950) 2쪽.

3. 김규식 자필 이력서(영문)

KIUSIC KIMM

Born January 29, 1881 (陰 庚辰十二月 二十八日) at Tonglai (東萊), Kyongsang Namdo, Korea, of a lineage of gentry family. Father Chi-seung Kimm (金智性), a well versed Chinese scholar with some modern training in Japan and highly imbued with progressive ideas, had serve4d from the age of 15 as an attendant to the late Emporer 〔원문 그대로, Emperor〕 of Korea Kochong (高宗皇帝) had last served as a garrison commander (虞候) at Tonglai at the time the son (third in the family) was born, and died at the age of 52 at the new homestead in Hongchun district in Kangwondo (江原道 洪川), when the son in question was 11 years old. Mother died when the child was 4 years of age.

Education and Training. After the death of the mother, during the period of the father's banishment of some six years for political reason, the parentless child was put into the Presbyterian missionary school established in Chong Dong, Seoul by th pioneer Presbyterian missionary the late Dr. Horace G. Underwood (元杜尤). The child became seriously ill and had barely escaped death when Dr. Underwood undertook the responsibility of saving the child's life and caring for him until the father's return from banishment in the late spring of 1891 (辛卯). In the summer of the same year the death of the grandmother caused the father and son to go to the countryside home in Hongchun, where the father having contracted tuberculosis during the island bamishment 〔원문 그대로, banishiment〕 in the southwestern archipelago of Korea died the following year.

Rudiments of English had been learned while under the care of Dr.

Underwood, and slight knowledge in the Chinese classics had been gained while living with the father and grandmother for about a year or so. In the fall of 1894, after the outbreak of the Sino-Japanese war when the grandfather and the eldest brother had also past away in succession, the boy at fourteen years of age returned to Seoul and entered then reestablished Government English School whose headmaster was an Englishman named Hutchison. After one and a half years' time, having held the first seat in the first (highest among the five grades or classes) class, left school to work as an English clerk in a modern grocery store run by Koreans. Later took a position as an English clerk and accountant in the Newspaper office established by Dr. Philip Jaisohn, who inaugurated the first Korean newspaper issuing daily editions of both Korean and English.

In 1897 went to America and entered Roanoke College and after a year's preparatory course and four years of regular work, including a year's stay-out because of lack of funds, graduated with a B.A. degree in 1903, the semicentennial year of the College. Won a graduate scholarship to Princeton, but returned to Korea after the outbreak of the Russo-Japanese war in 1904, was awarded an LL.D. degree from Roanoke College in 1923 (the 20th anniversary of the class) in recognition of services for patriotic cause. While studying in America, during summer vacations and other interim periods, often worked (for supplementary of school fund and for sustenance) as a newsboy, houseboy, waiter, butler, cook, steward, on a millionaire's yacht, and as a private secretary to a playwright.

<u>Career & Experiences.</u> On returning to Korea in 1904 became interested in the establishment of the Seoul Y.M.C.A., serving as a member of its first Board of Directors and concurrently as the Board's Recording Secretary, and undertook some teaching work in the Y.M.C.A. school. Later became

KIUSIC KIMM

東萊

Born January 29, 1881 (陰庚辰正月 廿九日) at Tonglai, Kyongsang Namdo, Korea, of a lineage of gentry family. Father Chi-seung Kimm (金持性), a well versed Chinese scholar with some modern training in Japan and highly imbued with progressive ideas, had served from the age of 15 as an attendant to the late Emperor of Korea Kochong (高宗皇帝), and had last served as a garrison commander (府使) at Tonglai at the time the son (third in the family) was born, and died at the age of 52 at the new homestead in Honghun district in Kangwondo (江原道 洪川), when the son in question was 11 years old. Mother died when the child was 4 years of age.

Education and Training. After the death of the mother, during the period of the father's banishment of some six years for political reason, the parentless child fxlixixix was put into the Presbyterian missionary school established in Chong Dong, Seoul by the pioneer Presbyterian missionary the late Dr. Horace G. Underwood (元杜尤). The child became seriously ill and had barely escaped death when Dr. Underwood undertook the responsibility of saving the child's life and caring for him until the father's return from banishment in the late spring of 1891 (季春). In the summer of the same year the death of the grandmother caused the father and son to go to the countyside home in Hongchun, where the father having contracted tuberculosis during the island banishment in xxxxx in the southwestern archipelago of Korea died the following year.

Rudiments of English had been learned while under the care of Dr. Underwood, and slight knowledge in the Chinese classics had been gain while living with the father and grandfather for about a year or so. In the fall of 1894, after the outbreak of the Sino-Japnese war when the grandfather and the eldest brother also past away in succession, the fixymxxxix boy at fourteen years of age returned to Seoul and entered the then reestablished Government English School whose headmaster was an Englishman named Hutchison. After one and a half years' time, having held the first seat in the first (highest among the five grades or classes) class, left school to work as an English clerk in a modern grocery store run by Koreans. Later took a position as an English clerk and accountant in the Newspaper office established by Dr. Philip Jaisohn, who inaugurated the first Korean newspaper issuing daily editions of both Korean and English.

In 1897 went to America and entered Roanoke College and after a year's preparatory course and four years of regular work, including a year's stay-out because of lack of funds, graduated with a B.A. degree in 1903, the semicentennial year of the College. Won a graduate scholarship to Princeton, but returned to Korea after the outbreak of the Russo-Japanese war in 1904. Was awarded an LL.D. degree from Roanoke College in 1923 (the 20th ∀xxxiixxxxx anniversary of the class) in recognition of services for patriotic cause. While studying in America, during summer vacations and other interim periods, often worked (for supplement of schooling and for sustenance) as a newsboy, houseboy, waiter, butler, cook, steward on a millionaire's yacht, and as a private secretary to a playwright.

Career & Experiences. On returning to Korea in 1904 became interested in the establishment of the Seoul Y.M.C.A., serving as a member of its first Board of Directors and concurrently as the Board's Recording Secretary, and undertook some teaching work in the Y.M.C.A. school. Later became Associate Director of Education and concurrently headed the Y.M.C.A. Middle School. (until 1910).

In the summer of 1905 went to Shanghai for the purpose of engaging passage to America for self and other members of secret emissary of the Emperor to get to Portsmouth to plead the case

Associate Director of Education and concurrently headed the Y.M.C.A. Middle School. (until 1910)

In the summer of 1905 went to Shanghai for the purpose of engaging passage to America for self and other members of 9 secret emissary of the Emperor to get to Portsmouth to plead

-2-

Korea's case at the peace negotiations between Japan and Russia. But the other members of the emissary that were to follow to Shanghai with funds to cover expenses and a secret message from the Emperor failed to turn up, and after nearly three months' waste of time, while in the meantime the treaty had already been signed at Portsmouth on September 6th, returned to Korea on November 7th of the same year.

From this time on (November, 1905), after the Treaty of Protectorate had been forced on Korea by the Japanese on the night of November 17, 1905, gave up all idea of going back to America for further study and was engaged to serve as private secretary to the late Dr. Horace G. Underwood. Served in this position until the spring of 1913. During such period now and then concurrently served in various capacities as a teacher in the Y.M.C.A., Administrative Director (校監) of the Kyung Hsin Middle (儆信中學) School (also known as the John D. Wells Training School established and maintained by the Presbyterian Mission), and as one of the professors of the first two freshmen classes of the Chosen Christian College — now Yun Heui University (延禧大學校). In the spring of 1913, after refusing the Governor General's offer a professorship in English at the Foreign Language School in Tokyo and concurrently a fellowship in Oriental History at the Tokyo

Imperial University, secured a passport on the pretext of going to Australia to sell Korean ginseng among the Chinese there and actually accomplished the real object of escaping from the ever-tightening clutch of Japanese coercion and went away to China to make permanent sojourn there and to serve in some way or other in enhancing the Korean Independence Movement. In Peking, Shanghai, and Nanking came in contact with various Korean patriots that had gone out previously and made efforts to bring the national movement into a unified and coordinated struggle. At the same time got acquainted with a few of the Chinese revolutionary leaders like Dr. Sun Yatsen, Gen. Chen Chi-Mei, Gen. Whang Hsing, Mr. Tang Shao-Yi, Drs. Wang Chengting, Wellington V. Koo, etc. During the abortive Second Revolution in 1913 joined General Leng Chue's (冷橘) army as far as up to Pengpu (邦阜). This army had to make a disorderly retreat before the down-coming horde of Chang (張勳) Hsun's forces from Hsuchowfu (徐州府), and the episode ended the so-called Second Revolution.

At the time of the outbreak of World War I in 1914 came in disguise as far as to Antung (安東縣) and crossed over the Yalu (鴨綠) Bridge and went up as far as old Euiju (義州) in an unsuccessful attempt to raise some funds. In the fall of the same year, together with Gen. Riu Tong-Ryul (then Major 柳東說) and Dr. Lee Tai-joon (李泰俊) and two young students, went to Urga, Outer Mongolia with a view to operating there an embryo military training school for future officers of the independence army or guerrilla fighters.

While in Urga and during spare time taught at the Russian Commercial School and gave private lessons in English to individual Russians. At the same time worked as an accountant and secretary in the Mogolian [원문 그대로 Mongolian] Produce Company, a trading firm organized by a few Americans and Scandinavians in Tientsin.

In 1916 joined the big American-Scandinavian firm Andersen, Myer &

-2-

Korea's case at the peace negotiations between Japan and Russia. But the other members of the emissary that were to follow to Shanghai with funds to cover expenses and a secret message from the Emperor failed to turn up, and after nearly three months' and waste of time, while in the meantime the treaty had already been signed at Portsmouth on September 6th, returned to Korea on November 7th of the same year.

From this time on (November, 1905), after the Treaty of Protectorate had been forced on Korea by the Japanese on the night of November 17, 1905, gave up all idea of going back to America for further study and was engaged to serve as private secretary to the late Dr. Horace G. Underwood. Served in this position until the spring of 1913. During such period now and then concurrently served in various capacities as a teacher in the Y.M.C.A., Administrative Director (校監) of the Kyung Hsin Middle (儆新中) School (also known as the John D. Wells Training School established and maintained by the Presbyterian Mission), and as one of the professors of the first two freshmen classes of the Chosen Christian College -- now Yun Heui University (延喜大學校).

In the spring of 1913, after refusing the Governor General's offer of a professorship in English at the Foreign Language School in Tokyo and concurrently a fellowship in Oriental History at the Tokyo Imperial University, secured a passport on the pretext of going to Australia to sell Korean ginseng among the Chinese there and actually accomplished the real object of escaping from the ever-tightening clutch of Japanese coercion, went away to China to make permanent sojourn there and to serve in some way or other in enhancing the Korean Independence Movement. In Peking, Shanghai and Nanking came in contact with various Korean patriots that had gone out previously and made efforts to bring the national movement into a unified and coordinated struggle. At the same time got acquainted with a few of the Chinese revolutionary leaders like Dr. Sun Yatsen, Mr. Chen Chi-Mei, Gen. Whang Hsing, Mr. Tang Shao-Yi, Drs. Wang Chengting, Wellington V. Koo, etc. During the abortive Second Revolution in 1913 joined General Leng Chue's (冷) army as far as up to Fengpu. This army had to make a disorderly retreat before the down-coming horde of Chang Hsun's forces from Hsuchowfu, and the episode ended the so-called Second Revoluttion.

At the time of the outbreak of World War I in 1914 came in disguise as far as to Antung (安東縣) and crossed over the Yalu (鴨綠) Bridge and went up as far as old Euiju (義州) in an unsuccessful attempt to raise some funds. In the fall of the same year, together with Gen. Riu Tong-Ryul (then Major 柳東悅) and Dr. Lee Tai-joon and two young students, went to Urga, Outer Mongolia, with a view to operating there an embryo allitery training school for future officers of the independence army or guerrilla fighters.

While in Urga and during spare time taught at the Russian Commercial School and gave private lessons in English to individual Russians. At the same time worked as an accountant and secretary in the Mogolian Produce Company, a trading firm organized by a few Americans and Scandinavians in Tientsin.

In 1916 joined the big American-Scandinavian firm Andersen, Myer & Co., Ltd., Shanghai, Tientsin and Hongkong, as assistant manager of Kalgan (張家口) office and in the early part of 1918 was sent back up to Urga to open a new office and be its manager there. Soon returned to Tientsin and joined the import department of the Fearon Daniel Co., Inc. (an American firm) and sold and installed quite a number of Delco Lights in different parts of China.

When the armistice was signed in November 1918, decided to go world at the Peace Conference. Despatched two men into Korea to raise funds and to stir up the different groups into some

김규식 자필 이력서(영문, 1950. 3. 5) 2쪽.

Co., Ltd., Shanghai, Tientsin and Hongkong, as assistant manager of Kalgan (張家口) office and in the early part of 1918 was sent back up to Urga to open a new office and be its manager there. Soon returned to Tientsin and joined the import department of the Fearson Daniel Co., Inc. (an American firm) and sold and installed quite a number of Delco Lights in different parts of China.

When the armistice was singed in November 1918, decided to go to Paris and at least plead and expose Korea's case before the world at the Peace Conference. Despatched two men into Korea to raise funds and to stir up the different groups into some

-3-

nation-wide demonstrative action. But, not hearing from either emissary until middle of January, 1919, started out from Tientsin, went to Nanking and got married on January 19th (the second marriage; the first wife having died in Kalgan and left one son Philip 9 years old who was then left in Urga with Dr. Lee. Two children survive from the present wife Stella S. Kimm -- 金淳愛 -- Pauline Wuai doing graduated from Wellesley College in 1949 and at present is doing graduate work in Chemistry at the University of Michigan and Benny C. who is now attending the Technical College of Seoul University also specializing in Chemistry), and immediately got to Shanghai to make ready for the trip to Paris. With a group of about a dozen of so young men including the late Lyugh Woon-Hyung, Dr. Chang Duk-Soo, Mr. Hsin Hurn-min, Mr. Soh Pyong-ho, etc. organized the New Korea Young Men's Society. About half a dozen of these young people divided themselves up into couples and started out secretly to Korea, Japan, Manchuria, and Siberia

-3-

nation-wide demonstrative action. But, not hearing from either emissary until the ~~xxxxxxxxxxxxxxxxxxxx~~ middle of January, 1919, started out from Tientsin, went to Nanking and got married on January 19th (~~this~~ the second marriage; the first wife having died in Kalgan and left one son Philip 9 years old who was then left in Urga with Dr. Lee. Two children survive from the present wife Stella S. Kimm -- 金活蘭 -- Pauline Wuai who graduated from Wellesley College in 1949 and at present is doing graduate work in Chemistry at the University of Michigan and Benny C. who now attending the Technical College of Seoul University also specializing in Chemistry), and immediately got to Shanghai to make ready for the trip to Paris. With a group of about a dozen of young men including the late Lyugh Woon-Hyung, and Dr. Chang Duk-Soo, Mr. Hsin Hurn-min, Mr. Soh Pyong-ho, etc. organized the New Korea Young Men's Society. ~~Afterxhaving~~ About half a dozen of these young people divided themselves up into couples and started out secretly to Korea, Japan and Manchuria, and Siberia to stir up a demonstrative movement in coordination with the efforts to exerted at the Paris Peace Conference.
On Feb. 1, 1919, Shanghai
~~Kimmxhimxself~~ left for Paris via the French mail line Porthos and arrived there March 13th. In the meantime although the March 1st movement had been effectuated in Korea, because of cable and communication jam so soon after the War no news reached Paris until April 2nd. Stayed in Paris until August 6th; in the meantime sent in a Petition and Memorandum of the Korean Delegation to the Peace Conference, and carried a campaign of information service concerning the plight of Korea.

Left Paris for Washington, D.C. on August 6th. In Washington Dr. Syngman Rhee was active in a campaign for the Korean cause with the assistance of Dr. Jaisohn and ~~Dr~~ the late Dr. Hulbert and with the late Mr. Dolph as legal adviser. Here a Korean Commission to Europe and America (later changed to the Korean Commission in America) was formed on Dr. Rhee's authority as President of the Korean Provisional Government then functioning in Shanghai. ~~Him~~ Became the first chairman of the said Commission. ~~itxxxxxxxxxxxxxxxxxxxx~~ In the spring of 1920, after a protracted illness from neuralgia, underwent a brain operation at the Reed's Hospital for suspected brain tumor. Three weeks after being discharged from hospital, even against the advice of the surgeons, unertook a tour overland and along the west coast of America to visit the various scattered groups of Koreans and to sell to them the Korean National Independence Bond (issued by authority of President Rhee), and in three weeks' time collected some ~~xx~~ $52,000 and sent it on to Yi Si-yong (~~ixxxprxxxxx~~ now Vice-President) who was then minister of finance in the Provisional Government.

In the latter part of 1920 left Washington to return to the Far East. On the way sojourned in Honolulu for about a month or so, waiting for a passage possibly via Manila. Finally returned to Shanghai via Australia where a pleasant visit was had ~~affected~~ with Mr. William Hughes who was then the Premier. Arrived in Shanghai ~~inxthxxixxxxx~~ late in January 1921. Late in the winter of the same year left Shanghai again to attend the so-called Far Eastern Revolutionary Congress scheduled to be convened in Irkutsk early in January. The trip was made together with the late Mr. Lyugh Woon-hyung and Mr. La Yong-gwyn (now a member of the National Assembly) via Kalgan and Urga. Then marking time with the postponement of the Washington Nine-Power Pacific Conference the Far Eastern Congress was likewise postponed and shifted to Moscow. Was elected head of the Korean delegation which comprised some sixty odd members from Korea, Shanghai and Peking and other parts of China proper, Manchuria, Siberia, and Japan -- Dr. Sun Yatsen's Canton Military Government delegates numbered some thirty-five or so, and the Japanese consisted of some twelve or thirteen -- and was (made also) a member of the presidium of the Congress. Left to stir up a demonstrative movement in coordination with the efforts to be exerted at the Paris Peace Conference.

On Feb. 1, 1919, left Shanghai for Paris via the French mail line Porthos and arrived there March 13th. In the meantime although the March 1st movement had been effectuated in Korea, because of cable and communication jam so soon after the War no news reached Paris until April 2nd. Stayed in Paris until August 6th; in the meantime sent in a Petition and Memorandum of the Korean Delegation to the Peace Conference, and carried on campaign of information service concerning the plight of Korea.

Left Paris for Washington, D.C. on August 6th. In Washington Dr. Syngman Rhee was active in a campaign for the Korean cause with the assistance of Dr. Jaisohn and the late Dr. Hulbert and the late Mr. Dolph as legal adviser. Here a Korean Commission to Europe and America (later changed to the Korean Commission in America) was formed on Dr. Rhee's authority as President of the Korean Provisional Government then functioning in Shanghai, and became the first chairman of the said Commission. In the spring of 1920, after a protracted illness from neuralgia, underwent a brain operation at the Walter Reed Hospital for suspected brain tumor. Three weeks after being discharged from hospital, even against the advice of the surgeons, undertook a tour overland and along the west coast of America to visit the various scattered groups of Koreans and to sell to them the Korean National Independence Bond (issued by authority of President Rhee), and in three weeks' time collected some $52,000 and sent it on to Mr. Yi Si-yong (now Vice-President) who was then minister of finance in the Provisional Government.

In the latter part of 1920 left Washington to return to the Far East. On the way sojourned in Honolulu for about a month or so, waiting for a passage possibly via Manila. Finally returned to Shanghai via Australia where a pleasant visit was had with Mr. William Hughes who was then the Premier. Arrived in Shanghai late in January 1921. Late in the winter of the same year left Shanghai again to attend the so-called Far Eastern Revolutionary Congress scheduled to be convened in Irkutsk early in January 1922. the trip was made together with the late Mr. Lyugh Woon-hyung and Mr. La Yong-gwyn (now a member of the National Assembly) via Kalgan and Urga. Then marking time with the postponement of the Washington Nine-Power Pacific Conference the Far Eastern Congress was likewise postponed and shifted to Moscow. Was elected head of the Korean delegation which comprised some sixty odd members from Korea, Shanghai and Peking and other parts of China proper, Manchuria, Siberia, and Japan — Dr. Sun Yatsen's Canton Military Government delegates numbered some thirty-five and the Japanese consisted of some twelve or thirteen — and was also made a member of the presidium of the Congress. Left

-4-

Moscow late in May 1922 to return to Shanghai by way of Manchuli Station and Changchun, but on receiving news that there was an assassination plot awaiting us somewhere about Manchuli Station changed the course and again took the route via Mongolia. Later Ahn Byung-chan and his son were murdered by unknown hands while crossing the Manchuli line.

 After the break up of the Korean National Convention in an abortive attempt to reform the Provisional Government in the fall of 1923 went to Vladivostok to meet an emissary of the Third International from Moscow in an unsuccessful negotiation for aid to the Korean independence movement. Left Vladivostok in May 1924 and returned to Shanghai via Manchuria. In

1927 joined the Northern Expedition at Wuchang and Hankow and later became a member of General Liu (劉○○) Chen-wha's forces and got as far as Tungchow (near Peking, 北通州). In the winter of 1932 came back to Shanghai from Tientsin and succeeded in amalgamating five different organizations of the independence movement into a federation called the United Front Versus Japan (對日戰線統一同盟) and the Sino-Korean People's League (中韓民衆大同盟). Went to America for the third time, leaving Shanghai in February 1933, as a special delegate from the just formed two new organizations to make a tour of the United States and present the Far Eastern situation to the American public and to the Chinese and Koreans, hoping that some united stand for the approaching struggle could be effected. Addressed many college and university groups, civic societies, public and private gatherings, clubs and lodges, Americans, Chinese, and Koreans throughout the length and breadth of America during a five months' tour. In 1935 at Nanking succeeded in cooperation with various Korean leaders in turning the United Front Versus Japan into one combined political party called the Korean National Revolutionary Party. At this time nearly all of the leaders and organizations connected with the Independence movement in Manchuria and China proper had joined in, excepting Kim Koo and a few of his followers who were at this time unable to come out openly after having implemented the Shanghai Hongkiu Park bombe affair incident. But very soon when Kim Won-bong and his Righteous Ardor Group (義烈團) tried to wield hegemony many of the newly united began to gall out. Later in Chungking (1943) the party was again augmented by combining three other organizations with Kimm as the head of the newly combined party. Finally entirely severed connection with the party after returning to Korea finding that its secretary-general Kim Won-bong was selling out to the Korean communists.

-4-

Moscow late in May 1922 to return to Shanghai by way of Manchuli Station and Changchun, but on receiving news that there was an assassination plot awaiting us somewhere about Manchuli Station changed ~~courxthexxrouteexandxxgain~~ the course and again took the route via Mongolia. Later Ahn Byung-chan and his ~~were murdered~~ while crossing the Manchuli line were murdered by unknown hands.

After the break-up of the Korean National Convention in an abortive attempt to reform the Provisional Government in the fall of 1923 went to Vladivostok to meet an emissary of the Third International from Moscow in an unsuccessful negotiation for aid to the Korean independence movement. Left Vladivostok in May 1924 and returned to Shanghai via Manchuria. In 1927 joined the Northern Expedition at Wuchang and Hankow and later became a member of General Liu Cheh-wha's forces and got as far as Tungchow (near Peking 通 州). In the winter of 1932 came back to Shanghai from Tientsin and succeeded in amalgamating five different organizations of the independence movement into a federation called the United Front Versus Japan (對日戰線統一同盟) and the Sino-Korean People's League (中韓民眾大同盟). Went to America for the third time, leaving Shanghai in February 1933, as a special delegate from the just formed two new organizations to make a tour of the United States and present the Far Eastern situation to the American public and to the Chinese and Koreans, hoping that some united stand for the approaching struggle could be effected. Addressed many college and university groups, civic societies, public and private gatherings, clubs and lodges, Americans, Chinese, and Koreans throughout the length and breadth of America during a five months' ~~period~~. In 1935 at Nanking succeeded in cooperation with various Korean leaders in turning the United Front Versus Japan into one ~~xxxxxx~~ combined political party called the Korean National Revolutionary Party. At this time nearly all of the leaders and organizations connected with the Independence movement in Manchuria and China proper had joined in, ~~xxxxxxxxxxxxxxxxxxxxxxxxxxxxxxxxxxxxxx~~ excepting Kim Koo and a few of his followers who were at this time unable to come out openly after having implemented the Shanghai Hongkiu Park bomb ~~affair~~. But very soon when Kim Won-bong and his Righteous Ardor Group (義 烈 団) tried to wield hegemony ~~xxx~~ many of the newly united began to fall out. Later in Chungking (1943) the party was again augmented by combining three other organizations with Kimm as the head of the newly combined party. Finally entirely severed connection with the party after returning to Korea ~~on~~ finding that its secretary-general was selling out to the Korean communists.

From Paris on until the time of return to Korea on 29/November ~~xxx~~ 1945 following the liberation, held various posts in the Provisional Government, as: foreign minister, minister of education, minister of information, and last as vice-president of the government.

still
After returning to Korea became/active in the national movement, serving consecutively as the Vice-Chairman of the Representative Democratic Council, Chairman of the Coalition Committee, Chairman of the Interim Legislative Assembly. Lastly in the spring of 1948 in association with Kim Koo and others undertook a trip to Pyengyang to consult with the leaders there as whether it might be possible to effect the unification of Korea, and as a result extracted a jointly signed and issued "communique" on 30 April 1948.

<u>Educational Work</u>. Besides having been engaged in educational activities while in Korea from 1905 to 1913, as already mentioned above, during odd intervals in China -- to an aggregate number of some 20 years -- was employed in teaching work in China in several capacities: Dean and professor and later president of Williams College in Shanghai (1922-27); professor in Fuh Tan University, Shanghai, (1923-24 & 2n 1925-27); professor of English at Peiyang University, Tientsin (1929 to 1933); Lecturer in English in the first Central Political Institute, Nanking (1933-35); professor in the Department of Foreign Lang-

김규식 자필 이력서(영문, 1950. 3. 5) 4쪽.

From Paris on until the time of return to Korea on 25 November 1945 following the liberation, held various posts in he Provisional Government, as: foreign minister, minister of education, minister of information, and lastly vice-president of the government.

After returning to Korea became still active in the national movement, serving consecutively as the Vice-Chairman of the Representative Democratic Council, Chairman of the Coalition Committee, Chairman of the Interim Legislative Assembly. Lastly in the spring of 1948 in association with Kim Koo and others undertook a trip to Pyengyang to consult with the leaders there as to whether it might be possible to effect the unification of Korea, and as a result extracted a jointly signed and issued "communique" on 30 April 1948.

Educational Work. Besides having been engaged in educational activities while in Korea from 1905 to 1913, as already mentioned above, during odd intervals in China — to an aggregate number of some 20 years — was employed in teaching work in China in several capacities: Dean and professor and later president of Williams College in Shanghai (1922-27); professor in Fuh Tan University, Shanghai, (1923-24); professor of English at Peiyang University, Tientsin (1929 to 1933); Lecturer in English in the Central Political Institute, Naking (1933-35); professor in the Department of Foreign Lang

usages and Literature, and later Head of the Department in the National Szechwan University, Chengtu and Mt. Omei (1935-42).

Work. An Introduction to Elizabethan Drama, National Szechwan University Press (1938); Practical English, 2 vols., Chengtu English Weekly (1945); Hints on English Composition Writing, The Chungwha Book Co., Ltd., Chungking (1944); Wan Yuing Tze (An English versified translation of a Chinese tragic poem), Chengtu English Weekly (1943); The Lure of the Yangtze (an epic ? poem about the Yangtze River, now in process of publication at Washington, D. C.

Associatons. Life member of the Korean Red Cross Society, the Y.M.C.A., The Korean Bible Society; One time member of the Chengtu Rotary International; member and Director of the Sino-Korean Cultural Association (formerly at Chungking with Dr. Sun Fu as its President); Honorary President of the Eastern Cultural Association, founded in Chungking 1940, with Dr. Tagore as the other honorary president; Honorary President of the Korean American Cultural Association, founded in Honolulu and now having its headquarters in Washington, D.C., with Dr. Changsoon Kim as its president; Senior Elder of the First (Sai Moon Ahn) Presbyterian Church in Seoul; Member Phi Gamma Delta national fraternity in U.S.A.

Dated Seoul, Korea
5 March 1950 (김규식의 수기)

and later as Head of the Department in the uages and Literature, National Szechwan University, Chengtu and Mt. Omei (1935-42).

Works. <u>An Introduction to Elizabethan Drama</u>, National Szechwan University Press (1935); <u>Practical English</u>, 2 vols., Chengtu English Weekly (1945); <u>Hints on English Composition Writing</u>, The Chungwha Book Co., Ltd., Chungking (1944); <u>Wan Yung Tze</u> (An English versified translation of a Chinese tragic poem), Chengtu English Weekly (1943); <u>The Lure of the Yangtze</u> (an epic poem about the Yangtze River, now in process of publication at Washington, D.D.

Associations. Life member of the Korean Red Cross Society, the Y.M.C.A., The Korean Bible Society; One time member of the Chengtu Rotary International; member of the Sino-Korean Cultural Association (formerly at Chungking with Dr. Sun Fu as its President); Honorary President of the Eastern Cultural Association, founded in Chungking 1940, with Dr. Tagore as the other honorary president; Honorary President of the Korean American Cultural Association, founded in Honolulu and having its headquarters in Washington, D.C., with Dr. Changsoon Kim as its president; Senior Elder of the First (Sai Moon Ahn) Presbyterian Church in Seoul; Member Phi Gamma Delta national fraternity in U.S.A.

Dated Seoul, Korea
5 March 1950

참고문헌

1. 미간행 자료

□ 일본외무성 외교사료관 소장자료
- 外務省 外交史料館, 분류기호 3. 8. 5. 8.「外國旅券下付(附与)返納表進達一件」 228冊; 外務省記錄(戰前) 3. 8. 5. (no) 旅 073 (明治 45年 4月~6月).
- 外務省 外交史料館, 분류기호 3. 8. 5. 8.「外國旅券下付(附与)返納表進達一件」 228冊; 外務省記錄(戰前) 3. 8. 5. (no) 旅 076 (大正 元年 10月~12月).
- 外務省 外交史料館, 분류기호 3. 8. 5. 8.「外國旅券下付(附与)返納表進達一件」 228冊; 外務省記錄(戰前) 3. 8. 5. (no) 旅 077 (大正 2年 4月~6月).
- 外務省 外交史料館, 분류기호 3. 8. 5. 8.「外國旅券下付(附与)返納表進達一件」 228冊; 外務省記錄(戰前) 3. 8. 5. (no) 旅 081 (大正 4年 1月~3月).
- 『明治四十三 韓國移民關係雜件』
- 『不逞團關係雜件 鮮人ノ部 在上海地方』 1.
- 『不逞團關係雜件 鮮人ノ部 在歐米』 2, 3.
- 『不逞團關係雜件 朝鮮人ノ部 在內地』 1, 10.
- 『不逞團關係雜件 朝鮮人ノ部 在滿洲ノ部』 3, 4, 6, 30, 39.
- 『不逞團關係雜件-朝鮮人ノ部 在支那各地』 1.
- 『朝鮮人に對する施政關係件一般の部』 2.
- 『韓國皇族義和宮及同國人李埈鎔等動靜取調一件』, 아시아역사자료센터.(http://www.jacar.go.jp. 소장 Reel No. 1-0716, Frame 0037)

□ 미국 스미소니언 국립자연사박물관 인류학사진컬렉션과(Smithsonian National Museum of Natural History, Division of Ethnology photograph collection) 소장자료
- Portrait Of Kim Kyu-Sik (1881-1950), Called John, Protege of Rev Horace Grant Underwood, in Costume, 1886. 1 Photographic print (004 in x

006 in mounted on 004 in x 007 in) Creator: Ogawa, Isshin. Notes: NAA INV.04782800. Smithsonian National Museum of Natural History, Division of Ethnology photograph collection
- Portrait Of Kim Kyu-Sik (1881-1950), Called John, Protege of Rev Horace Grant Underwood, in Costume, 1886. 1 Photomechanical print (004 in x 005 in). Creator: Ogawa, Isshin. Notes: NAA INV.04762300. Smithsonian National Museum of Natural History, Division of Ethnology photograph collection

☐ 미국 스미소니언기관 아카이브(Smithsonian Institution Archives) 소장자료
- 호머 헐버트 컬렉션 관련 문서: RU 305, US National Museum, Office of Registrar, Accession Records, 1834-1958. 272270-27396. Box. 153. Folder 27357-27366.

☐ 갤러뎃대학 문서보관소(Gallaudet University Archives) 소장자료
- John Hay (Secretary of State) to Dr. Edward M. Gallaudet (President of the Columbia Institution of Deaf and Dumb), (1903. 3. 27).
- Min Hui Cho (Korean Minister) to John Hay (Secretary of State), (1903. 3. 24).
- John Hay (Secretary of State) to Dr. Edward M. Gallaudet, (1904. 6. 14).
- Horace N. Allen to Dr. Edward M. Gallaudet (President of Gallaudet University), (1904. 5. 4, 1904. 8. 25).

☐ 미국 국립문서기록관리청 (The National Archives and Records Administration: NARA) 소장자료
- NARA, 'Passenger Lists of Vessels Arriving in San Francisco, California, 1893~1953' M1410. Roll #2 (Mar. 4, 1896, AUSTRALIA- Oct. 2, 1898, SAN BLAS), NARA.

☐ 독립기념관 소장자료
- 「신규식의 동제사 창립 취지문」 자료번호: 1-006841-000.

□ 국사편찬위원회 소장자료
- 민충식, 『단원 민충식 자서전』 1, 104~106쪽. 연도 미상, 수기. 국사편찬위원회 소장(CO0000013048), 고춘섭 기증자료.

□ 규장각 소장자료
- 『駐美案』 卷1. 外部(朝鮮) 編, 『駐美來去案』(표제) 奎18061-v.1-7.

□ 김규식 관련 문서
- 「김규식 호적등본」(1988. 12. 7. 서울특별시 중구청장 발행).
- 김진성의 세브란스연합병원 인턴(당직의사) 근무 증명서(1917. 5). 김주현 소장.
- 「김규식 자필 이력서」(1950, 한문 2쪽·영문 5쪽, 각 1부)

□ 알렌 문서철(Horace N. Allen Papers)
- Allen to Rev. F. F. Ellinwood, April 26, 1897. Horace N. Allen Papers.
- "Prince Yee Coming Here, Sone of the Korean Emperor Leaves Ohio College," 1903. 11. Horace N. Allen Papers, Newspaper articles, Miscellany.
- 「근대 전환기 알렌문서 정리·해제 및 DB화」, 한국학중앙연구원 한국학진흥사업성과포털.

2. 간행 자료

□ 신문

- 미국 의회도서관(Chronicling America) 소장자료
"A Corean's College Theme, Russia Discussed by Kiusic Kimm at the Roanoke Commencement," *The Sun*, June 14, 1903.
"A Crown Prince Visiting America," *The Progress*, July 10, 1897.
"A Korean Student," *Dakota Farmer's Leader*, January 19, 1894.

"A Prince of Korea," *The Pacific Commercial Advertiser*, September 20, 1902.

"CLEVER AMERICAN GIRL CHARMS ANOTHER PRINCE. Korea's Heir Loves a Ministers Daughter," *The Washington Times*, January 10, 1903.

"Corea's Crown Prince. Now in the United States to finish his education," *Hopkinsville Kentuckian*, July 23, 1897.

"Corean Prince to Marry an American Schoolgirl," *Charlevoix County Herald*, October 8, 1904.

"Costs Money to Strike a Prince," *Lewiston Evening Teller*. November 2, 1903.

"Daughter Visits Famous Father's Alma Mater," *Roa·Notes*, January/February 1994.

"Doesn't Want to be King. A Korean Prince Who Is Attending An American College," *The Savannah Morning News*, January 18, 1903

"He will rule Korea. Prince Eui Wha Comes to America for Learning. Although the Second Son; He is Generally Looked Upon As the Future King," *The San Francisco Call*, June 7, 1897

"Injustice done to Korean Prince, Dr. Hamlin the Champion of Eui-wha," *The Washington Times*, February 21, 1904.

Julius D. Dreher, "Korean in America, Roanoke College A Favored Spot for Them," *Boston Evening Transcript*, March 26, 1904.

"Korea's Crown Prince," *Custer County Republican*, August 23, 1900.

"Korea's Heir Apparent. What is Said at the Legation Regarding Secret of His Whereabouts," *Evening Star*, January 23, 1904.

"Korean Boys at Howard," *The Evening Times*, May 11, 1896

"Korean Prince a High-Roller. The Prince Owes New York Bankers Thirty Thousand, Seeing Sights in the Metropolis," *Tazewell Republican*, January 23, 1902.

"Korean Prince Eui-Wha Said to Be in Hiding. Attaches of Legation Say Heir to Throne will Visit Washington. But Refuse to Disclose His Whereabouts," *The Washington Times*, January 22, 1904

"Korean Prince in Town. Eui Wha Comes to America to Get an Education," *The Times*, June 19, 1897.

"Korean Prince is Catching on," *The Times*, April 28, 1901.

"Korean Prince on Russia, Son of Emperor Thinks It is after the whole of Asia," *Waterbury Evening Democrat*, October 26, 1903.

"Korean Prince Prefers Freedom to Throne," *The St. Louis Republic*, March 1, 1903.

"Korean Prince Seeks Learning in America," *The San Francisco Call*, August 5, 1900.

"Korean Prince Was New York Sport," *The Hawaiian Star*, September 5, 1907.

"Korean Prince Will be Avenged," *The Spokane Press*, June 18, 1903.

"Korean Prince, Attacked by Drunken man at Delaware, O., and Badly Beaten," *The Stark County Democrat*, June 12, 1903.

"Koreans in America," *Democratic Northwest and Henry County News*, July 18, 1895.

"Love Affairs of A Korean Prince, He wants to marry a pretty American Girl, Trouble for His Guardian," *The Virginia Enterprise*, January 6, 1905

"Mr. Kiusic Kim, of Seoul, Korea to Graduate as Bachelor of Arts-Festivities Arranged for Commencement Season," *The Times Dispatches*, May 10, 1903; June 12, 1903.

"Persecution Drives Prince Yee Away, Son of the Emperor of Korea Finds School Life in America Too Unpleasant," *The St. Louis Republic*, November 14, 1903.

"Prince "Blew In" $30,000 to See Gotham, Second Son of the King of Korea Sued by a Banking Firm," *Richmond Dispatch*, January 22, 1902.

"Prince Eui Wha, The Korean Adonis," *The Princeton Union*, August 1, 1907.

"Prince of Korea, But the Victim at Times of Most Outrageous Fortunes," *Hopkinsville Kentuckian*, August 13, 1897.

"Prince Yee or Korea Comes to Washington, College Troubles of the Young

Man Have Given Him Worry and Some Notoriety," *The Washington Times*, November 16, 1903. The Princeton Union, August 1, 1907.

"Punishment for Striking Prince," *The Evening Statesman*, November 2, 1903.

"Roanoke College, Commencement Exercises of This Famous Old School," *Richmond Dispatch*, June 13, 1902.

"Roanoke College," *Staunton Spectator and Vindicator*, July 14, 1898.

"Roanoke College," *The Norfolk Virginia*, June 27, 1897.

"Roanoke's Openning Day," *Clinch Valley News*, September 24, 1897.

"The Cause of Education," *Boston News*, June 30, 1903.

"The Coptic Arrives, Breaks the Record Between Yokohama and Honolulu—Cabin Passenger List," *The San Francisco Call*, June 7, 1897.

"The First Korean Master of Arts (From the Roanoke Collegian)," *The Evening Times*, July 8, 1899.

"Too Popular with the Girls, Ohio Boy Pleads Guilty to Assaulting Korean Prince," *Madison Daily Leader*, October 27, 1903.

- 신문

Boston News, New York Tribune, New York Tribune, Roanoker Times, The Bottineau Courant, The Columbus Journal, The evening times. The Loup City Northwestern, The Morning Times, The Phi Gamma Delta, The Princeton Union, The Republican, The Roanoke Times, The Springfield Herald, The times, The True Democrat, Waterbury Evening Democrat.

『경향신문』, 『공립신보』, 『국민보』, 『大韓每日申報』, 『동아일보』, 『매일신보』, 『서울신문』, 『新朝鮮報』, 『신한민보』, 『帝國新聞』, 『조선일보』, 『中外日報』, 『皇城新聞』.

- 미국 로녹대학(Roanoke College) 소장자료

Catalogue of Roanoke College in Korean Students—Master List folder, Roanoke College Archives.

X Röntgen Rays '98, published by the Roanoke College Annual Staff of 1898. Roanoke College Archives.

Kim Kyusik's transcript(김규식 성적표), 「스텔라 수-정병준」(2023. 4. 24).

[로녹칼리지안(*Roanoke Collegian*) 수록 글]

"A Distinguished Visitor," *Roanoke Collegian*, vol. 25, no. 4. February, 1899.

"A Few of Our Koreans," *Roanoke Collegian*, vol 25, no. 8, June, 1899.

"Demosthenean Celebration," *Roanoke Collegian*, vol. 28, no. 4, February, 1902.

"Dr. Kiusic Kimm, Famous Korean Alumnus Reappears in the News," *The Roanoke Collegian*, December, 1946.

"Kiu Beung Surh-First Korean Bachelor of Arts," *Roanoke Collegian*, vol. 24, no. 8, June, 1898

"Korean Items," *Roanoke Collegian*, vol. 23. no. 8. June, 1897

"Our First Korean Students," *Roanoke Collegian*, vol. 20, no. 3. January, 1894.

"Roanoke's First Oriental Student: Kiu Byeng Surh. '98. Was Active Modernizer in Korea at Turn of Century: Protege of Dreher," *The Roanoke Collegian*, October, 1950.

"The Commencement Exercise," *Roanoke Collegian*, vol. 24, no. 8. June, 1898.

K. B. Surh, "Native Korean Costumes," *Roanoke Collegian*, Vol. 24. No. 2. December 1897.

_____, "Some Facts About Korea," *Roanoke Collegian*, vol. 24, no. 4, February, 1898.

_____, "The Individual in Society: Graduating Address of Kiu Beung Surh, Seoul, Korea" *Roanoke Collegian*, vol. 24, no. 8, June, 1898.

K. S. Kimm, "The Fall of a Modern Sebastopol," *Roanoke Collegian*, vol. 31, no. 7. May, 1905.

Kiu Seek Kimm, "The Korean Language," *Roanoke Collegian*, May, 1900.

Kiusic Kimm, "Russia and the Korean Question," *Roanoke Collegian*, vol. 29,

_____, "Russia in the Far East; Graduation Address," *Roanoke Collegian*, vol. 29, no. 8, June, 1903.

_____, "The Dawn in the East. An Oration," *Roanoke Collegian*, vol. 28, no. 4, February, 1902.

_____, "The Nobleman and His Nephew," *Roanoke Collegian*, vol. 28, no. 6, February, 1902.

Surh Beung Kiu, "Korean Peun Sam," *Roanoke Collegian*, vol. 22, no. 8, June, 1895.

□ 잡지

「五大學府 出의 人材 언.파렛드」,『삼천리』제4권 제2호(1932. 2. 1).

觀相者, 1928,「各界各面 第一 먼저 한 사람」,『別乾坤』제16·17호.

記事部, 1925,「유미졸업생일람표」,『우라키』1.

金奎植 譯, 회원 徐光浩 筆記,「個人自治(屬)」,『서우』제7호(1907년 6월호).

金鎭東,「抗日鬪爭回顧錄 17 : 金奎植博士와 獨立鬪爭」,『경향신문』(1962. 8. 28).

金晉庸,「合衆國獨立所感」,『대한흥학회월보』(1908. 3. 25).

金瀅植, 1932,「平壤 大成學校와 安昌浩」,『삼천리』제4권 제1호(1월호).

挽洋生 韓興敎, 1908,「愛國歌」,『대한학회월보』2호.

변영만, 1936,「실루엣 二, 三」,『中央』6월호.

松雀, 1927,「今人·古人 名士의 失態秘話, 창피 大창피」,『별건곤』3.

楊相浩, 1932,「海東 高麗國 醫學博士 엉터리 致富傳, 中國서 배人심으로 돈 모으든 이야기」,『별건곤』제59호(12월).

여운형, 1936「나의 회상 : 몽골의 고비사막을 횡단하며 / 제1편 떠나게 되기까지」,『중앙』(1936).

李光洙, 1930,「上海 이일 저일」,『삼천리』10호(11. 1),『이광수전집』8, 우신사(1979).

李光洙, 1936,「文壇苦行三十年(其二) 西伯利亞서 다시 東京으로」,『朝光』(1936. 5).

李光洙, 1936,「文壇生活 三十年을 도라보며 : 多難 半生의 道程」,『朝光』(1936. 4).

李光洙, 1936,「脫出 途中의 丹齋 印象」,『朝光』2-4(1936. 4),『이광수전집』8, 우신

사(1979).

李光洙, 1948, 「나의 고백」, 『李光洙全集』.

鄭寅普, 1925, 「介潔無垢의 朴殷植先生」, 『開闢』(1925. 8).

洪憙, 「語學에 能한 金奎植博士」, 『개벽』 제62호(1925. 8. 1).

"Dr. Kil Pil Soon," by Mr. Kim Kiu Sik, *The Korea Mission Field*, Vol. VI, no. 1 (1911. 1. 1).

J. K. S. Kim, "The Erection of the First General Assembly of the Presbyterian Church in Korea," *The Korea Mission Field*, Vol. III, No. 11(1912. 11).

□ 회고록

곽림대, 1973, 『못잊어 華麗江山』, 대성출판사.

김메리, 1996, 『학교종이 땡땡땡』, 현대미학사.

레지널드 존스턴 지음, 김성배 옮김, 2008, 「송수노인(松壽老人) 자서전」, 『자금성의 황혼』, 돌베개.

李丁奎, 1974, 『又觀文存』, 三和出版社.

릴리어스 호턴 언더우드 지음, 이만열 옮김, 2015, 『언더우드』, 한국기독학생회출판부.

文一平, 1978, 「나의 半生」, 『湖岩全集』 3, 삼문사.

민필호, 「대한민국임시정부와 나」, 김준엽 편, 1995, 『石麟閔弼鎬傳』, 나남출판.

_____, 「睨觀 申圭植先生傳記」, 김준엽 편, 1995, 『石麟閔弼鎬傳』, 나남출판.

_____, 『한중외교사화』, 독립운동사편찬위원회, 1974, 『독립운동사자료집』 8(임시정부사자료집).

삼균학회, 1979, 「3·1운동과 나」, 『소앙선생문집』(하), 횃불사.

_____, 1979, 「연보」, 『소앙선생문집』(하), 횃불사.

申鉉模, 1994, 『匹夫不可奪志』, 대성출판사.

연세대학교, 1983, 「文湖岩哀詞」, 『담원 정인보전집』 1, 연세대학교출판부.

이상수, 1985, 『송철회고록』, 키스프린팅.

이정식 면담, 김학준 편집해설, 김용호 수정증보, 2006, 『혁명가들의 항일회상』, 민음사.

이인섭 원작, 반병률 엮음, 2013, 『망명자의 수기』, 한울아카데미.

이해경, 1997, 『나의 아버지 의친왕』, 도서출판진.

장건상 외, 1966, 『사실의 전부를 기술한다』, 희망출판사.

□ 자료집

姜德相, 1965,『現代史資料』27(東京 : みすず書房).

고려대학교 아세아문제연구소, 2010,『구한국외교문서』[electronic resource], 누리미디어.

-『구한국외교문서』19, 法案1.

-『구한국외교문서』10, 美案1.

-『구한국 외교부속문서』3, 統署日記1.

國家報勳處, 1988,『大韓民國 獨立有功者 功勳錄』, 5.

국사편찬위원회, 1983,『한국독립운동사』자료2권(임정편II), 국사편찬위원회.

_____, 1987,『한민족독립운동사』1(국권수호운동), 국사편찬위원회.

_____, 1988,『한민족독립운동사』3(3·1운동), 국사편찬위원회.

_____, 1989,『한민족독립운동사』5(일제의 식민통치), 국사편찬위원회.

_____, 1989,『한민족독립운동사』6(열강과 한국독립운동), 국사편찬위원회.

_____, 1992~1998,『(국역)주한일본공사관기록』7, 10, 11, 12, 17, 18, 23, 24, 25, 26(한국사 데이터베이스).

_____, 1998,『(국역)통감부문서』1(한국사 데이터베이스).

_____, 1998~2000,『통감부문서』2, 6, 7, 8, 10 (한국사 데이터베이스).

_____, 2001~2002,『한국근대사자료집성』1, 3(한국사 데이터베이스).

_____, 2005,『대한민국임시정부자료집』1(헌법 공보), 국사편찬위원회.

_____, 2005,『대한민국임시정부자료집』2(임시의정원1), 국사편찬위원회.

_____, 2016,『국역 윤치호 영문 일기』4, 국사편찬위원회.

_____,『각사등록 근대편 內部來文 23』(한국사 데이터베이스).

_____,『각사등록 근대편 內部來文 24』(한국사 데이터베이스).

_____,『각사등록 근대편 外部來案』(한국사 데이터베이스).

_____,『각사등록 근대편 學部來去文』(한국사 데이터베이스).

_____,『고종실록』(한국사 데이터베이스).

_____,『국역 承政院日記』140책(한국사 데이터베이스).

_____,『대한제국관보』(한국사 데이터베이스).

국회도서관, 1976,『韓國民族運動史料』, 中國篇, 국회도서관.

騎驢子 宋相燾,『騎驢隨筆』(한국사료총서 2, 1955), 국사편찬위원회.

김민수·고영근·하동호 편, 1977,『역대한국문법대계』, 탑출판사.

김원모, 1991,『알렌의 일기』, 단국대학교출판부.

金允植 編, 1920,『淸風金氏世譜』(표제『淸風世譜』), 12책 중 卷1.

金正柱 편, 1970,『朝鮮統治史料』5, 韓國史料硏究所.

대한예수교장로회총회,『총회회의록』, 1912~1917(1회~7회).

도산안창호선생전집편찬위원회 편, 1991,『도산안창호전집』2(서한II).

독립기념관 한국독립운동사연구소, 1991,『島山安昌鎬資料集(2) 在中國關內·滿洲·유럽 同胞와의 書信類』.

민족문화추진회, 1977,『국역해행총재 속편』XI, 민족문화추진회.

몽양여운형선생전집발간위원회 편, 1991,『몽양여운형전집』1, 한울.

白川趙氏大宗會, 1995,『白川趙氏大同世譜』1.

새문안85년편찬위원회, 1973,『새문안85년사』, 새문안교회.

새문안교회 창립 100주년 기념사업회 역사편찬위원회, 1995,『새문안교회 100년사 (1887~1987)』, 새문안교회.

새문안교회역사편찬위원회, 1987,『새문안교회문헌사료집』, 새문안교회.

外務省 編纂, 1958,『日本外交文書』제38권 제1책.

우사김규식연구회 편, 심지연 번역·해설, 2016,『우사김규식영문자료집』, 우사김규식연구회.

이만열·옥성득 편역, 2005,『언더우드자료집I』, 연세대학교출판부.

_____, 2006,『언더우드자료집II』, 연세대학교출판부.

이헌영(李憲永), 1977,『일사집략(日槎集略)』인(人) 동행록(同行錄), 한국고전번역원.

趙撤 편, 1904,『銀川世家(白川趙氏世譜)』亥, 국립중앙도서관 소장본(古 2518 72-98. 12).

진홍섭 편저, 1998,『韓國美術史資料集成』6, 일지사.

淸風金氏譜所 編, 1958,『淸風金氏世譜』(표제『淸風世譜』), 鉛活字本 12책 중 卷4.

韓國精神文化硏究院 歷史硏究室 편, 1990,『朝鮮時代雜科合格者總覽』, 한국정신문화

연구원.

허동현, 2000, 『조사시찰단 자료집』 14, 국학자료원.

3. 연구논저

□ 저서

강관식, 2001, 『조선 후기 궁중화원 연구』 하, 돌베개.

강덕상 지음, 김광열 옮김, 2007, 『여운형 평전1: 중국·일본에서 펼친 독립운동』, 역사비평사.

강만길·심지연, 2000, 『우사 김규식 - 생애와 사상1: 항일 독립투쟁과 좌우합작』, 한울.

강영주, 1999, 『홍명희연구』, 창작과비평사.

경신사편찬위원회, 1991, 『경신사』, 경신중고등학교.

고춘섭 편저, 1970, 『경신80년약사』, 경신중고등학교.

具仙姬, 1990, 『韓國近代 對淸政策史 硏究』, 혜안.

金綺秀, 1974, 『日東記遊』 卷一 隨率;『修信使記錄(한국사료총서 9)』, 국사편찬위원회.

김도훈, 2010, 『미대륙의 항일무장투쟁론자 박용만』, 역사공간.

김민수·고영근·하동호 편, 1977, 『역대한국문법대계』, 탑출판사.

김원용, 1959, 『재미한인50년사』, Reedley, California.

김희곤, 2013, 『조성환』, 역사공간.

김희곤·박윤형·홍태숙, 2008, 『의사출신 독립운동가의 활동과 역사적 위상』, 한국의사100년기념재단.

대한YMCA연맹 엮음, 1986, 『한국 YMCA운동사 1895~1985』, 路출판.

릴리어스 호턴(L. H.) 언더우드 지음, 이만열 편역, 1990, 『언더우드, 한국에 온 첫 선교사』, 기독교문사.

민경배, 1972, 『한국기독교회사』, 대한기독교출판사.

_____, 1993, 『서울YMCA운동사 1903~1993』, 路출판.

민두기, 1994, 『신해혁명사』, 민음사.

민병용, 2015, 『애국지사의 꿈』, 밝은미래재단·한인역사박물관·대한인국민회기념재단.

박보리스 드미트리예비치 지음, 민경현 옮김, 2010, 『러시아와 한국』, 동북아역사재단.

박형우, 2008, 『한국 근대 서양의학 교육사』, 청년의사.

반병률, 1998, 『성재 이동휘 일대기』, 범우사.

방선주, 1989, 『재미한인의 독립운동』, 한림대 아시아문화연구소.

비트트루 지음, 현대몽골연구원 옮김, 2011, 『20세기 한국몽골관계사』, KM미디어.

서영희, 2003, 『대한제국정치사연구』, 서울대학교 출판부.

성황용, 2001, 『근대동양외교사』, 명지사.

孫科志, 2001, 『上海韓人社會史 1910~1945』, 한울.

신복룡, 2014, 『대동단실기』(개정증보판), 선인.

신용하, 2000, 『초기 개화사상과 갑신정변연구』, 지식산업사.

_____, 2003, 『증보 신채호의 사회사상연구』, 나남출판.

에드워드 와그너 지음, 이훈상·손숙경 옮김, 2007, 『조선왕조 사회의 성취와 귀속』, 일조각.

유영익, 1996, 『이승만의 삶과 꿈』, 중앙일보사.

윤경로, 2012, 『105인 사건과 신민회 연구』, 한성대학교출판부.

윤병석, 1984, 『이상설전』, 일조각(1998년 개정판).

이광린, 1986, 『韓國開化史의 諸問題』, 일조각.

_____, 1991, 『초대 언더우드선교사의 생애: 우리나라 근대화와 선교활동』, 연세대학교출판부.

_____, 1995, 『開化黨研究』, 일조각.

이능화 지음, 한국기독교사료연구소 역주, 2010, 『조선기독교와 외교사』, 살림문화사.

李萬珪, 1946, 『呂運亨鬪爭史』, 民主文化社.

이명화, 1992, 『김규식의 생애와 민족운동』, 독립기념관 한국독립운동사연구소.

이민식, 2006, 『근대사의 한 장면 콜럼비아 세계박람회와 한국』, 백산자료원.

이배용, 1984, 『구한말 광산이권과 열강』, 한국연구원.

李瑄根, 1976, 『韓國史(最近世篇)』, 震檀學會.

이정식, 1974, 『김규식의 생애』, 신구문화사.

이찬영, 1979, 『한국기독교사연대표』, 창미서관.

장팅푸 지음, 김기주·김원수 옮김, 1990, 『淸日韓外交關係史』, 민족문화사.

전우용, 2011, 『한국회사의 탄생』, 서울대학교출판문화원.

전택부, 1971 『인간 신흥우』, 홍성사.

_____, 1994, 『한국기독교청년회운동사』, 범우사.

정병준, 1995, 『몽양 여운형 평전』, 한울.

_____, 2005, 『우남 이승만 연구』, 역사비평사.

鄭元澤, 『지산외유일지』(志山外遊日誌) 독립운동사편찬위원회, 1974 『독립운동사자료집』 8(임시정부사자료집), 원호처.

조동걸, 2010, 『우사 조동걸 저술전집 3: 한국독립운동사총설』, 역사공간.

조풍연 해설, 1986, 『(사진으로 보는) 朝鮮時代 : 생활과 풍속』, 서문당.

주요한, 1964, 『秋丁 李甲』, 대성문화사.

陳舜臣 저, 趙良旭 역, 2005, 『청일전쟁』, 宇石.

車載明, 1928, 『朝鮮예수教長老會史記』, 新門內教會堂.

천성림, 2013, 『중국근현대사 2: 근대국가의 모색 1894~1925』, 삼천리.

崔文衡 외, 1992, 『明成皇后弑害事件』, 民音社.

崔仁辰, 1999, 『韓國寫眞史 1631-1945』, 눈빛.

한동관, 2012, 『한국 현대의료의 발자취: 근대 의료건축물을 중심으로』, KMA의료정책연구소.

한상일, 2002, 『아시아연대와 일본제국주의: 대륙낭인과 대륙팽창』, 오름.

한영우, 2005, 『조선왕조 의궤(儀軌)』, 일지사.

許東賢, 2000, 『近代韓日關係史硏究 : 朝士視察團의 日本觀과 國家思想』, 국학자료원.

황현 지음, 임형택 외 옮김, 2005, 『매천야록』 상, 문학과지성사.

A. L. Narochnitskii, *Kolonial'naia politika kapitalistiseckikh derjav na Dal'nem Vostoke, 1860~1895*, Moskva, 1956.

Anna S. Chesnutt, *Destined*, Kearney; Morris Publishing, 1995.

Boris D. Pak, *Rossija I Koreija*, Moskva, 1979.

Daniel L. Gifford, *Every-Day Life in Korea*, Fleming H. Revell Company, New York, 1898.

F. A. Mckenzie, *The Tragedy of Korea*, Hodder and Stoughton, 1908(Reprinted by Yonsei Univ. of press, Seoul, 1969).

Fred Harvey Harrington, *God, Mammon and the Japanese: Dr. Horace N. Allen and Korean-American Relations*, 1884-1905. Madison, Wisconsin, University of Wisconsin Press, 1944; 프레드 하비(F. H.) 해링튼 저, 이광린 역, 1981, 『개화기의 한미관계: 알렌박사의 활동을 중심으로』, 일조각.

L. H. Underwood, *With Tommy Tompkins In Korea*, New York, Chicago, Toronto Fleming H. Revell Company. London and Edinburgh, 1905.

Lillias H. Underwood, *Underwood of Korea*, New York, Fleming H. Revell Co., 1918.

Maochun Yu, *OSS in China: Prelude to Cold War*, Yale University Press, New Heaven and London, 1996.

Mark F. Miller, *"Dear Old Roanoke": A Sesquicentennial Portrait, 1842-1992*, Mercer University Press, 1992

Mark Gayn, *Japan Diary*, New York, 1948; 마크 게인 저, 편집부 역, 1986, 『해방과 미군정 1946.10-11』, 까치.

Owen Lattimore, *Nomads and Commissars*, New York, Oxford University Press, 1963

Robert Coltman Jr., *The Chinese, their present and future: Medical, Political, and Social*, Philadelphia, 1891.

_____, *Yellow Crime, or Beleaguered in Peking: the Boxer's War Against the Foreigner*, 1901.

Seung Kwon Synn, *The Russo-Japanese Rivalry Over Korea, 1876-1904*, YUK PHUB SA, Seoul, Korea, 1981.

William Edward Eisenberg ed., *The First Hundred Years: Roanoke College 1842-1942*, Salem, VA, Shenandoah Publishing House, Inc., 1945.

国書刊行会, 1986, 『目でみる李朝時代』(1986. 3. 1).

宋紫云, 2003, 『冷遹先生轶事』, 中国民主建国会.

鈴木省吾 編, 1886, 『朝鮮名士 金氏言行錄』, 東京, 博文堂.

田保橋潔, 1940, 『近代日鮮關係の研究』 下卷, 朝鮮總督府 中樞院.
重吉万次, 1937, 「鮮路保護密約締結の企に就いて―一八八四年より一八八六年に至る―」, 『稻葉博士還曆紀念滿鮮史論叢』.
中央研究院 近代史研究所 編, 1972, 『淸季中日韓關係史料』 第4卷, 臺北, 中央研究院 近代史研究所.

□ 논문

강민기, 「김용원」(金鏞元), 『한민족문화대백과사전』 온라인판.
강영심, 1988, 「신한혁명당의 결성과 활동」, 『한국독립운동사연구』 2.
강창일, 1989, 「일본의 우익과 조선지배」, 『한민족독립운동사』 5, 국사편찬위원회.
金景昌, 1975, 「청국의 종주권 강화와 한로비밀협정사건 시말」, 『정치학회보』 7.
김기석, 1995, 「광무제의 주권수호외교, 1905~1907: 을사조약 무효선언을 중심으로」, 이태진 편, 『일본의 대한제국 강점: "보호조약"에서 "병합조약"까지』, 도서출판 까치.
김도훈, 1996, 「1910년대 초반 미주한인의 임시정부 건설론」, 『한국근현대사연구』 10.
_____, 2008, 「제2부 1910년대 미주지역항일운동」, 『(한국 독립운동의 역사 17) 1910년대 국외항일운동 Ⅱ : 중국·미주·일본』, 한국독립운동사편찬위원회·독립기념관 한국독립운동사연구소.
김민수, 1957, 「『大漢文典』攷」, 『서울대학교 논문집』, 인문·사회과학 5.
_____, 1977, 「김규식, 『대한문법』의 연구」, 『인문논집』 22, 고려대학교.
_____, 1981, 「金奎植의 "The Korean Language"에 대하여」, 『어문논집』 22, 민족어문학회.
김영황, 2015, 「근대적 국어문법 건설과 김규식의 문법리론」, 『중국조선어문』 2.
金源模, 1985, 「徐光範硏究」, 『東洋學』 15.
金澈雄, 2010, 「주미공사 李範晉의 미국 여정과 활동」, 『역사학보』 205.
김혜령·정병준, 2022, 「이기종의 생애와 주요 활동 –알려지지 않은 이범진·이위종의 동반자–」, 『한국민족운동사연구』 113.
김희곤, 1995, 「同濟社와 상해지역 독립운동의 태동」, 『중국관내 한국독립운동단체 연구』, 지식산업사.

李炫熙, 1989, 「1920年代 韓·中聯合 抗日運動」, 『國史館論叢』 1.

민병용, 1986, 「초기 이민의 산 증인 양주은옹」, 『미주이민 100년』, 한국일보사출판국.

박걸순, 2022, 「예관 신규식의 국권회복운동 방략과 실천」, 『한국근현대사연구』 103.

박성래, 2007, 「한국 최초의 사진기술자·화학도였던 '김용원'」, 『과학과 기술』 4월호.

박종갑, 1994, 「김규식의 『조선문법』연구: 문장론을 중심으로」, 『용연어문논집』 6.

박종연, 2007, 「春郊 柳東說의 독립운동과 군사활동」, 『한국민족운동사연구』 52.

朴漢珉, 2017, 「갑오개혁기 보빙대사 의화군과 유길준의 일본 파견과 활동」, 『한국근현대사연구』 81.

박형우, 1998, 「대의 김필순」, 大韓醫史學會, 『醫史學』 12월(제7권 제2호).

_____, 1998, 「세브란스의학교 1회 졸업생의 활동」, 『延世醫史學』 Vol.2 No.2.

박혜미, 2019, 「일본조합교회 간사 김린의 생애와 친일활동」, 『한국기독교와 역사』 51.

반병률, 1998, 「세브란스와 독립운동」, 『延世醫史學』 Vol.2 No.2.

_____, 2000, 「醫師 李泰俊(1883~1921)의 독립운동과 몽골」, 『한국근현대사연구』 13.

_____, 2003, 「러시아에서의 민족운동의 자취를 찾아서」, 『韓國史市民講座』 33.

_____, 2013, 「이태준: 항일민족운동과 몽골」, 『여명기 민족운동의 순교자들』, 신서원.

_____, 2018, 「이태준의 서한을 통해서 본 한국독립운동」, 『대암 이태준 애국지사의 삶과 독립운동』, 함안문화원 2018년 학술회의.

방선주, 1987, 「徐光範과 李範晋」 『崔永禧先生華甲紀念韓國史學論叢』, 탐구당.

_____, 1989, 「1921~22년의 워싱톤회의와 재미한인의 독립청원운동」, 『한민족독립운동사』 6, 국사편찬위원회.

_____, 1989, 「金憲植과 3·1운동」, 『재미한인의 독립운동』, 한림대 아시아문화연구소.

_____, 1989, 「박용만평전」, 『재미한인의 독립운동』, 한림대학교출판부.

_____, 2003, 「한인 미국이주의 시작1903년 공식이민 이전의 상황진단」, 『한국사론』 39.

배경한, 1999, 「上海·南京지역의 初期(1911-1913) 韓人亡命者들과 辛亥革命武昌起義·討袁運動에의 參與와 孫文·革命派人士들과의 交流를 중심으로」, 『東洋史學研究』 67.

_____, 2003, 「중국망명시기(1910~1925) 박은식의 언론활동과 중국인식」, 『동방학

지』 121.

_____, 2011, 「신해혁명과 한국: 김규흥의 廣東에서의 활동을 중심으로」, 『역사학보』 212.

_____, 2013, 「장저우(漳州)회의(1920년 4~5월)와 여운형」, 『역사학보』 220.

사또오 카즈오, 2008, 「쑨원의 혁명은 토오꾜오에서부터 시작되었다」, 아사히신문 취재반, 『동아시아를 만든 열 가지 사건』, 창비.

서굉일, 1988, 「중국·만주의 3·1운동」, 『한민족독립운동사』 3(3·1운동), 국사편찬위원회.

송건호, 1990, 「항일독립운동기의 인물 연구 -김규식의 일생-」, 『국사관논총』 18.

申承權, 1994, 「江左輿地記·俄國輿地圖 解題」, 『(韓國學資料叢書二)江北日記·江左輿地記·俄國輿地圖』, 韓國精神文化研究院.

楊相浩, 1932, 「海東 高麗國 醫學博士 엉터리 致富傳, 中國서 뱃심으로 돈 모으든 이야기」, 『별건곤』, 제59호(12월).

柳永博, 1972, 「俄國輿地圖」, 『國學資料』 창간호(2월).

_____, 1980, 「藏書閣所藏 江左輿地記 論攷」, 『國學資料』 38(12월).

柳永益, 2000, 「제3차 개혁」, 『신편 한국사』 40(청일전쟁과 갑오개혁), 국사편찬위원회.

윤종문, 2013, 「항일투쟁기 곽림대의 재미독립운동」, 『역사연구』 24.

이강·주요한·백영엽·최희송·이복현·김용현, 「도산언행습유: 해운대좌담기록」, 윤병석·윤경로 편, 1995, 『안창호일대기』, 역민사.

이광린, 1992, 「민비와 대원군」, 崔文衡 외, 『明成皇后弑害事件』, 民音社.

李萬珪, 1947, 「夢陽呂運亨鬪爭史」, 『新天地』 8월호.

이만열, 2001, 「선교사 언더우드의 초기 활동에 관한 연구」, 『한국기독교와 역사』 14.

이명화, 2012, 「재미실업가 김종림의 생애와 독립운동」, 『한국독립운동사연구』 43.

이민식, 2000, 「19세기 콜럼비아 박람회에 비친 정경원의 대미외교와 문화활동」, 『근대 한미관계사』, 백산자료원.

_____, 2009, 「왕바우산 밤나무집 사람-겸양 성실 긍휼의 화신 서병규(1872~1952)」, 『개화기의 한국과 미국관계』, 한국학술정보(주).

이영미, 2017, 「을사조약 후 고종의 대미교섭 시도에 대한 알렌(Horace N. Allen)의 인식과 대응」, 『한국근현대사연구』 82.

李恩周, 2002,「개화기 사진술의 도입과 그 영향-金鏞元의 활동을 중심으로」,『震檀學報』93.

이재령, 2015,「일제강점기 在中 韓人留學生의 실태와 지적교류」,『중국근현대사연구』68.

이정식, 2006,「해방 직후 정치 지도자 4인의 성격구성」,『대한민국의 기원』, 일조각.

이화여자대학교 패션디자인연구소, 2005,「서당 가는 양반가의 남아(김규식)」,『고유복식』, 누리미디어.

任桂淳, 1984,「韓露密約과 그 후의 韓露關係(1884~1894)」,『한러관계100년사』, 한국사연구협의회.

임춘수, 1990,「申圭植·申采浩 등의 山東門中 開化事例」,『윤병석교수화갑기념 한국근대사논총』, 지식산업사.

장석흥, 2002,「1910~20년대 몽골지역에서 전개된 한국독립운동」,『한국근현대사연구』23.

정병준, 2012,「1905년 윤병구·이승만의 시오도어 루즈벨트 면담외교의 추진과정과 그 의미」,『한국사연구』157.

_____, 2012,「한말 미국 유학 지식인의 서구 '사회과학' 수용과 현실 인식」,『이화사학연구』44.

_____, 2015,「김규식의 부친 김용원의 가계와 생애」,『한국근현대사연구』73.

_____, 2017,「파리로 가는 김규식」,『역사비평』겨울호.

정영희, 1997,「사립흥화학교에 관한 연구」,『동서사학』3

鄭玉子, 1965,「紳士遊覽團考」,『歷史學報』27.

조동걸, 1987,「임시정부 수립을 위한 1917년의 대동단결선언」,『한국학논총』9, 141쪽.

_____, 1988,「1910년대 독립운동의 변천과 특성」,『한민족독립운동사3』(3·1운동).

조항래, 1998,「19世紀末~20世紀初 日本大陸浪人의 韓國侵略行脚研究」,『國史館論叢』79.

_____, 1971,「丙子修信使 金綺秀 使行考追補 -航韓必携의 검토와 관련하여-」,『유홍렬박사 화갑기념논총』.

최경봉, 2004,「김규식『대한문법』의 국어학사적 의의」,『우리어문연구』22.

최기영, 2015,「宋憲澍의 재미민족운동과 한인단체 연합활동」,『한국독립운동사연구』 51.

최낙복, 2003, 「김규식 문법의 통어론연구」, 『한글』 260.

최덕규, 2013, 「러일의 내몽골 분할협약 연구(1912): 제3차 러일협약 체결과정을 중심으로」, 『영토해양연구』 5.

최송호, 2009, 「[평양 교환학생 생활기] 3점인들 어떠하리 5점인들 어떠하리 만수산 드렁칡이 얽어진들 어떠하리」, 『민족21』 4월호.

한동관, 2012, 『한국 현대의료의 발자취: 근대 의료건축물을 중심으로』, KMA의료정책연구소.

한상도, 2003, 「중국 관내지역」 국사편찬위원회, 『한국사』 47(일제의 무단통치와 3·1운동), 탐구당.

한영목, 1991, 「김규식 문법에서의 통사론연구」, 『어문연구』 22.

許東賢, 1986, 「朝士日本視察團에 관한 硏究」, 『韓國史硏究』 52.

허동현, 1995, 「1881년 조사시찰단의 활동에 관한 연구」, 『국사관논총』 66.

洪善杓, 1995, 「조선후기 通信使 隨行畵員의 파견과 역할」, 『미술사학연구』 205.

홍선표, 1998, 「朝鮮後期 通信使 隨行畵員의 繪畵活動」, 『미술사논단』 6.

洪允靜, 2005, 「獨立運動과 飛行士 養成」, 『國史館論叢』 107.

황미숙, 2016, 「언더우드의 고아원 사업에 대하여(1886-1897)」, 『한국기독교와 역사』 44.

Alicia Jean Campi, "Chapter I: The Establishment of the Kalgan Consulate," *The political relationship between the United States and Outer Mongolia, 1915-1927: the Kalgan Consular records*. Indiana University Ph.D. thesis, 1988

Charles J. Ferguson ed., "Historical Introduction," *Andersen, Meyer & Company Limited of China: Its History: Its Organization Today, Historical and Descriptive Sketches Contributed by Some of the Manufactures It Represents, March 31, 1906 to March 31, 1931*, Shanghai, Kelly and Walsh, Limited, 1931

Edward Wagner, "In Inquiry into the Origin, Development, and Fate of *Chapkwa—Chungin* Lineage," 1983.

Edward Wagner, "The Development and Modern Fate of *Chapkwa—Chungin* Lineage," 한국학 국제학술회의, '국내외에 있어서 한국학의 현재와 미래' 인하대학교 한국학연구소, 1987. 9. 10~1987. 9. 12.

Edward Wagner, "The Three Hundred Year History of Haeju Kim *Chapkwa—Chungin* Lineage," 1987, 『송준호교수정년기념논총』, 한국인문과학원.

N. Khisigt, 2009, 「운게른 남작 지배하의 몽골」, 애국지사 대암이태준선생 기념사업회, 『애국지사 대암 이태준선생 서거 88주년기념 국제학술회의』, 경남 함안.

Nicola Di Cosmo, "Mongolian Topics in the U.S. Intelligence Reports, *Mongolian Studies*, no. 10, Journal of the Mongolian Society, 1986

S. A. Moffett, "Korea," *Twenty-Second Annual Report of the Woman's Presbyterian of Missions of the Northwest*, April 1893.

龜井武, 1991, 「日本寫眞史の落穗い(その22)」, 『Photography in Japan』, 349號, 日本寫眞協會.

□ 인터뷰

「김주만(金周萬: 1953년생, 김진성의 손자) 인터뷰」(2014. 10. 23, 2017. 8. 1, 2017. 10. 23. 강원도 홍천군 화촌면 성산리 자택).

「최인진 인터뷰」(2015. 4. 4. 금호역)

「김주현 인터뷰」(2017. 8. 9. 서울 돌곶이역)

「조종무 기증자료: 구술 폴린장」 OH_056_027_폴린장_11. 국사편찬위원회 2006년도 구술자료수집사업.

□ 기타

"List or Manifest of All the Passengers" British S. S. Coptic, from Honolulu to Yokohama. April 9, 1904. http://www.ancestry.com

표·그림 목록

72쪽   〔표 1-1〕 김규식 가계도
163쪽   〔표 2-1〕 김규식·박윤규·강운식의 미국 입국기록(1897)
179쪽   〔표 3-1〕 1893~1936년간 로녹대학에 재학한 한국인
192쪽   〔표 3-2〕 김규식 재학(1897~1902) 기간 로녹대학의 교과목 편성
226쪽   〔표 3-3〕 1888~1902년간 김규식의 데모스테니언 문학회 활동
241쪽   〔표 3-4〕 김규식의 로녹대학 성적(1898~1903)
284쪽   〔표 4-1〕 조창식-조은애 가계도
334쪽   〔표 5-1〕 동제사 관련 주요 인물들의 학력·중국 도착·체류 시기

28쪽   언더우드 보호하의 "존" 김규식(1886). 스미소니언 소장.
33쪽   언더우드 보호하의 "존" 김규식 뒷면(1886). 스미소니언 소장.
37~38쪽 미국 장로교 해외선교본부 크리스마스 선교부 활동(1886년경). 스미소니언 소장.
43쪽   서당 가는 동자〔김규식〕(1886년경). 스미소니언 소장.
45쪽   지게꾼 소년(연도 미상). 스미소니언 소장.
63쪽   언더우드 고아원의 김규식. 1열 가운데(1888). 새문안교회.
76쪽   김익승(연도 미상). 김주만 소장.
78쪽   철종어진(1861). 국립고궁박물관.
89쪽   조선국 선략장군 수군우후 김용원(1881). 코베이.
124쪽   홍천 김용원 묘(2014). 저자 촬영.
155쪽   미국 언론 속 의화군. *The Record Union*(1897. 6. 27); *Hopkinsville Kentuckian*(1897. 7. 23); *The Progress*(1897. 7. 10).
163쪽   김규식 미국 입국 기록(Doric호, 1897. 6. 26. 요코하마 출항, 1897. 7. 11. 샌프란시스코 입항). NARA.
171쪽   로녹의 철도망(The Norfolk and Western Railway).

186쪽	김규식 입학 사진. 로녹대학 소장.
194쪽	김규식의 로녹대학 예과 성적(1898. 1). 로녹대학 소장.
202쪽	로녹대학의 김규식, 이범진, 이기종(1898, 오른쪽부터). Mark F. Miller.
206쪽	미국 언론에 보도된 의화군. ① 의화군과 메리 버틀스(*The Princeton Union*, 1907. 8. 1). ② 의화군과 클라라 불(*The Springfield Herald*, 1904. 9. 16). ③ 의화군(*The Virginia enterprise*, 1905. 1. 6). ④ 버틀스와 산책하는 의화군(*The St. Louis Republic*, 1903. 3. 1).
221쪽	의화군 일행과 김규식(로녹대학). 1열 왼쪽부터 한응이, 의화군, 신성구. 2열 김규식(1901. 3. 20). 로녹대학 소장.
225쪽	데모스테니언 문학회 전용홀(1896). 로녹대학 소장.
238쪽	위: 로녹대학 1903년 졸업반. 1열 가장 왼쪽에 김규식이 있다. 로녹대학 소장. 아래: 김규식 로녹대학 졸업 기사. *The Times Dispatche* (Richmond, 1903. 5. 10).
257쪽	1910년 한일병합 후 YMCA 바보클럽 회원들. 1열 왼쪽부터 김규식, 송언용, 백상규, 2열 신봉희, 서상란, 이승만(다른 사진의 얼굴만 합성), 현순, 3열 조종룡, 육정수, 신흥우, 홍석후, 최재학, 정태응. 전택부 소장.
265쪽	경신학교 개교 63주년 기념식전(1949)에서 축사하는 김규식. 경신학교.
293쪽	한국 최초의 유아세례자 4인. 1열 왼쪽부터 김일, 원한경, 2열 서병호, 김규식. 새문안교회70년사.
295쪽	서울 도제직회에 참석한 김규식(2열 오른쪽에서 네 번째 검은 양복). 연동교회(1911). 대한예수교장로회총회 50주년기념화보편찬위원회.
305쪽	김규식 장로 전별회(1913). 새문안교회.
312쪽	김규식 여권발급대장(1913). 일본외무성 외교사료관.
449쪽	김진성 세브란스병원 인턴 수료 증명서(1917.5). 김주만 소장.

찾아보기

숫자·약자

105인 사건 259, 305, 346, 356, 359, 361
~363, 366, 383, 401, 456
13도의군 415
3국 공동 보호조약Triple Protectorate 273
YMCA 34, 121, 195, 246~254, 256,
258~260, 277, 291, 292, 296, 297,
300, 304, 310, 335, 336, 351, 355, 357,
359, 395, 457

ㄱ

가네꼬 신타로金子新太郎 346
가쓰라 타로桂太郎 270
가와시마 나니와川島浪速 347
간민회墾民會 411
강영복 178, 180
강영소姜永韶 365, 366, 369
강운식康運植 162~165
강위姜瑋 95
강재후姜載厚 408, 416
강태웅姜泰膺 256
갤러뎃대학Gallaudet College 135
게인, 마크Gayn, Mark 437
게일, 제임스Gale, James Scarch(奇一) 116,
137, 159, 161, 251
경상좌도 수군우후水軍虞候 81, 82, 83,
86, 125

경신학교儆新學校 117, 261, 264, 265,
266, 304, 310, 314, 336, 351
경학사耕學社 388, 411
계선桂宣 339, 345, 346
고아원학교 32, 53, 62, 63, 64, 114, 118,
119, 146, 245, 264, 447, 454
고영희高永喜 131
고유균顧維鈞 343, 344
고종高宗 34, 68, 71, 73~75, 77~81,
86~88, 90, 99, 100~106, 108~110,
117, 122, 125, 126, 129~143, 149,
157, 162, 181, 203, 204, 207, 208, 212,
213, 215, 216, 217~222, 247, 253~
275, 285, 300, 347, 380, 383, 406, 409,
413, 414~416, 418, 421, 423~426,
455
고쿠레 나오지로小暮直次郎 150, 151
곤도 신스케近藤眞鋤 90, 105
공립협회共立協會 425
공제사共濟社 319
공화주의 380, 413, 421~426
과도입법의원 13, 229, 465
곽기운郭紀雲 377, 379, 395
곽림대郭林大 350, 351, 359, 360~362
곽미살廓米薩 101, 107
관립영어학교 120, 121, 125, 126, 147,
184, 190, 335

구연수具然壽 148
국민주의 425
권경군權警羣 396, 397
권동수權東壽 101~103, 105, 109, 285
권동진權東鎭 218
권업회勸業會 410, 411
권탁權鐸 388
귀인 장씨 129, 131, 161
그래이엄, 앤지Graham, Angie 205, 207
그린랜드Greenland, J. Allan 235, 452, 453
그린필드Greenfield, M. W. 264, 266, 366
극동민족대회 12, 438
기에르스Giers, N. K. 102
기포드Gifford, Daniel L. 115
길선주吉善宙 356, 361
길원吉元 359, 361
길진형吉鎭亨 356, 359~361, 366
길천우吉天友 361
김갑金甲 322
김건영金健永 74, 451
김고려Kim, Kora 134
김관흥金觀興 360, 363, 364
김광훈金光勳 100, 101, 106, 107, 109
김구金九 12, 13, 16, 61
김규극金奎極 388
김규식金奎植
　－김만호金晩湖 394, 399, 402, 403
　－김성金成 349, 355~357, 377, 379, 428, 429, 430, 446
　－김중문金仲文 446
　－만호晩湖 65, 310, 317, 334
　－소호小湖 65, 239, 310, 334

　－우사尤士 11, 14, 20, 65, 247, 279, 293, 310, 465
　－존John 32, 34, 39, 40, 47, 52, 53, 62, 64, 454, 455
김규찬金奎贊 73, 82, 111, 120, 124, 125, 315, 448
김규흥金奎興 347, 385, 386, 397, 418, 419
　－김복金復 385
김기수金綺秀 70, 84
김대홍金大弘 88, 90
김덕金德 324
김덕진 318, 349, 351, 397
김동선金東璇 73, 74, 111, 124
김동장金東樟 95, 96
김동철金東哲 326
김린金麟 250, 258~260
김만호金晩湖→김규식
김메리 75
김별사金鱉史 201
김병규 359
김복金復→김규흥
김사집金思濈 393
김상언金相彦 185
김석은 358, 359
김성金成→김규식
김성삼 269
김숙당金淑堂 351
김순애金淳愛 14, 67, 125, 146, 147, 276, 277, 280, 298, 311, 315, 465
김약연 345
김양한金亮漢 90

찾아보기　509

김열金烈 318, 356, 357, 358
김영일金永一 318, 347, 349~353, 355
김용면金鏞冕 111
김용선金鏞先 74, 76, 82, 111
김용완金鏞完 75, 111, 112
김용원金鏞元 30, 31, 66, 69~71, 73, 76
 ~88, 90~112, 119, 120, 122~126,
 281, 285, 451, 455
　-김지성金智性 30, 65~71, 73~76,
 105, 106, 280
김용주金用柱(Frank Kim) 134, 180, 185,
 201
김용준金容俊 322, 323, 326
김용현金鏞賢 75, 76, 111, 353
김용호金容浩 322, 326
김우애Pauline Kim Chang 27, 34, 237,
 239
김원봉金元鳳 373
김위원金胃元 416
김윤복金允復 201
김윤성金允性 75, 76, 111
김윤식金允植 104~107, 218, 284
김윤열 389
김윤정金潤晶 134, 135, 185, 201, 272
김은식金恩植 298, 316, 452, 458
김익승金益昇 75, 76, 85, 99, 111, 112,
 240
김정기金正琪 317, 326, 331, 339, 345
김정식金貞植 116, 250~252
김종산 250
김중문金仲文→김규식
김지성金智性→김용원

김진동金鎭東 14, 118, 125, 277~280,
 315, 382, 448~452, 458
김진세金鎭世 14, 68, 122, 125, 247, 279,
 465
김진필金鎭弼 278, 279
김천희 388
김탁 322
김필례金弼禮 276, 315, 389
김필순金弼淳 256, 259, 276, 297, 298,
 315, 344, 385~389, 402, 403, 456
김필한 318, 326
김헌식金憲植 137, 182, 183, 185, 201,
 237, 249, 388
김현국金顯國 316, 448~450
김홍균 359
김희선金義善 345

ㄴ

남양중학회南洋中學會 326
남정진南廷鎭 273
남정철南廷哲 108
남즙南楫 318
냉휼冷遹 341, 342, 354
노백린盧伯麟 362
농죽農竹 326, 394, 395
농환農皖 394~396, 399, 402
니드햄Needham 269
니콜라이 2세 268

ㄷ

다보하시 기요시田保橋潔 101, 103
단지귀段之貴 410

510

당소의唐紹儀 343
대계도戴季陶 394
대동단결선언 185, 362, 421~424, 426~429, 431, 432, 458
대동보국단大同保國團 422, 429
대동보국회大同保國會 425
대원군大院君 130, 131, 141, 158, 159, 215
대전무관학교大甸武官學校 390
대조선국민군단大朝鮮國民軍團 390
대천구戴天仇 368
대한광복군정부大韓光復軍政府 390, 410, 411
대한독립선언 428
대한문법大韓文法 230, 302, 303, 336
대한문전大韓文典 304
대한인국민회大韓人國民會 311, 360, 362, 364, 373, 388, 425, 431, 432
대한자강회大韓自强會 183, 249, 254, 299
대한학회大韓學會 300, 348, 402
데모스테니언 문학회 224~226, 228~230
도야마 미쓰루頭山滿 315, 346
독립신문사 121, 125
독립전쟁론 390, 409, 425, 426
동제사同濟社 19, 315, 317~319, 321~326, 333, 334, 336~338, 343, 349, 351, 352, 354, 357, 373, 377, 381, 385, 395, 396, 399, 400, 409~413, 416, 422, 428~430, 457
동주사同舟社 319
동지문예관同志文藝館 301
동화약방同和藥房 353, 354

드레허, 줄리어스Dreher, Julius D. 147, 166, 172~174, 177, 236, 237
딘스모어Dinsmore, Hugh A. 270

ㄹ

라슨, 프란스Larson, Frans August 440, 441
로녹대학Roanoke College 14, 21, 139, 147, 165, 166, 169, 170, 172~176, 178, 179, 181, 183~186, 188~190, 192~199, 202~205, 210, 212, 214, 222, 223, 225~227, 229, 234~239, 255, 274, 292, 302, 303, 454, 455
루미스Loomis, Henry 143, 148, 149, 156
루스벨트, 시어도어Roosevelt, Theodore 135, 181, 228, 269~272
류찬劉燦 143, 148, 150, 151, 156
리홍장李鴻章 104, 106, 107, 108

ㅁ

마펫Moffett, Samuel Austin(馬布三悅) 63, 114, 115, 368, 369
만호晩湖→김규식
메드햄, 찰스Medham, Charles 211
모대위毛大衛 326, 339, 344, 354, 395
모어헤드Morehead 173, 174
목릉穆陵회의 383, 390
몽골리언트레이딩사Mongolian Trading Company 437~443
몽골리언프로듀스사Mongolian Produce Company 381, 436~438, 440
뮐렌도르프穆麟德 101, 104, 108

문방文芳→문일평

문일평文一平　315, 317, 318, 322~334, 343, 344, 349, 350, 358, 395, 397, 400, 401, 430

　-문방文芳　330, 331, 397, 430

미국 국립인류학아카이브→스미소니언

미국 장로교 해외선교본부　39, 40, 46, 52

민강閔薑　353

민규식閔奎植　369

민비閔妃　117, 269

민영달閔泳達　416

민영환　183, 186, 198, 213, 261, 262, 263, 270~272

민우회民友會　433

민의식閔宜植　337

민제호閔濟鎬　322, 352

민충식閔忠植　116, 264, 322, 323, 326, 336, 337, 348, 351~353, 395

민필호閔弼浩　322, 323, 326, 395

밀러Miller, Edward H.　264, 266

밀러Miller, F. S.(閔老雅)　115, 116

ㅂ

박광朴洸　367~369

박기준朴基駿　428~430

박달학원　323~326, 332, 338, 339, 352, 368, 395, 409

박봉래朴鳳來　418

박승렬朴勝烈　201

박승봉　296, 310

박에스더(朴에스더)　185

박여선朴汝先　185

박영효朴泳孝　96, 99, 109, 130, 134, 136 ~139, 144, 153, 156, 162, 184, 203, 218, 300, 432, 433

박용규朴容圭　129, 138~145, 147~153, 156, 157, 161, 162, 164, 165, 173~ 178, 181

박용만朴容萬　181, 183, 184, 185, 311, 358, 390, 417, 428, 429

박용화朴鏞和　216, 270

박윤규朴潤奎　147, 162~165, 185

박은식朴殷植　300, 318, 319, 322~324, 326, 333, 334, 347, 352, 367, 368, 395, 397, 406~409, 413, 416, 422, 428~ 430

박인순朴仁淳　95

박장현朴章鉉　181

박정래朴定來　416

박찬영　351

박찬익朴贊翊　322, 323

박희병朴羲秉　178, 181~185, 189

방찬方瓚　350

배시포드Bashford, James W.　205

백문울栢文蔚　340, 341, 397

백상규白象圭　185, 201, 253, 261, 433

버나도Bernadou, J. B.　49, 50

버틀스, 메리Buttles, Mary　207, 208, 507

베네프스키Benevskii　102

베델Bethell, Ernest Thomas　139, 140, 300

베베르Waeber(韋貝)　101

변석붕邊錫鵬　408, 418

변수邊燧　71, 94, 95, 96

변영만卞榮晩　323

변영태卞榮泰 324, 330, 332
보그드 칸Bogdo Khan 404, 435
보안법위반 사건 418
본갑이Pon Gabe 32, 57, 58, 60~62, 64, 117~119, 121, 235, 454
부민단扶民團 388, 411
불, 클라라Bull, Clara 207
브라운Brown, McLeavy(柏卓安) 141, 142, 213
브라운, 에밀리 208
브로크만Brockman, F. S.(芭樂萬) 256, 258

ㅅ

사영백謝英伯 349
산동삼재山東三才 337
새문안교회 276, 286, 288~290, 292, 293, 296, 304, 309, 456
서광범徐光範 94, 140, 176, 181, 182, 249
서도희徐道熙 201
서병규徐丙珪 139, 140, 147, 172~179, 181, 183, 185, 186, 189, 195~198, 203
서왈보徐日甫 382, 390, 391~394, 407, 416, 420, 435, 467
서재필徐載弼 120, 121, 125, 140, 146, 261
서혈아徐血兒 394
선두자사先頭者社 393
설태희薛泰熙 262, 433
성낙형成樂馨 406~413, 415, 418, 419
세브란스병원 402, 403, 450
세일럼Salem 166, 169~172, 177, 181, 183, 184, 188, 189, 198, 202, 205, 207,
214, 223, 226
소년동지회少年同志會 300
소동진蘇東進 393
소코빈, 사무엘Sokobin, Samuel 439, 442
소호小湖→김규식
손문孫文 138, 324, 340, 341, 343, 346, 347, 349, 352, 368, 401, 407, 413
손병균孫炳均 185
손병현 358
손붕구孫鵬九 90~92, 95, 96
송교인宋敎仁 340, 346, 394, 401, 407
송선명 290
송영덕宋榮德 185
송전도宋全道 319
송철宋哲 351, 361, 372, 373
송헌빈宋憲斌 90, 91
송헌주宋憲澍 176, 178, 180, 191, 268
송호성宋虎聲(송호) 393
수신사修信使 30, 70, 71, 77, 79~82, 84, 96, 99, 125
순화국順和局 99
숭무학교崇武學校 390
스미소니언 34, 35, 47, 48, 50~52
  -스미소니언기관아카이브 22, 47
  -스미소니언박물관 11, 12, 27, 29~32, 36, 48, 49, 50, 51
  -스미소니언박물관 국립인류학아카이브 21, 42
  -미국 국립인류학아카이브 21, 47
스코필드Schofield, Frank W. 249, 250
스타우트, 조셉Stout, Joseph 210, 211
스페예르Speyer, Alexei de 108

스피드, 제임스Speed, James 91
시나가와공작분국品川工作分局 91
시마즈 나리아키라島津齊彬 98
시세로니언 문학회 224, 225
신건식申健植 318, 322, 323, 326, 337, 400
신규식申圭植 19, 315, 317~323, 325~327, 329, 331~338, 343, 347, 349, 350, 352, 354, 368, 384, 385, 394~396, 400, 401, 406~409, 413, 416, 418, 420, 422, 428~431
　-신정申檉 318, 333, 352, 396, 401, 428~430
신무 322, 399
신민회新民會 306, 347, 363, 382, 383
신백우申伯雨 337, 400, 430
신복모申福模 95
신빈申斌 428~430
신상무 318
신석우申錫愚 323, 337, 400, 428, 430
신선욱申先郁 100, 101, 106, 107, 109, 122
신성구申聲求(S. K. Sin) 137, 143, 156, 157, 162, 178, 179, 185, 202, 203, 221
신성모申性模 318, 331~333, 337, 358
　-신철 322, 333
신용우申龍雨 401
신의단申義團 393
신정식申檉→신규식
신정식申廷植 337, 400, 401
신창양행愼昌洋行 444
신채호申采浩 322~327, 330~332, 337, 344, 359, 392, 397, 399~401, 428, 430
신철→신성모
신태무申泰茂 202, 213
신태현申泰鉉 345, 346
신한혁명단新韓革命團 408, 409
신한혁명당新韓革命黨 406, 407, 409~418, 421, 423, 424, 428, 430, 458
신한회新韓會 137
신해혁명辛亥革命 259, 297, 305, 306, 314, 315, 319, 322, 324, 335, 340, 344, 346, 347, 349, 353, 380, 385, 401, 402, 410, 413, 456
신헌민申獻民 428, 429
신현모申鉉模 351
신형호申衡浩 384, 401
신화순 290
신후영申厚永 301
신흥강습소 388
신흥우申興雨 258, 335, 337
심상훈沈相薰 178, 271
심의영沈宜永 90, 91
심인택(沈仁澤) 418

ㅇ
아국여지도俄國輿地圖 71
아놀드, 줄리언Arnold, Julean R. 440, 441
아령파천俄領播遷 415
아이마로 사토Sato, Aimaro(佐藤愛麿) 172
안경수安駉壽 143
안승만安承滿 178, 180
안승한安承漢 178, 180
안정식安廷植 182, 185, 201

안창호安昌浩　318, 347, 349, 352, 353,
355, 358, 359, 363, 364, 377, 379, 383
~388, 392, 395, 401, 403, 420, 421,
427~430, 432, 433

알렌Allen, Horace N.　49, 50, 135, 140,
143, 205, 208, 272, 273

앤더슨마이어사Andersen, Myer & Co., Ltd.
382, 421, 430, 436, 437, 440~446, 450

양기탁梁起鐸　140, 300, 429

양도楊度　419

양주은梁柱殷　359

양헌梁憲　366, 369

어윤중魚允中　106

언더우드 고아원　11, 31, 34, 40, 47, 53,
58, 59, 63, 64, 65, 111~113, 117~
119, 122, 146, 264, 447

언더우드, 릴리어스　57, 59, 60, 61, 62,
114, 117, 121, 140, 141, 162
  -호튼, 릴리어스　62, 114

언더우드, 존Underwood, John Thomas
369

언더우드, 호레이스Underwood, Horace
Grant(元杜尤)　29, 32, 35, 39~41, 52,
57~63, 65, 66, 68, 110, 112, 113, 114,
117, 118, 119, 120, 122, 126, 129, 138,
139, 140, 141, 142~153, 155, 166,
184, 245, 246, 264, 266, 273, 274, 286
~288, 290~292, 296, 297, 303, 309,
310, 315, 367~371, 448, 454~457

엄비嚴妃　204, 213, 219, 221, 222

엘린우드Ellinwood, Frank. F.　113, 142,
143, 184

여병현呂炳鉉　182, 183, 248~251, 261~
263, 299, 300

여운형呂運亨　13, 14, 16, 19, 21, 61, 183,
233, 249, 262, 263, 306, 326, 345,
369~372, 386, 438, 456, 459~461

여운홍呂運弘　262, 369~371

영친왕英親王　220, 221, 253

오가와 가츠마사(이스신)　31

오림하吳林河　363

오사카조폐국大阪造幣局　92~95

오성근吳聖根　301, 302

오성희吳性喜　185

오세창吳世昌　218

오종현吳宗鉉　361, 363, 364, 378, 379

오패부吳佩孚　393

오하이오 웨슬리언대학Ohio Wesleyan
University　205, 208~211, 214, 220,
222

옥종경玉宗京　370

와드만Wadman　271

왕세진王世振　356, 359, 361, 362

왕제응王濟膺　90, 91

우사尤士→김규식

우치다 료헤이內田良平　346

운게른 슈테른베르크Ungern-Sternberg
436, 438, 443

원세개袁世凱　323, 324, 339, 340~342,
347, 349, 397, 410~413, 416, 421, 440

원한경元漢慶(Underwood, Horace H.)
62, 63, 114, 117, 119, 293, 507

위혜림韋惠林　329

윌로스Willows 한인비행사양성소　362,

363

윌슨, 우드로Wilson, Woodrow 19, 176, 360

유길준俞吉濬 90, 95, 96, 130, 131, 136, 139, 148, 149, 203, 204, 216, 218, 304

유동열柳東說 345, 381~385, 389, 390, 391, 392, 394, 398~401, 406~409, 411, 412, 416, 418~420, 435, 437

유리제조소玻璃製造所(유리제조장玻璃製造場) 82~86, 91

유성준俞星濬 116, 144, 153, 252, 256, 300

유용풍劉用豊 390

유인석柳麟錫 415, 421, 423

유정수柳定秀 90

육정수陸定洙 250, 253, 257, 507

윤병구尹秉求 181, 270~272

윤보선尹潽善 323

윤세복尹世復 428, 429

윤치오尹致旿 134, 144, 153, 300

윤치호尹致昊 90, 95, 96, 144, 248, 253, 256, 259, 261, 348

윤필건尹必建 360~362

을미사변 129, 131, 132, 140, 141, 160, 161, 203, 210, 222, 346

을사조약 129, 221, 222, 233, 245, 256, 261, 263, 272~274, 304, 311, 425, 455

의화군義和君 126, 129~139, 141~162, 164, 166, 174, 178, 179, 184~186, 201 ~205, 207~222, 228, 236, 237

이갑李甲 352, 366, 382, 383, 384, 392, 401, 420

이건영李健榮 269

이관용李灌鎔 369

이광李光 322, 323, 326, 332

이광수李光洙 18, 322, 324, 326, 327, 331 ~334, 370, 395, 456

이교승 250

이구탕아依古唐阿 104

이규삼李奎三 201

이규완李圭完 135

이극로李克魯 324

이근상李根湘 273

이기종李璣鍾 179, 181, 186, 198, 200

이누카이 쓰요시犬養毅 347

이대위李大爲 360, 361, 364, 367

이동녕李東寧 387~389

이동인李東仁 87, 88

이동춘李同春 408, 411, 416

이동휘李東輝 382, 383, 390, 408, 410, 416

이두황李斗璜 144, 153

이범녕李範寧 358

이범수李範壽 182, 183

이범윤李範允 415

이범진李範晉 181

이병간李炳幹 178, 180

이병기李秉岐 303

이병진 318

이복원李復源 396~398, 401

이봉래李鳳來 274

이상룡李相龍 387

이상설李相卨 390, 406, 408, 410, 411, 413 ~417, 421, 423

516

이상재李商在　248, 250~253, 289
이상헌李祥憲　203
이수명李樹鳴　352
이승구李升九　185
이승만李承晩　13, 21, 135, 181, 223, 250, 268, 270~272, 306, 344, 358, 370, 429
이시영李始榮　387~389, 416
이열균李烈鈞　340, 341, 347, 348, 351, 352, 354
이용익李容翊　268, 269, 270, 383, 432
이용혁李龍爀　356, 362, 428, 429
이원익李元翼　178~180
이원회李元會　87, 88
이위림李魏林　351, 352, 367, 368
이위종李瑋鍾　200, 414
이윤구李允九　145, 148~152, 161, 185, 337
이윤성李閏成　73, 78, 451
이은돌李銀乭　95
이의과李宜果　95
이의담李宜聃　198
이인섭李仁燮　384
이일李逸　359, 362, 428, 429
이일직李逸稙　134
이재면李載冕　130~133
이재순李載純　134
이재훈李載勳　201
이제현　358, 359
이조연李祖淵　100
이종호李種浩　383, 410
이준용李埈鎔　129~132, 134, 136, 153, 217, 218

이찬영　318, 322, 323
이창수　358
이창직李昌稙　116
이채연李采淵　166, 172~174, 176, 181
이춘일李春日　406, 408, 416
이춘호李春浩　290
이쿠노은산生野銀山(이쿠노광산)　93~96
이태준李泰俊　259, 297, 298, 306, 315, 344, 381, 382, 384, 386~392, 394, 405 ~407, 416, 418, 435, 449, 452, 456, 457
이토 코우키치伊東荒吉　150, 151
이하영李廈榮　136, 182
이학균李學均　268, 269
이한용李漢龍　393
이헌영李𢡖永　90, 92
이현직李玄稙　140, 173, 174
이희간李喜侃　345
이희철李禧轍　179, 182, 183, 185, 189
일진회一進會　250, 254, 271, 272, 305, 346, 456
임경엽林冏燁　256, 362, 363
임규　433
임병구林炳龜(임병항林炳恒)　182, 183, 249, 261, 262, 299, 302
임성일林成一　256, 259, 361
임시정부　12, 13, 177, 311, 324, 346, 349, 380, 396, 398, 421~424, 426, 427
임시정부 수립론　426
임초林超　359~361, 363

ㅈ

장건상張建相 373
장경애 358, 359
장봉환張鳳煥 173, 174
장자문張子文 217
장작림張作霖 410
장훈張勳 341, 342, 410
전덕기全德基 251, 259
전익영全益榮 356, 363
정광준 416
정덕근 322
정란교鄭蘭敎 148, 149
정병하鄭秉夏 90, 95
정운복鄭雲復 136, 300
정원택鄭元澤 318, 322, 324, 326, 349,
　　351, 358, 359, 389, 453
정인과鄭仁果 358
정인보鄭寅普 315, 317, 318, 325, 327,
　　331, 333~335, 345, 456
정일영鄭馹永 418
정학현鄭學賢 366, 367, 369
정항범鄭恒範 322, 323
제1차 조러밀약朝露密約 사건 71, 103
조남승趙南升 393
조동헌 358
조동호趙東祜 322
조민희趙民熙 200, 201, 239, 269
조병균趙炳均 410
조사시찰단朝士視察團 30, 71, 74, 85, 87,
　　90, 92, 99, 125, 126
조선문법朝鮮文法 302
조선염업주식회사 433

조성환曺成煥 347, 352, 353, 384, 385, 400
　　~403, 419, 428, 430
　　-조욱曹煜 420, 428~430
조소앙趙素昂 317, 318, 325~329, 331,
　　332, 334, 335, 348, 351, 352, 395~
　　397, 400, 422, 424 428, 456
　　-조용은趙鏞殷 329, 334, 348, 428,
　　429
조순환 276, 277, 283
조영연趙燈 282~284
조용은趙鏞殷→조소앙
조욱曹煜→조성환
조은애趙恩愛(조은수趙恩受) 276, 277,
　　280, 288, 315, 448~452, 458
조이趙炳 282~284
조익원趙益源 201
조종문 358
조중응趙重應 106, 136
조중협趙重協 106, 107, 109, 122
조창식趙昌植 276~278, 281~285, 287,
　　458
조총희趙寵熙 104, 106, 109
조희연趙羲淵 144, 148, 149, 153
존John→김규식
주권불멸론主權不滅論 424
주권재민론主權在民論 424
주이Jouy, Pierre Louis 49, 50
중한의방조약中韓誼邦條約 406, 414, 415,
　　417, 421, 423
중한호조사中韓互助社 349
지운영池運永 97
진기미陳其美(진영사陳英士) 325, 333,

340, 341, 343, 352, 394
진형명陳炯明 341, 386
질레트Gillette, Phillip L. 248, 250~253, 258, 335

ㅊ

채극蔡極 393
채현식蔡顯植 101
천쑤탕陳樹裳 104~106
철종어진哲宗御眞 77, 79
청도회의靑島會議 383, 384, 290, 401
체화동락회棣華同樂會 395
촬영국撮影局 30, 71, 73, 77, 97~99
최광옥 304
최상돈崔相敦 152
최영욱崔泳旭 315
최용덕崔用德 393
최유섭崔有燮 517
최재학 250, 257
최정익崔正益 350, 355, 364, 431, 433
최창식權昌植 95
최프랭크 432

ㅋ

컬럼비아세계박람회Chicago Columbian World's Exposition 139, 147, 173~175, 196
코르프Korf, A. N. 103
코커릴Cockerill, John A. 158~161
콜트먼, 로버트Coltman, Robert 438
콜트먼, 찰스Coltman, Charles L. 437, 439, 441

쿤스Koons, E. W. 266

ㅌ

태프트Taft, William 271, 272
토원운동討袁運動 323, 339, 341, 347, 355, 410
통대조선금위군統帶朝鮮禁衛軍 399
통대화존군대統帶花尊軍隊 396

ㅍ

파리강화회의 12, 15, 34, 53, 64, 126, 185, 193, 263, 315, 344, 423, 431, 459
파블로프Pavlow 268, 269
파이 감마 델타Phi Gamma Delta 234
포츠머스강화조약 267, 455
포타포프Potapov, Aleksei 386
풍국장馮國璋 341
풍옥상馮玉祥 393
프리메이슨Freemason 196, 197
피어론다니엘사Fearon, Daniel & Company 437, 444, 446, 453
피치, 조지Fitch, George 368, 372, 373

ㅎ

하나부사 요시모토花房義質 83
하란사河蘭史 201, 204, 261, 348, 349
하상기河相驥 204, 348
하야시 곤스케林權助 130, 215, 270, 271
한규설韓圭卨 270, 272
한규직韓圭稷 100, 101
한만양韓挽洋 400, 402
한미흥업회사韓美興業會社 302

한석진 206, 310
한영원韓永源 144, 153
한응이韓應履 150~152, 178, 202, 203, 205, 209, 210
한인소년병학교 311, 358, 390
한진韓震 428, 429
한흥韓興 318, 393
한흥교韓興敎(한진산韓震山) 373, 400, 402
항강잡지香江雜誌 397
해리스 감독Harris, Colbert(Bishop Merriman) 370
햄린Hamlin, T. S.(Rev.) 213
허숭지許崇知 341
허연許然 178, 180, 189
허치슨Hutchison 120, 125
헐버트, 호머Hulbert, Homer B. 12, 34~36, 48~52, 119, 248, 251, 272
헐버트컬렉션 27, 29, 32, 36, 39, 42, 48, 50~52
헤멧Hemet, Riverside 360, 365
헤이Hay, John 269, 270
현동식玄東植 182, 185, 201
현순玄楯 257
현영운玄暎運 216
현장玄根 201
현정건玄正健 268
호튼, 릴리어스→언더우드, 릴리어스
호한민胡漢民 340
혼다 슈노스케本多收之助 97, 98
홍명희洪命熹 315, 317, 318, 322, 325, 327, 329, 331~334, 349, 351, 352, 381, 395~397, 400, 401, 428, 453, 456

홍성근 302
홍성희洪性喜 318
홍운병洪運柄(홍준식洪浚植) 164, 165, 185, 337
홍운표洪運均 185, 337
홍위洪煒 428, 429
홍윤명洪允明 388
홍종우洪鍾宇 134
홍학구 388
홍희洪熹 255, 256
황성기독교청년회 248, 250~254, 256, 258
황현모Whang Hyen Mo(黃顯模) 177~179, 183
황흥黃興 339~343, 352
후쿠자와 유키치福澤諭吉 132, 133, 136, 153
휴, 월터Hough, Walter 50
흥화학교興化學校 183, 261~263